本书受教育部人文社科基金项目"傣族佛经文献《维先达腊》词汇研究"（18YJA850002）、国家社科基金项目"傣文贝叶经《长阿含经》文献语言学研究"（21BYY042）资助。

傣族文献
《维先达腊》词汇研究

戴红亮 著

中国社会科学出版社

图书在版编目（CIP）数据

傣族文献《维先达腊》词汇研究 / 戴红亮著. -- 北京：中国社会科学出版社，2025. 1. -- ISBN 978-7-5227-4514-5

Ⅰ. H253.3

中国国家版本馆 CIP 数据核字第 2024NQ5842 号

出 版 人	赵剑英
责任编辑	单　钊
责任校对	杨　林
责任印制	李寡寡

出　　版	中国社会科学出版社
社　　址	北京鼓楼西大街甲 158 号
邮　　编	100720
网　　址	http://www.csspw.cn
发 行 部	010-84083685
门 市 部	010-84029450
经　　销	新华书店及其他书店
印　　刷	北京明恒达印务有限公司
装　　订	廊坊市广阳区广增装订厂
版　　次	2025 年 1 月第 1 版
印　　次	2025 年 1 月第 1 次印刷
开　　本	710×1000　1/16
印　　张	20.5
字　　数	310 千字
定　　价	116.00 元

凡购买中国社会科学出版社图书，如有质量问题请与本社营销中心联系调换
电话：010-84083683
版权所有　侵权必究

目 录

绪 论……………………………………………………………………（1）

第一章 基于统计和文本分析的《维先达腊》词汇特征 …………（35）
第一节 《维先达腊》词汇统计数据及分析 ………………………（36）
第二节 《维先达腊》文本词汇特点分析 …………………………（57）

第二章 《维先达腊》傣语固有词研究 ……………………………（80）
第一节 傣语摹状词声韵关系研究 …………………………………（81）
第二节 傣语韵腹变化造词研究 ……………………………………（91）
第三节 《维先达腊》语音变异异形词分析 ………………………（97）
第四节 傣语单音节并列反义合成词语序问题研究 ………………（106）
第五节 《维先达腊》偏正式构词特殊语序研究 …………………（120）
第六节 《维先达腊》词缀问题研究 ………………………………（125）
第七节 "ᥖᥭ tai^{51}" 的用法及文化事项考察 …………………（136）

第三章 《维先达腊》古汉语借词及演变研究 ……………………（149）
第一节 《维先达腊》古汉语借词分布 ……………………………（153）
第二节 傣语中古代汉语借词和词义变化 …………………………（176）
第三节 《维先达腊》近代汉语借词及其特点 ……………………（184）
第四节 古汉语借词 "ᥖᥧ tsu^{33}" 和 "ᥐᥣᥴ klāu^{35}" 分析 …………（194）

第五节 "ᩒtun⁵⁵"与汉语"尊"的比较分析 ……………………（200）
第六节 古汉语借词"ᩒvā³³"的双音化和语法化 …………（211）

第四章 《维先达腊》巴利语转写研究……………………（225）
第一节 《维先达腊》中巴利语出现的类型 ………………（227）
第二节 傣文转写巴利语字母对应表和常用转写方法 ………（233）
第三节 傣文转写巴利语语音音变分析 ………………………（248）
第四节 《维先达腊》梵语借词试探…………………………（265）

第五章 《维先达腊》人名地名考释与比较………………（273）
第一节 《维先达腊》人名比较分析与考释 …………………（274）
第二节 《维先达腊》地名考释………………………………（290）

参考文献…………………………………………………………（317）

附录 《维先达腊》原文图片 ……………………………（321）

后 记……………………………………………………………（324）

绪　　论

绪论分为三部分。第一部分讨论西双版纳老傣文性质和拼写规则；第二部分分析《维先达腊》在傣族古籍中的地位，《维先达腊》来源、内容和文本结构，并探讨《维先达腊》与《太子须大拿经》《菩萨缘经》等汉译佛经的同源关系，重点考释《维先达腊》13个标题的巴利语词源和意义；第三部分介绍《维先达腊》文本数据库的构建及相关标注符号的功能和意义。

一　西双版纳老傣文的性质和拼写规则

西双版纳老傣文源于印度婆罗米字母，一开始用于转写佛经文献，它的基础字母与巴利语41个字母存在着严格对应关系。后来为拼写傣语，傣族高僧和康朗（还俗高僧）对傣文进行改革，使其既能转写巴利语，也能拼写傣语，从而使傣文成为典型的"一文双语"文字。傣文拼写规则与藏文、泰文等婆罗米字母很相似，主要以声母为核心，韵母分布在声母上下左右，同时声调只能标在声母上。

（一）傣文来源及其发展

傣文是我国傣族使用的文字总称，它与泰文、缅甸文、老挝文、柬埔寨文等文字都源于印度的婆罗米文字。它们关系较为密切，很多字母和书写规则都有对应关系。据国内外研究，傣文演变大致情况是：婆罗米字母在印度经过几个世纪演变后，逐渐由北向南传播，5世纪在南印度形成跋罗婆文（pallava），跋罗婆文于5—7世纪间传到东南亚，约于8—9世纪形成"后跋罗婆文"。东南亚的孟高棉人在后跋罗婆文基础上创制了古高棉文字和古孟文两种文字系统。古高棉文字后发展出泰文、柬埔寨文、老挝文、黑傣文等文字，这几种文字具有明显的传承关系；古孟文后发展出今孟文、缅甸文、印度掸文、泰国北部兰纳傣文、缅甸景栋傣文以及西双版纳老傣文等文字。今天这些文字尽管外形差别较大，但同来自后跋罗婆文，文字的设计理念和字母对应规则仍非常明显，如泰文和傣文，尽管外形差别大，但很多字母，如元音在声母中的相对位置仍然基本一致。①

傣文从类型上也分为两种，一种是古孟文系统，代表性文字是西双版纳傣文（傣泐文），另一种是古高棉文系统，代表性文字是德宏傣文（傣那文），而孟定傣文（傣绷文）和金平傣文则是在西双版纳傣文和德宏傣文基础上，吸收了这两种文字部分特点创制出来的文字。四种傣文中西双版纳老傣文创制最早，距今有一千余年，德宏老傣文也已有七八百年的历史，其他两种傣文创制要晚些。四种傣文都是拼音型文字。除金平傣文外②，其他几种傣文的产生与创制都与南传佛教传播密切相关。几种傣文的书写形式或字体差异较大，有的是圆体文字，有的是方体文字，有的方圆兼备，但在书写方式上都是自左向右书写，自上向下换行的，它们之间有很多共性。傣文创制与周边国家民族文字有着较为密切的关系。西双版纳老傣文过去主要通行于泰国北部、缅甸掸邦东北部、中国云南西双版纳等地区，广泛使用于官府文书、寺庙刻经和民间记事。直到今天，泰国北部的兰纳文、缅甸的傣痕文与西双版纳老傣文形式基本相同，仅有个别字母有差异，这些字母与缅甸文也有明显的对应关系，生动反映了中缅泰傣

---

① 关于东南亚文字的演化路径可参考［俄］伊斯特林《文字的产生和发展》，左少兴译，北京大学出版社2002年版，第213页；陈炜《印度帕瓦拉文字在泰国的传播与演变》，硕士学位论文，战略支援部队信息工程大学，2019年。

② 金平傣文是一种后创型文字，它具有混合性质，既具有西双版纳老傣文的圆形特征，同时也具有德宏傣文的字母方形特点。而且金平傣族不信仰南传佛教，它只借用了文字形式。

文"文字圈"共性特点。德宏傣文主要通行于缅甸西北部、中国德宏傣族等地区，官府、寺庙和民间使用较为频繁；傣绷文通行于缅甸中北部及中国云南沿缅甸边境的傣族聚居乡镇，如耿马孟定等地方，使用面较为狭窄，主要在寺庙中使用；金平傣文通行于越南北部与中国云南金平县相接壤的一块区域，使用面更为狭窄，主要用来记录民间歌谣和部分古籍。

西双版纳老傣文一般认为创制在南宋末年至明初这个时间段，它形成的古籍文献也最多。西双版纳老傣文也叫傣泐文"to^{55}lɯ^{11}"。to^{55}为"身体；文字；只、个"，"lɯ^{11}泐"是西双版纳傣族自称，合起来就是"傣泐人使用的文字"，这是从族称角度说明西双版纳傣文的性质，以区别于傣族其他支系的文字。西双版纳老傣文通常叫"to^{55}tham^{51}"，tham^{51}是巴利语dhamma 或梵语 dharma，意思是"法，道德"，汉语音译为"达摩"，傣语引申为"经书"，合起来可译为"经书文"，这是从来源角度说明西双版纳老傣文的性质，揭示了西双版纳老傣文与南传佛教间的传播关系。"to^{55}tham^{51}"这个名称也通行于泰国北部、缅甸掸邦、老挝北部等使用这一文字的地区。目前国际上通行"to^{55}tham^{51}"这个名称，并以之作为傣文国际编码的名称。而"老傣文"则是相对于新傣文而言，是就其产生时间顺序而言的，这个名称出现得比较晚，出现在 20 世纪 50 年代新傣文创制之后。"傣泐文""经书文""老傣文""版纳傣文"四个名称从不同角度揭示了西双版纳傣文的属性特征。

（二）傣泐文字形特征

傣泐文（经书文、老傣文、西双版纳傣文）主要在我国的西双版纳傣族自治州和普洱市孟连、景谷等县使用，国外则主要在缅甸掸邦的勐勇一带使用，此外泰北的兰纳文与傣泐文基本相同，仅几个字母有差异。傣泐文从外形上看是一种圆形文字。它主要使用四个朝向不同的半圆（如朝左的半圆ꪈ表示长元音 ā），并利用半圆的位置、大小、朝向和弧度等要素，单独或组合构成具有区别特征的不同字母。为说明傣泐文的具体特点，我们给出 4 个傣文字母的图片并做了分析。

从图 0-1 可看出，傣泐文与兰纳傣阮文、掸文、孟文、缅文和景栋傣痕文字形基本一样。高音组字母 t 是由两个开口朝下和一个开口朝上的半圆构成，左边为一圆形，右边为一朝下的半圆；高音组字母 ph 是由三个开口朝右和一个开口朝左的半圆构成，但半圆的大小、位置和弧度有别；高音组字母 k 是由两个开口朝下的半圆接续构成；低音组字母 j 则由两个开口朝上的半圆接续构成，与高音组 k 字形构成相同但方向完全相反。其他字母构成情况也差不多，总之，半圆是傣泐文构成的基础。

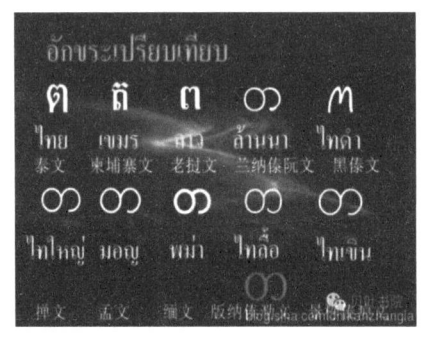

高音组 t

高音组 ph

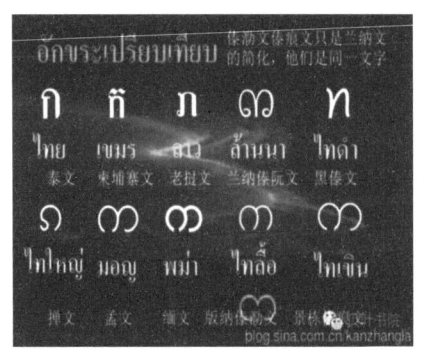

高音组 k

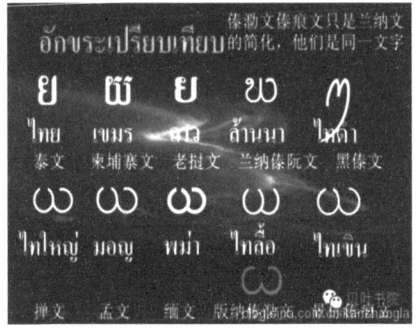

低音组 j

图 0-1　傣文与其他相同来源字母对照图

资料来源：西双版纳贝叶书院公众号。水印遮挡处为"版纳傣泐文""景栋傣痕文"。

(三) 傣泐文是典型的"一文双语"型文字

傣泐文是以声母为核心的拼音文字，同时也是典型的"一文双语"型文字。创制之初它只有 41 个字母，完全对应巴利语的 41 个字母，是专门用来转写巴利语佛经的。傣族古籍文献中保存了大量的巴利语，这些用傣文转写的巴利语词汇，除了少数发生语音变异和语音演变外，绝大多数词直接通过字母对应关系就可还原为巴利语原形形式。转写对应见表 0-1 所示。

在转写巴利语过程中，由于巴利语是多音节且有大量复辅音的语言，为了转写巴利语的复辅音，傣文在转写过程中形成了大量的合体字。这些合体字保证了傣文与巴利语字母间较为严格的语音对应关系。实际上这也是婆罗米文字共有的特点，正如著名文字学家伊斯特林评价天城体梵文时所说的一样："这样一来，音节文字的一个主要缺点——难以表示相邻的辅音——在天城体梵文字母中就得以克服了。不仅如此，天城体文字（在表达言语方面）是表音最准确的文字体系之一。但是，这点是靠突出音节文字的另一缺点——多符号性，以及靠合体符号在结构上的复杂化和使用辅助符号（纯辅音符号，鼻化辅音符号等）来做到的。"①

傣语没有复辅音，为了消化巴利语复辅音，傣语大多数时候会将巴利语的复辅音前一辅音韵尾化，而傣文书写时则会将复辅音堆叠在一起，形成合体字。傣文采用字母对应和合体字两种方法就可准确地转写巴利语了，见表 0-2 所示。

表 0-1　　　　　　　　巴利语字母与傣语字母转写关系表

老傣文字母	巴利语读音	傣语现代读音	备注	老傣文字母	巴利语读音	傣语现代读音	备注
ᨠ	a^{55}	ʔ	拼写傣语高音组零声母和转写巴利语借词	ᨡ	ā	$ʔā^{51}$	拼写少量傣语低音组零声母，一般转写巴利语借词

---

① ［俄］伊斯特林：《文字的历史》，左少兴译，中国国际广播出版社 2018 年版，第 202 页。

续表

老傣文字母	巴利语读音	傣语现代读音	备注	老傣文字母	巴利语读音	傣语现代读音	备注
ဣ	i^{55}	$ʔi^{55}$	一般只转写巴利语借词	ဤ	ī	$ʔī^{51}$	只转写巴利语借词
ဥ	u^{55}	$ʔu^{55}$	一般只转写巴利语借词	ဦ	ū	$ʔū^{51}$	一般只转写巴利语借词
ဧ	e	$ʔe^{13}$	一般只转写巴利语借词	ဩ	o	$ʔo^{13}$	只转写巴利语借词
က	k	k	拼写傣语高音组和转写巴利语借词	ခ	kh	kh 或 x	拼写傣语高音组和转写巴利语借词
ဂ	g	k	拼写傣语低音组和转写巴利语借词	ဃ	gh	kh 或 x	只转写巴利语借词
ང	ṅ	ŋ	拼写傣语低音组和转写巴利语借词	စ	c	ts	拼写傣语高音组和转写巴利语借词
ဆ	ch	s	只转写巴利语借词	ဇ	j	ts	拼写傣语低音组和转写巴利语借词
ဈ	jh	s	只转写巴利语借词	ည	ñ	j	只转写巴利语借词
ဋ	ṭ	t	只转写巴利语借词	ဌ	ṭh	th	只转写巴利语借词
ဍ	ḍ	d	拼写傣语高音组和转写巴利语借词	ဎ	ḍh	th	只转写巴利语借词
ဏ	ṇ	n	只转写巴利语借词	တ	t	t	拼写傣语高音组和转写巴利语借词
ထ	th	th	拼写傣语高音组和转写巴利语借词	ဒ	d	t	拼写傣语低音组和转写巴利语借词
ဓ	dh	th	拼写傣语低音组和转写巴利语借词	န	n	n	拼写傣语高音组和转写巴利语借词
ပ	p	b	拼写傣语高音组和转写巴利语借词	ဖ	ph	ph	拼写傣语高音组和转写巴利语借词
ဗ	b	p	拼写傣语低音组和转写巴利语借词	ဘ	bh	ph	拼写傣语低音组和转写巴利语借词
မ	m	m	拼写傣语低音组和转写巴利语借词	ယ	y	j	拼写傣语低音组和转写巴利语借词
ရ	r	r 或 h	拼写傣语低音组和转写巴利语借词	လ	l	l	拼写傣语低音组和转写巴利语借词
ဝ	v	v	拼写傣语低音组和转写巴利语借词	သ	s	s	拼写傣语高音组和转写巴利语借词

续表

老傣文字母	巴利语读音	傣语现代读音	备注	老傣文字母	巴利语读音	傣语现代读音	备注
ဢ	h	h	拼写傣语高音组和转写巴利语借词	ဠ	ḷ	l	只转写巴利语借词
ံ	aṃ	aŋ	只转写巴利语借词				

表0-2　　　　　　傣文合体字与巴利语对应表

傣文国际音标	傣文形式	巴利语	巴利语词义	备注
ba^{55}hik^{33}xi^{55}naŋ^{51}		parikkhīṇaṃ	消耗尽的，灭尽的	kkhī为复辅音，傣文将它们堆叠在一起。并将k韵尾化作ri的韵尾或不读出来，但一般需写出来
ba^{55}hun^{51}ha^{55}		parūḷha	长寿的；长的，生长的	ḷha为复辅音，傣文将它们堆叠在一起。并将ḷ韵尾化为n加在ru上
mak^{33}ke^{33}		magge	路径，道路，方法	gge为复辅音，傣文将它们堆叠在一起，并将g韵尾化为k加在me上
me^{33}ja^{33}haŋ^{55}		mayhaṃ	第一人称代词"我"的单数属格	yhaṃ为复辅音，傣文转写时将它们堆叠在一起。但读音难以读出来，只好依次拼读
nāk^{33}kā^{51}		nāga	龙；蛇	gga为复辅音，傣文将它们堆叠在一起，并将g韵尾化为k加在na上

但巴利语和傣语语音结构差异较大，傣语有声调，元音较多，有些清鼻辅音巴利语也没有，后来为满足宗教传播的需求和适应傣语语音特点，傣族知识分子对傣泐文进行了多次改革，包括创制了一套与老傣泐文有关但差别较大的车里译语等。傣泐文改革主要集中在三个方面：一是创制了13个专门用来拼写傣语的声母符号，这部分声母符号一般只用来拼写傣语固有词和除巴利语之外的汉语借词等；二是在声母基础上，利用改变符号形状、大小等方式，重新创制了符合傣语语音特点的一整套韵母符号；三是创制了2个声调符号并借助声母高低音组和隐形标调的方式标注傣语六个调值。这样傣泐文既可完整地转写巴利语，也可用来拼写傣语。但相应

的代价就是老傣文的字母数量较多,不同的字母形式就有300多个(不计算合体字),这就成为傣泐文难以普及的重要因素和后来新傣文改革的最主要动力。

傣泐文字母表生动体现了"一文双语型"文字的特征。傣泐文字母表由两部分组成,即传统41个字母和15个附属辅音字母(傣语韵母和声调符号不在字母表里出现)两部分。前半部分41个字母与巴利语字母顺序完全一致,后半部分是增添的傣语特有声母符号。

附录一

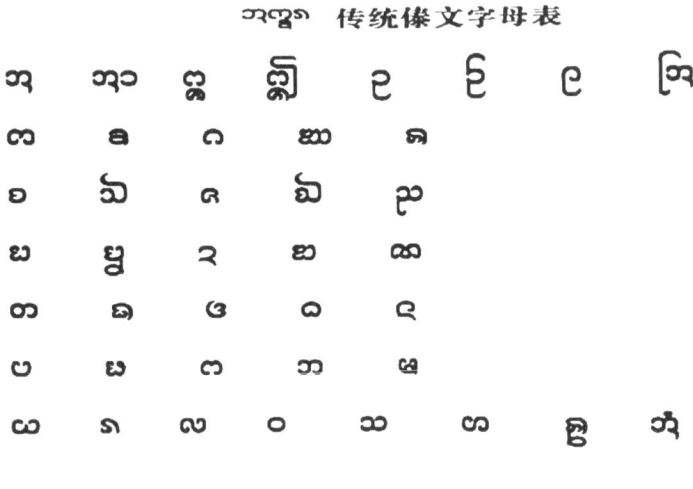

图 0-2　傣语传统字母表

资料来源:《傣汉词典》第876页。

ဘက္ခရ Ɂak⁵⁵xa⁵⁵ha³³ 傣语汉译为 "字母"。它来自巴利语借词 akkhara [（Vedic akṣara）constant, durable, lasting; for one of 4 branches of Vedic learning. It is Phonetics which probably included Grammar. 1. 不灭的，永远的；2.（语法）缀音、字母、文字、词]①。傣文字形与巴利语语音存在一一对应关系，但傣语只借用了巴利语的第二个义项。老傣文前 41 个字母与巴利语 41 个字母是完全对应的，它们之间可互相转换。其中前 8 个为巴利语的母音（单元音），这 8 个母音，傣文除了借用个别字母做零声母或词缀外，其他字母只能用来转写巴利语借词，不能用来拼写傣语固有词或汉语借词。后面 33 个巴利语子音（辅音），傣语有的借用为相同或发音近似的声母，有的字母也只用来转写巴利语借词。

从巴利语罗马字转写和老傣泐文实际读音来看，巴利语中很多辅音，傣泐文实际上并不存在，如 gh/ch/jh/ṅ/ṇ/ṭ/ṭh/ḍ/ḍh 等音，但为了较为完整地记录巴利语，这些辅音系统完整地保留在了傣泐文字母体系中，并创制了相应的书写形式，在此后的发展过程中，傣文又将部分辅音傣语化，从而造成了傣语一个声母多种写法的局面。

后面 တိုဗဟိ to⁵⁵ba⁵⁵hi³³vān⁵¹ 翻译为 "附属字母" 是较为准确的，同时也体现了前面 41 个字母和后面 15 个符号之间的关系。ba⁵⁵hi³³vān⁵¹ 也是巴利语 Parivāra [（fr. pari+vṛ）1. Surrounding, suite, retinue, followers; 2. usually as *adj.* surrounded by, in company of; 3. Ingredient, accessories（pl.）; 4. as N. it is the name of the last book of the Vinaya Piṭaka . 1. 跟从的，随从的，跟从者；2. 追随者、伴奏或拥有作为荣誉的标志；3. 成分、辅料、必需品；4. 附件，附录]。这个词的语音与傣语拼写法也存在一一对应关系，词义也基本一样。字母表最后两个 lɛ³³（和；的；了）和 lɛu¹¹（之后；了）并非字母，而是使用频率高的两个常用词的省略形式。

---

① 本书巴利语梵语英文词条来源于 *The Pali Text Society's Pali-English dictionary*，http://dsal.uchicago.edu.dictionaries/pati/。汉文词条主要来源于慧音、慧观编著：《巴汉词语手册》，宗教文化出版社 2013 年版，部分词条参考《傣汉词典》释义，云南民族出版社 2014 年版。*The Pali Text Society's Pali-English dictionary* 附有很多材料引证，大多删去。

傣泐文字母表是不含傣语后来创制的韵母的，这与婆罗米辅音字母文字传统有着密切关系。下表是老傣文韵母表（包含 18 个单元音。横行第一行依次为 a/i/u/e/ɛ/o/ɔ/ɯ/ə 9 个长元音，第二行依次为 9 个短元音），13 个复韵母（第三行依次为 ai/āi/ui/oi/ɔi/ɯi/əi，第四行依次为 au/āu/iu/eu/ɛu/əu），30 个鼻音韵母（第五行依次为 aŋ/āŋ/iŋ/uŋ/ūŋ/eŋ/ɛŋ/oŋ/ɔŋ/ɯŋ/əŋ；第六行依次为 an/ān/in/un/ūn/en/ɛn/on/ɔn/ɯn/ən；第七行依次为 am/ām/im/um/ūm/em/ɛm/om/ɔm/ɯm/əm）和 30 个塞音韵母（第八行依次为 ak/āk/ik/uk/ūk/ek/ɛk/ok/ɔk/ɯk/ək；第九行依次为 at/āt/it/

图 0-3　传统傣文韵母表

资料来源：《傣汉词典》第 877 页。

ut/ūt/et/εt/ot/ɔt/ɯt/ət）；第十行依次为 ap/āp/ip/up/ūp/ep/εp/op/ɔp/ɯp/əp）。傣语韵母数量较多，有 91 个。韵母类型也较多，有长短单元音，有复合韵母，有鼻音韵母，还有塞音韵母。而巴利语是多音节无声调没有复韵母的语言，除 aŋ 外，没有其他鼻音或塞音韵母。因此傣巴两种语言韵母的差异较大。老傣文在创制文字过程中，除了借用相应部位声母做韵尾外，韵腹（包括与巴利语相同的单元音）都是在辅音基础上利用辅音变异形式另外创制的。也就是说，巴利语 8 个母音（单元音）一般只用来转写巴利语①，傣语另外创制了 18 个单元音（区分长短元音）来拼写傣语固有词和古汉语借词。

（四）傣泐文拼写规则

傣文拼写规则可概括为四个方面：（1）声母区分高低音组，即一个声母至少有两个文字书写形式，如辅音 k 有 ꍌ、ꀀ 两种书写形式。其中高音组 ꍌ 只拼写傣语阴声调，即 55 调、35 调和 13 调，阴调类对应老傣文清声母；低音组 ꀀ 只拼写傣语阳声调，即 51 调、33 调和 11 调，阳调类对应老傣文浊声母。两者区分非常严格，除拼写错误的词语外，两者绝不混淆。（2）单元音有固定位置。长短元音 a 一般位于声母右边（短元音 a 变异形式∕在上面），元音 i/ɯ 只能位于声母上面，长元音 u/ɔ 一般位于声母下面，长元音 e/ε/o 只能在声母前面，ə 是复合形式，由 e/i/ɔ 三个元音组合而成。② 单元音位置，特别是 a/i/u 的位置傣文、藏文、梵文都是一致的，这说明它们具有渊源关系，而老傣文九个单元音位置与泰文完全一致，这说明它们之间关系更为密切。（3）拼写时以声母为核心，韵母各个组成部分环绕在声母周围，形成前加、后加、上加和下加成分，这一点与同来自婆罗米字母的藏语拼写很相似。（4）为体现字母表中声母的核心地

---

① 短元音 a ꍈ 借用作傣语喉塞音 ʔ，起着隔音字母的作用，用来区隔零声母词。
② 傣语短元音书写较为特殊，a/i/u 书写方式不一样。ə 和 ɯ 通过元音 i 的长短字形来显示长短；短元音 ɔ 通过是否加 o 来显示长短；其他三个元音 e/ε/o 则是通过是否加短元音 a 来显示长短。

位，声调只能标注在声母上，其中55调和51调不标调（塞音尾33调，塞音韵尾35调也不标调，通过塞音韵尾来体现），而是通过声母的高低音组来隐性标调。巴利语借词都不需要标调，因为其调类集中在55调、51调和塞音尾的33调及35调中，这几个调类都是隐性标调。傣语固有词及其他民族语言借词才需要显性标调。总之，傣语拼写法是一种以声母为核心，韵母和声调环绕在声母前后左右的拼写形式。我们举例来看一下，见图0-4所示。

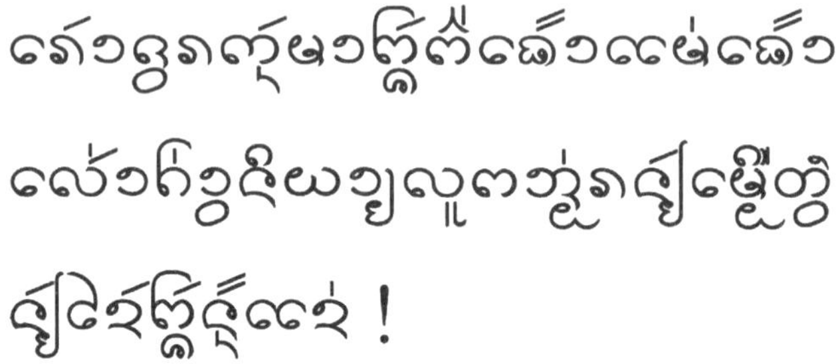

图 0-4 傣文拼写示意图

资料来源：西双版纳贝叶书院公众号。

(hau^{51} tson^{51} kan^{55} mā^{51} faŋ^{51} pɔ^{33} thau^{13} mɛ^{33} thau^{13} lau^{33} xāu^{33} ni^{33} jāi^{51}. luk^{33} ʔɔn^{35} nɔi^{11} mə^{33} to^{55} nɔi^{11} dai^{13} faŋ^{51} nan^{11} dɛ^{35}. 我们一起来听老人讲故事。小孩都来听吧！)

上面第一句话 hau^{51} tson^{51} kan^{55} mā^{51} faŋ^{51} pɔ^{33} thau^{13} mɛ^{33} thau^{13} lau^{33} xāu^{33} ni^{33} jāi^{51}. ꪨ、ꪈ、ꪀ、ꪵ、ꪶ、ꪎ、ꪉ、ꪚ、ꪌ、ꪶ、ꪃ、ꪻ为各个音节的声母，①和▮为声调。其他部分是韵母，韵母环绕在声母前后左右。单元音各有相对的位置，鼻音韵尾、塞音韵尾和单元音不能处于同一位

---

① ╱是否为声调得视情况而定，它也可用来表示短元音 a（ai 除外），上述图片中除 ai 外，其他含有短元音的╱都是短元音 a。"thau^{13} 老"中两斜杠╱，其中上面表示声调，下面表示短元音 a。

置。当单元音在声母左侧时,鼻音和塞音韵尾一般在声母下面或右侧;当单元音在声母下面时,塞音或鼻音韵尾一般在声母右侧;当单元音在上面时,鼻音或塞音韵尾在下面或右侧,单元音与韵尾形成位置互补①。

老傣文书写形式不仅可为识别巴利语提供极大帮助,而且还可看出词汇的语音变异、语音演变以及词汇书写中的讹误问题,此外它与异形词关系更为密切,是词汇研究绕不过去的问题。因此,我们在这里做了简要介绍。

二 《维先达腊》来源、内容和文本结构

《维先达腊》是傣族最为著名的古籍文献,也是东南亚佛教文化圈知名文献,传播范围较广。本节讨论《维先达腊》来源、主要内容和文本结构等问题。

(一)《维先达腊》来源及其与《太子须大拏经》等汉译佛经的关系

《维先达腊》是傣族最为知名的傣族古籍,几乎家喻户晓。傣族泼水节、安居节以及其他重要节日,寺庙中都要诵念这部本生经。按照傣族传统习惯,每年在安居节期间一般都要举行"tān^{51}tham^{51}赕坦"活动,傣族还有专门的"赕经节"。tān^{51}tham^{51}是巴利语词,汉语意思为"布施经书"。tān^{51}巴利语为 dāna [giving, dealing out, gift; liberality, munificence; esp. a charitable gift to a bhikkhu or to the community of bhikkhus, the Sangha. 2. Special merit & importance is attached toe mahādāna the great gift, i. e. the great offering (of gifts to the Saṃgha), in character the buddhistic equivalent of the brahmanic mahāyajña the chief sacrifice. 给予,分发,礼物;施舍、慷慨,尤其是给比丘或僧团比丘团体的慈善礼物]。"tham^{51}"是巴

---

① 韵母环绕在前后左右,但并不要求四方都一定要有字母,四方任何一方都可缺失,一般以三方为主。鼻音或塞音韵尾只能在下方或右侧。

利语"dhamma 法，达摩"，傣语引申为"经书"义。每次"赕坦"结束时必念《维先达腊》，"各家各户赕经书给佛寺，是此仪式的中心内容。一般情况下，各户所赕经书少则一本，多则不限。仪式开始必念《桑比达夏》（三藏经，象征性念诵其中的一段），结束必念《维先达腊》，其间所念经文数量和内容不拘"①。"不论是过去还是现在，西双版纳傣族最常用的本生经都是《维先达腊》本生经。因此，这个本生经不仅翻译方式丰富，而且版本也比较多，从一个侧面反映了南传上座部佛教及其佛学思想傣族化的历史。"② 此外，很多寺庙中都有《维先达腊》的壁画。

"维先达腊"也为巴利语，其形式为 vessantara，梵语为 viśvantara。傣语转写形式为ဝေဿန္တရ vet^{33}san^{55}ta^{55}ha^{33}③。"维先达腊"是人名，汉译佛经音译为"毗输安多罗、毗输安呾罗"等，但在汉译佛经中最为常见的翻译是"须大拏"。维先达腊与"须大拏"词语来源不同但指称同一人物，它们都是指佛陀释迦牟尼的前生。《维先达腊》主要内容与《六度经·须大拏经》（以下简称《六度经》）、《太子须大拏经》以及《菩萨本缘经·一切持王子》（以下简称《菩萨本缘经》）主要情节相同，此外印度圣勇《本生鬘·毗输安多罗本生》内容亦类似。从梵巴词形、经书性质、主要内容、主要人物各方面看，都可确认它们是同一本生故事来源。该经传播范围很广，如于阗文有《善财王子须大拏譬喻经》，藏文古籍有《智美更登》，也与《太子须大拏本生经》有密切关系④。此外，《维先达腊》本生故事浮

---

① 杨民康：《贝叶礼赞》，宗教文化出版社 2003 年版，第 120 页。详细情况可参见该书第 119—135 页。笔者 2018 年暑假赴西双版纳调研，曾在景洪市橄榄坝曼春满佛寺听佛爷念诵《维先达腊》。时间从前一天晚上十点一直到第二天中午十二点，由寺庙中多个佛爷轮流念诵。

② 姚珏：《傣族本生经研究——以西双版纳勐龙为中心》，《世界宗教研究》2006 年第 3 期。

③ 按照傣文字形，汉译为"维三达拉"更准确，但由于傣语短元音 a 在鼻音 n 前高化为 ɛ，现代口语读为 sɛn^{55}。

④ 相关研究可参见［印度］A. 詹姆柯德卡尔《须大拏本生研究》，杨富学译，《敦煌研究》1995 年第 2 期；史晓明《克孜尔第 81 窟须大拏本生连环画的初步研究——兼论米兰壁画的相关问题》，载《龟兹学研究》（第一辑），新疆大学出版社 2006 年版，第 362—369 页；李裕群《大同新出北魏须大拏本生故事雕刻考》，载《石窟寺研究》（第 8 辑），科学出版社 2018 年版，第 65—76 页；完德加布《〈太子须大拏经〉与〈智美更登〉比较研究》，硕士学位论文，青海师范大学，2013 年；町田辉《〈太子须大拏经〉中泰故事比较研究》，硕士学位论文，东南大学，2020 年。

雕和佛像也见于多处，如印度 sañchī 浮雕、amaravatī 古迹浮雕、mathurā 遗迹雕刻和犍陀罗佛像以及我国的敦煌莫高窟、克孜尔石窟、山西大同新出北魏石建筑残件都有该经内容的壁画或雕刻。

(二)《维先达腊》性质和版本情况

《维先达腊》为本生故事。本生故事主要形成于部派佛教时期，"'本生'观念建立在当时的佛陀观和业报轮回教理基础之上，又与印度古代传统宇宙观有关系"①。"本生"一词梵语巴利语皆为 jātaka，汉语音译为"阇多伽、阇陀"，意译为"本生、本起、本缘、本生谭、本生话、本生经"等，是佛典九分教或十二分教之一。故事主要讲述佛陀及弟子在过去生（前生）中的故事或事迹，特别是释迦牟尼佛在过去无数劫以来各种修行的故事。《成实论》卷一说："阇多伽者，因现在事说过去事。"② 在南传佛教巴利语佛典里，保留有完整的本生经故事，即五《阿含》中的《小尼迦耶》（《小部》）的十部经，共有 547 个本生经故事。《维先达腊》则为 547 个故事中最后一个本生故事。

本生故事不管是汉传本生还是巴利语本生，结构都大致相同。每一部本生故事基本由三部分组成。第一部分是佛陀在现世说法，类似于一般佛典的序分，主要讲述佛陀今生故事，说明佛陀说法地点和缘由，内容比较简单。《维先达腊》第一册为序分，前半部分讲述了佛祖释迦牟尼的法力，描写了其父净饭王躬身跪拜听故事的场景，后半部分则宕开一笔，用大段篇幅讲述了维先达腊母亲普萨丽前生以及转世内容，并以她请求十愿结束；第二部分是本生故事主体，相当于一般佛典的正宗分，讲述佛陀在过去劫中的故事，是本生故事主体部分，《维先达腊》第二册到第十三册前半部分都是讲述维先达腊故事；第三部分是回到现在，由释迦牟尼出面，说明他前生故事中的角色与今生故事中的人物对应关系，相当于一般佛典的流通分，《维先达腊》第 13 册后半部分为该内容。

---

① 孙昌武：《佛教文学十讲》，中华书局 2014 年版，第 29 页。
② （后秦）鸠摩罗什译：《成实论》，http://www.shixiu.net/dujing/fojing/lunjibu/3097.html。

《维先达腊》翻译方式和版本都较多。翻译方式有直译(巴利语傣文各约占50%)、意译(巴利语约占30%,老傣文约占70%)、解释性翻译(巴利语约占10%,老傣文约占90%)和艺术性翻译(巴利语约占1%,老傣文约占99%)四种形式。这四种方式生动地体现了巴利语佛经不断傣族化的过程。《维先达腊》现至少有八种版本。具体情况如下:

1.《千行诗本》,贝叶刻本,3册。译本直接源于巴利语三藏本生经,为老傣文转写的巴利语偈颂,没有傣语固有词。今西双版纳景洪和勐龙有此版本。

2. 金龙本。贝叶刻本,5册。清中期由勐龙佛爷帕雅龙罕纳曼康弯根据《千行诗本》翻译。译文依据傣语押韵规律采用韵文注释巴利语偈颂。现存勐龙。

3. 直译本。贝叶刻本,13册。清中期由傣族知识分子帕雅龙咯涛宰山根据《千行诗本》无删减直译,今存勐龙。这个版本将巴利语直译为傣语,有利于普通佛教徒和信众理解《维先达腊》。这个版本一直受到傣族佛爷重视,对后世译本有重大影响。此外,帕雅龙咯涛宰山弟子老挝万象长老据此创作了万象本《维先达腊》。

4. 意译本。贝叶刻本,13册。20世纪初期由勐龙佛爷都坝罕腊根据上述两种版本意译,每句巴利语偈颂用百句以内的傣文进行意译、解释和阐发。现已失传。

5. 金象牙本。贝叶刻本,13册。由勐龙纳拉塔帕雅龙宰雅宋罕根据上述三种版本扩充。西双版纳已失传,但据说在缅甸掸邦和勐养有存本。

6. 勐豁本。贝叶刻本,13册。由景谷长老译。本经将巴利语偈颂全部翻译成傣语。目前景洪嘎洒和景谷还有该经,是20世纪80年代从缅甸勐垒抄录的。

7. 万象本。贝叶刻本,13册。由老挝万象长老翻译并创作。从第五册开始增加了大量篇幅。[①]

8. 中国贝叶经全集本。贝叶刻本,13册。勐龙民间抄本,篇幅较大,

---

① 关于《维先达腊》版本问题,详见姚珏《傣族本生经研究——以西双版纳勐龙为中心》,《世界宗教研究》2006年第3期。

既保留了大量巴利语偈颂，也用傣语进行了较为详细的注释。该版本是目前存世中较好的一个版本，但与上述版本描述皆有不符之处。本书以该版本作为研究材料。

（三）《维先达腊》文本结构

《维先达腊》每册长短不一，但文本结构几乎相同，这是由佛经口授传统决定的。本生故事基本叙述模式为讲述和倾听的口授模式，早期文本相对来说比较短，但即使这样，也会存在需要大量记忆的情况。为了帮助记忆，经文中采用了多种助忆手段，如使用各种套语或固定格式，重复整句或整段文字，使用很多解释性词语，运用多达三四十句的排比句等。《维先达腊》每章抬头部分都是ꪹꪙꪮꪶꪣꪎꪱ（$na^{33}mo^{51}tat^{55}sat^{55}thu^{55}$）。这句话是巴利语，巴利语为 namo tassa atthu（让我礼敬）。有时候，在ꪹꪙꪮꪶꪣꪎꪱ前添加章节开始提示符号ꫛ，表示这一章要开始了，但这个符号不是必需的。在ꪹꪙꪮꪶꪣꪎꪱ之后是一大段巴利语偈颂。偈颂内容每章都不相同，但都是赞美释迦牟尼或概括本册内容的。

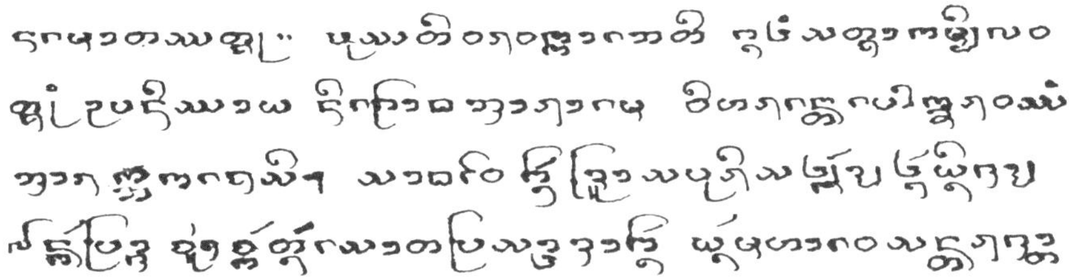

图 0-5

上面这段话为第一章开始部分，在ꪹꪙꪮꪶꪣꪎꪱ之后，ꪎꪱꪉꪫꪮ（$sā^{55}tha^{33}vo^{51}$信解脱者）之前皆为巴利语赞语。$sā^{55}tha^{33}vo^{51}$之后又为固定结构 $faŋ^{51}du^{55}dā^{51}sa^{55}bu^{55}ri^{33}sa^{55}taŋ^{51}lāi^{55}$（听吧，善男信女们）。每册都会有好几处，提醒或提示善男信女倾听本生故事。正文部分大多为傣巴混合语，以傣语为主，如上段话 $sā^{55}tha^{33}vo^{51}$ 之后的 "$faŋ^{51}du^{55}dā^{51}sa^{55}bu^{55}ri^{33}sa^{55}taŋ^{51}lāi^{55}$

jiŋ⁵¹tsāi⁵¹lɛ³³ nak³³ brāt³⁵ tsuŋ³⁵ tsak⁵⁵ taŋ¹³ so⁵⁵ ta⁵⁵ bra⁵⁵ sāt³⁵ dā⁵⁵ faŋ⁵¹ jaŋ⁵¹ ma³³ hā⁵⁵ ve³³ san⁵⁵ ta⁵⁵ ha³³ tsāt³³"（听吧，善男信女和学者们，务必竖立起耳朵安静地倾听维先达腊……）中"sa⁵⁵bu⁵⁵ri³³sa⁵⁵ 善士、so⁵⁵ta⁵⁵ 耳朵、bra⁵⁵sāt³⁵ 宁静、ma³³hā⁵⁵ 伟大、ve³³san⁵⁵ta⁵⁵ha³³ 维先达腊、tsāt³³ 世代、出生"为巴利语，其他则为傣语固有词。

每章结束部分也大致相同，形成了固定表达方式，甚至使用的主要词语也大致相同，如第三章结束部分。

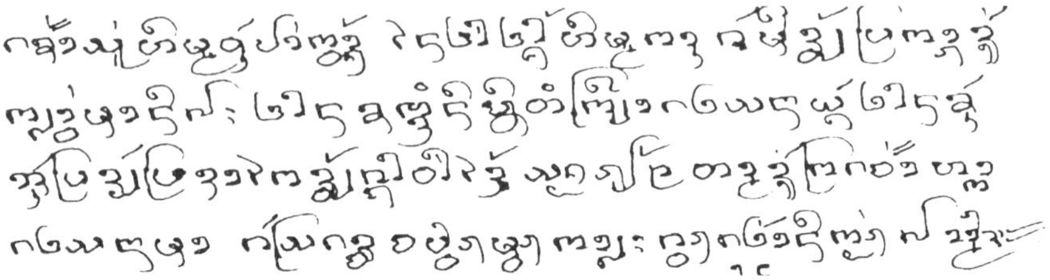

图0-6

（xau¹³su³⁵him⁵⁵ma³³van⁵¹pā³⁵kvāŋ¹³nai⁵¹tā³³tāŋ¹¹him⁵⁵ma³³pān⁵¹）kɔ¹¹
　　进入　雪山林　　　森林，里　河边　雪山林　　也
mi⁵¹doi¹³bra⁵⁵kān⁵⁵daŋ³⁵klāu³⁵mā⁵¹ni³³lɛ³³tā⁵¹na³³xan⁵⁵ni⁵¹thi⁵⁵taŋ⁵⁵ki⁵⁵ri⁵⁵jā⁵¹
　有　于　事项　　如　告诉　来　这了。布施马　结束了　　事迹
te³³sa⁵⁵nā⁵¹jaŋ⁵¹tā⁵¹na³³xan⁵⁵ʔan⁵⁵bra⁵⁵dap⁵⁵bra⁵⁵dā⁵¹pai⁵¹doi¹³kā⁵¹tha⁵⁵vā³³
　宣教　于　布施马　的　修饰　　修饰　　去　于　偈颂　说
dai¹³sɔŋ⁵⁵hɔi¹¹kau¹³tām⁵⁵daŋ³⁵pra³³tsau¹³hāk³⁵te³³sa⁵⁵nā⁵¹mā⁵¹kɔ¹¹sra⁵⁵set⁵⁵
　得　两　百　九　正如　佛祖　都　宣教　来　就　结束
bo⁵⁵ha³³mon⁵¹kā⁵⁵la³³kon⁵¹tau³³ni³³kɔn³⁵lɛ³³.
　结束　　时间　　应　到　这　了。

（进入雪山林），如以上所述，布施马上结束了。宣教布施马章的事迹有偈颂二百零九条，这些都是佛祖宣教的。就要结束了，时间就到这了。

《维先达腊》每册末尾差不多都以这段话结尾。个别词汇根据章节标题会有所不同，但其中"daŋ^{35} klāu^{35} mā^{51} ni^{33} lɛ^{33} 如这样告诉了""ni^{33} thi^{55} taŋ^{55} 结束""ʔan^{55} bra^{55} dap^{55} bra^{55} dā^{51} pai^{51} doi^{13} kā^{55} tha^{55} vā^{33} dai^{13} 用偈颂来修饰""kɔ^{11} sra^{55} set^{55} bo^{55} ha^{33} mon^{51} 就结束了""kā^{55} la^{33} kon^{51} tau^{33} ni^{33} kɔn^{35} lɛ^{33} 时间应到这了"等固定结构每章结束时都会反复出现。有的章节用符号ຯ， 表示该册结束，从而与ຯ相呼应。

（四）《维先达腊》各分册主要内容

《维先达腊》不同版本篇幅差别很大，同为13册的《维先达腊》，由于出自不同抄本，它们的主要内容虽一致，但内部删减和故事情节皆有所不同。

中国贝叶经全集13册《维先达腊》本，每册都有一个标题，全部为巴利语。由于标题书写形式和翻译多有错讹，这里详细考证每个标题巴利语词义，并简述每册主要内容。

1. 第 1 册为"ဗေဿ ta^{33} sa^{55} pɔn^{51}（十愿）"。ta^{33} sa^{55} 为巴利语 dasa（the number ten：十），pɔn^{51} 为巴利语 vara 的变异形式。其意义为"wish, boon, favour：愿望、恩惠、福利"①。该册篇幅不长，主要分为两个部分：前半部分用倒叙方式，讲述佛祖在迦毗罗卫国榕树园寺院施展法力，让众官员和众比丘聆听他讲维先达腊故事；后半部分讲述维先达腊母亲普萨丽在人世间经过多次生死轮回后，即将再次投胎来到人间，天神因陀罗将十项愿望馈赠于她的故事。这是《维先达腊》的序分。

2. 第 2 册为"ဟိမဝန် hi^{55} ma^{33} pān^{51}（雪山林）"。hi^{55} ma^{33} 为巴利语 hima（cold, frosty：冷的，冰冻的）；pān^{51} 为巴利语 vāna（the jungle：丛林、森林）②。该册篇幅较长，前半部分讲述了维先达腊在勐西维王国生活情况，

---

① 关于该词的变异问题可参见戴红亮《傣语转写巴利语 ɔn 韵变异分析》，《民族语文》2018年第 4 期。

② 巴利语的 v 转写为傣文时有时候为低音组 p（对应巴利语浊声母 b），这在巴利语内部就出现了这种情况，应是巴利语内部的自由变体，上面的 pɔn^{51}（愿望、恩惠、福利）同理。

选取了维先达腊降生、少小时的布施活动、十六岁时娶勐玛达国公主曼坻为妻，以及生下小王子耶利和小公主甘哈等情节。后半部分是该册重点，讲述勐羯陵伽国久旱不雨，庄稼颗粒无收，民生凋敝，人民痛苦不堪。遥远的勐羯陵伽国有位婆罗门向国王建言，委派善于辞令、富有学识的婆罗门去勐西维王国向维先达腊太子索要大白象（白象具有神奇功能，走到哪甘霖就会下到哪）。于是勐羯陵伽国王派遣了八位婆罗门去勐西维王国索取白象，维先达腊就将大白象布施给了八位婆罗门。这一举动惹怒了勐西维的官员和百姓，他们纷纷要求国王先宰雅流放维先达腊去雪山林。先宰雅无奈同意流放维先达腊十二年。维先达腊妻子曼坻得知情况后，坚决要带两个孩子耶利和甘哈跟随丈夫去雪山林迷宫山。这一章实际上与雪山林关系并不密切，只在文章末尾涉及雪山林。

3. 第 3 册为"ၯၬၭ tā^{51}na^{33}xan^{55}（布施马）"。tā^{51}na^{33} 是巴利语 dāna（给予，布施）。xan^{55} 是巴利语 khara（a donkey, a mule, nickname of a horse：驴、骡子、马的昵称）。过去该词一直未得到很好的解释，我们利用巴利语词义和该册内容予以补充。该册篇幅也较长，前半部分主要讲述维先达腊和妻子曼坻与家人依依不舍告别的场景，情节描写哀婉凄惨，具有很高的艺术性。后半部分讲维先达腊启程赴雪山林迷宫山，在路上，维先达腊又应另外四位婆罗门老者请求，将四匹宝马布施给四位婆罗门，维先达腊行为令天神感动，天神于是变成四匹金鹿来帮助维先达腊一家拉车，故事中穿插了大量环境描写。

4. 第 4 册为"ၯၭၯၬ van^{51}na^{33}ba^{55}ve^{33}（森林的入口，也可翻译为'进入森林'）"。傣文在转写这两个词时都出现了问题。van^{51}na^{33} 应为巴利语ၯၬ vana（the jungle：丛林、森林）①，而 van^{51}na^{33} 实对应巴利语 ၯၬ vaṇṇa [1. colour：颜色；2. appearance：外观；3. lustre, splendour：光泽，光彩；4. beauty：美丽；5. expression, look：表情；6. colour of skin, appearance of body：皮肤颜色、身体外观、肤色；7. in special sense applied as

---

① 巴利语 vāna 和 vana 有一个相同的义项"the jungle, 丛林、森林"，此处是 vana。

distinguishing mark of race or species, thus also constituting a mark of class (caste) distinction & translatable as "(social) grade, rank, caste": 在特殊意义上用作种族或物种的区分标志，因此也构成阶级或种姓区别的标志，可翻译为"（社会）等级、等级、种姓"；8. good impression, praise：好印象，表扬] vaṇṇa 是个常用词，傣文也借用了该词诸多义项，但都没有"丛林、森林"。这两个词傣文转写法实际上并不相同，但由于读音相近，在经书中有时混淆。根据这一章主要内容，应为ဝၵ无疑。ဝၢဝ（ba⁵⁵ve³³）巴利语并没有这个词，它应为 pavesa（entrance，入口）。实际上该经书结尾处出现了它的正确形式。

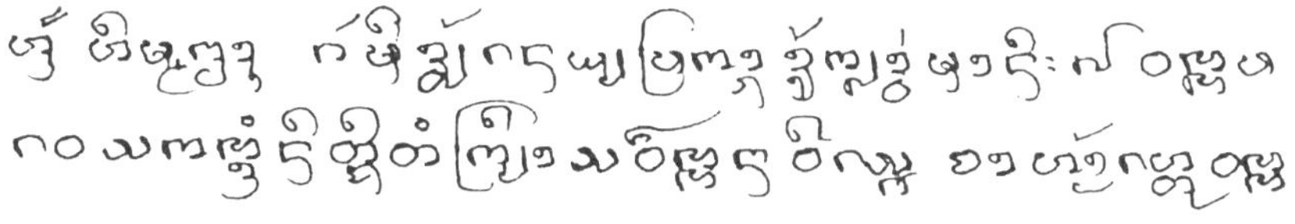

图 0-7

这句话意思是"森林入口这一章就结束了，这一章叙述得很神奇"。该册篇幅不长，主要讲述 26 岁的维先达腊带着妻儿踏上前往雪山林迷宫山沿途中的故事，重点讲述了维先达腊到达支提王国都城"ၶျၢၤၸေ့ veŋ⁵¹te⁵⁵ta⁵⁵hāt³³"（veŋ⁵¹是古汉语"城"；te⁵⁵ta⁵⁵是巴利语 Ceta：支提，当时印度十六大国之一；hāt³³是巴利语 rājā：king, a ruling potentate：国王，当权者），受到当地国王、官员和百姓热烈欢迎的场景，他们皆要求维先达腊留下来当支提国国王。维先达腊断然拒绝后，支提国王、大臣和百姓忠诚护送维先达腊一家进入森林的情节，其中支提国王还专门指派其王子支提布守护维先达腊一家。

5. 第 5 册为"ၸုၸ် tsu⁵¹tsok⁵⁵（祖卓）"。tsu⁵¹tsok⁵⁵是人名，巴利语为

Jūjaka①，傣文书写产生了语音变异。他是该经书中重要的反面人物。② 该册篇幅较长，前半部分讲述懒惰、丑陋而又愚蠢的老婆罗门祖卓在羯陵伽国依靠乞讨得到一百两金子，他把金子寄存在穷亲戚帕古腊家里。祖卓继续出去乞讨，并长时间杳无音信。帕古腊一家认为祖卓已死，并花掉了所有金子。祖卓返回后要求帕古腊归还金子，否则就要将貌美如花的女儿阿敏达答送给他作为妻奴，帕古腊无奈只好将女儿抵偿给祖卓。年轻漂亮的阿敏达答嫁给丑陋年老的乞丐祖卓后，受到当地人的谩骂和攻击。经书中特别描述了阿敏达答去河边担水、洗衣服时受到村里其他男人妻子的嫉妒、欺辱和受到少年骚扰的细节。阿敏达答被吓得不敢出门，并坚决要求百依百顺的祖卓去寻找维先达腊，让维先达腊布施两个孩子给他们作为奴隶，替他们干家务活。后半部分讲祖卓拗不过阿敏达答，只好准备干粮等物资去雪山林迷宫山寻找维先达腊。他一路上历尽艰辛，迷失了道路，正好与守卫维先达腊一家的年轻猎手ေစတပုတ္（tse⁵⁵ta⁵⁵but⁵⁵支提布③）相遇，支提布警惕性很高，将祖卓吊在树上拷打追问实情，而狡猾的祖卓编织谎言说维先达腊的父亲先宰雅想念孙子孙女，母亲普萨丽想念儿子维先达腊，指派他接维先达腊一家回勐西维，善良单纯的支提布听信了祖卓的话，并准备带祖卓进入雪山林迷宫山。

6. 第6册为"ကုလပုန် tsu⁵⁵la³³pun⁵¹（小力）"。tsu⁵⁵la³³是巴利语 Culla 或 cūḷa（small, minor：小，小的）。pun⁵¹应也是巴利语，但未找到这个词的巴利语原形。傣族传统上翻译为"小森林"。如是"小森林"，则是 vana

---

① 老傣文转写巴利语时，巴利语最后一个音节韵尾化后并附着在前一音节上，如韵尾是塞音，前一音节的短元音 a 傣语转写为 o。具体可参见第五章有关部分。

② Jūjaka: A brahmin of Dunnivittha in Kālinga, he was given a young maiden in repayment of a debt, but because she was praised for her virtues, the other wives in the village grew jealous of her and mocked her as an old man's darling, thereafter she refused to go to the village well, and suggested that Jūjaka should obtain as slaves the children of Vessantara, then living as an ascetic in Vankagiri, the wife of the brahmin who went for alms to Bāvarī was a descendant of Jūjaka. 羯陵伽国 Dunnivittha 的婆罗门。他得到了一个年轻的少女来偿还债务，但由于她的美德受到称赞，村里其他男人的妻子嫉妒她，嘲笑她是老人的宠儿。此后她拒绝去村里干活，并建议 Jūjaka 让 Vessantara 的孩子成为奴隶，为他们干活。

③ tse⁵⁵ta⁵⁵but⁵⁵巴利语为 cetaputta，汉语是"支提之子"，在《维先达腊》中为人名。

的变异形式，但《经书》文本中从未用 pun^{51} 表示"森林"。《维先达腊》中 pun^{51} 出现次数较多，但都是巴利语的 bala（strength：力，力气；军队）变异形式，结合词义和内容，我们认为翻译成"小力"可能更合适些。该册篇幅最短，主要讲述了年轻猎人支提布热情款待祖卓，跟他讲述怎样去维先达腊修行的雪山林迷宫山，并特别交代了注意事项。这一章多次采用佛经惯用格式 faŋ^{51}dɔ^{51}（听吧）形式告知祖卓迷宫山的艰险和神奇。该章环境描写成分很重，故事性较弱。

7. 第 7 册为"ᨣᩫ᩠ᨦᩁ᩺ ma^{33}hā^{55}pun^{51}（大力）"。ma^{33}hā^{55} 是巴利语 mahā（big, important：大的，重要的）。该册篇幅也较短，讲述了祖卓在去雪山林迷宫山路途中，碰到修行者腊西 rāsi（a holy man, one gifted with special powers of insight & inspiration, an anchoret, a seer, sage, saint, master：圣人，具有特殊洞察力和灵感的人，隐士，先知，圣人，大师)①。腊西一开始虽也识破了祖卓诡计，但由于祖卓善于伪装，再次用谎言骗取腊西信任，并让腊西带他去雪山林迷宫山。该章也着重于沿途风景和山上各种动植物的描写。

8. 第 8 册为"ᨠᩩᨾᩣᩁ᩺ kum^{55}mā^{51}ha^{33}ban^{55}（王子篇）"。kum^{55}mā^{51}ha^{33} 是巴利语 kumara（a young boy, son, a son of rāja：年轻男孩，儿子；王子）。ban^{55} 字形有误，应为巴利语 pabba［a knot（of a stalk），joint, section：（茎的）结，节，章节］，合起来就是"太子篇"。为什么断定它为 pabba 呢，其实还有一个更直接证据，就是这册末尾出现了该词。

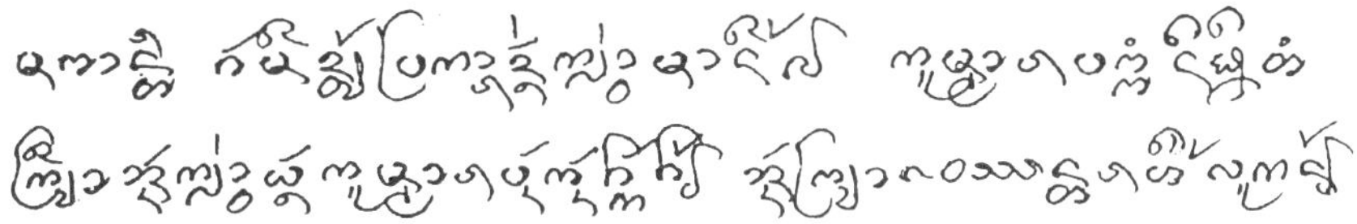

图 0-8

---

① 这个词巴利语是 isi，文中仅有一处出现。傣语一般转写为 rāsi，较为常见，与梵语 ṛasi 字形更为接近。

这段话意思是"所告诉的故事就到这了,王子篇到这里就结束了,维先达腊施舍两位王子的故事到此结束"。其中出现了 pabbaṃ(原形为 pabba)。该册篇幅较长,前半部分讲述祖卓经历各种危险来到雪山林迷宫山。维先达腊预知祖卓来索要两位王子,就想打发王妃曼坻去森林采摘。王妃曼坻预感到大事不好,心中时有恍惚,但第二天仍去森林里采摘野果。祖卓见到维先达腊后,把来意说明,维先达腊答应祖卓的布施要求,同意将两位王子布施给祖卓。两位王子看见祖卓,知道他来意不善就躲到池塘里,用荷叶遮住头部躲藏起来。但在维先达腊再三要求下,两位王子最终同意跟祖卓走。该册后半部分讲述祖卓用藤子拴住两位王子,并用藤子抽打两位王子,以及两位王子在崎岖的山路上行走的痛苦经历。

9. 第 9 册为"ᩉ mat^{33}tī^{51}(曼坻)"。mat^{33}ti^{33} 是梵语 madrī。她是维先达腊的妻子,两个孩子的生母。该册篇幅较长,前半部分讲述曼坻在森林采摘野果,天神因陀罗为了不让她赶回去阻拦维先达腊布施两位王子,派遣三位天神下凡。三位天神变成狮子、老虎和豹子挡在王妃回寺院的路上,直到天黑才放行,其中穿插了王妃采摘野果时各种心理异常表现以及对子女的担心。该册后半部分描述得极为精彩,讲述王妃回去后到处寻找两位王子,但始终找不到两位王子,询问夫君维先达腊也不作答。王妃曼坻预感大事不好,并做出种种极坏的猜想。这一章心理描写和场景描写都非常感人,是傣族文学的佳品。

10. 第 10 册为"ᩈᨠᨷ sak^{55}ka^{55}ban^{55}(帝释天篇)"。sak^{55}ka^{55} 为巴利语 sakka(梵语为 Śakra),是 sakko devānām indra(梵语为 Śakro devānām indrah)简称,ban^{55} 也应为 pabba。① 该册篇幅较短,讲述了帝释天深受感动,并决定装扮成婆罗门下凡试探维先达腊。帝释天向维先达腊乞讨将王妃曼坻布施于他作为侍女。经书中通过帝释天,使用了各种动听的语言赞

---

① 关于这个词应为 pabba,还可从英文 vessantara 标题中得到旁证。Sakkapabba: A section of the Vessantara Jātaka, dealing with the story of Sakka obtaining from Vessantara his queen Maddī as handmaiden and his restoration of her to Vessantara. (Vessantara Jātaka 的一部分,讲述了 Sakka 从 Vessantara 那里得到他的皇后 Maddī 作为侍女,并将她归还给 Vessantara 的故事。)

美维先达腊的品行。维先达腊经过思想斗争后，同意布施妻子曼坻。帝释天再一次被维先达腊的布施行为所震撼，他亮明身份并将曼坻归还于维先达腊。帝释天还询问曼坻有何愿望，曼坻许下了三大愿望并恳求帝释天帮忙实现。

11. 第11册为"འཁོར་ལོ་ ma^{33}hā^{55}hā^{51}tsa^{33}（伟大君主）"。ma^{33}hā^{55}和hā^{51}tsa^{33}上面都已解释过，这里不再赘述。该册篇幅较长，该册前半部分主要讲述祖卓准备将两位王子带到羯陵伽国，但在帝释天干扰下迷路，阴差阳错地将王子们带回勐西维王国。同时在两位王子到达勐西维的前一个晚上，两位王子的爷爷先宰雅国王做了一个梦，他梦见一头大象卷着莲花来赕。先宰雅国王于是请人解梦，解梦人说是他的孙子们即将入城。先宰雅第二天命人传唤祖卓，要求将两个王孙送入宫内并与他们团圆。他们见面后，孙子耶利告诉爷爷，维先达腊有言，必须是国王花银子才能赎回他们。先宰雅国王同意并赠送祖卓大量食物和美女。祖卓沉迷于酒色之中，喝酒吃肉过量撑死，生动地体现了贪欲的负面作用。后半部分讲述孙子孙女向爷爷奶奶讲述维先达腊和曼坻在森林的各种遭遇。先宰雅国王和普萨丽王后感到后悔，决定派大臣迎回维先达腊和曼坻。这一章对迎接场景中各种名马和战车的描写极为细致和夸张。

12. 第12册为"འཁོར་ལོ་ sak^{55}xat^{55}ti^{55}ja^{33}（六个刹帝利）"。sak^{55}xat^{55}ti^{55}ja^{33}是巴利语Chakhattiya。该词是一个复合词，由Cha（The number six：六）和khattiya（A member of one of the clans or tribes recognised as of Aryan descent. To be such was to belong to the highest social rank：刹帝利，王族，被认定为雅利安血统的氏族或部落之一的成员。成为这样的人就拥有了最高的社会地位）构成。① 该册篇幅较短，讲述了老国王先宰雅心生懊悔，拟让王孙耶利接回王子维先达腊。王孙耶利认为不合适，请老国王作准备，

---

① Chakkhattiya khanda：A section of the Vessantara Jātaka dealing with the journey undertaken by Sañjaya and his army to bring back Vessantara and his queen. The six khattiyas referred to are Sañjaya and his queen, Vessantara and Maddī and Jāli and Kanhā. Chakkhattiya khanda：Vessantara Jātaka 的一部分，讲述了先宰雅和他的军队带回Vessantara和他的王后的旅程。所指的六个khattiyas是Sañjaya和他的王后、Vessantara和Maddī以及Jāli和Kanhā。

并亲自去森林迎接。先宰雅同意了孙子的请求并亲自迎接。国王见到维先达腊后，一家人得以团圆。曼坻见到儿子高兴得晕死过去，国王王后见此情景，气血攻心也晕倒在地。维先达腊及众臣民都大惊失色也晕倒在地。这一场景再次感动了帝释天。帝释降下了一场甘霖，众人皆醒后欢喜成一团，国王设宴庆贺。传统上将这一章标题译为"六君王"，这里根据巴利语原义译为"六个刹帝利"。

13. 第 13 册为 "ᏄᎫ na³³ka³³ha³³（都城，城市）"。na³³ka³³ha³³ 是巴利语 nagara [A stronghold, citadel, fortress; a (fortified) town, city. As seat of the government & as important centre of trade：要塞、堡垒、坚固的城镇、城市，作为政府所在地和重要的贸易中心]。该册篇幅最长，内容讲述维先达腊父亲先宰雅劝慰维先达腊，并恭请他返回勐西维王国都城。维先达腊一开始不愿返回，但在父亲、儿子、大臣和百姓轮番劝勉下，维先达腊同意返回勐西维王国。维先达腊返回都城后，先宰雅同意禅位，维先达腊继承王位并继续布施。维先达腊的布施行为打动了天神，天神降宝雨，人们都过上了富足生活。维先达腊让大臣们搜集好珍宝，并布施给百姓。该册用较大篇幅描写了皇宫的富丽堂皇及其内部各种摆设，以及天神降宝雨的场景。该册最后是流通分，依次详细解释了《维先达腊》主要人物事迹和转世后的身份。

三 《维先达腊》数据库标注说明

本书属于古籍文献专书词汇研究。为了穷尽式统计《维先达腊》词语使用状况，了解傣族古籍文献词语特点，本研究使用 Excel 建立了一个带有多重标记属性的数据库。建立数据库目的有以下几个方面：(1) 全面穷尽式统计傣族古籍文献《维先达腊》词语各要素比例，分析和归纳《维先达腊》词汇特点；(2) 研究傣族古籍文献中傣语固有词汇构成问题，分析傣语固有词汇特点；(3) 考察《维先达腊》古代汉语借词分布比例和借词特点，分析古汉语借词的渗入方式和保存特点；(4) 归纳傣文转写巴利语规则，特别是一些音变规则，从多个角度建立傣文转写巴利语的基本规则和特殊规则，为释读识别巴利语提供方法论上的帮助；(5) 对《维先达腊》中巴利语人名、地名进行系统考释，比较分析《维先达腊》与汉译佛经的译名特点。

(一)《维先达腊》数据库构建

我们先以表格形式（数据库以 Excel 格式呈现，这里替换成表格）直观呈现数据库，见表 0-3 所示。

(1) 第一列为傣文国际音标，但复辅音仍按文字实际形式标注；音标中有长短元音时，以 a 为短元音，ā 为长元音，其他元音以此类推。老傣文为转写巴利语或梵语的复辅音声母，创制了一些复合字母形式，将两个声母组合形成一个复辅音，特别是梵语中的复辅音，此外傣语过去也存在一些复辅音声母，我们按照字母的组合形式标注音标。如傣文ᨬ，现代傣语读为低音组 ph，它原来实际读音应为 pr，为了避免与字母表中另一个低音组声母ᨨ ph 混淆，我们将它标注为 pr；再如声母ᨠᩖ，它显然是一个复辅音，尽管现代口语读为 k，它实际读音应为 kl，为了显示读音演变特点，我们标注为 kl，其他复辅音以此类推。

(2) 第二列为词性标注。为显示名词内部的次类，以便为后文的人名、地名研究提供数据，名词内部划分为普通名词 n、人名 nh、地名 ns、方位词 nd、时间名词 nt 等。具体标注符号可参考下文的词性标注集。

(3) 第三列为音节数，说明该词傣文的音节数目。这里的音节数目是指傣文的音节数目，如ᨻ为一个音节，而巴利语为两个音节。这里标注为 1。

(4) 第四列为是否标调。傣文 51 调、55 调，塞音韵尾 33 调和 35 调皆不用标调，同时傣语中的巴利语借词皆不标调。因此是否标调显示的是傣文有无专门声调符号问题，而不是其实际读音情况。如 0 显示这个词采取隐性标调，1 显示为该词有一个音节有声调符号，2 则表示该词有两个音节有声调符号。

表 0-3 《维先达腊》数据库示例

傣文国际音标	词性	音节数	是否标调	来源	巴利语形式	图片	来源及汉译	形式变化	注释	页码
tham⁵¹	n	1	0	bl	dhamma		dhamma [（梵 dhamma）法，教义，自然，事实，规格，道德，好行为]	弱音	傣语引申为"经书"	1—3
ma³³hɑ̄⁵⁵	a	2	0	bl	mahā		mahā：大，伟大。~ upāsaka [阴]大优婆塞。~ upāsikā [阴]大优婆夷。~ karuṇā，[阴]大悲	一一对应	一般只与巴利语组合	1—3
vet³³san⁵⁵ta⁵⁵ha³³	nh	4	0	bl	vessantara		Vessantar（梵 Visvantara）毗输安多罗·一切度（王子的名，释尊的前生）	一一对应	人名	1—3
ta³³sa⁵⁵	m	2	0	bl	dasa		dasa [数]十	一一对应	与巴利语组合	1—3
pɔn⁵¹	n	1	0	bl	vara		vara [形]优良的，贵族的。[阳]恩惠，好意	语音变异		1—3
phuk³⁵	q	1	0	dy			束，捆，扎，卷			1—3
thi⁵¹nuŋ³³	m	2	0	gh			第一	"一"为简写形式		1—3
kvāŋ¹³	a	1	1	gh			宽，广		傣语借汉语"广"表"宽"	1—10

(5) 第三列为词语来源。dy 为傣语的首字母,表示它为傣语固有词;gh 为古汉的首字母,表示它为古代汉语借词;bl 为巴利语首字母,表示它为巴利语借词;fy 表示梵语,mgm 表示孟高棉语等。如该词是混合词,就综合上述字母,dybl 表示傣语巴利语混合词,以此类推 dygh 为傣语和古代汉语混合词等。

(6) 第四列巴利语(包括梵语)形式是指该傣语词的巴利语原形,巴利语原形为罗马字母转写形式,巴利语原形确定主要基于转写对应规则和意义;该栏如不为巴利语(梵语),而为傣语固有词、古汉语借词和孟高棉语借词则为空。

(7) 第五列是老傣文词形,为显示古籍文献书写形式,这里暂不采用输入形式,而以图片形式呈现。

(8) 第六列为巴利语借词的汉译、英译或日译。当前巴利语词典语种较多,限于本人语言能力,数据库中的巴利语以汉译、英译和日译为主。在文中注解时,只标注汉译和英译。

(9) 第七列形式变化主要着眼于老傣文词形。如 tham^{51} 来自巴利语 dhamma。老傣文在转写时与巴利语存在一一对应关系,但在该词形上又添加了 表示巴利语 dhamma 的第二个音节不用读出来,这种现象傣文有一个专门的说法称作"弭音";再如 中的"一"是傣文的简写形式,我们都将之认为是书写中形式变化。如标注"一一对应"则说明傣语与巴利语转写是完全对应,如有弭音、语音变异或讹误,我们都在此栏予以说明。傣语固有词如有异形词,我们也在这一列中予以说明。

(10) 第九列"注释"主要针对词义而言。傣语在借用巴利语以及古汉语借词时,存在词义缩小、扩大或者引申等问题。这一栏主要对此予以简单说明,并特别说明傣语在吸收巴利语过程中的词义变化等内容。

(11) 第十列为章节和页码。是针对《维先达腊》书中章节和页码而言的。该书整理后页码多达 1300 余页,标注页码是为了方便查询例词和例句。第一节第三页标注为 1—3。

(12) 如上述各项有不能确定的,就在该项后标注"?",有待进一步核实。

(二)《维先达腊》数据库人工标注说明

人工标注主要包括傣语分词和标注内容两个方面。下面分别说明。

1. 傣语分词主要依据

(1) 两本《傣汉词典》和《傣泐汉词典》三本词典中,其中一本词典收录了该词,并且在文本中不是歧义性临时短语成分,我们都视为词语来看待。

(2) 三本词典没有出现的傣语词或古汉语借词,依据频率和意义,出现五次以上的,且内部表达一个整体意义的都视为一个词;五次以下的,如某一音节没有意义但与前后连起来整体是一个意义的,也视为一个词。

(3) 汉译、英译和日译七本巴利语词典中,只要其中一本词典收录了某巴利语借词。我们都将之视为一个词语处理。这六部巴利语词典分别是 *The Pali Text Society's Pali-English dictionary*(Chipstead,Pali Text Society,London. 1921–1925)、《巴汉词语手册》(慧音、慧观编著,宗教文化出版社,2013 年)、《巴汉词典》(慧音、慧观编著,宗教文化出版社,2021 年)、《巴汉词典》(a. P. Buddhadatta Mahathera 原著,大马比丘汉译,2004 年)、《南传大藏经总索引》([日]水野弘元著,日本学术振兴会,1951 年)、《经典傣文佛学词典》(缅甸勐拉曼迈飞洪罕佛寺编,2020 年)、《梵英大辞典》影印本([英]威廉斯著,崇文书局,2021 年)。汉巴词典一般直接采用,英巴、日巴、傣文经典词典,借助工具书或直接翻译成汉语。

(4) 数词"百"以下的看作一个词,这是因为它们通常是简写形式,如"ꨮꨮ hā^{13}sip^{55}tset^{55}(五十七)","ꨮꨮ kau^{13}sip^{55}nɯŋ^{33}(九十一)",而"百"以上的双音节一般视为一个词,如"ꨮꨮ hok^{55}mɯn^{35}(六万)",而"百"以上三位数的,就以"百""千"等为切分点,分别为词。这是因为傣语数词"百、千、万、十万、百万、千万、亿"都有专门书写形式,且没有简写形式。

（5）巴利语不同格变化产生的词以及异形词视为不同的词语进行处理。如"维先达腊"傣语转写形式有ᨠᨶᨳᨮᨻ vet^{33} san^{55} ta^{55} ha^{33}，ᨠᨶᨮᨻ ve^{33} san^{55} ta^{55} ha^{33}，ᨠᨶᨳᨻ vet^{33} san^{55} dɔn^{55}，ᨠᨶᨳᨮᨻ vet^{33} san^{55} ta^{55} ro^{51} 和ᨠᨶᨮᨻ ve^{33} san^{55} ta^{55} raŋ^{51} 等形式。前面三个是异形词，后面两个是巴利语格变化形式。由于读音不同，我们将它们视为不同的词。

（6）傣语序数词一般是在数字前加"ᨳ thi^{51}第"或"ᨳᩫ thon^{13}第"，第一至第十视为一个词，而十以上的则分开。

（7）形容词或动词后缀，将其视为一个单独词，不与前面形容词或动词捆绑，如ᨻᨻ（pha^{55}phun^{55}散落一地的样子）是双声联绵词，它可跟多个形容词或动词组合，具有一定的独立性，视为单个词语。

（8）人名、地名一般都视为一个词，巴利语前加傣语单音节注释词的，也仍将它视为一个词。如ᨾᨷᨧᨲᨳᨣᩬᩫᨶ（məŋ^{51} tse^{33} tu^{55} ta^{55} ha^{33} na^{33} kɔn^{51}勐阇杜多罗城），其中məŋ^{51}是傣语词"地域、地方"，tse^{33} tu^{55} ta^{55} ha^{33}是"阇杜多罗"（巴利语城市名），na^{33} kɔn^{51}是巴利语"都城，城市"。它们常组合在一起，表示地名，将它视为一个词，以便后面专章讨论人名、地名问题。

（9）其他一些未在字词典出现的低频词，如表达一个完整概念，且不超过四音节的一般视为一个词。

2. 标注集及标注说明

标注集包括词性标注，汉语词义标注、来源标注和声调标注等。

（1）词性标注

词性标注是指给每个傣文词语赋予一个或多个词性信息。词性判断主要依据功能，但在实际标注中参考了意义。在标注时，如有多个词性的中间就用分号隔开。词性标注标记主要参考国家语委制定的《信息处理用现代汉语词类标记规范》GB/T 20532—2006，并进行了合并处理，词性标注符号集见表0-4所示：

表 0-4　　　　　　　　　　词性标注符号集

序号	名称	标记	备注
1	普通名词	n	noun 首字母
2	人名	nh	noun human 首字母
3	时间名词	nt	noun time 首字母
4	地名	ns	noun station 首字母
5	方位名词	nd	noun direction 首字母
6	动词	v	verb 首字母
7	能愿动词	vu	取 volitive auxiliary 中字母
8	判断动词	vl	取 link verb 中字母
9	趋向动词	vd	取 directional verb 中字母
10	形容词	a	adjective 首字母
11	数词	m	numeral 首字母
12	量词	q	quantity 首字母
13	代词	r	pronoun 第二个字母
14	介词	p	preposition 首字母
15	连词	c	conjunction 首字母
16	副词	d	adverb 首字母
17	助词	u	auxiliary 第二个字母
18	叹词	e	exclamation 首字母
19	拟声词	o	onomatopoeia 首字母
20	惯用语及成语	i	idiom 首字母
21	词缀	cz	汉字"词缀"拼音首字母
22	?	??	表示词性不明

（2）汉语词义标注

①汉语词义标注傣语固有词主要依据两本《傣汉词典》（老傣文）和《傣泐汉词典》（新傣文）。字词典收录的根据字词典释义，字词典没有收录的，根据上下文语境给出一个释义。

②巴利语词语按照上述几本巴利语词典进行标注，英语、日语参见对照字词典翻译或保留英日语释义。

③有些傣语的专业名词，特别是各种动植物名称繁多，难以确切知道其意义，我们根据傣语的"种+属"的语序特点，对其进行种属标记，标注其类别，如"一种鸟名""一种树名"等。

④词按照义项进行分词，如一个词有多个义项，分列为不同的词。如ᨠᩯ່ （kɛ^{35}）有三个义项：1. 成熟；2. 年老的；3. 介词，对、于、予、给。在分词时将它视为三个不同的词。

⑤根据上下文无法释义的偏僻词语或难解词语标注为"?"，留待今后依据其他文献积累例句进行注释。

（3）词语来源的判定与标注

来源标注相对来说是最难的，《维先达腊》文本至少涉及傣语固有词、古汉语借词和巴利语借词，此外还涉及梵语借词、孟高棉语借词等，巴利语、梵语有词形对应作为基础，标注相对容易；而古汉语借词有的词语争议较大，本书主要根据已有成果进行标注。

判定词语来源主要依据如下标准：

①傣语固有词依据四条标准：一是壮侗语族同源，或傣族方言内部一致，特别是不信仰南传佛教地区的傣族与版纳傣语有同源关系的一般判定为傣族固有词（认定为"古汉语借词"除外）；二是有显性声调的特有词，虽然与其他方言不同源，但因为巴利语和梵语在傣文中都不标注显性声调，因而只能为傣语固有词或古汉语借词，如不为古汉语借词，也判定为傣语固有词；三是傣文在创制时，其中附属字母表的 13 个声母是为拼写傣语专门创制的，所以带有这 13 个声母的音节基本都是傣语固有词；四是声韵结构不符合巴利语或梵语借词的，如带有 ɔi//əi/oi/ɯi//eu/iu/ɛu 的复合元音以及 ɯ/ə/ɛ/ɔ 元音四个字母和它们组成的塞音、鼻音一般都不会用来转写巴利语或梵语，也判定为傣语固有词。我们主要参考资料有：王均等编著《壮侗语族语言简志》，泰国玛希隆大学出版《壮侗语族语言词汇集》，中央民族大学《壮侗语族语言词汇集》（内部）；罗美珍《傣语方言研究》中的词汇集，邢公畹《红河上游傣雅语》中的词汇，广西壮族自治区少数民族语言文字工作委员会编《广西民族语言方音词汇》以及德宏、

版纳的傣语字词典等。

②古汉语借词判定采取保守方式，主要借鉴前人成果和古籍文献成果，对较为公认的上古借词认定为汉语借词，中古、近代汉语较易认定，主要依据音韵关系和词义进行认定。

③巴利语借词认定主要根据我们总结的一般规律和特殊规律进行认定，详见第五章。

④梵语借词主要认定与巴利语语音有差异的，两者字形一致的皆认定为巴利语借词。

⑤文献中有部分孟高棉语借词，因本人不懂孟高棉语，目前主要依据和跃、潘杨《简述泰语中的高棉语借词》（《科技研究》2014 年第 18 期），阮大瞿越《越南语语源研究百年回顾——越南语、孟高棉语和台语之间的联系》（《广西民族师范学院学报》2012 年第 4 期）认定的泰语借自孟高棉语借词，同时傣语也有的借词。孟高棉语借词还需进一步研究。

(4) 声调标注

①傣语共有九个调类六个调值。调类和调值的对应关系分别是第一调 55，第二调 51，第三调 13，第四调 11，第五调 35，第六调 33，第七调 55（入声调），第八调 33（入声调），第九调 35（入声调）。我们在标调时，傣语内部主要标注调值。

②壮侗语族其他语言标注调类，与傣语调类不一致的做说明，一致的不做说明。

第一章 基于统计和文本分析的《维先达腊》词汇特征

周祖谟先生曾指出:"词汇是构成语言的材料,要研究词汇发展,避免纷乱,宜从断代开始,而又要以研究专书为起。犹如清人研究古韵那样,先以《诗经》一书为起点,得其部类,然后旁及《楚辞》以相佐证,以确定韵部的分合,而后之人又从而逐渐加详加密,以臻完善。"① 这段话告诉我们,研究某种语言的词汇面貌及其发展最好要以专书作为出发点,并逐渐旁及其他文献,逐步加密完善,才能真正弄清楚一种语言的词汇面貌和发展趋势。对于少数民族语言的词汇研究,特别是有大量文献语言的傣语词汇研究这种范式更值得借鉴、采用和发扬。

本章分为两节。第一节详细统计《维先达腊》标注数据,并对数据进行解读;第二节在统计数据基础上着重分析《维先达腊》词汇和语言特点。本章研究目的有二:一是从定量角度穷尽式分析《维先达腊》词汇分布情况,了解傣族贝叶经《维先达腊》词汇总体面貌;二是归纳和概括《维先达腊》文本词汇的特点,从定性角度考查《维先达腊》的词汇面貌。

---

① 周祖谟:《吕氏春秋词典序》,载张双棣等《吕氏春秋词典》,山东教育出版社1993年版,第2页。

第一节 《维先达腊》词汇统计数据及分析

经逐词标注（见表1-1），《维先达腊》共离析出词语11591个，这些词语总词频为87147次，平均词频为7.519次；共有音节130028个，平均每个词语词长1.492个音节，见表1-1所示。

表1-1 《维先达腊》音节数

序号	总词语数	总词频数	平均词频数	平均词长
1	11591	87147	7.519	1.492个音节

下面对统计数据进行分项统计，以便从各个角度观察《维先达腊》词汇的总体面貌。

一 《维先达腊》词语数和词频分布统计和分析

词频是指一定范围内语言材料的使用频率。词频高低是反映一个词在一定范围内的出现情况和活跃程度。高频词的特征是频率高，词语数少，覆盖率高；低频词则词频低，词语数多，覆盖率低。词频与词语数和覆盖率整体呈反比例关系。在古籍文本中，高频词从释义角度来说较为简单，一是字词典收录可能性较大，二是语言环境较为多样，较好根据句法环境确定词义。难点在低频词和古语词上，根据齐夫定律和文献特点，低频词和古语词在无干涉的文献语料中一般都有或多或少的分布。表1-2是《维先达腊》词频分布情况表。

表1-2 《维先达腊》词语数和词频分布情况表

序号	词频	词语数	总词频	占比	举例
1	1	6436	6436	7.384%	ပပါတာ（ba^{55} bā^{55} tā^{55}，崖，断崖）；ကွန်ဖာ（kɔn^{13}phā^{55}，石块）

续表

序号	词频	词语数	总词频	占比	举例
2	2	1500	3000	3.442%	ဗငူၢ (ba^{55} tu^{51} mā^{51}，红莲花）；ဗၢံ (bān^{55} tsai^{55}，舒心）
3	3	756	2268	2.602%	ဗၢင့် (bat^{55} tsu^{55} ban^{55}，现在，目前）；ဗိၢ် (bit^{55} ʔau^{55}，摘，采摘）
4	4	435	1740	1.997%	ဒွန်ဆၢင် (dɔn^{55} sāi^{51}，沙滩）；ကၢသီ (kā^{55} si^{55}，迦西国）
5	5	344	1720	1.974%	ဗၢင်ှ (bai^{55} xeu^{55}，绿叶）；ဗၢပ်ပၢတေ (bap^{55} pa^{33} to^{55}，一座山）
6	6	261	1566	1.797%	ဗံုဆေ (bāu^{35} sāu^{55}，少男少女）；
7	7	194	1358	1.558%	ကၢလေ (kā^{55} le^{33}，时间）；ကၢင်ှ (kāŋ^{55} hāu^{55}，空中，天空）
8	8	152	1216	1.395%	လုက်ဆၢ (luk^{33} sāu^{55}，女儿）；ဗၢထဝိ (ba^{55} tha^{55} vi^{51}，大地，土地）
9	9	112	1008	1.157%	ဖုန် (fun^{55}，雨）；လုပ်လၢိ (lup^{33} lai^{33}，涂抹）
10	10	96	960	1.102%	ဗုဟိ (bu^{55} hi^{55}，城镇）；ဂျပ် (jap^{33}，抓）
11	11—20	592	8677	9.957%	ဖၢန် (fan^{51}，砍）；ကၢိ (kai^{13}，近）
12	21—50	419	13060	14.986%	မၢက် (mak^{33}，喜欢，喜爱）；ပုန်ကေၢ (pun^{55} ko^{55}，可怕）
13	51—100	172	12039	13.815%	ဖၢ (phā^{13}，布，上衣）；တေဆၢနၢ (te^{33} sa^{55} nā^{51}，宣示，宣说）
14	101—500	108	20794	23.861%	လုက်တၢု (luk^{33} tau^{13}，儿子）；ဒုဒၢ (du^{51} dā^{51}，吧）
15	501以上	14	11305	12.972%	ဝၢ (vā^{33}，说）；တုန် (tun^{55}，位，尊）

从表1-2可看出：

（1）1次词语数量最多，有6436个，占《维先达腊》总词语数11591个的55.522%，超过一半，但1次词频词语仅为总词频87147次的7.384%。也就是说，1次词语虽然数量庞大但词频很低，即它们覆盖文本的能力很差，大多属于低频词或古语词。在古籍研究中，这些词语由于都是孤例，字词典中很多词也不会收录，加上自身缺乏旁证。部分生僻或罕见词语的意义，特别是一些古语词的意义较难判断，是古籍标注、翻译和释读的难点。

（2）2—10次词频词语共有3850个，占总词语数的33.218%，占总词频数的17.024%。这部分词语由于有其他词语或相关句子进行互证，有些词语字词典虽没有收录，但可根据该词重复出现的上下文语境或词语搭配情况大致确定某些生僻词语的意义或意义范围。理论上说，词频越高，确定其释义的可能性就越大、可靠性也就越强。如算上1次词，1—10次词语共有10285个，占了总词语数11591的88.74%，但词频占比却仅为总词频数的24.408%。也就是说，10次以下词语尽管词语数量庞大，但词频较低，覆盖文本的能力较差。古籍中绝大多数疑难词汇都在这些低频词中，特别是3次以下词语中疑难词语较多，是古籍研究和语料库标注的难点。

（3）10次以上词语只有1305个，但它们总词频达65875次，词频占总词频数的75.591%，即《维先达腊》1305个词语的覆盖率就高达四分之三文本以上。也就是说，掌握了这1305个词语，几乎就能了解这本书的大意。这些高频词反复出现，除了少数词语是因内容因素高频外，其他大多数都是古今傣语中的高频词，具有较强的延续性，是傣语词汇稳定性的支柱。

词长和词频是词汇的两种基本属性，它总体上决定词汇的稳定度和生命度。西方学者根据词长和词频统计总体规律提出了齐夫定律和"协同语言学理论"，认为"词频和词长成反比关系"和"语言功能间的相互影响，相互作用构成语言规律"。①

二 《维先达腊》前50高频词分布统计和分析

《维先达腊》词频大于100次以上的词语共有122个（不包括构词情况），其中词频居于前50的词语见表1-3所示：

---

① 邓耀臣、冯志伟：《词汇长度与词汇频数关系的计量语言学研究》，《外国语》（上海外国语大学学报）2013年第3期。

表 1-3　　　　　　　　《维先达腊》前 50 高频词分布表

序号	词频	例词	来源	现代傣语位次①
1	1195	ꪚ（pen⁵⁵/是/vl）②	dy	3
2	985	ꪀ（tsak⁵⁵/将，要/d）	dy	63
3	974	ꪢꪱ（mā⁵¹/来/v）	dy	4
4	972	ꪜꪱ（pai⁵¹/去，走/v）	dy	11
5	892	ꪮ（ʔan⁵⁵/个/q）	dy	16
6	851	ꪀ（kɔ¹¹/也，就/d）	dy	10
7	803	ꪝ（bau³⁵/不，没有/d）	dy	15
8	799	ꪬꪳ（hɯ¹³/给，使，让/v）	gh	8
9	763	ꪔꪳ（tun⁵⁵/尊，位/q）	gh	468
10	750	ꪢꪲ（mi⁵¹/有/v）	dy	6
11	693	ꪫꪱ（vā³³/说，讲/v）	gh	41
12	575	ꪜꪾ（prām⁵¹/梵，婆罗门/n）	bl	未出现
13	531	ꪎꪮꪉ（sɔŋ⁵⁵/二/m）	gh	18
14	522	ꪕꪱꪫ（tāu¹¹/官员/n）	dy	738
15	495	ꪶꪶ（lɛ³³/了，呀/u）	dy	2③
16	456	ꪙꪱꪥ（nai⁵¹/内，里/nd）	dy	20
17	449	ꪊꪱꪫ（tsau¹³/主人/n）	dy	175
18	441	ꪙꪱꪉ（nāŋ⁵¹/姑娘，娘娘/n）	gh	72
19	422	ꪬꪱꪀ（hāk³⁵/都，都是/d）	dy	53
20	343	ꪀꪴ（ku⁵¹/第一人称傲称/r）④	gh	2951
21	310	ꪹꪮꪱ（ʔau⁵⁵/要，拿/v）	gh	12
22	307	ꪊꪴ（ju³⁵/在/p）	dy	9
23	306	ꪙꪳꪉ（nɯŋ³³/一/m）	gh	35
24	304	ꪖꪲ（doi¹³/关于/p）	dw	199
25	300	ꪝꪰ（pha³³/对有身份人的尊称，可用于很多词前，也可表示"小和尚"）	bl	1564
26	298	ꪀꪾꪱ（klāu³⁵/告，告诉/v）	gh	不单用，用于合成词
27	295	ꪊꪲꪉ（tsiŋ³⁵/才/d）	dy	187
28	291	ꪬꪱꪙ（han⁵⁵/看见/v）	dy	91
29	288	ꪶꪶ（lɛ³³/和/c）	dy	2

续表

序号	词频	例词	来源	现代傣语位次①
30	285	ᦘᦱ (phā⁵¹jā⁵¹/王，君王/n)	mgm⑤	1474
31	284	(du⁵¹dā⁵¹/吧/u)	dy	未出现
32	283	(dai¹³/得，得到/v)	gh	17
33	275	(mɛ³³/妈妈，母亲/n)	dy	239
34	273	(ʔan⁵¹vā³³/即是说/c)	dygh	2490
35	267	(di⁵⁵/好/a)	dy	22
36	264	(kɛ³⁵/对，于，予，给/p)	dy	1060
37	250	(tān⁵¹/赈，供奉/v)	bl	1031
38	240	(jaŋ⁵¹/还/d)	dy	49
39	235	(dai¹³/得，可以/vu)	gh	17
40	231	(xā¹³/第一人称代词谦称，用于下对上，年幼对年长或地位低对地位高的人的谦称/r)	dy	458
41	230	(māk³³/丰富/a)	dy	1023
42	228	(kun⁵¹/人/n)	dy	14
43	226	(tsuŋ³⁵/总/d)	dy	未出现
44	223	(mu³⁵/群/q)	dy	66
45	220	(taŋ⁵¹/全，整，浑/r)	dy	185
46	218	(ti³³/地，地方/n)	gh	13
47	216	(kā⁵¹tha⁵⁵/偈颂/n)	bl	未出现
48	216	(jaŋ⁵¹/于/p)	dy	49
49	211	(xau⁵⁵/他们/r)	dy	262
50	210	(phu¹³/位/q)	dy	40

注：①现代傣语位次是指这些高频词在现代傣语语料库中排位情况。统计数据来自笔者自建的约76.6万音节规模的现代傣语语料库。这里的词频比较是相对的，因为语料库较均衡，取材范围广，而《维先达腊》是专书。比较的主要目的是了解这些词在古籍和现代傣语的传承和变化情况。现代傣语位频具体情况参见戴红亮《基于语料库的现代傣语词汇研究》附录，中央民族大学出版社2015年版。

②这里统计的是该词单用频率，高频词大多构词能力很强，它们实际出现的频率要比单用时高。

③该词现代傣语统计时未区分义项，这个词相当于该表中15和29两个词频的总和。其他高频词同。

④傣语还有一个 ku⁵⁵（第一人称傲称），这两个词都与古汉语"孤"有关系，文献中用 ku⁵¹，口语中用 ku⁵⁵，表示上对下、年长的人对年轻人或地位高对地位低的人的自称。

⑤该词来源尚不完全清楚。有人认为是孟高棉语借词，有人认为是巴利语借词。但巴利语未找到原形，这里暂时认为它是孟高棉语借词。

从表1-3可看出：

（1）前50高频词的词频数共计21696次，占总词频数的24.896%，也就是说，50个高频词就能覆盖《维先达腊》文本的四分之一。其覆盖文本的能力甚至比词频低于10次以下的词语（10285个词语）的覆盖力还稍强（24.408%）。实际上，50个高频词中绝大多数词都有很强的构词能力，如算上其构成的合成词，其覆盖文本的实际能力要高于四分之一。50个高频词中，傣语固有词有31个，词频数为14286次；古汉语借词13个，词频数为5512次；傣汉混合词1个，词频数为273；巴利语借词4个，词频数为1342次；孟高棉语借词1个，词频数为285次。《维先达腊》为本生故事，一开始为巴利语文本。傣语固有词频高说明《维先达腊》已高度傣语化，傣族人民对《维先达腊》进行了大幅度加工和再创作，使其成为傣族民众最为喜闻乐见的文学代表；而汉语借词在其中也发挥了一定作用，傣语词汇中借用一些古汉语借词，由于是直接接触产生的借词，首先在口语中生根，然后进入书面语，所以很多借词词频很高，已完全融入傣语中，成为傣族词汇重要的组成部分，具有不可替代性。此外在译经过程中，当傣语固有词无法准确表达时，傣族知识分子也会借用某些近代汉语借词进行表达，如ꨁꨵ（klāu³⁵）就是鲜明例子，该词在傣族古籍中为高频词，而在现代傣语书面语和口语中都已较少使用了（泰语情况也一样）。巴利语四个高频词都是佛教专业词汇，虽然"ꨁ""ꧣ"在现代傣语口语中仍属高频词，但在书面语中词频显著降低①，"ꨡ""ꨒ"由于宗教性质强，在现代傣语中口语和书面语都不常使用了。不过傣文古籍大多是贝叶经，这两个词在傣文古籍中使用很频繁，属于古籍高频词。

（2）50个高频词有46个为单音节词，只有"ꨒ""ꨓ""ꨔ""ꨡ"4个词语为双音节词。这四个词在傣语文献中很高频，尽管为双音节，傣语书写时已将它们简化，其中"ꨒ（kā⁵¹thā⁵⁵）""ꨔ（phā⁵¹jā⁵¹）""ꨡ（du⁵¹

---

① "ꨁ赕"《现代汉语》词典已收录。标音为"dǎn"，释义为"奉献"。并注明来自［傣］。ꨁ和ꧣ在现代傣语口语中仍为高频词，这与傣族文化传统有密切关系，但在书面语系统中已不再为高频词。

dā⁵¹)"都是合体字，如◌和◌两个声母共用一个韵母，而◌两个韵母共用一个声母。"◌"则是专门用字，如按傣文形式它应读"hɯ⁵¹"，而傣语用它表示双音节"ʔan⁵¹vā³³"。这个词有专门用途，主要是用来对巴利语进行解释，在现代傣语中也用得少了。值得一说的是"◌"（brahma，梵、婆罗门），这个词本也是多音节，由于其在文献中高频使用，便将它简缩成单音节"prām⁵¹"。这个词在古籍中还区分性别，使用双音节词语表达，所以该词在古籍中使用频率还更高。此外，50个高频词中，还有多个词由于词频高，在书写时傣文采取了简写形式，如◌、◌、◌、◌、◌、◌等。这些词本都有原形形式，如◌原形为◌，◌为◌，◌为◌等，而◌、◌、◌本也有相应原形形式，但在《维先达腊》中，其原形形式从未出现，只用简写形式。这些简写形式类似于简化汉字，这再次说明书写是文字简化的第一推动力，拼音文字高频词也易简化，只是简化方式不同而已。

（3）这些词中，有好几个词为同一词形，但意义不同，它们皆为高频词。如◌（还；于），◌（得，得到；可以，能够）和◌（和；了，呀）等。它们不同义项都是高频词。现代傣语中◌和◌不同义项仍为高频词，◌的副词"还"也仍为高频词，但介词"于"已较为少见。介词"于"频数减少，主要是由其功能决定的，因为介词义项主要用于古籍书面语中，用来翻译巴利语的宾格和与格。此外◌（kɛ³⁵/对，于，予，给/p）用法也与翻译巴利语与格有关，现在傣语中也较为少见了。现代傣语中◌常见义项为"老；成熟"义。

（4）前50高频词中，涉及较多词类，其中动词12个（能愿动词和系动词），名词11个（包括方位名词），副词7个，量词、介词和代词各4个，形容词、数词、连词和助词各2个。这些词，大多数在现代傣语中仍为高频词。但有些词高频主要与古籍性质和词语功能有关，如◌（prām⁵¹，梵、婆罗门）、◌（du⁵¹dā⁵¹，吧）、◌（kā⁵¹thā⁵⁵，偈颂）等词在现代傣语语料库中未出现，而◌（tun⁵⁵，位、尊）、◌（tāu¹¹，官员）、◌（tsau¹³，主人）、◌（nāŋ⁵¹，姑娘、娘娘）、◌（pha³³，对人尊称）、◌（pha³³jā⁵¹，王、君王）、◌（klāu³⁵，告诉）等，虽然在现代傣语中仍在使用，但使用

第一章　基于统计和文本分析的《维先达腊》词汇特征

频率大为降低。我们先说 ◌ 和 ◌。◌ 是个古汉语借词，来自"尊"，用作量词，表示"位、尊"，它一般只表示地位高的人或者佛祖、佛爷、佛像等，《维先达腊》中这个词频高就是因为它用来修饰维先达腊等人，在现代社会由于宗教和等级因素使用较少而急剧衰减。◌ 是个助词，主要用于佛经固定句式中，其功能用于提醒或提示，现代傣语仅在章哈歌曲中还会听到，在书面语未见。其他几个词都是名词，其中 ◌、◌ 是宗教领域用词，在现代社会中已退出历史舞台，◌ 也主要为宗教领域用词，但作为对出家人的称呼还有一定使用频率。其他四个 ◌、◌、◌、◌ 是历史文化词汇，由于社会制度发生了重大变化，这几个词在现代傣语中使用频次都大幅度降低，位频都在 1000 开外。同时，也有很多词的位频比古籍中的高，特别是一些古代汉语的借词，如古汉语借词 ◌（ti^{33}，地方）、◌（dai^{13}，得，可以）和傣语固有词 ◌（kun^{51}，人）等。

三　《维先达腊》分词性统计和分析

按词性，各类词性具体数据见表 1-4 所示。

表 1-4　　　　　　　　　《维先达腊》分词性统计

序号	词性	词语数	频次	频次占比	举例
1	a	2231	10329	11.852%	◌（$ʔut^{55}ta^{55}ma^{33}$，最高的，最好的，贵族的，优良的）；◌（$tsai^{55}kvaŋ^{13}$，心宽）
2	n	4615	24938	28.612%	◌（$bai^{55}fɔ^{55}$，叶子）；◌（$bat^{55}to^{55}$，钵）
3	nd	92	943	1.082%	◌（$pāi^{51}sāi^{11}$，左边）；◌（nai^{51}，里，内）
4	nh	205	1265	1.452%	◌（$sā^{55}ri^{33}but^{55}$，舍利佛）；◌（$vet^{33}san^{55}ta^{55}ha^{33}$，维先达腊）
5	nt	210	1576	1.808%	◌（$bat^{55}deu^{55}$，现在）；◌（$ta^{55}tā^{51}bi^{55}$，那时，彼时）
6	ns	130	379	0.386%	◌（$bup^{55}pa^{33}vi^{33}te^{33}ha^{55}$，东胜神洲）；◌（$ka^{55}bi^{55}la^{33}vat^{33}thu^{55}$，迦比罗卫城）
7	v	2861	22726	26.078%	◌（he^{35}，簇拥，围着）；◌（$ka^{55}ro^{51}ti^{55}$，做，为，执行，制作）
8	vl	19	1561	1.791%	◌（pen^{55}，是）；◌（$ho^{55}ti^{55}$，是）

续表

序号	词性	词语数	频次	频次占比	举例
9	vu	13	684	0.785%	ᦷᦎ (tsāu³³，能，会)；ᦂᦸᧃ (kon⁵¹，该，应该)
10	vd	12	252	0.289%	ᦙᦱ (mā⁵¹，来)；ᦟᦳᧂ (luŋ⁵¹，下，下去)
11	r	281	4999	5.736%	ᦺᦔ (ʔe¹³ sa⁵⁵，那个，那个人)；ᦉᦴᦏᦱᧃ (su⁵⁵ tān⁵⁵，你们)
12	m	125	1510	1.733%	ᦎᦱᧁᦉᦲᧃᦉᦱᧄ (ta⁵⁵va³³tiŋ⁵⁵sā⁵⁵，三十三)；ᦉᦴ (sāu⁵¹，二十)
13	q	89	3189	3.659%	ᦢᦳᧆ (bot⁵⁵，首，章，节)；ᦂᧄ (kam⁵¹，次，个，下)
14	o	22	24	0.003%	ᦃᦞᧆ (kva³³kvāt³³，哗哗)；ᦀᦳᧆᦀᦳᧆᦀᦱᧆ (ʔa⁵⁵ʔut⁵⁵ʔa⁵⁵ʔāt³⁵，轰隆轰隆)
15	e	18	213	0.244%	ᦠᦾ (həi⁵⁵，哎呀)；ᦠᦶ (he⁵⁵，嗨，喂)
16	d	357	6639	7.618%	ᦡᦾᦌᦴ (doi¹³ sɯ³³，直直地)；ᦠᦲᦞᦱᦎᦱ (hi⁵⁵va³³ta⁵⁵，确定地，无疑地)
17	c	75	1961	2.250%	ᦊᦱᦎᦲ (ja³³ti³³，若，如果)；ᦂᧃᦞᦱ (kan⁵¹vā³³，如果)
18	p	49	1771	2.032%	ᦟᦳᧅᦵᦎ (luk³³tɛ³⁵，自从)；ᦡᦾ (doi¹³，关于)
19	u	80	2016	2.313%	ᦵᦡ (dɛ³⁵，吧)；ᦵᦠ (hɛŋ³⁵，的)
20	i	74	103	0.118%	ᦺᦀᦟᦱᦉᦳᧆᦗᦸ (klai⁵⁵tā⁵⁵sut⁵⁵pho³⁵，极目远眺)；ᦓᧇᦊᦴᦓᧇᦂᦲᧃ (nap³³ju³⁵nap³³kin⁵⁵，苟且偷生)
21	cz	16	51	0.059%	ᦎᦞᦱ (tvā⁵⁵，巴利语中顿式后缀)；ᦓᧅ (nak³³，加在名、动、形前表示"者、家、员")
22	??	17	18	0.021%	ᦓᦱᦍᦉᦱᦠᦱᧂ (na³³tsa⁵⁵haŋ⁵⁵)；ᦌᦱᦏᦱ (tsa⁵⁵tha⁵⁵)

从表 1-4 可看出：

(1) 形容词计 2231 个，总频次 10329 次，形容词平均词频只有 4.630 次，比总平均词频 7.519 次低 2.889 次，是拉低《维先达腊》总平均词频重要词类之一。形容词超过 100 词次的词除了上面 3 个是前 50 词外，还有 ᦑᦳᧅ（tuk³³/苦，苦恼/bl/106①），ᦠᦳᧂ（həŋ⁵¹/繁荣，昌盛，显赫/dw/112），ᦉᦻ（sai⁵⁵/清澈、透明/dy/118），ᦞᦲᦵᦉᧆ（vi³³set³⁵/非凡的，卓越的/bl/123），ᦒᧁ（thau¹³/老/dy/159），ᦣᦱᧄ（ŋām⁵¹/美丽/dy/170），ᦟᦻ（lāi⁵⁵/多/dy/184）7 个。形容词前 10 高频词中，有 8 个是傣语固有词，有 2 个巴利语借词。两个巴利语借词都是宗教领域用词，ᦑᦳᧅ（dukkha）是佛教基本术

---

① 这里的 106 表示该词的词次，下同。

语，ྰྺྰ（visesa）则专门用来形容维先达腊。这十个词中最高频次为267，最低频次为106，形容词高频词的词频也远低于动词和名词。形容词词频分布大致如下：1次词有1342个，占形容词的60.152%，其中巴利语借词或巴傣、巴汉混合词有633个，傣语借用了较多的巴利语形容词；2次词有330个，其中巴利语借词或巴傣、巴汉混合词有135个；3—10次词有375个，词频高于10次的只有203个。

（2）名词包括普通名词、人名、地名、方位词和时间名词等类型。这几种类型共计有29101次，占总词频数的33.393%，是词语数量和占比都最多的一类词，这在大多数语言中皆如此。普通名词平均词频为5.404，比总平均词频也要低2.115次，是拉低《维先达腊》总平均词频的另一个重要词类，其他词类平均词频都要高于总平均词频。普通名词1次词共有2711个，占所有普通名词的58.756%，5次以下词（不包括）则共有3773个，占普通名词词数81.773%。总体来说，普通名词低频词（5次以下）占比较高。低频词往往有很多也是疑难词汇，是整理古籍的难点之一。其他四类名词各有特点，方位名词、时间名词词频稍高一些，平均词频为8.293，比总平均词频略高。《维先达腊》中人名、地名是较为特殊的一类。大多数仍为巴利语（包括梵语）借词。在1644个人名、地名中，纯巴利语借词为1350个，占比高达82.11%；如加上含有巴利语（或梵语）的混合人名、地名则高达1580个，占比达96.106%。也就是说《维先达腊》中人名、地名基本还是巴利语（或梵语），而纯傣语固有词人名、地名很少，这说明该本生经的外来性质仍很明显。

（3）动词包括普通动词、系动词、能愿动词和趋向动词。系动词、能愿动词和趋向动词词频高，在这几个次词类中，除了巴利语借词外，傣语固有词或古代汉语借词大多是高频词。普通动词共有2861，总词频数为22726，平均词频为7.943次，平均词频比名词和形容词都明显要高不少，比总平均词频略高。普通动词中1次词有1479个，占所有普通动词的51.695%，比普通名词或形容词比例也都要低一些。更重要的是，低频动词大多由较为高频的单音节动词或其他词性组合构成。总的来说，动词疑难词汇相对比较少。此外，它还经常与名词或形容词搭配，这是我们解决傣族古籍某些低频名词或形容词词义的有力材料和旁证。

（4）相对于名词、动词和形容词三个开放词类，其他词类除了副词数量相对多些外，其他词类封闭性较强数量都不多，而且平均词频都比较高。如介词平均词频为 36.143，量词为 35.831，连词为 26.147，助词为 25.200，副词为 18.597，代词为 17.790，数词为 12.080。其中介词、量词、连词和助词词频都在 20 次以上，这几类词中，傣语固有词或古汉语借词占据绝对优势。如量词的巴利语借词只有 6 个，介词中巴利语借词虽有 11 个，但其中有 8 个巴利语介词只出现 1 次。连词中巴利语借词稍多，共有 29 个，同时很多巴利语连词词频也很高，如 ဝ va³³（或）有 38 次。有特色的是，《维先达腊》借用了较多的巴利语代词，共有 141 个，占代词总数 281 的 50.178%。单纯从词语数来说，巴利语代词数量超过了傣语固有词和古汉语借词代词的总和，这也是造成《维先达腊》中代词词语数量较多的重要原因。巴利语代词有一些也为高频词，如 ်（taŋ⁵⁵/那、那个/bl）出现 67 次，ေ（me³³/第一人称代词单数属格/bl）出现 63 次等，出现 10 次以上的巴利语代词就有 20 个。

四 《维先达腊》傣语固有词分布统计和分析

傣语固有词①在《维先达腊》中数量最多，已成为《维先达腊》词汇的主体部分，见表 1-5 所示。

表 1-5　　　　　　　《维先达腊》傣语固有词分布情况表

序号	来源	次数	总词次	举例
1	dy	6289	55248	ဗွယ်（boi⁵⁵，瓢儿）；ဟောမ်（hɔm⁵⁵，香）
2	bldy	174	840	ပုဏ်ကွယ်（bun⁵⁵ kvɛu¹³，福气，好运）；ကမ်လင်（kam⁵⁵ laŋ⁵⁵，后果，业果）

---

① 傣语固有词中可能有少量的孟高棉语和缅甸语借词，由于笔者不懂这两种语言，孟高棉语借词根据有关专家成果列出一部分，缅甸语借词不单列，暂时归为傣语固有词。

第一章 基于统计和文本分析的《维先达腊》词汇特征　　47

续表

序号	来源	次数	总词次	举例
3	dybl	189	548	ᯉᯤᯅᯮᯉᯮᯗ᯲ (dɔi⁵⁵vi³³bu⁵⁵hāt³³，维补山)；ᯃᯫᯛᯮᯉ᯲ (kam⁵¹pɔn⁵¹，祝词)
4	ghdy	293	1206	ᯚᯮᯗᯤᯰ (pāŋ³³xāŋ¹³，旁边)；ᯠᯮᯝᯮᯰ (hau³⁵hɔŋ¹¹，嚷叫)
5	dygh	381	2014	ᯚᯮᯃᯮᯜᯮᯰ (bɔk³⁵klāu³⁵，告诉)；ᯑᯤᯰᯛᯫ (din⁵⁵peŋ⁵¹，平地)
6	dyfy	1	5	ᯗᯗᯅᯋᯩ (tat⁵⁵ba⁵⁵jā⁵¹，智慧，般若)
7	dymgm	4	15	ᯒᯮᯰᯔᯮᯃ᯲ (sən⁵⁵snuk⁵⁵，高兴，喜悦)；ᯔᯩᯐᯮᯤ (sɯp³⁵soi⁵⁵，继承)
8	mgmdy	7	56	ᯅᯤᯰᯃᯮᯗ᯲ (baŋ⁵⁵kət³⁵，产生)
9	ghbldy	1	1	ᯚᯮᯚᯜᯮᯤ (pɔ³³pha³³tsau¹³，父王)
10	ghdybl	3	3	ᯃᯮᯚᯮᯃᯮᯗ᯲ (kau¹³pan⁵¹kot³⁵，九千亿)；ᯉᯮᯰᯗᯮᯠᯗ᯲ (nāŋ⁵¹tāu¹¹hāt³³，正宫)
11	dy?	22	70	ᯚᯮᯒᯮᯰ (pha³³tson⁵⁵，粉碎)；ᯒᯮᯰ (sruŋ⁵⁵，洗澡)

从表1-5可看出：

（1）傣语固有词有6289个，占总词语11591个的54.258%，总频次为55248次，占总频次87147个的63.396%。无论是词语数量还是覆盖能力，傣语固有词汇都已是《维先达腊》主体部分。《维先达腊》从纯巴利语文本向傣语固有词占主体地位的转变，体现了傣族知识分子对《维先达腊》本生经的再创作和该本生故事不断傣族化的过程。该经汉文版本大多都在8000字以内，而《维先达腊》则高达130028个音节，这大致可说明傣族知识分子在本生故事主体骨干内容基础上，增添了绝大部分内容，使其成为宗教界和世俗界都认可的宗教和文学作品。

（2）傣语固有词与其他语言混合词有1053个，总词次为4671次，疑为傣语固有词的有22个，总词次为70次。其中dygh和ghdy两种混合类型词语和频次都位居混合词前两位，这说明傣语和古代汉语借词（关系词）融合度最高；其次是dybl和bldy这两种类型，这说明巴利语对傣语构词也产生了很大影响，但由于混合时间相对较短，混合构词能力尚不及傣语和古代汉语借词。其他语言与傣语混合构词数量都很少。

(3) 如纯傣语固有词、混合词和疑为傣语固有词相加，三类词语数累计有7364，占总词语数11591的63.532%，含有傣语固有词的词语总词次为59458，占总词次的68.227%。

五　《维先达腊》古代汉语借词分布统计和分析

古代汉语借词数量相对不大，但很多词语使用频率高，特别是上古、中古汉语动词、形容词借词常常有很强的构词能力，见表1-6所示。

表1-6　　　　　　《维先达腊》古代汉语借词分布情况表

序号	来源	次数	总词次	举例
1	gh	274	9586	ᨠᩮᨶ (kep^{55}，拾，捡)；ᨠ້ ($kvāŋ^{13}$，广，宽)
2	ghdy	293	1200	ᨸ້າᨡ້າ ($pāŋ^{33}xāŋ^{13}$，旁边)；ᩉ້າᩉ້ອງ ($hau^{35}hɔŋ^{11}$，嚎叫)
3	dygh	381	2010	ᨷອກᨠ້ລາວ ($bɔk^{35}klāu^{35}$，告诉)；ᨯິນᨸງ ($din^{55}peŋ^{51}$，平地)
4	blgh	13	39	ᩈັຕຣ້າຽ ($sat^{55}rāi^{11}$，猛兽)；ᨷᩉᩈຸຕ ($bo^{55}ha^{33}sut^{55}$，结束)
5	ghbl	30	259	ᨡᩁ຺ ($xi^{35}rot^{33}$，坐车，骑车)；ᨶາງᨲᩅ ($nāŋ^{51}te^{33}vi^{51}$，皇后)
6	ghbldy	1	1	ᨻ້ພᨡ້າວ ($pɔ^{33}pha^{33}tsau^{13}$，父王)
7	ghdybl	3	3	ᨠາວᨸນᨠຕ ($kau^{13}pan^{51}kot^{35}$，九千亿)；ᨶາງᨲາວᩉາᨲ ($nāŋ^{51}tāu^{11}hāt^{33}$，正宫)

从表1-6可看出：

（1）《维先达腊》共标记古代汉语借词（关系词）274个，词频数高达9586次，平均为34.985次，平均词频很高。总的来说，古汉语借词词语数量不多，仅占总词语数的2.364%，但古汉语借词词频高，文本覆盖率达11.000%。这说明有很多古汉语借词进入傣语后，融入度高，很多都是高频词和常用词。如将古代汉语借词与其他语言混合词相加，累计有13098个，覆盖文本达15.030%。

（2）古代汉语借词（关系词）与傣语固有词之间混合词最多，融合度也最高，与巴利语混合词次之，但与其他语言借词，如梵语或孟高棉语没有混合词，混合词类型与傣语固有词相比要少一些。

（3）纯古代汉语借词（关系词）词类分布较为广泛，涉及上面22类中的15类，没有涉及人名、地名、叹词、拟声词、词缀、成语和未知词类。古代汉语的介词、助词基本都是由动词虚化而来的，而虚化方式有的在古汉语中并没有产生，是进入傣语后再虚化的，见表1-7所示。

表1-7 　　　　《维先达腊》古代汉语词性分布举例表

序号	词性	举例
1	a	ꨮ (ʔim³⁵, 厌, 饱)；ꨮ (xun³⁵, 浑浊)
2	c	ꨮ (kɯ⁵¹, 即, 就是)；ꨮ (tsɯ⁵⁵, 且, 并且)
3	d	ꨮ (thɛm⁵⁵, 又, 再, 添)；ꨮ (teŋ³³, 定, 必定, 一定)
4	m	ꨮ (kau¹³, 九)；ꨮ (mɯn³⁵, 万)
5	n	ꨮ (xo⁵¹, 货, 东西)；ꨮ (tsɯ³³, 字, 名字)
6	nd	ꨮ (pāŋ³³, 旁, 旁边)；ꨮ (tai¹³, 底, 底部)
7	nt	ꨮ (rāi⁵¹san⁵⁵, 亥申)；ꨮ (lɛu¹¹, 之后)①
8	p	ꨮ (se⁵⁵, 比, 被)②；ꨮ (tok⁵⁵, 轮到)
9	q	ꨮ (thɛu⁵⁵, 条)；ꨮ (tɔn³³, 段, 截, 节)
10	r	ꨮ (ki³⁵, 几, 多少)；ꨮ (tsɯ³³, 诸, 每)
11	u	ꨮ (lɛu¹¹, 了)；ꨮ (se⁵⁵, 用在动词之后表示某种消极结果, 无实在意义)③
12	v	ꨮ (tsɯ³⁵, 记, 记得)；ꨮ (vaŋ⁵⁵, 希望)
13	vd	ꨮ (kvā³⁵, 过)
14	vl	ꨮ (tsai³³, 是, 主要用于否定句)
15	vu	ꨮ (dai¹³, 得, 可以)

注：① ꨮ 表示 "之后" 的时间名词义是从 "了, 了结, 结束" 引申而来的。
② ꨮ 表 "比、被" 的介词义是从 "失, 失败" 引申而来的；ꨮ 表 "轮到" 的介词义是从 "落, 降至" 引申而来的。
③ ꨮ 和 ꨮ 在傣语中义项较多, 这与它们的句法位置和语法化程度有关。

六　《维先达腊》巴利语分布统计和分析

《维先达腊》为本生经，因为文本自身特点，所以其中巴利语借词数量较多,特别是名词以及相关专业术语较多,见表 1-8 所示。

表 1-8　　　　　　　　《维先达腊》巴利语分布情况表

序号	来源	次数	总词次	举例
1	bl	3873	17084	ꪶꪀꪳ ($ʔe^{13}vaŋ^{51}$,如此);ꪶꪀꪳꪚ ($ʔā^{51}vāt^{33}$,家,住宅)
2	bldy	175	840	ꪚꪴꪙꪀꪫꪸ ($bun^{55}kvεu^{13}$,福气,好运);ꪀꪾꪶꪥꪸ ($kam^{55}laŋ^{55}$,后果,业果)
3	dybl	183	541	ꪒꪲꪉꪷꪚꪴꪎꪱꪒ ($diɕh^{55}vi^{33}bu^{55}hāt^{33}$,维补山);ꪀꪾꪚꪱꪙ ($kam^{51}pɔn^{51}$,祝词)
4	blgh	13	39	ꪎꪱꪒꪱꪥ ($sat^{55}rāi^{11}$,猛兽);ꪶꪚꪬꪱꪎꪴꪒ ($bo^{55}ha^{33}sut^{55}$,结束)
5	ghbl	30	259	ꪁꪲꪒꪷ ($xi^{35}rot^{33}$,坐车,骑车);ꪙꪱꪉꪴꪸꪷꪫꪲ ($nāŋ^{51}te^{33}vi^{51}$,皇后)
6	mgmbl	8	32	ꪶꪎꪸꪒꪴꪀ ($soi^{55}tuk^{33}$,受苦);ꪶꪎꪸꪷꪬꪱꪒ ($soi^{55}hāt^{33}$,登基,采邑)
7	ghbldy	1	1	ꪶꪚꪷꪠꪱꪶꪊꪱ ($pɔ^{33}pha^{33}tsau^{13}$,父王)
8	ghdybl	3	3	ꪀꪱꪫꪸꪚꪱꪙꪀꪮꪒ ($kau^{13}pan^{51}kot^{35}$,九千亿);ꪙꪱꪉꪴꪸꪷꪒꪱꪫ ($nāŋ^{51}tāu^{11}hāt^{33}$,正宫)
9	bl??	8	21	ꪎꪫꪱꪒ ($svāt^{35}$,魔术,咒语);ꪶꪚꪷꪎꪫꪱꪙ ($bo^{55}svan^{55}$)

从表 1-8 可看出:

(1) 纯巴利语词有 3873 个,占总词语 11591 的 33.413%,而词频数为 17084 次,文本覆盖率为 19.604%。巴利语平均词频为 4.411 次,平均词频偏低。

(2) 从词次分布看,巴利语及巴利语混合词 1 次词有 2694 个,占巴利语(包括混合词)词语总数 4294 的 62.739%;2—4 次词有 948 个,5—9 次词语有 342 个,10—100 次词语有 304 个,而 100 次以上的词语只有 13 个。

(3) 从词性分布看(见表 1-9),巴利语词性分布更为广泛。纯巴利语分布涉及 22 类中的 17 类,仅没有出现能愿动词、趋向动词、拟声词、助词和成语(四音节巴利语借词有很多,但都不是固定成语),其他词类

第一章 基于统计和文本分析的《维先达腊》词汇特征

均有分布。这是因为巴利语是以文本形式进入傣文古籍的,它们的词类分布相当全面。

表1-9   《维先达腊》巴利语词性分布表

序号	词性	举例	次数	词次
1	a	ဘရမိ（$ba^{55}ha^{33}mi^{33}$，波罗蜜，完美的，至高成就的）；အမိတ္တ（$ʔa^{55}mit^{33}tā^{55}$，非友的，敌人的）	849	2086
2	c	ဇတိ（$ja^{33}ti^{33}$，如果，然而，若）；တေန（$te^{55}na^{33}$，由于，因为）	27	257
3	cz	ဘရိ（$ba^{55}ri^{33}$，表示动作、状态的遍圆、圆满、完全、遍布[(a prefix denoting completion) all round; altogether; completely]）；တိ（ti^{55}表示一句引文结尾的一个字尾）	11	35
4	d	ဟေဝ（$he^{55}va^{33}$，恰好，甚至）；တထ（$ta^{55}xa^{33}$，真实地，当然）	129	445
5	e	အဟော[$ʔa^{55}ho^{55}$，啊（哎呀，表示惊讶）]；အံဖော[$ʔam^{55}pho^{51}$，(喊人或提醒人眼)喂，喔欷]	4	7
6	m	တသ（$ta^{33}sa^{55}$，十）；တဇော（$ta^{55}jo^{51}$，三）	39	88
7	n	ဘတိတ္ထ（$ba^{55}tit^{55}thā^{55}$，住，依止，依所，立足点）；ဘဝန（$ba^{55}va^{33}ne^{33}$，风）	2000	9802
8	nd	ဗုပ္ပ（$bup^{55}pā^{51}$，东部，东边）；ဝမာ（$va^{33}mā^{51}$，左，左侧）	9	9
9	nh	သာရိဗုတ္တ（$sā^{55}ri^{33}but^{55}$，舍利佛，舍利子）；မဟာမာယာ（$ma^{33}hā^{55}mā^{51}jā^{51}$，摩诃摩耶，大清净妙，摩耶夫人）	161	1025
10	ns	ကုင်္ဂါ（$kuŋ^{51}kā^{51}$，恒河）；ဟိမပါန်（$hi^{55}ma^{33}pān^{51}$，雪山，喜马拉雅山）	99	325
11	nt	အစ္စ（$ʔat^{55}tsa^{33}$，今日，现在）；အထ（$ʔa^{55}tha^{55}$，有时，有时候）	67	333
12	p	ဘ（ba^{55}，一个多用于动词及其派生词的介词，表示运动的方向；表示强调，具有完全，极大，周遍）；နာ（$nā^{51}$，引入对象的介词）	11	17
13	q	ကန်（kan^{55}，章，节）；ဇောစန（$jo^{51}tsa^{33}na^{33}$，有句，一种长度单位）	9	132

续表

序号	词性	举例	次数	词次
14	r	ယ သာသာ jat^{33}sā^{55}，关系代名词 ya 的单数属格；တာသု [tā^{55}su^{55}，人称代名词第三人称（或为指示代名词）ta 阴性复数位格]	141	863
15	v	ပတ္ထထိ (bat^{55}tha^{55}ja^{33}ti^{55}，想要，需要，热望); ပန္ဒထိ (phan^{55}ta^{33}ti^{55}，战栗，悸动，激起)	307	1397
16	vl	အာသိ (ʔā^{51}si^{55}，他是); ဟောတိ (ho^{55}ti^{55}，是)	3	8
17	??	ရိဝ (ri^{33}va^{33}，??); ဝန္တေတ္တထ (van^{51}tet^{55}tha^{55}，??)	18	18

注：巴利语形容词多主要原因是巴利语是有形态变化的语言。动词的现在分词、过去分词、中顿式等形式西方学者一般归为形容词，此外本生经中有很多专门极性形容词，用于赞美佛祖等。

七 其他来源词分布统计

《维先达腊》还有少量其他来源借词，主要是梵语或孟高棉语借词等。这里举例予以说明。

表 1-10　　　　《维先达腊》其他来源词分布情况表

序号	来源	举例	说明
1	fy	အာဏာ (ʔāt^{35}jā^{51}/命令，威力/fy)	梵语形式为 "ājñā"，与傣文一一对应，而巴利语 āṇā 与傣文之间有差异
2	fy	ဥဥ္ဆာ (ʔun^{55}sa^{55}na^{33}/落穗/fy)	该词巴利语为 uñchā，梵语为 uñcha 或 uñchana，其中后者语音与傣文一一对应
3	fy	ပြာ (bra^{55}jā^{51}/般若，慧，智慧)	该词巴利语为 paññā 梵语为 prajñā，傣文字形与梵语语音一一对应
4	fy	မိဂသိရ (mik^{33}ka^{33}si^{55}ha^{33}/觜宿/fy)	该词梵语为 mrgasiras，傣文形式与此很近似。巴利语未找到有关词形。傣文星座名称与梵语有的语音一一对应，有的很相似，而巴利语未找到原词形
5	mgm	သနုက် (snuk^{55}/有趣，有兴趣，津津有味); ဒန် (dən^{55}/走，行走，漫游/mgm)①	ဒန် 在古籍文献中出现较多

续表

序号	来源	举例	说明
6	mgm	ꪶꪏꪥ（soi⁵⁵/吃，用膳；享受，采邑/mgm）	该词还有另一种形式ꪶꪎꪸ（svəi⁵⁵/吃，用膳；享受，采邑）
7	mgmdy	ꪚꪱꪉꪵꪀꪸꪒ（baŋ⁵⁵ kət³⁵/发生，产生/mgmdy）	该词中 kət³⁵ 也有人认为是孟高棉语借词

注：这个词判定为孟高棉语借词的依据来自李方桂《侗台语论文集》，清华大学出版社 2011 年版，第 194 页。

八 《维先达腊》声调分布统计和分析

傣语是有声调的语言，而巴利语没有声调。在借用婆罗米文字时，为了体现巴利语无声调特点，傣文在声调设计时，采用各种方式规避显性声调符号，所以傣文文献中有声调符号的音节仅占全部音节的四分之一。

表 1-11　　　　　　　　《维先达腊》声调分布情况表

调值序号	55	35	13	51	33	11
出现次数	40624	14386	10032	30386	26850	7750

从表 1-11 可看出：

（1）傣语声调中，阴声类声调以 55 调最多[①]，阳声类声调以 51 调最多，33 调数量也很多，11 调涉及的音节最少。阴声类音节共计 65042 个，阳声类音节共计 64986 个，阴阳两类声调音节数量总体较为接近。

（2）傣语虽有 6 个调值，但傣文在标调时，55 调和 51 调都是隐性标调，这两个声调实际上不用声调符号，而是通过声母高低音组进行区分。这两者声调共计 71010 个，占全部音节 130028 的 54.611%，也就是说，傣文通过声母高低音组的区分就有一半以上的音节不用标注声调符号。

[①] 傣语声调也可分为阴阳两大类，其中 55、35 和 13 为阴声类，51、33 和 11 为阳声类。关于具体的分类，参见李方桂《比较台语手册》，丁邦新译，清华大学出版社 2011 年版。

（3）实际上傣文不标调的情况和类型还更复杂，如高音组长元音塞音韵尾不用标调，也读为 35 调，低音组塞音韵尾不标调读为 33 调，巴利语短元音不标调皆读为 33 调，傣文简体字也不标调等，所以傣文实际标调的音节数要远低于上述数字。据对《维先达腊》统计，只有 32771 个音节标注了声调，仅占全部音节的 25.203%。也就是说，《维先达腊》文本只有四分之一的音节标注了声调符号，有近四分之三的音节通过隐性标调的方式来呈现。

九　《维先达腊》音节分布统计和分析

《维先达腊》共有 130028 个音节，总计 87147 个词语，每个词语平均音节长度为 1.492 个。表 1-12 是《维先达腊》词语音节分布情况。

表 1-12　　　　　　　　《维先达腊》音节分布情况表

序号	音节量	各音节词语数量	举例
1	1	53794	ꨁꨰ（bup^{55}/冲、闯/dy）；ꨉꨰ（dāu^{13}/蚕丝/dy）
2	2	26320	ꨁꨰꨀ（bā^{35}sāi^{11}/左肩/dy）；ꨀꨰꨀ（bra^{55}sop^{55}/金牛座/fy）
3	3	4992	ꨀꨰꨀꨀ（ba^{55}ti^{55}nā^{51}/誓言，誓约，盟誓/bl）；ꨀꨰꨀ（si^{55}ha^{55}la^{33}/斯里兰卡的/bl）
4	4	1647	ꨀꨰꨀꨀꨀ（ba^{55}kam^{55}bi^{55}tā^{55}/令震动，使摇动的/bl）；ꨀꨰꨀꨀ（du^{51}ʔāt^{35}du^{51}pāu^{51}/庄严壮观/dy）
5	5	330	ꨀꨰꨀꨀꨀꨀ（bu^{55}na^{33}ti^{33}va^{33}se^{55}/明天，第二天/bl）；ꨀꨰꨀꨀꨀꨀ（hun^{55}nə^{55}tsoi^{11}van^{51}ʔɔk^{35}/东北方/dy）
6	6	38	ꨀꨰꨀꨀꨀꨀꨀ（məŋ^{51}kam^{55}bi^{55}la^{33}vat^{33}thu^{55}/迦毗罗卫城/dy-bl）；ꨀꨰꨀꨀꨀꨀꨀ（tse^{33}tu^{55}ta^{55}ha^{33}na^{33}kɔn^{51}/阇杜多罗/bl）
7	7	15	ꨀꨰꨀꨀꨀꨀꨀꨀ（veŋ^{51}tse^{33}tu^{55}ta^{55}ha^{33}na^{33}kɔn^{51}/阇杜多罗城/ghbl）
8	8	6	ꨀꨰꨀꨀꨀꨀꨀꨀꨀ（pa^{33}hu^{55}bā^{55}kā^{55}ha^{33}to^{55}ha^{33}naŋ^{51}/横渡很多心门的/bl）

从表 1-12 可看出：

（1）单音节占较大优势，有 53794 个，占全部音节的 41.371%，但涉及词语只有 2554 个，占词语总数 11591 的 22.030%。每个单音节平均频次 21.064 次，傣语前 50 个高频词单音节就有 46 个，这说明《维先达腊》单音节词占据较大分量。

（2）双音节词语为 26320 个，音节数为 52640 个音节，占音节数量的 40.482%，涉及词语有 5684 个，双音节词语数量较多，但只占总词数 11591 中的 49.041%，这说明《维先达腊》中词语双音节化程度尚不是很高。但单双音节两者加起来总共有 106444 个音节，占总音节数的 81.862%，占词语总数的 71.078%。

（3）三音节和四音节词语数占比相对较大，两者出现频次为 6641 次，占音节数的 7.620%。

（4）5 个以上的多音节词语数量虽不太多，但仍有一定的比例。这些多音节词语基本都是巴利语借词或巴利语与其他语言的混合词。巴利语是多音节语言，尤其是巴利语合成词音节较多。

综上所述，我们运用定量方法从九个不同角度统计并分析了《维先达腊》词汇总体情况。《维先达腊》词汇总特点可概括如下：

（1）词汇以傣语固有词为主，纯傣语固有词、混合词和疑为傣语固有词相加，三者词语累计有 7364，占总词语 11591 的 63.532%，含有傣语固有词的词语总词次为 59458，占总词次的 68.227%；《维先达腊》借用了大量巴利语和古代汉语借词，两者占 30%，古汉语借词是不同时间段借入傣语的，有上古时期、中古时期和近代汉语借词，古汉语借词数量虽不多，但它们构词能力强，词次近 9600 次，加上混合词有 13000 余次，特别是一些早期借入的动词和形容词构词能力都相当强，成为傣语书面语和口语的高频词，只有少数近代汉语借词仍只保留在书面语中；巴利语借词是以书面形式输入傣语的，一开始只在文献中存在，虽输入密度大，数量多，但由于时间短，只有少量进入了口语。

（2）《维先达腊》单音节词仍很活跃，很多高频词都为单音节词，这与同为单音节语言的汉语很相似;双音节词语比重接近50%,整体上双音化水平不是很高;多音节,特别是三音节和四音节词汇比重较大,这是傣族文献的一个重要特点,三四音节比重大,主要原因是巴利语借词较多,此外也有一些混合词和成语;五音节以上的基本都是巴利语借词或混合词。

(3) 从词性角度来看,《维先达腊》主要以名词、动词和形容词为主,这符合语言普遍规律。同时,这三类词中低频词也很多,是古籍词汇研究的难点,特别是很多疑难词汇主要集中在这三类词中,其中以名词和形容词为多。副词和代词低频词也较多,这主要是借用了巴利语词汇的原因。代词有一半以上为巴利语借词,副词也有很多为巴利语借词,因为巴利语是有形态变化的语言,很多形容词加后缀后就可变成副词,这与同为印欧语系的英语很相似。

(4) 与现代傣语相比,《维先达腊》具有明显的古籍性质,同时体现了与现代傣语较强的继承关系。《维先达腊》没有现代汉语借词,而在现代傣语中现代汉语书面语借词比重已很大,据我们对现代傣语语料库的统计,现代汉语借词已占该语料库总词语数的27.58%[1]。此外,体现《维先达腊》古籍性质的另一个表现是巴利语的借词数量和占比都明显要比现代傣语语料库高很多;但在音节型形式上,现代傣语双音节的比重比《维先达腊》稍高,但总体上比重并不大,也仅为50%。而单音节、三音节和四音节比重较大,这与《维先达腊》性质又较为一致,体现了古今傣语具有较强的继承关系,也体现了傣语以单音节为主的格局尚未发生很大变化,双音化仍在发展中,但发展速度较慢。

(5) 傣语是有声调语言,在口语中,它们都是有声调的,包括在诵读巴利语借词时,也赋予了巴利语借词声调,但在文献中,傣文标调率比较低,仅有25%的词语标注了显性声调。其他声调通过声母高低音组(清浊音),元音的长短和塞音韵尾的方式进行隐性标调。

---

[1] 戴红亮:《基于语料库的现代傣语词汇研究》,中央民族大学出版社2015年版,第149页。

第二节 《维先达腊》文本词汇特点分析

《维先达腊》为佛本生故事，故事母体来源于古印度，它既保留了印度文学和佛经语言的诸多特点，又在傣族化进程中不断增加傣语语言特点。佛本生故事一开始是用巴利语口头传承的，后来才逐步转写、翻译成傣文，并经添加、充实和丰富，逐渐形成了目前版本。《维先达腊》文本词汇特点可概括如下。

一 词汇来源多样且类型丰富

词汇来源多样是《维先达腊》词汇最为鲜明的特色，实际上也是傣族古籍，甚至现代傣语的鲜明特点，只是不同文本各种来源的词语所占比例和覆盖率有差异而已。

从上节统计数据就可清楚地看到，《维先达腊》词汇的来源多样，除了占主体的傣语固有词外，巴利语（梵语）和古汉语借词词汇数量也很庞大，此外还有部分孟高棉语借词等。

关于词汇来源多样，我们还可从以下几个角度进行分析。

（1）《维先达腊》词源来源多样，傣语词汇可确定的来源就有傣语固有词、巴利语借词、古代汉语借词以及部分的梵语借词和孟高棉语借词。这些词汇在文本中都占有一定的分量。其中，傣语固有词虽占主体地位，但巴利语借词和古汉语借词比重较大，梵语也是随着巴利语文本携带进来的，而孟高棉语借词则是傣族与孟高棉族接触借进的。从数量上说，傣语固有词无论在词语总数和总词频上都不到70%，也就是说，《维先达腊》文本中傣语固有词只有三分之二左右，而借词则占到三分之一。借词来源和借进方式也较为多样，古汉语借词和孟高棉语借词主要是通过语言接触借入的，除少数近代汉语借词外，它们在傣语书面语和口语中分布也比较均衡，书面语常用的，口语中也多常用；而巴利语和梵语借词则是随着贝叶经携带进来的，主要是通过书面文献传播的，巴利语和梵语使用者并未与傣族人民有直接的接触关系，这种传播方式决定了巴利语和梵语主要在傣语书面语中出现较多，而只有一部分音节短和词频高的借词以及傣族文化中难以表达的文化词汇才进入了傣语口语词汇系统。因此巴利语借词在书面语和口语系统中表现很不均衡，书面语中借词量大形式多，而口语中只有少数单音节、双音节及少量文化词。这两种借词方式在人类语言借词中都曾发挥了重要作用。傣文古籍中，通过口头语言接触和书面语接触而产生的借词数量都较大，因此是研究语言接触和借词方式的范例，在语言借词研究中具有重要的地位。

（2）借词分布广泛，借词几乎涉及傣语所有词类，甚至很多虚词都是巴利语借词和古代汉语借词。单纯的巴利语借词或古汉语借词虽不能完全覆盖所有词类，但加上混合词就可覆盖所有词类。从语言借用规律来看，一般通过口语直接接触的语言，大多借用的都是实词，而很少借用虚词，这一点也反映在傣语借词中。如古代汉语借词和孟高棉语借词当初借用的时候基本上都是实词，而虚词部分，如副词、连词和介词则都是从古汉语动词等词类语法化演变而来的。而通过书面文献借用的巴利语借词则容易携带进各种词类，特别是傣族古籍文献保留了大量的巴利语偈颂。这些偈颂都是整句甚至整段抄录进来的，携带了巴利语的各种语法特点，也包括巴利语的各种词类。由于巴利语借词是通过书面文献输入的，这些实词和虚词关系并不紧密，因此没有虚词是从实词语法化过来的，而都是独立借用进来的，再加上巴利语和梵语很早就成为文献语言，这种语法化的进程更难以实现。

（3）某些词类保留了较多的巴利语借词或古汉语借词。古汉语借词和孟高棉语借词主要为实词类，动词、形容词和数词较为稳定。古汉语借词很多动词或形容词不仅在《维先达腊》中是高频词，在现代傣语中也是高频词，如《维先达腊》前50高频词中古汉语借词中，很多古汉语动词在现代傣语中仍为高频词，已成为傣语词汇不可缺少的一部分。而巴利语借词集中在名词、形容词、代词、副词等词类中。名词，特别是人名、地名、时间名词以及佛教术语词汇基本保留了巴利语借词。《维先达腊》中人名、地名基本都为巴利语词汇，这固然与故事来源于印度有关，也与傣文是拼音文字直接转写有关。巴利语时间名词也是傣文文献一大特色，这与本生经固定格式有关，如"ᩈᩊᩉ᩵ᨶ（ta⁵⁵mat³³thaŋ⁵⁵/56）那时、彼时""ᩋᩈᩉ（ʔa⁵⁵tha⁵⁵/有时/58）""ᨲᨲᩈ（ta⁵⁵to⁵⁵从那时，自从，自……以来/48）""ᨲᩣ（ta⁵⁵tā⁵¹/那时/38）"四个词的词频都在30以上，有的近60次。代词也是巴利语保留较多的成分之一，许多代词词频较高，这也与佛经固定格式有关，如"ᨲ taŋ⁵⁵/那，那个/67""ᨾᩮ me³³/人称代名词第一人称我 amha 单数属格/63""ᩈᩮᩣ so⁵⁵/（ta 的【主.单】），【阳】他。有时作强调用。如 so'haṁ，那个我（=that I）/55""ᩈᩣ sā⁵⁵/人称代名词第三人称（或为指示代名词）he / it/ she; that 远称）/41"等。

（4）傣语固有词与汉语借词、巴利语借词融合度高，有的词类系统三种词源的词类都俱全并互相补充延续至今，丰富完备了傣语词汇系统。如傣语的数词，"一""二""三""四""五""六""七""八""九""十"和"万"都是古汉语借词，"二十""百""千""十万""百万""千万"是西双版纳傣语固有词，而"零"和"亿"是巴利语借词。数词在借用过程中还发生了有趣的现象，如巴利语的"ᨠᩫᨲ kot³⁵"本表示"千万"，而由于傣语中有了"ᨲᩨ tɯ¹³千万"这个词，傣语就用"ᨠᩫᨲ kot³⁵"来表示"亿"。再如，表示天干地支的词，傣语几乎是全盘借用了古汉语词汇，并用它们来记录傣历年月日，这对傣族天文历法产生了极其重大的影响，是傣族历法的基础性词汇和术语。

（5）借用了大量的巴利语借词后，加长了傣语的音节长度，增加了较多的三音节、四音节词语，使傣族古籍显示出了较强的混合性特点。从数据上看，三音节词语涉及音节数为14973个，涉及词语有2062个，三音节覆盖率为11.515%，词语数占总词语数的17.791%；四音节词语涉及音节数有6576个，涉及词语有834个，四音节覆盖率为5.057%，词语数占总词语数的7.176%。加上其他多音节，这个数量就更大。三音节及以上词语除了部分为傣语固有四音节外，绝大部分为巴利语借词或混合词，如三音节有巴利语参与的词语数为1538个，四音节有巴利语参与的词语数为672个，分别占三音节和四音节词语数的74.588%和80.576%，而五音节及以上的词语389个，其中巴利语梵语就有378个，占比高达97.172%。也就是说，《维先达腊》文本中三音节以上音节以巴利语（梵语）及其混合词为主，这是导致傣族古籍文本多音节比例高的最重要因素。作为以单音节为主的傣族古籍文本，接受如此大量的多音节借词再次说明傣语古籍文本混合性强。其中有的三音节或四音节巴利语（梵语）在文本中还相当高频，成为文献高频词，如ຊຶ່ງ（phik^{33}xa^{33}ve^{33}/比丘们/67）、ເຕສນາ（te^{33}sa^{55}nā^{51}/宣说，宣示/66）、ສພຯ（sap^{55}pan^{51}ju^{51}/一切知佛/66）、ມຫາສດໂຕ（ma^{33}hā^{55}sat^{55}to^{55}/菩萨、菩提萨埵/51）等。

总之，傣语词汇的多样性生动且全面地体现了语言接触和文献接触两种借词接触类型，是研究和探索民族间交流交往和借词类型的重要依据；另外，傣语通过吸收其他语言词汇，完善了傣文的书面语表达能力和表达手段，对傣族文化，特别是书面文献发展起到了很大的促进作用。

二 词语重复现象突出，喜用固定句式和排比长句

词汇重复是口传文学除韵文之外的另一重要特点。词汇重复的好处一是便于记忆，二是有利于传唱传播，三是便于理解以降低失传的风险。如汉代民歌《江南》："江南可采莲，莲叶何田田，鱼戏莲叶间。鱼戏莲叶东，鱼戏莲叶西，鱼戏莲叶南，鱼戏莲叶北。"便是词语重复的佳作。"概览古代经典著作，似有一个共同特点'重复'。不论中国诗歌源头《诗经》一波三折式的咏叹调，还是柏拉图笔下苏格拉底步步紧逼的追问，皆充斥着重复（或反复）。相比之下，真正将'重复'发挥到极致的经典当属'佛经'。"[①]

《维先达腊》本生故事来自印度，一开始是通过佛陀及弟子口授的，正如著名巴利语专家诺曼所言："但我想每个人都会同意：即使佛教早期

---

① 郭继民：《佛经缘何多重复》，《法音》2019年第8期。

有文字可用，所有佛陀的教法却都是以口头传授的，而且佛典的传播也是口耳相传的，婆罗门教经典的情况亦是如此。"① 这种口授传统必然重视词语的重复使用，因为套语、词语重复、固定格式和句首词语提示都是具有助忆功能的。即使后来文献文字化了，这一传统习惯的表达方式在文献中所起的作用有所降低，但作为一种传统习惯仍广泛地保存在佛经书面文献中。汉译佛经中常见的有"如是我闻""闻……说""语""告""说言""答言""语……言""故说此偈""故说斯偈""亦如是说"，等等。这些词语在佛经文中起到了提示强调、起承转合和帮助记忆等作用。

《维先达腊》也有大量如汉译佛经的这类固定构式，其中表现口授传统和词语重复特点最鲜明的词语就是形成了以"faŋ⁵¹ 听"和"vā³³ 说"两类词为核心的提示语。"听"类的词语一种是在"听"前后加"感叹词或语气词"，另外一种是"听"后加相关的宾语，如"⟨字⟩ faŋ⁵¹ 听""⟨字⟩ dā⁵¹ faŋ⁵¹ 倾听吧""⟨字⟩ faŋ⁵¹ du⁵⁵ dā⁵¹ 听吧""⟨字⟩ faŋ⁵¹ du⁵⁵ 听吧""⟨字⟩ faŋ⁵¹ trā⁵¹ 听吧""⟨字⟩ faŋ⁵¹ dɛ³⁵ 听吧""⟨字⟩ faŋ⁵¹ ni³³ jāi⁵¹ 听故事""⟨字⟩ faŋ⁵¹ ʔo¹³ vāt³³ 听训言""⟨字⟩ faŋ⁵¹ tham⁵¹ 听经"等，此外还有一种加补语，这种格式比较少，如⟨字⟩ faŋ⁵¹ di⁵⁵ hɯ¹³ thi³⁵（听清楚）等。这些词语在经文中反复出现，特别是一段话或一个相关内容叙述完，需要更进一层叙述或需要转换话题的时候，这些词语中的某一个词就会出现，其中以"⟨字⟩ du⁵⁵ dā⁵¹ 啊""⟨字⟩ dā⁵¹ faŋ⁵¹ 倾听""⟨字⟩ faŋ⁵¹ du⁵⁵ dā⁵¹ 听吧""⟨字⟩ faŋ⁵¹ tham⁵¹ 听经"这四个词语出现频率最高，在文本中俯拾即是。⟨字⟩属于前 50 高频词就是该特点的集中体现。

与"⟨字⟩ faŋ⁵¹ 听"相对的就是"⟨字⟩ vā³³ 说"，两者共同构成早期佛典的"说—听"互动的口授传统。"⟨字⟩ vā³³ 说"主要有三种格式，一是引用偈颂，常见的重复句式有"⟨字⟩ kā⁵¹ tha⁵⁵ vā³³ 偈颂说""⟨字⟩ kɔ¹¹ klāu³⁵ pen⁵⁵ kā⁵¹ tha⁵⁵ vā³³ 就告诉成偈颂说""⟨字⟩ kɔ¹¹ mi⁵¹ kā⁵¹ tha⁵⁵ vā³³ daŋ³⁵ ni³³ 就有偈颂这样说""⟨字⟩ kā⁵¹ tha⁵⁵ daŋ³⁵ ni³³ vā³³ 偈颂这样说"，还有一种就是佛陀、

---

① ［英］肯尼斯·罗伊·诺曼：《佛教文献学》，陈世峰、纪赟译，中西书局 2019 年版，第 48 页。

梵志（婆罗门）"说"或"宣讲"为主，其中以"ᨲᩮᩈᨶᩣ te³³sa⁵⁵nā⁵¹宣讲、宣教"出现频次多。常见句式有"ᨷᩕᩣᩴ（prām⁵¹vā³³婆罗门说）""ᨲᩮᩣᨻᩫ᩠ᨠᨠᩕᨶᩥ᩠ᨶᨲᩮᩉᩥ᩠ᨯ tsau¹³kɔ¹¹kra³³niŋ⁵¹tsai⁵⁵vā³³daŋ³⁵ni³³佛陀就认真这样说""ᨻᩕᨲᩥᩈᩮᩁᨲᩮᩈᩣᨶ pra³³tsiŋ³⁵sɛŋ¹³te³³sa⁵⁵nā⁵¹佛陀才宣讲说"等，这些短语在《维先达腊》中同样很多。正如诺曼所言："事实上，我们也确实见到，早期的词语的使用，如动词 śru（听）和 vac（说），到了相当晚的后期，当书写广为人知的时候，还很普遍，因为它们已成为标准术语。换言之，传播手段改变了，术语却没变。"① 还有佛经在"口授"的过程中，有的词语需要向弟子，特别是信众进行反复解释，这样也形成了很多解释性语言的固定句式，它们往往用傣语对巴利语进行解释或注释，形成了以"ᩋᩢ᩠ᨶ ʔan⁵¹vā³³所谓，就是说/307""ᩈᩬ᩠ᨶ son³⁵vā³³至于说/129""ᩈᩬ᩠ᨶ son³⁵至于/68""ᨠᩴ᩠ᩅ kɯ⁵¹vā³³即说/68""ᩈᩬ᩠ᨶᩋᩢ᩠ᨶ son³⁵ʔan⁵¹vā³³也就是说，至于说/38"等为句首的解释性语言固定句式。除了傣语的"听""说"之外，还有借用巴利语的"说"类词，如"ᨲᩮᩈᨶᩣ te³³sa⁵⁵nā⁵¹/宣说，说示，教说/62"，这个词由于较为高频，傣语就去了前两个音节并将第二个音节韵尾化变成了"ᨲᩮᩣ᩠ᨲ tet³³/宣说，说示，教说/6"等。除了"ᩅᩤ vā³³说"外，傣语中还有很多"说"类词，如傣语固有词"ᨷᩬᨠ bok³⁵（告诉）"，古汉语借词"ᨠᩖᩮᩢᩣ klāu³⁵（告诉）""ᨲᩢ᩠ᨶ tān¹³（谈，讲）""ᨡᩱ xai⁵⁵（解释）"，特别是"ᨠᩖᩮᩢᩣ klāu³⁵（告诉）"出现了 300 多次，成为汉译佛经影响傣族文献的鲜明标志。

除了"听""说"类词语经常重复外，第二种常见的词语重复格式是表示时间的名词短语，这在汉译佛经中也有很多，如"时""一时""尔时""复次"，等等。它们往往位于句首，用于承接上文或转换话题。《维先达腊》中表示时间的常见重复词语则也很多，如"ᨷᨯᨶᩥ（bat⁵⁵ni³³是时，现在）""ᨶᩱᨠᩖᩢᨷᨯᨶᩥ（nai⁵¹kā⁵⁵la³³bat⁵⁵ni³³是时，此时）""ᨾᩮᩤᨶᩢ᩠ᨶ（mə³³nan¹¹彼时，当时）""ᨷᩤ᩠ᨦᨶᩢ᩠ᨶ（pāŋ⁵⁵nan¹¹彼时，当时）""ᨧᩣ᩠ᨾᨶᩢ᩠ᨶ（jām⁵¹nan¹¹彼时，那时）""ᨶᩱᨠᩖᩢᨶᩢ᩠ᨶ（nai⁵¹kā⁵⁵la³³nan¹¹彼时，那时）""ᨶᩱᨠᩖᩢᨾᩮᩤᨶᩢ᩠ᨶ（nai⁵¹kā⁵⁵la³³mə³³nan¹¹

---

① ［英］肯尼斯·罗伊·诺曼：《佛教文献学》，陈世峰、纪赟译，中西书局 2019 年版，第 49—50 页。śru 和 vac 分别为梵语的"听"和"说"。

彼时，那时）""（van^{51}nan^{11}lɛ^{33}那天了）""（ta^{55}tā^{51}nai^{51}kā^{55}la^{33}mə^{33}nan^{11}彼时，那时）"等。这些词在经书中都是高频词，它们在经书中也反复出现，起到过渡和转换作用，此外也有一些巴利语借词，作用和意义类似于傣语固有词，如 "（ta^{55}mat^{33}thaŋ^{55}/56）那时、彼时""（ʔa^{55}tha^{55}/有时/58）""（ta^{55}to^{55}从那时，自从，自……以来/48）"（ta^{55}tā^{51}/那时/38）等。第三类常见词语重复的现象是呼语或发问语，它们也多次重复，而且往往较长，以一个固定的语块形式出现，主要作用是唤起信徒注意或向佛祖发问等，如 "phik^{33} xa^{55} ve^{33} du^{55} dā^{51} phik^{33}xu^{55}taŋ^{51}lāi^{55}比丘啊比丘们"（te^{55}phik^{33}xu^{55}ʔan^{51}vā^{33}phik^{33}xu^{55}taŋ^{51}lāi^{55}每个比丘，即比丘们）（xā^{13} dɛ^{35} pra^{33} put^{33} tha^{33} tsau^{13}，我的佛祖啊）（sat^{55} thā^{55} sap^{55} pan^{51} ju^{51} tun^{55} sak^{55} svāt^{35}，智慧的一切知佛呀）（sat^{55} thā^{55} ʔan^{51} vā^{33} sap^{55} pan^{51} ju^{51} pra^{33} put^{33}tha^{33}tsau^{13}，佛祖一切知佛呀）等。这些呼语或发问语在经文中起着话轮过渡和转换话题的作用。

《维先达腊》中还有一类词语重复现象比较有特色，就是连用句首提示语"量词+一+其他成分"的格式，这种句首提示语常形成很长的排比句，主要是进行夸饰和形成一种修辞效果。这种句首提示语排比句不同于一般的排比句，它们重复的成分只能位于句首，而且为连续排比句，少则有八九句，多的则有三四十句。每句句首相同，利用重复词语串联起一段甚至一两页文本。这些句首提示语排比句结构相同，内容相关、语气一致。它们用来说理、抒情或叙事写景，整体上给人一种节奏和谐，层次清楚、条理清晰，描写细腻、形象生动的强烈感受。正如孔子所说："书之重，辞之复，呜呼，不可不察，其中必有美者焉。"[①] 例如第 1 册《十愿》末尾连用了十个 "（ʔan^{55}nɯŋ^{33}hɯ^{13}（一个使）"句式，将维先达腊母亲的十个愿望一一列出。在第 11 册《伟大君主》中更是运用了大量排比，如在讲述十万姑娘弹琴场面时，连用了 32 个 "sāi^{55}nɯŋ^{33}（一弦）"

---

① （汉）董仲舒：《春秋繁露》，中华书局 2012 年版，第 604 页。

来描写和比喻弹琴情景；而在讲述各类动物拉着车辆场面时，连用了38个"ᩃᩮᨾ¹³ᨶᩩᨦ³³ᨩᩮᩥ³³ ləm¹³nɯŋ³³tsɯ³³一辆叫"来详细描写各种车辆的名称及其功用，连续写了多张贝叶。图1-1就是连用38个ᩃᩮᨾᨶᩩᨦ描述"各种车辆名"的傣文选段。

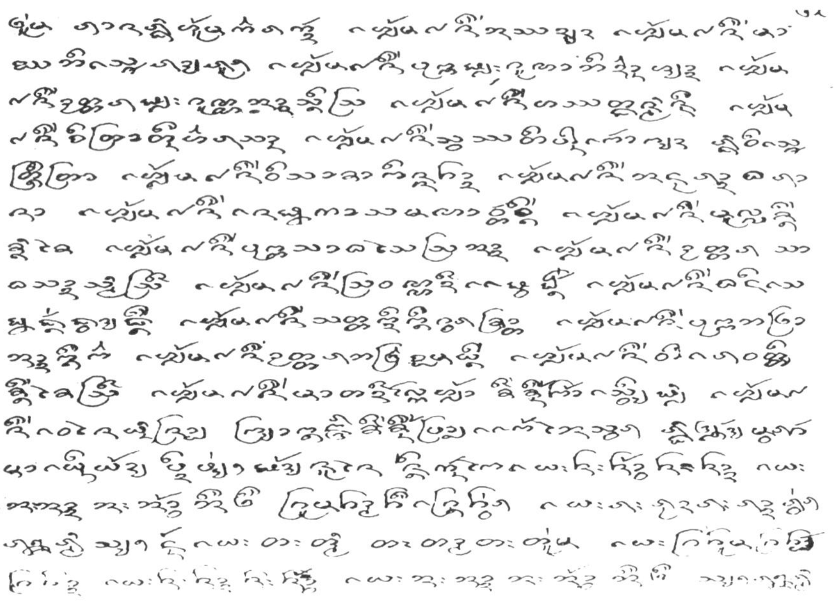

图 1-1

像这种使用句首提示语作为排比句的现象，在《维先达腊》中还有很多，其中以第11册使用最为频繁。

总之，在句首使用一些相同的句式结构，用于提醒提示、转接承接、转换话题和形成某种修辞作用，从而帮助记忆的功能也是傣族贝叶经语言的一个重要特色。

三 采用多种形式注释巴利语并形成大量混合词

"佛教也许从一开始就有注释的需要。我们可假定，注释的最早形态是简单地用一个词语诠释另一个词语。同时，佛陀为了使他的教法更容易明白，偶尔也会以同义词替换词语，我们对此无需质疑。"① "注释的功能有二：解释词语的含义，解释出现被注解词语的短语或文句的含义。"② 肯尼斯这两句话对佛经文献的注释目的和注释功能进行了较为全面的概括。《维先达腊》作为本生经，也继承和沿袭了佛教的注释传统，并在注释中形成了自己的特色，采用了大量的注释方式。但不同于同一语言内部的注释，傣语文献主要是使用常见词语来解释生僻词语，利用现代词语来解释古代词语，傣族古籍注释基本上都是利用傣语固有词（有时也会用巴利语常见词加傣语固有词）去注释巴利语，是两种语言间的注释。《维先达腊》注释从形式上看，主要有以下几种方式，一是用傣语固有词注释巴利语的单音节词或双音节词，从而形成三音节或者四音节词，这种词大多为混合词，这种情况下的巴利语大多为单音节，少数为双音节；二是对巴利语的人称或者词义进行注释，这种注释多用短语注释巴利语的有关性数格，特别是对巴利语名词的复数形式的注释较多；三是在巴利语专名，如人名、地名、佛教术语等前加注傣语固有词表示这类词的性质，由于《维先达腊》中人名、地名和佛教术语仍以巴利语为主，所以这种形式的注释较多。同时在《维先达腊》中保留了大量的巴利语偈颂。这些偈颂完全都是巴利语，且保留了巴利语的各种语法形态。下面我们就从四个方面对《维先达腊》的注释形式进行探讨，从而了解《维先达腊》的注释方式以及巴利语偈颂的保存情况。

使用简单词语对音节较少的巴利语进行注释，形成同义混合词是《维先达腊》较为简单的注释方式。这种注释方式后来往往形成混合词，就是一个词里面既有巴利语词语，也有傣语固有词，一般情况下，巴利语在前，傣语固有词在后进行注释。如ຮົງ（nā^{51}nā^{51}tāŋ^{35}tāŋ^{35}/不同的，各种各样的/bldy），其中nā^{51}nā^{51}为巴利语"不同的，各种各样的"，"tāŋ^{35}tāŋ^{35}"

---

① ［英］肯尼斯·罗伊·诺曼：《佛教文献学十讲》，陈世峰、纪赟译，中西书局2019年版，第182页。
② ［英］肯尼斯·罗伊·诺曼：《佛教文献学十讲》，陈世峰、纪赟译，中西书局2019年版，第183页。

为傣语固有词"不同的，各种的"，后者对前者进行注释说明；ြၵၽူႉပၢၼ်ႉၸဝ်ႈ（pra³³ phu⁵¹ bān⁵⁵ tsau¹³/国王/bldy）中 pra³³ 为巴利语"王、国王"，phu⁵¹ bān⁵⁵ 为巴利语"领导的，为首的"，tsau¹³ 则为傣语固有词"主人，王，国王"，后者对前者进行注释说明；ြၵႁႃႈၸဝ်ႈ（pra³³ hā⁵¹ tsā⁵¹ tsau¹³/国王、君王/bldy）中也为巴利语"头领，王、国王"，也是后者对前者进行注释说明。其他再如 ၵၢၼ်ဝႅၵ်ႇ（kān⁵⁵ vek³³/事情、活计/bldy）、ၵၢတ်ႉပုၼ်ႇ（kāt³³ pun¹¹/脱离、超脱/bldw）、သွၵ်ႉမွမ်ႇ（sok⁵⁵ mɔm¹³/悲伤、悲哀/bldy）、ထုၺ်ႇဒိၼ်ႉ（thu³³ di⁵⁵ din⁵⁵/尘土，尘埃/bldy）、ၸိတ်ႉၸႆး（tsit⁵⁵ tsai⁵⁵/心、心灵/bldy）、ဝွၼ်ႇၼေးၼွင်ႈ（vɔn⁵¹ neu³⁵ nɔŋ³⁵/请求、恳求/bldy）、ၶႅတ်ႈတႅၼ်ႈ（xet³⁵ dɛn⁵⁵/边界、界限/bldy）、ၶႅတ်ႈၶုင်ႈ（xet³⁵ xuŋ⁵⁵/领地、范围/bldy）、ဝွၼ်ႇၶေႃး（vɔn⁵¹ xɔ⁵⁵/恳请、哀求/bldy）、တႅတ်ႇတွင်ႇ（tet³³ tɔŋ¹¹/地方、地域/bldy）、ၵႅတ်ႈၵလဝ်ႈ（ket³⁵ klau¹³/发髻/bldy）、ၵၢတ်ႈၵွႆႇ（kāt³³ kɔi¹¹/脱离、超脱/bldy）、တေးတွတ်ႈ（te³³ tɔt³³/施舍、舍弃/bldy）、ၸၢတ်ႈၸေႇ（tsāt³³ tsə¹¹/种族、世族/bldy）等也是这种情况，后者皆为傣语固有词，它们对前面的巴利语进行注释说明。这些词为并列式合成词。还有一种情况为后产生的并列式合成词，它们是傣语在前，巴利语在后，它们也构成注释说明关系，但更多的是双音化结果，如ၸိၼ်ႉပၢတ်ႈ（tin⁵⁵ bāt³⁵/脚/dybl）、ၸႆးၸိတ်ႉ（tsai⁵⁵ tsit⁵⁵/心、心灵/bldy）、ၸေႇၸၢတ်ႈ（tsə¹¹ tsāt³³/种族、世族/bldy）、ၵလဝ်ႈၵႅတ်ႈ（klau¹³ ket³⁵/发髻/bldy）、ၵွႆႇၵၢတ်ႈ（kɔi¹¹ kāt³³/脱离、超脱/bldy）、တွတ်ႈတေး（tɔt³³ te³³/施舍、舍弃/bldy）、ၶေႃးဝွၼ်ႇ（xɔ⁵⁵ vɔn⁵¹/恳请、哀求/bldy）、ၶုင်ႈၶႅတ်ႈ（xuŋ⁵⁵ xet³⁵/领地、范围/bldy）等。它们中有很多词语与前面注释式词语仅是语序不同，意思完全一样。但从性质上说，前者是注释说明关系，后者是并列式构词关系，这样傣语中很多双音节并列式词语就有两种结构了。

第二种情况是通过短语或句子对前面巴利语进行注释，被注释词都是巴利语，而注释词大多是傣语固有词，有时也会有常见巴利语词参与其中（常为专有名词）进行注释。注释分两种情况：一是运用近义词对前面巴利语词语进行解释，如ၽၵဝႃႈဢၼ်ဝႃႈၽြၵပုတ်ႇထၸဝ်ႈ（pha³³ ka³³ vā⁵¹ ʔan⁵¹ vā³³ pra³³ put³³ tha³³ tsau¹³/薄伽梵，也就是佛陀）中"pha³³ ka³³ vā⁵¹"为巴利语"佛陀十号之一，音译又作婆伽婆、薄伽梵，意译为有德、能破、世尊、尊贵，即有德而为世所尊重者之意",这个词相对来说比较偏僻,在它后面就用"ʔan⁵¹ vā³³pra³³put³³tha³³tsau¹³就是佛祖"进行注解,"pra³³put³³tha³³tsau¹³"在傣族古籍中是个高频词,尽管其中"pra³³"和"put³³tha³³(buddha 佛陀)"也都是巴利语,这两个词在现代傣语汇中也是常用词。再如ဘာ်ဒ်ကျော်ᥛᥳ(ta⁵⁵ tā⁵¹nai⁵¹kā⁵⁵la³³nan¹¹sot³⁵/那时)中"ta⁵⁵tā⁵¹"为巴利语"那时,彼时",是个时间名词或副词,后面用"nai⁵¹kā⁵⁵la³³nan¹¹sot³⁵那个时间里"进行注释,其中"kā⁵⁵la³³"是巴利语"时、应时、正时",该词在傣族古籍中也很高频,也就用来注释前面的巴利语"ta⁵⁵tā⁵¹"。其他再如ဘယလူသားအဖြစ်ကုန်တိုင်လုံးဖျူး (ma³³nut³³sā⁵⁵ʔan⁵¹vā³³kun⁵¹taŋ⁵¹lāi⁵⁵fuŋ⁵⁵ju³⁵klai¹³/人们,也就是那群在近处的人们)中"ma³³nut³³sā⁵⁵"为巴利语"人们,人类",后面用傣语"kun⁵¹taŋ⁵¹lāi⁵⁵"进行注释,ငြခြင်းဖြ်လုက်ခြည် (pra³³but⁵⁵tā⁵⁵həi⁵⁵luk³³kvɛu¹³/王子啊,珍贵的儿子)中用傣语"luk³³kvɛu¹³珍贵的儿子"来注释巴利语"pra³³but⁵⁵tā⁵⁵王子"。二是对巴利语的各种语法形态,如性数格进行注释,如ဘိက္ခုဝေဒုဒါဘိက္ခုထုတိုင်းလေး (phik³³xa⁵⁵ve³³du⁵¹dā⁵¹phik³³xu⁵⁵taŋ⁵¹lāi⁵⁵/比丘啊!啊,比丘们!)中"phik³³xa⁵⁵ve³³"为巴利语"比丘"的"复数呼格",而傣语没有语法形态,也就没有呼格一说,为了对这一语法形态进行注释,傣语使用了三个词,先用感叹词"du⁵¹dā⁵¹/啊/dy"来注释巴利语的"呼格",再使用巴利语"比丘"的单数形式"phik³³xu⁵⁵"来表示前面"比丘"这个词的主体意义,最后在"phik³³xu⁵⁵/比丘/bl"后面加上傣语固有词"taŋ⁵¹lāi⁵⁵/大家"表示"复数"。再如ဘေတဘေဇော်ဘာ်ဖူညိုင်းစ်စော်ထာ်ဟတ် (te⁵⁵ta⁵⁵jo⁵¹ʔan⁵¹vā³³phu¹³jiŋ⁵¹tsāu⁵¹tse⁵⁵ta⁵⁵hāt³³/支提的女人,也就是女人宗族支提国王)中"te⁵⁵ta⁵⁵jo⁵¹"通过"jo⁵¹"这一阴性形式表示"支提的女人",这个阴性形式傣语无法直接用语法来表达,傣语就用词汇形式来表示,后面就用了一个较长的短语"phu¹³jiŋ⁵¹tsāu⁵¹tse⁵⁵ta⁵⁵hāt³³也就是与支提国王同一宗族的女人"来进行注释。သာမတီသိုဘာ်နေင်ဟာ်စမတ်ထိ (sā⁵⁵mat³³ti³³son³⁵vā³³nāŋ⁵¹hā⁵¹tsa³³mat³³thi³³/她曼坻,也就是曼坻王妃)中"sā⁵⁵mat³³ti³³"是陈述话题,后面用"nāŋ⁵¹hā⁵¹tsa³³mat³³thi³³"进行注释。其中"nāŋ⁵¹"是古汉语借词"娘"对应巴利语"sā⁵⁵她","mat³³thi³³"对应"mat³³ti³³"。这两个词实际上是一个词,前者是巴利语形式，后者是"梵语形式"，两者是异形词。在《维先达腊》中以后者为常见形式，而"mat^{33}ti^{33}"较少用，因此就用"mat^{33}thi^{33}"来注释"mat^{33}ti^{33}"。

第三种情况是在巴利语地名、人名、花果树木等前加通名或概括性词语，表示这类巴利语的意义范围。这种注释并不是对前面的词进行较为准确的注释，而是对专有名词界定种属关系。这种注释在外来语中较为普遍，如汉语的"尼罗河"中的"河"就是一种注释式构词。《维先达腊》这种注释情况很普遍，大多是针对人名、地名、花果树木名等。如人名有ᦓᦱᧂᦀᦱᦰᦙᦲᧆᦒᦱ（nāŋ^{51} ʔa^{55} mit^{33} ta^{55} tā^{55}，嫡阿米达达，乞丐祖卓之妻）、ᦓᦱᧂᦗᦴᧈᦉᦲ（nāŋ^{51} phut^{55} sa^{55} di^{55}，嫡普萨丽，维先达腊之母）、ᦓᦱᧂᦂᧃᦠᦱ（nāŋ^{51} kan^{55} hā^{55}，嫡甘哈，维先达腊之女）、ᦓᦱᧂᦠᦱᦺᦆ（nāŋ^{51} hā^{51} tsa^{33} mat^{33} thi^{33}，嫡拉扎曼坻，维先达腊之妻）、ᦵᦈᧂᦌᦱᦟᦲ（tsau^{13} tsā^{51} li^{51}，召扎利，维先达腊之子）；其他如ᦓᦱᧂᦘᦲ（nāŋ^{51} phik^{33} xu^{55} ni^{51}，嫡比丘尼）、ᦓᦱᧂᦉᦙᦏᦲ（nāŋ^{51} sa^{55} ma^{33} ni^{51}，嫡萨玛尼）、ᦵᦈᧂᦀᦱᧈᦋᦗᦑᦱᦟᦉᦲ（tsau^{13} ʔa^{55} tsut^{55} ta^{55} ha^{33} si^{55}，召阿竺达拉西）、ᦵᦈᧂᦀᦳᧆᦒᦱᦈᦲ（tsau^{13} ʔut^{55} tā^{51} ji^{33} then^{55}，召邬陀夷）。这种在男性名字前加"tsau^{13}"，女性名字前加"nāŋ^{51}"是傣族古籍中一种普遍习惯，后来"tsau^{13}"和"nāŋ^{51}"就逐渐演化为封建领主制下傣族贵族姓氏。在《维先达腊》中"tsau^{13}"也可放在巴利语后，这时"tsau^{13}"就是注释词了，而不是充当显示身份和区分性别姓氏功能了，如ᦵᦗᦱᦒᦲᦉᦸᦈᧁ（po^{51} thi^{33} sat^{55} tsau^{13}/菩提萨埵）、ᦙᦠᦱᦉᦸᦈᧁ（ma^{33} hā^{55} sat^{55} tsau^{13}/大王）、ᦙᦠᦱᦠᦱᦋᦸᦈᧁ（ma^{33} hā^{55} hā^{51} tsa^{33} tsau^{13}/大王）等词中，"tsau^{13}"的解释功能很明显。

巴利语地名前加傣语通名也是《维先达腊》较为常见方式，如ᦵᦙᦲᧂᦉᦲᦞᦲᦠᦱᧆ（məŋ^{51} si^{55} vi^{33} hāt^{33}，勐西维兰）、ᦵᦉᦒᦴᦒᦱᦠᦱᦓᦱᦂᦸᧃ（tse^{33} tu^{55} ta^{55} ha^{33} na^{33} kɔn^{51}，勐阇杜多罗城）、ᦵᦙᦲᧂᦃᦱᦟᦱᦓᦱᦉᦲ（məŋ^{51} pā^{51} lā^{51} na^{33} si^{55}，勐巴拉纳西）、ᦃᧁᦂᦱᧃᦒᦱᦙᦱᦒᦱᦓᦱ（xau^{55} kan^{51} tha^{33} mā^{51} tha^{33} na^{33}，香醉山）、ᦃᧁᦉᦵᦓᦷᦟ（xau^{55} se^{55} ne^{33} lo^{51}，须弥山）、ᦓᦱᦟᦲᦂᦱᦡᦾ（nā^{51} ri^{33} kā^{55} dɔi^{55}，纳利嘎山）中的"məŋ^{51}地方，区域""xau^{55}山，大山""dɔi^{55}山坡，岭"等都是傣语固有词。它们加在巴利语地名前主要是标识巴利语地名的性质和范围。值得一提的是"tse^{33} tu^{55} ta^{55} ha^{33} na^{33}

kɔn⁵¹"这个词中，"na³³kɔn⁵¹"本就是巴利语通名"城，城市"，也要在前面加"məŋ⁵¹"。

此外，在花果树木前加通名也是通例，如༅ （mai¹¹tsum⁵¹pu⁵¹，阎浮树）、༅ （mai¹¹bā⁵⁵ri³³kā⁵⁵，巴里嘎树）、༅ （mai¹¹ni³³xot³³，榕树）、༅ （māk³⁵ni³³xot³³，榕树果）等中的"mai¹¹""māk³⁵"皆为傣语固有词。

除了对巴利语进行注释外，《维先达腊》也保留了大段的巴利语或巴利语偈颂。与汉译佛典相比，这是《维先达腊》文本的一个鲜明特点。《维先达腊》第十三章最后部分说，《维先达腊》共收有1300余条偈颂，但实际上偈颂数量比这少得多，要么是一种夸张说法，要么是在翻译巴利文本过程中，傣文译本删减了大量巴利语偈颂。据统计该书偈颂只有216条，加上每章开头部分的巴利语，也只有240条左右。图1-2是第一册《十愿》开头部分的一段话，前面皆为巴利语。

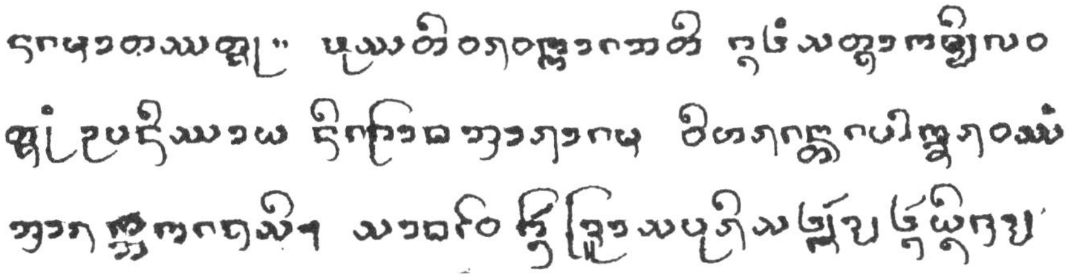

图1-2

这段话中前面两行和第三行前半部分都是巴利语，后半部分则是巴利语和傣语固有词都有。为方便说明，我们将它转写并予以直译。

na³³mo⁵¹tat⁵⁵sat⁵⁵thu⁵⁵phut⁵⁵sa⁵⁵ti⁵⁵va³³ha³³van⁵¹nā⁵¹phe³³ti³³. ʔi⁵⁵taŋ⁵¹
南无　　让我礼敬　　普萨丽　　华丽　　外表　　闪耀。
sat⁵⁵thā⁵⁵kam⁵⁵bi⁵⁵la³³vat³³thuŋ⁵⁵ʔu⁵⁵ba⁵⁵nit⁵⁵sā³³ja³³ni³³xo⁵¹tha³³ʔā⁵¹hā⁵¹me³³
此　导师　迦比罗卫城　　　　靠近　　榕树　　园林

vi³³ha⁵⁵raŋ⁵¹to⁵⁵bok⁵⁵xa⁵⁵ha³³vat³³saŋ⁵⁵ʔā⁵¹rap³³pha³³ka⁵⁵the⁵⁵si⁵⁵sā⁵⁵tha³³vo⁵¹
　住者　　　荷花　　雨　　　关于　　　已说的　　　信众
faŋ⁵¹du⁵¹dā⁵¹sa⁵⁵bu⁵⁵hi³³sa⁵⁵taŋ⁵¹lāi⁵⁵taŋ⁵¹jiŋ⁵¹tsāi⁵¹
听吧　善士　　大家　　全　男　女

(namo tassa atthu phussati vara vaṇṇa abheti, idaṃ satthā Kapilavatthuṃ upanissaya nighodha ārāme viharanto pokkhara vassaṃ ārabbha kathesi sādhavo faŋ⁵¹du⁵¹dā⁵¹sappurisa taŋ⁵¹lāi⁵⁵taŋ⁵¹jiŋ⁵¹tsāi⁵¹①)

这段话首先赞美了普萨丽（维先达腊之母）外表，她是该章主人公，是"十愿"的乞求者。除了每章开头保留较多巴利语外，还有就是文中的偈颂。《维先达腊》有216条，每章平均也有16—17条，偈颂有四言、五言、六言和七言，也就是每条偈颂的词语数在14—28个词语，因此数量也不算少。偈颂夹在本生经长言中，主要是补充、概括或重申长言意义和赞颂佛陀操行。图1-3是《维先达腊》中一段话，里面有一个四言偈颂，我们来看一下这个偈颂。

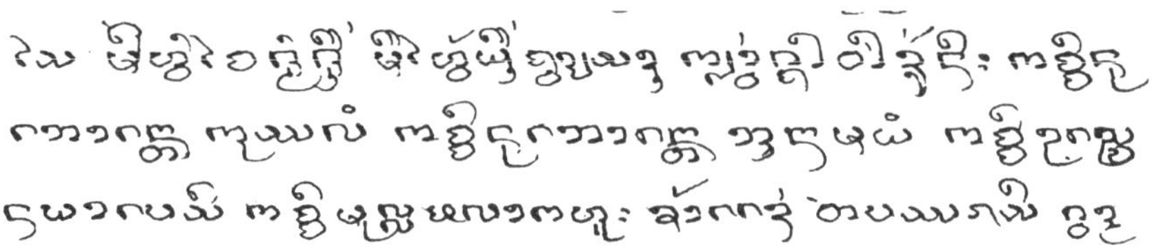

图1-3

这段话中从 (klāu³⁵kā⁵¹thā⁵⁵vā³³daŋ³⁵ni¹¹，告诉偈颂这样说) 之后，一直到 (xā³dɛ²，奴仆，在下) 之前是这段偈颂。偈颂有个明显特征，就是没有任何显性声调，现转写偈颂如下：

---

① 这段话中没有标注声调的是巴利语，标注声调的为傣语固有词。巴利语是根据傣文转写而来。巴利语有元音组合问题，还原为巴利语时已进行添加补充，并按词分写。

第一章　基于统计和文本分析的《维先达腊》词汇特征　　71

kat⁵⁵tsi⁵⁵ nu³³ phon⁵¹to⁵⁵ kut⁵⁵sa⁵⁵laŋ⁵¹ kat⁵⁵tsi⁵⁵ nu³³ phon⁵¹to⁵⁵ ʔa⁵⁵nā⁵¹
也许　是否　诸尊者　给善业　　　也许　是否　诸尊者　给无

ma³³jaŋ⁵¹　　　　kat⁵⁵tsi⁵⁵ nu³³ ʔun⁵⁵tse⁵⁵na³³ jā⁵¹be⁵⁵si⁵⁵ kat⁵⁵tsi⁵⁵ nu³³
疾病（给健康）　也许　是否　为生计存东西　持续了　也许是否

mun⁵¹la³³pha⁵⁵lā⁵¹ ba³³hu⁵⁵
根果　　　　很多

（kacci nu bhonto kussalaṃ kacci nu bhoto anāmajaṃ kacci nu uñchena jāpesi kacci nu mulāphalā bahu；殿下您行何种善？殿下您为何无病？为何食落果存活？为何树根果实丰？）

这是一首四言偈颂，在《维先达腊》中还有五言、六言和七言偈颂。《维先达腊》以七言偈颂为主，如平均按六言偈颂24个词语计算，仅偈颂就有5000余音节了，再加上每章开头部分的整段巴利语，总体来说，《维先达腊》中夹杂的巴利语语句还是挺多的，这也是导致巴利语借词数量多的一个重要原因。

四　古籍文献中异形词数量多且类型多样

异形词是傣文古籍文献词汇里一种突出的语言现象，也是研究傣族古籍中的一个难点，如ᦟᦳᧂ、ᦟᦳᧃ、ᦠᦳᧃ、ᦷᦟᧃ、ᦵᦟ、ᦟᦳ、ᦟᦳᧃ等都可能是巴利语 puñña（bun⁵⁵福，善，福德，功德）的书写形式，其中只有第一种写法与巴利语有严格语音对应关系，其他形式都是异形词。傣文在书写时，ᦓ是傣语n韵尾最为常见的书写形式，受常见韵尾写法类推作用影响，因此有第二种书写方式；傣文巴利语声母 ñ 与 ŋ 这两个音做韵尾时，傣语都读作n，经常发生混淆，所以又可写作第三种形式；第四种形式取巴利语首音节，这四个形式都较为常见。其他方式也是bun⁵⁵的书写形式，相对来说，使用次数较少。但它们口语读音相同，意义也一样。像这样一个词有多个不同书写形式的异形词在傣文古籍中相当普遍。

异形词共时地存在于同一部文献中，给傣文阅读、翻译和释读都带来了一定困难，但由于异形词形体上有差异，有时它也有利于识别巴利语和分析语言演变现象，也有一定的积极作用，因此需要辩证地分析。同时分析傣文异形词类型并分析异形词产生的原因，有助于文献阅读、翻译和释读部分疑难词汇。关于傣文异形词还未有相关论述，我们在这里多说一些，对《维先达腊》的异形词进行分类并分析产生的原因，希望引起有关学者注意。

（一）傣泐文异形词类型及其分类

根据傣文异形词的形态和特点，我们将傣文异形词分为正体和繁化体、简化体，单用体和合用体，韵尾变化体和正体，截略体和正体，语音变异体和正体五种异形词形式，基本能够覆盖目前所搜集的异形词。

1. 正体和繁化体、简化体异形词

正体是指严格按照声韵调规律拼写的傣文形式，而简化字是指相对于正体在书写形式上有所减省的形式，而繁化体则是在正体基础上有所增益的形式。繁化体和简化体都是相对于正体而言的。一般而言，正体只有一种，而简化体或繁化体则可能有多种。傣文古籍中的简化体主要有两种类型，一种是数字词，一种是高频词，由于简化体在经文中使用极为广泛，一般人都知道其意义。与之相反，则有一些专有名词，出于尊敬或神秘化原因，有时书写形式繁化，并以繁化体作为常用形式。繁化体相对来说数量较少，而且不同经书中表现形式不一，见表1-13所示。

表1-13　　　　　　　　　简繁体异形词对照表

国际音标	正体	简化体或繁化体	注释说明
kɔ¹¹（也，就；一个）			文献中几乎都为简化体，偶尔使用原形
nɯŋ³³（一）			古籍中以✓为主；第二个简化体为字母形式，用于较为庄重场合；第三个简化体只能位于个位数上。它们具有一定的分工
sām⁵⁵（三）			古籍中以✓为主；第二个简化体为字母形式
le³³（和、了、地、的）			文献中几乎都以简化形式出现，几乎不见正体形式

续表

国际音标	正体	简化体或繁化体	注释说明
dai[13]（得）			简化体为正体，繁化体受其他词类推而加了尾音 ya. 两个词使用都较多
mat[33] ti[33]（玛迪，人名）			该词简化体为正体，但文献中绝大多数是繁化体
tsak[55]（将，要）			以简化体为主，繁化体使用相对较少
taŋ[51] lāi[55]（大家）			几乎都使用简化体
hūk[35]（都）			该词以正体为主，繁化体和简化体出现次数也较多

这类异形词非常类似于汉语的繁简字。其中一种字形简单，另一种字形相对复杂。除了少数人名外，大多数都是傣语的高频词。这类词释读都较简单。

2. 单用体和合用体异形词

单用体和合用体异形词是傣文异形词的另一种类型。单用体是指两个或以上音节单独使用，按照线性方式排列，合用体是指两个或两个以上的音节通过上下的方式组合在一块，从书写形式上看类似于汉语的"峰、峯"或"群、羣"，但单用体和合用体异形词都是双音节以上，其实际上类似于汉语的"囍"，是把两个或多个音节融合在一起，并伴随着字形变异。傣文合体字有三种类型，一是通过特定符号，将两个字音节完全相同的字写在一块；二是傣文一些常见双音节词语在书写时上下叠放成一个合体字；三是巴利语转写成傣文时，巴利语某些复辅音前后相连，形成合体字。合体字在傣文书写中是一种常见形式，特别是第三种在文献中处处可见，甚至有些就没有单用体异形词（这是傣文拼写巴利语双辅音的一种特殊方式），详见表 1-14 所示。

表 1-14　　　　　　　　单用体和合用体异形词对照表

国际音标	单用体	合用体	注释说明
ʔan[51] vā[33]（所以，即，所谓）			合用体词形发生变化，如按拼写法应读 hɯ[51]，但却读为 ʔan[51] vā[33]。单用体几乎不用

续表

国际音标	单用体	合用体	注释说明
bāt³⁵ 或 bā⁵⁵tā⁵¹（脚步）	ᨷᨣ	ᨻ	合用体将单用体的后一音节韵尾化，变成一个音节，以合用体使用为主
lok³³（世界）或 lo⁵¹kā⁵⁵	ᩃᩮᩣᨠ	ᨥ	合用体将单用体的后一音节韵尾化，变成一个音节。以合用体使用为主
kɔ¹¹mā⁵¹（也来）	ᨠᩴᨾ	ᨼ	由于声母在下面和后面或单独使用，字形有别，所以字形也有差异
pai⁵¹pai⁵¹mā⁵¹mā⁵¹（来来去去）	ᨸᩱᨸᩱᨾᨾ	ᨼ	这个词是个四音节，先将 m 声母叠加在 p 声母下面，然后使用 ᩘ 表示重叠
kɔ¹¹di⁵⁵（也好）	ᨠᨯ	ᨼ	后一声母 d 叠加在前一声母 k 下面
kɯ⁵¹vā³³（即，就是说）	ᨠᩅ	ᨼ	后一声母 v 叠加在前一声母 k 下面
nā⁵¹nā⁵¹（等等，不同）	ᨶᨶ	ᨶ	两个音节通过符号 ᩘ 连接，表示重叠。这类词限于能重叠的词

一般情况下，单用体笔画较多，多数是正体，合体字则笔画减省，大多为异形词。单用体和合用体的形成主要来自两股动力，一是书写减省的需要，傣文佛经过去都是刻写，很多常用词出现频率高，使用合体字可减少刻写的次数；二是傣文自身拼写规则冗余所导致的，傣文书写客观上就允许多种书写形式存在。

3. 韵尾变化体和正体异形词

韵尾变化体是指异形词其他部分（声母、韵腹、声调）等都相同，只有韵尾写法不同。这种异形词数量庞大，特别是巴利语借词大多都属于这种形式，它既与老傣文复杂的字母系统有关（"一文双语型"文字），也与巴利语是多音节语言有关。有时同一个词有五到六个不同的韵尾书写形式，从而形成很多异形词。这些词绝大多数都是巴利语借词。见表 1-15 所示。

表 1-15   韵尾变化体和正体异形词对照表

国际音标	正体	异体	注释说明
tet³³	ᨲᩮ	ᨲ	正体对应巴利语 tesa，但傣语韵尾化后没有 s 韵尾，采用发音部位近似的 t 韵尾代替，两种字体使用都较多，体现了拼写法和读法的不同

续表

国际音标	正体	异体	注释说明
suk^{55}（福，乐）			正体对应巴利语 sukha，但傣文没有 kh 韵尾，就用 k 代替，有时甚至给他一个 kkha 韵尾。以正体字使用为主。体现了拼写法和读法不同
hot^{33}（味）			正体对应巴利语 rasa，内有韵腹变异，傣文没有 s 韵尾，经常写作 t 韵尾。两种字体使用都较多，体现了拼写法和读法不同
vi^{33}set^{35}（伟大）			正体对应巴利语 visa。韵尾有时写作 t。以正体使用为主，异体也多有使用
ʔo^{13}kāt^{35}（天空，允许）			正体对应巴利语 okasa，韵尾有时写作 t，有时写作梵语的 avakāśa 中的 ś
sep^{35}sāŋ^{13}（生活，居住）			该词韵尾 p 有不同写法，韵腹 e 也有不同写法，甚至第二个声母 s 也有不同写法

该类型的异形词除极个别为傣语固有词外，基本都是巴利语借词。巴利语存在着大量的双辅音，傣语经常将它韵尾化，但傣语塞音和鼻音韵尾只有六个，而巴利语双辅音数量很多，因此傣文采用相同或相近的发音部位的音去代替，但大多时候出于尊重巴利语写法，又采用巴利语原形转写。这样就形成了大量的巴利语借词。

4. 截略体和正体异形词

截略体与正体是另一种形态的异形词。这种异形词字形方面有些特殊，两个异形词之间读音并不完全相同，但它们的意义相同。截略体通常截取正体的前一个或两个音节。这些词基本也都为巴利语借词。见表 1-16 所示。

表 1-16　　截略体和正体异形词对照表

国际音标	正体	截略体	注释说明
tham^{51}（达摩，法）			巴利语原形为 dhamma，傣语取首音节为 tham^{51}（dh 与 th 具有严格对应关系）
kan^{55}（章，节）			巴利语原形为 kaṇḍa，傣语取首音节为 kan^{55}
prām^{51}（婆罗门）			来自梵语 brahmana，傣语取自前两个音节，并将第二个音节韵尾化

截略体与正体有时读音一致，ᩈ和ᩓ两个异形词尽管表面差别大，但两者读音一样。傣语使用了一个弭音符号ᩬ（必须放在音节上面，放在右面就是 n 了），说明后一音节可不读出来，但为尊重巴利语原形，仍然转写出来。有的读音就不一样了，只是截取了首音节。这一类词都是巴利语，但识别和释读难度很大，只有出现了原形才会反推截略体的意义。

5. 语音变异体和正体异形词

语音变异体是针对正体而言的，正体就是符合西双版纳标准语读音的，语音变异体是指声韵调（一般为声调和声母）与正体在某个方面有差异，但意义完全一样的异形词。这种变异具有很强的规律性，即口语中一些词，在书面语中写成另一种形式。见表 1-17 所示。

表 1-17　　　　　　　　　**语音变异体和正体异形词**

国际音标	正体	语音变异体	注释说明
pai^{55}（去）			口语一般都读作 pai^{55}，但文献中几乎都写作 pai^{51}
kun^{51}（人）			标准语读为 kun^{51}，但傣文经书有时写作 xun^{51}，因此有两读
$mə^{33}dai^{55}$（何时，任何时候）			后一音节傣语口语读为 dai^{55}，文献大多写 dai^{51}
$xvām^{51}$（事情；思想）			标准语读为 $xvām^{51}$，经书有时写为 $kvām^{51}$
$mā^{51}tā^{55}$（母亲）			巴利语为 $mātā$，但傣文一般写作 $mā^{51}dā^{55}$，有时写作 $mā^{51}dā^{51}$
$hi^{55}ma^{33}ban^{51}$（雪山）			巴利语为 himavant，也可为 himabant。巴利语本可两读

这些异形词主要是语言演变和口语书面语读音不同造成的。它们内部读音不完全一致，仅在声调或声母上有细微的差异，但词义完全是一样的。这类词以傣语固有词为主，巴利语仅涉及 v 声母和 b 声母词。

（二）傣文异形体产生原因分析

傣语的异形词主要有以上五种类型，也有部分韵腹变化形成的异形词，数量较少。在此就不赘述了。

傣文异形词形成原因主要跟傣文自身的性质相关联。这里面既有书写方面因素，更多的是文字内部问题，此外也与语言变异有关。概括起来，主要有以下三个原因：

1. 出于书写简便原因。傣文中有大量高频词，特别是连词、助词、数词、代词等，由于频率高，在刻写时，如使用原形（正体），比较费时费力。出于刻写方便的动机和需要，人们使用简体字形进行替代，这样就形成了异形词。一般情况下，简体字使用占主导地位，出于语体需要或音节内部平衡，偶尔也采用原形；但部分异形词正体和异形词书写较为随便。

2. 傣文系统自身原因。这里稍微复杂一些，既有傣文来自巴利语，继承了巴利语书写规则原因；也有傣语吸收了大量巴利语，为了准确、完整地记录巴利语借词有关；还与巴利语进入傣文系统后，需要进行调试以及傣文后来增加了字母有关。大致又可细分为以下五种原因：

（1）傣文是"一文双语型"文字。它一开始是为记录巴利语佛经的，为了准确、完整地记录巴利语文献，它将很多傣文中实际并不存在的字符也完全照搬了进来，这样它就可完整地记录巴利语文献了。后来为了准确地记录傣语，又创造了15个声母，以及全部韵母和声调等。这样傣文就具备了拼写两种语言的能力。但与此同时，也造成了大量书写冗余现象，同一个声韵母通常有几种写法，一开始两者还泾渭分明，但后来字符经常混淆。这是造成傣文异形词较多的一个根本原因。

（2）傣文继承了巴利语（准确地说应是婆罗米文字体系）以声母为核心的拼写规则。这种拼写规则以声母为核心，韵母可加在声母的前面、后面、上面和下面。这样傣文结构并不排斥上下结构，有时为了显示刻经水平或避免词语分行书写，把左右结构的词写成上下结构，这样同一个词语有的是左右结构，有的是上下结构。这是大量合体字异形词产生的重要基础。此外，为了字体美观和平衡需要，傣语韵尾一般在声母下面或右边，可是有3个鼻音或塞音韵尾（-m，-n，-p）在声母下面和在右面时字形不一样（-k，-ŋ 韵尾一样，-t 韵尾视情况而定），而 m 韵尾写在下面是 乙，

写在右面是 ❣，两者字形差别较大，这恰似汉语的"忄""心""小"，写在左边和下边有区别一样，但汉字形成了互补分工，而傣文有些则是异形词。这也是造成异形词的一个原因。

（3）傣语吸收了大量巴利语借词。巴利语是一种多音节无声调语言，而傣语是一种单音节有声调语言，为了转写巴利语，特别是准确地拼写巴利语双辅音，便产生了大量合用体（合体字，将前一音节声母与后一音节声母或韵尾拼写在上下位置）。这种现象在文献中俯拾即是，如 ᨠᩮᩈ（sabbaññū 佛祖的称呼）、ᨷᩮᩈ（satthā 老师）、ᨠᩮ（kumarā 王子，巴利语原为单辅音，傣文转写变成双辅音 kummara）等。有时又为了适应傣语单音节或韵尾化的需要，又将巴利语双辅音单音化（某种意义的简化），这也是产生傣文异形词的又一重要原因。

（4）巴利语是多音节语言，而傣语是单音节语言，如按照巴利语音节一一转写的话，傣语中会增加大量多音节词，为了缩短音节，傣文采用哑音（字母写出来，但不读出音，这样造成书写与拼读不一致的问题，如 ᨴᩮ 从字形上看，它与巴利语 dhamma 存在严格的一一对应关系，但它同时在韵尾上加上 ᩳ 标记符号，表示后一音节 ma 不用拼读出来），有的就截取首音节或头两个音节构成截略体，将后一音节韵尾化构成韵尾变异体等，同时又为了尊重巴利语（佛教具有尊古传统），有时又写出原形。这样也形成了大量的类型不一的异形词。

（5）巴利语韵尾化后，大量辅音需要纳入傣文的韵尾系统。但傣文只有三个塞音，三个鼻音，而巴利语有 31 个字母可韵尾化，于是傣语在转写时就将发音部位相近的辅音韵尾都转写为六个傣语韵尾。我们将可能的韵尾化音列举如下：

ṃ ñ→ŋ

ṅ ṇ n r l ḷ→n

m→m

k kh g gh→k

c ch j jh ṭ th ḍ dh t th d dh s ss→t

p ph b bh→p

从上面可看出，傣文每个塞音或鼻音韵尾都对应多个字母，尤其是塞音韵尾 t 对应字母多达 14 个，这样产生众多异形词也就不奇怪了。傣文中有一类专门的韵尾变异构成的异形词，就是上述韵尾产生混淆后分不清楚所产生的异形词。

3. 语音变异和演变产生的异形词。傣语标准语历来以景洪市为主，但傣文经书刻写则主要在景洪的大勐龙镇和勐海，这两地是传统的刻经中心和文献输出中心。这两地方言与景洪市有些差异，而刻经人有时将方言特点带入了文献中，从而形成异形词；此外，傣文经书诵经时，经常将 p/d/b/j 等声母的高音组读成低音组字，这样也会产生一些异形词。

总之，傣文异形词多的原因主要是与傣文自身系统拼写两种语言而产生的大量冗余现象有关，也与傣文书写规则有关，还与语音变异和书写方便有关，是多种因素综合形成的结果。

傣语中大量异形词虽给文献阅读带来了一定麻烦，并易与其他同音词相混淆，增加了翻译难度，有时甚至会给释读也造成负面影响，但异形词的存在也给巴利语借词识别，特别是寻找巴利语原形带来一定线索。我们可通过异形词词形的线索，寻找巴利语借词原形，从而准确释义。

第二章 《维先达腊》傣语固有词研究

《维先达腊》傣语固有词所占分量最大，除人名、地名、佛教术语以及佛经某些固定表达构式绝大多数是巴利语外，其他大多已翻译为傣语固有词或古汉语借词。研究文献中固有词一方面可了解傣族词汇特点及其演变情况，另一方面也可观察佛经文献傣族化过程中，傣语固有词在替代巴利语过程中表现出来的特点。

本章在上章整体研究基础上，分别从语音、语序、词缀、语法演变和文化等角度对傣语固有词（偶尔会涉及古汉语借词和巴利语借词）中一些较有特点的词汇现象进行专门探讨。本章共分为七节，第一节讨论傣语摹状词声韵关系问题，归纳傣语韵腹变化的三种交替规律；第二节讨论傣语韵腹变化造词问题，观察傣语通过变换韵腹这一语音形式进行造词的交替规律；第三节讨论傣文古籍词语的几种音变现象，观察《维先达腊》常见语音变异规律，并结合壮侗语族其他语言进行解释；第四节结合《维先达腊》和现代傣语语料库讨论傣语单音节并列反义合成词语序问题，分析傣语并列反义合成词与汉语等其他语言的异同点以及傣语并列反义合成词演变的历程；第五节分析《维先达腊》中的偏正式特殊语序，对不符合傣语常规偏正语序构词进行了分类和讨论；第六节简要分析傣语的词缀问题，利用文献和现代傣语中的词缀用例观察傣语名词和动词词缀的演变轨迹；第七节讨论傣语中的"傣"和其他文化事项问题，分析了文献中"傣"的语义变化以及与该词有关的文化问题。

第二章　《维先达腊》傣语固有词研究

本章通过文献与现代傣语对比方式，古今对比，以古观今，观察傣语词汇在语音、语序、词缀、语法和文化等方面的演变情况。这种研究方式有助于深化傣族词汇的构词法研究，有助于了解傣语词汇古今语音的变异，有助于观察傣语词汇演变替代问题，有助于利用词汇探讨傣族文化中的若干问题，从而能够更好地帮助识别傣语固有词，为今后的其他文献专书词汇研究打下基础。

第一节　傣语摹状词声韵关系研究

摹状词，也叫联绵词，是利用词汇内部语音变化的一种构词手段，在汉藏语系各语言中都较为普遍地存在。傣语也像汉语一样，存在大量的摹状词或联绵词（模拟大自然的声音或事物形状、状态的词），如ᥔᥨᥐᥴᥐᥨᥐᥴ（sɔk³⁵kɔk³⁵，滑稽的样子）、ᥔᥧᥢᥴᥔᥣᥢᥴ（sun⁵⁵sān⁵⁵，混杂的样子）、ᥔᥪᥴ（sāu⁵⁵sāu⁵⁵，闹哄哄的样子）、ᥞᥛᥳ（ha³³hɯn³³，众多的样子）、ᥞᥧᥖᥲᥞᥣᥖᥲ（ha³³hut³³ha³³hāt³³，迅疾，快速的样子）等。它们类似于汉语联绵词"徘徊、彷徨、哈哈"等。傣语摹状词数量庞大，在文学作品中出现尤其频繁。它们在语音特征上一般表现为双声叠韵、双声、叠韵等关系。在语义特征上则表现为"模拟大自然、动植物的声音"或"事物呈现出某种形状、状态或样子"，傣语摹状词有时会通过韵腹变化来表示事物状态或声音的大小、长短、高低以及褒贬色彩等意义。在语法上，它们一般不能单独做谓语，而需与前面的动词或形容词一起构成谓语成分，形成如汉语的"香喷喷、黄澄澄"的形式，如ᥖᥫᥒᥴᥝᥣᥒᥳ（deŋ⁵⁵va³³vaŋ³³，红彤彤的）。关于傣语摹状词，目前研究成果极少，仅有张公瑾先生的《傣语德宏方言中的动词与形容词的后附形式》，该文分析了德宏傣语动词内部元音变化形式和形容词后附音节元音内部变化两种形式。文中后形容词后附音节就是本节要探讨的摹状词，不过该文是从语法和修辞角度论述内部元音变化的。① 我们从《维先达腊》《傣汉词典》中一共搜集了 608 个摹状词，并对此进行了标注分析，着重分析摹状词声韵关系。研究发现，傣语叠韵摹状词的前后声母只表现出一定的倾向性，而没有严格的语音前后规律。而双声摹状词在语音上呈现出相当强的规律性，主要表现为三条：一是前一音节韵腹和后一音节韵腹具有相对固定关系，如前一音节韵腹为 ɔ，后一音节韵腹必为 ɛ；前一音节韵腹为 u，后一音节韵腹只能为 a 或 i；二是圆唇元音倾向于在前一音节，不圆唇元音倾向在后，圆唇元音只有 ɔ 可在后，且例子较少；三是前一音节如为圆唇元音，后一音节必不能为其他圆唇元音（重叠词除外），如是非圆唇元音，则可同时出现在前后音节。

一 傣语摹状词主要类型

傣语摹状词从声韵母关系上可分为叠音词、双声、叠韵三种（不再附傣文）。

1. 叠音词摹状词：就是两个音节声韵调相同，合起来表达一个完整意思。

$phup^{33}phup^{33}$（噗噗声）　　　　$sā^{33}sā^{33}$（沙沙声）

$sɛ^{33}sɛ^{33}$（淅沥的小雨声）　　　$ʔāu^{51}ʔāu^{51}$（小孩哭叫声）

$ʔɯk^{33}ʔɯk^{33}$（大口喝水的声音）　$kək^{55}kək^{55}$（伐木声）

$ʔoŋ^{55}ʔoŋ^{55}$（洁白貌）　　　　　$vin^{51}vin^{51}$（绿茵茵的样子）

2. 叠韵摹状词：就是两个音节韵母相同，而声母不同，合起来表达一个完整意思。

$kuk^{55}luk^{55}$（很苦的样子）　　　$loŋ^{33}koŋ^{33}$（长得很丑的样子）

---

① 张公瑾：《德宏傣语方言中动词和形容词的后附形式》，《民族语文》1979 年第 2 期。

māŋ³³jāŋ³³（很难看的样子）　　mo³³so³³（热泪盈眶的样子）
pɯ⁵⁵tɯ⁵¹（生气的样子）　　　pɔk⁵⁵xɔk³³（矮小结实的样子）
sit³³lit³³（瘦小的样子）　　　su⁵⁵bu⁵⁵（娇嫩的样子）

3. 双声摹状词：傣语双声摹状词情况相对较复杂。内部又可分为三种情况，一种是仅韵腹不同，其他部分相同；一种是韵腹相同，而韵尾和声调略有不同。

xut³³xāt³³（挣扎、狼狈的样子）　　lu⁵⁵la⁵⁵（倒塌的样子）
ju⁵¹ji⁵¹（反复摩擦的动作）　　　jɔŋ³⁵jɛŋ³⁵（轻手轻脚地）
thoi¹¹tāi¹¹（说话轻柔的样子）　　soŋ³³sāŋ³³（细高挑）
mo³³ma³³（无力的样子）　　　　da⁵⁵di⁵⁵（跳动的姿态）
ja³³jāp³³（闪亮的样子）　　　　ja³³jai¹¹（纷纷扬扬）
ʔoŋ³⁵ʔoi¹³（摇动摆晃的样子）　　lup³⁵lui¹³（湿淋淋的）
jo³³ja³³ji³³（松散，松软的样子）
voŋ³³vaŋ³³viŋ³³（胡乱地，一塌糊涂地）
kɔp³³lɔp³³kɛp³³lɛp³³（转眼间）
poŋ³⁵soŋ⁵¹pāŋ³⁵sāŋ⁵¹（疯疯癫癫的）
ʔɔk⁵⁵tsɔk³³ʔɛk⁵⁵tsɛk³³（犄角旮旯的）
ʔup⁵⁵jup⁵⁵ʔāp³⁵jāp³⁵（非常凌乱的样子）

4. 四音节摹状词。内部又分为两种，一种是先叠韵，然后整体上形成双声关系；另一种就是全部是双声关系。

kɔp³³lɔp³³kɛp³³lɛp³³（转眼间）
poŋ³⁵soŋ⁵¹pāŋ³⁵sāŋ⁵¹（疯疯癫癫的）
ʔɔk⁵⁵tsɔk³³ʔɛk⁵⁵tsɛk³³（犄角旮旯的）
ʔup⁵⁵jup⁵⁵ʔāp³⁵jāp³⁵（非常凌乱的样子）

ja³³jān⁵¹ja³³jək³³（慢条斯理的样子）
ka⁵⁵kat⁵⁵ka⁵⁵kāt³⁵（摇摆的样子）

叠音摹状词和叠韵摹状词较简单，内部之间关系单纯。而双声摹状词内部复杂，既有较为单纯的双声摹状词，如 xut³³xāt³³（挣扎、狼狈的样子）；又有韵腹相同，韵尾和声调有差异的摹状词，如 ʔoŋ³⁵ʔoi¹³（摇动摆晃的样子）和 lup³⁵lui¹³（湿淋淋的）；也有三音节摹状词，如 jo³³ja³³ji³³（松散，松软的样子），voŋ³³vaŋ³³viŋ³³（胡乱地，一塌糊涂地）。此外还有一种四音节双声摹状词，它们先叠韵，然后整体上构成双声，如 ʔɔk⁵⁵tsɔk³³ʔɛk⁵⁵tsɛk³³（犄角旮旯的），ʔɔk⁵⁵tsɔk³³ 为"旮旯"，它们构成叠韵关系，然后与 ʔɛk⁵⁵tsɛk³³ 组合，整体上构成双声关系。ʔɔk⁵⁵tsɔk³³ʔɛk⁵⁵tsɛk³³ 也为"犄角旮旯的"，表示位置更为偏僻，"程度"上比 ʔɔk⁵⁵tsɔk³³ 深，而"ʔɛk⁵⁵tsɛk³³"则是韵腹变化形式，不单独使用。ʔup⁵⁵jup⁵⁵ʔāp³⁵jāp³⁵ 也一样，意为"非常凌乱的样子"，程度上比"ʔup⁵⁵jup⁵⁵"（凌乱的样子）更深一些，而 ʔāp³⁵jāp³⁵ 不单独使用，只能与 ʔup⁵⁵jup⁵⁵ 一起构成四音节摹状词。

在 608 个傣语摹状词中，叠音词摹状词 155 个，叠韵摹状词 234 个，双声摹状词 222 个。叠音词声韵关系完全一致，因此不在分析之列。本节只分析叠韵和双声关系摹状词。

二　西双版纳傣语叠韵摹状词声母关系分析

叠韵摹状词韵母相同，只在声母上存在交替现象。从 234 个叠韵摹状词来看，它们前一音节声母分布较为集中，后一音节声母分布相对广泛，表 2-1 是分布情况。

表 2-1　　　　　　　　　叠韵摹状词声母关系表

序号	前一声母	后一声母	数量（个）
1	b	l	1

续表

序号	前一声母	后一声母	数量（个）
2	k	p1/d2/l5/ŋ7	15
3	l	k8/ts1/ʔ5/h2/ŋ3/x1	20
4	m	s4/j3/l1/h1	9
5	p	l3/n1/j2/x2/s1/t1	10
6	ph	l2/j1	3
7	s	p3/l11/ŋ4/ph1/ʔ2/h6/b2/k2/m1/n1	33
8	t	l1/p3/ts1/x2/j1/k3	11
9	th	l6/j2/ʔ3	11
10	ts	k10/x6/l7/ŋ4/ʔ6/h3/n1/v2/j1	40
11	x	l6/j3/x2/t1	12
12	ʔ	j9/m6/f1/l13/k9/t13/d1/x2/s7/ts3/p3/ph1/n1/ŋ1	69

从表 2-1 中可看出，叠韵摹状词前一声母仅有 12 个。西双版纳傣语有 21 个，因此有 f/v/d/n/j/ŋ/h/kw/xw 等 9 个声母没有出现在第一个音节上，而且叠韵摹状词分布很不均匀，主要集中在 ʔ/ts/s/l 等 4 个声母上，它们占整个叠韵摹状词的近 70%。后一声母分布相对较为广泛，出现了 19 个声母，仅有 kw/xw 没有出现①。叠韵摹状词前一音节声母与后一音节声母没有明显的发音部位和发音方法上的关系，而只有搭配概率上的倾向，如 ʔ 后常跟 l/t/j/k 等。ts 后跟 k/l/x 等。s 后跟 l/h 等。从数量上看，叠韵摹状词数量越多，其后一音节的声母分布越广泛，如前一音节为 ʔ 的叠韵摹状词有 69 个，其后一音节的声母有 14 个，前一音节为 ts 的摹状词有 40 个，其后一音节的声母有 9 个等。

三 西双版纳傣语双声摹状词韵腹关系分析

傣语双声摹状词中韵腹相同，而韵尾和声调不同的例子较少，只有 9 例，如 ʔoŋ³⁵ʔoi¹³（形容摇动摆晃的样子），ja³³jai³³（熙熙攘攘）。其他都是

---

① kw/xw 是新傣文改进时增设的两个辅音。这两个辅音在老傣文中偶尔有少数词语，但字母表中没有这两个辅音。

声母、韵尾或声调都相同，只有韵腹不同的例子，这一类较多，有213例。这里主要分析这213例中的韵腹变化关系。根据韵腹对应关系，可分为以下几组。

1. 前一音节韵腹为 a，后一音节韵腹为 i。共有 27 例。

  da^{55}di^{55}（跳动姿态；摆架子，摆样子）
  hāt^{35}hit^{35}（趁机很快地揍人）
  hāu^{51}hiu^{51}（迅速地抓取） sāu^{55}siu^{55}（嘈杂声）
  tha^{33}thi^{33}（亭亭玉立的样子） vāt^{33}vit^{33}（指迅速地画）

2. 前一音节韵腹为 ə，后一音节韵腹为 a。共有 12 例。

  kəi^{11}kāi^{11}（羞答答的样子） ŋə^{33}ŋa^{33}（傻里傻气的样子）
  səŋ^{33}sāŋ^{33}（一倒一歪的样子） thəŋ^{55}thāŋ^{55}（马铃的声音）
  pə^{33}pa^{33}（笨拙的样子） kək^{33}kāk^{33}（愣住的样子）

3. 前一音节韵腹为 i，后一音节韵腹为 ɔ。只有 8 例。

  mik^{55}mik^{55}mɔk^{55}mɔk^{55}（斑斑点点）
  miŋ^{35}miŋ^{35}mɔŋ^{35}mɔŋ^{35}（嗡嗡的叫声）
  tsik^{55}tsik^{55}tsɔk^{55}tsɔk^{55}（叽叽喳喳的声音）

4. 前一音节韵腹为 o，后一音节韵腹为 a。共有 41 例。

  ʔon^{55}ʔān^{55}（大声大气的样子） thoi^{11}tāi^{11}（说话轻柔的样子）
  sot^{33}sāt^{33}（香气四散状） som^{33}sam^{33}（盲人走路状）
  mo^{33}ma^{33}（无力的样子） loi^{13}lāi^{13}（滑溜溜的）

5. 前一音节韵腹为ɔ，后一音节韵腹为ɛ。共有64例。

  dɔ⁵⁵dɛ⁵⁵（走路状）   dɔm⁵⁵dɛm⁵⁵（偷偷摸摸的）
  jɔŋ³⁵jɛŋ³⁵（轻手轻脚地） jɔp³³jɛp³³（枯萎，疲惫）
  lɔn⁵⁵lɛn⁵⁵（机灵的样子）
  mɔk⁵⁵mɔk⁵⁵mɛk⁵⁵mɛk⁵⁵（斑斑点点）

6. 前一音节韵腹为u，后一音节韵腹为a。共有32例。

  hui⁵¹hāi⁵¹（稀疏的样子） ju³³jā³³ju³³jā³³（松垮的样子）
  luk⁵⁵lak⁵⁵（摇摇晃晃地） phut³⁵phāt³⁵（形容迅速起来）
  sup³³sup³³sap³³sap³³（叽叽咕咕） tup³³tap³³（有气无力的样子）

7. 前一音节韵腹为u，后一音节韵腹为i。只有9例。

  huk³³hik³³（仓促，草率） ju⁵¹ji⁵¹（反复地揉搓）
  thuk⁵⁵thik⁵⁵（在原地来回搓揉） xuk⁵⁵xik⁵⁵（猛然醒来的样子）

8. 前一音节韵腹为ɯ，后一音节韵腹为a。只有9例。

  jɯk⁵⁵jak⁵⁵（湿的东西将要干的样子）
  nɯk⁵⁵nak⁵⁵（半干半湿）
  xɯn¹¹xan¹¹（半生不熟的样子）
  xɯn³³xan³³（横七竖八堆积的样子）

9. 前一音节韵腹为o，后一音节韵腹为e。只有5例。

  loŋ³³leŋ³³（加速前进的样子） mot³⁵met³⁵（一把抓住的样子）

so^{51}se^{51}（啰里啰唆）

10. 前一音节为 a。后一音节为 ɯ，仅有 3 例，且韵腹都是非圆唇元音，a 和 ɯ 在前在后的例子都有，这是因为非圆唇元音不受规则限制。

tsat^{33}tsɯt^{33}（川流不息的样子）
ha^{33}hat^{33}ha^{33}hɯt^{33}（叽里呱啦的声响）
ʔa^{55}ʔat^{55}ʔa^{55}ʔɯt^{55}（呻吟的声音）

11. 其他类型有 3 例。

kat^{33}kɛt^{33}（郁闷、忧愁的样子）
li^{51}lā^{51}（柔美，姿态，姗姗）①
xa^{33}xut^{33}xa^{33}xat^{33}（像巨石落地的声音）

从上面例子可看出，除了 a 有两例例外情况，即 kat^{33}kɛt^{33}（郁闷、忧愁的样子）和 li^{51}lā^{51}（柔美，姿态，姗姗），其他双声摹状词都有明显规律：首先，前一音节韵腹与后一音节韵腹之间存在着相对固定关系，它们不能颠倒顺序，特别是 ɔ 和 ɛ 多达 64 例，没有一例违反。o 和 u 后面可跟不同韵腹，但它们间的顺序也是固定的，即 u 在前，a、e 或 i 在后。这反映出双声摹状词韵腹变化呈现出一定的方向性，我们把它叫作"韵腹变化方向律"。其次，圆唇元音倾向于在前一音节，如 u/o/ɔ 一般都在前，这样的双声摹状词有 151 例，占整个双声摹状词 72%。只有前一音节为 i，ɔ 可出现在后面，这种情况下例子较少，仅有 8 例。我们把它叫作"圆唇元音前置律"，也就是说圆唇元音倾向于出现在双声摹状词的前一音

---

① li^{51}lā^{51}（柔美，姿态，姗姗）是个巴利语借词，意为"迈步；步履、姿态等柔美、优美"。摹状义是词义引申的结果。

节中，而一般不出现在后一音节中。最后，双声型摹状词前一音节如为圆唇元音，后一音节必不能为其他圆唇元音，也就是说圆唇元音不能在前后音节共现，即前一音节为 u，后一音节就必不能为 o 或 ɔ，反之亦然。我们把它叫作"圆唇元音互斥律"。如是非圆唇元音，则可同时出现在前后音节，如前一音节为 a，后一音节可为 i；前一音节为 ə，后一音节可为 a 等。

傣语中还有个别三音节摹状词，它们是 jo³³ja³³ji³³（松散，松软的样子）和 voŋ³³vaŋ³³viŋ³³（胡乱地，一塌糊涂地）。这两个三音节摹状词韵腹顺序是 o>a>i，既遵循 o>a、a>i 前后出现规律，也遵循圆唇元音互斥律。其中圆唇元音互斥律是强制规则，具有强制性；"韵腹变化方向律"也具有很强的强制性，仅有个别例外。"圆唇元音前置律"则有反例，也仅限于 i 和 ɔ，且例子很少，从总体上说，也具有较强规律性。这些规律进入四音格中也一以贯之，如 jən¹¹jān¹¹kən¹¹kān¹¹（勉勉强强），vəŋ³³vāŋ³³vəŋ³³vāŋ³³（晕晕乎乎）等。甚至有些四音格可将摹状词分开，但也需遵守上述规律，如 mɔn³³jɔp⁵⁵mɔn³³jɛp⁵⁵（粉身碎骨）、fuŋ⁵⁵top⁵⁵fuŋ⁵⁵tap⁵⁵（缝缝补补）、sɔi⁵¹kup⁵⁵sɔi⁵¹kap⁵⁵（随意切、乱切）中的 jɔp⁵⁵jɛp⁵⁵（使劲摔的样子）、top⁵⁵tap⁵⁵（反复做的样子）、kup⁵⁵kap⁵⁵（随意的样子），它们被实词"粉碎""缝""切"分开，用于二、四音节中，强调"程度的加深""动作的重复"等。

摹状词主要功能是模拟大自然的声音或形容事物的形状，或描写各种动作，它主要用于文学色彩较浓的语句中。

图 2-1 这段话连续出现了"ʔo⁵⁵ʔo⁵⁵狂吠声""sa⁵⁵su⁵⁵纷纷""va³³vot³³va³³vāt³³紧追不舍的样子""ha³³hut³³ha³³hat³³声音很响的样子""sa⁵⁵sun⁵⁵sa⁵⁵sāt³⁵跳得很高的样子""svaŋ⁵⁵svaŋ⁵⁵嚎叫的声音""ŋa⁵⁵ŋeŋ³⁵ŋa⁵⁵ŋɛŋ³⁵汪汪的叫声""ka⁵⁵thek⁵⁵ka⁵⁵thɛk³⁵用劲嚼东西的样子"八个摹状词，从不同角度描述了各种猎狗的叫声和动作，见图 2-2 所示。

上面这段话也出现了多处摹状词，如"ha³³hut³³ha³³hat³³声音很响的样子""xa³³xut³³xa³³xat³³像巨石落地的声音""ʔa⁵⁵ʔat⁵⁵ʔa⁵⁵ʔɯt⁵⁵呻吟的声音"

"ha³³hat³³ha³³huɯt³³叽里呱啦的声响"。这段话从不同侧面描写了乞丐祖卓饮食过多之后难受的样子。这四个词都是四音节摹状词，都是双声，但其中二四音节又含有韵腹变化。

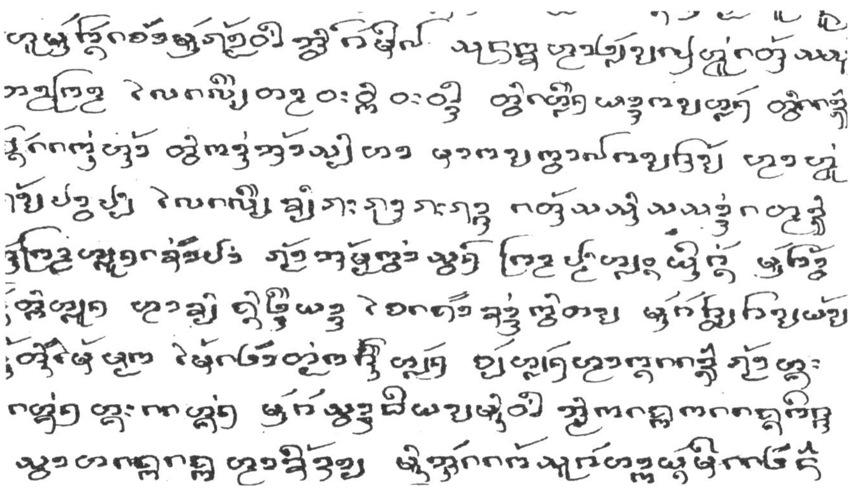

图 2-1

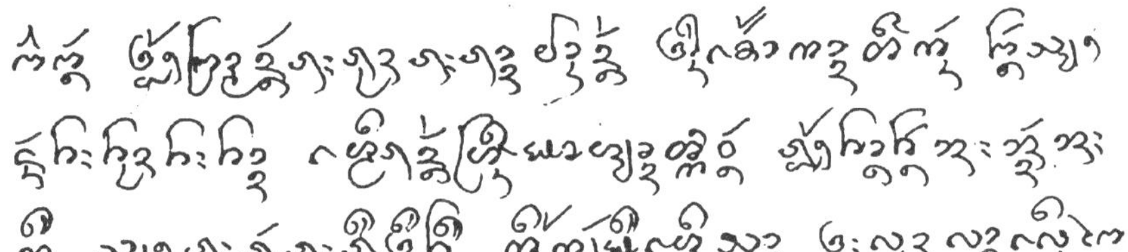

图 2-2

摹状词主要是通过语音变化形成的构词，这说明傣语曾经历大规模语音构词阶段。像汉语一样，这种构词方式主要出现在早期阶段，所以大多数是一种遗存，它们的历史音变关系也还需进一步研究。傣语的摹状词在声母上只体现出概率关系，而在韵母上则体现为韵腹变化规律，也就是元音内部的屈折变化。

第二节　傣语韵腹变化造词研究

上一节讨论了摹状词内部语音变化规律。这一节扩大范围，看一下其他词类韵腹变化构词情况。

语言从造词角度说，有语音造词、语法造词、修辞造词和通过词汇化、语法化造词等。语音造词、语法造词、修辞造词大多是共时层面的造词，是利用语言材料形成的构词，而词汇化和语法化造词则是语言历时演变的结果。

本节以西双版纳傣语为例，通过细致描写，分析傣语中利用语音内部屈折现象造词的问题，如ᩃᩣᩁ lān^{55}表示孙子，lin^{55}表示重孙，ᩃᩫᩁ lon^{55}表示曾孙，它们内部主要通过音节内部韵腹 a/i/ɔ 的变化来表示长幼关系，再如 lau^{33} 表示"较大的支"，如"nāt^{33} lau^{33} nɯŋ^{33}一支枪"，liu^{11} 表示"较小的支"，如"pi^{13} liu^{33} nɯŋ^{33}一支笔"等，也是通过韵腹 a 和 i 变化来体现事物"大小"关系的。再如 xok^{33} xok^{33} 表示"褒义的咳嗽"，xɔk^{33} xɔk^{33} 表示"贬义的咳嗽"，则是通过 o 和 ɔ 的韵腹变化来表示褒贬关系。这些词通常两个或三个形成一组，构成概念意义相同或有关联的一组词。

一　西双版纳傣语韵腹变化造词

两个或两个以上词，语音上音节内部声母、韵尾（如有的话）和声调都相同，仅韵腹存在差异，意义上它们之间概念意义基本相同或有关联，仅在表示事物或动作的状态和词性上存在一定差异，我们把这种造词方式叫作"韵腹变化造词"，或叫"语音屈折造词"。如：

（1）ʔu^{55}：高声地呼唤　　　　　　ʔɔ^{55}：一般的呼唤

(2) ʔāŋ³⁵：瓦缸，缸　　　　　　ʔɛŋ³⁵：瓦盆

(3) ŋa³³：指原拼合在一起而裂开的

　　ŋā³³：缝隙　　ŋɛ³³：小缝隙

(4) ŋām³³：丫杈　　　　　　　　ŋɛm³³：指小而梢尖的丫杈

(5) tsup⁵⁵sop⁵⁵：咂嘴　　　　　　tsɛp⁵⁵sop⁵⁵：轻轻地咂嘴

(6) dɛŋ⁵⁵loŋ⁵⁵：大红　　　　　　dɛŋ⁵⁵lāŋ⁵⁵：浅红

(7) vāu³³：（动）缺口（指事物出现大的缺口）

　　vɛu³³：（动）缺口（指事物出现小的缺口）

(8) van⁵¹sɯn⁵¹：前天　　van⁵¹sɛn⁵¹：大前天

(9) van⁵¹hɔ⁵¹：大大后天　　van⁵¹hɛ⁵¹大后天　　van⁵¹hɯ⁵¹：后天

(10) sāp⁵⁵：大口地吞吃　　sop⁵⁵：嘴巴　　sip⁵⁵：小口地吮吸

从上面例子中可看出，这10组例子中声母、韵尾和声调相同，所表达的概念意义基本相同或意义间关联性很强，仅在状态表达上或词性上有一定差异，如例（1）通过韵腹u和ɔ变化来表达声音高低；例（2）（7）通过韵腹a和ɛ变化表示事物或动作大小；例（8）（9）通过韵腹ɯ和ɛ/ɔ/ɛ/ɯ变化来表达时间先后；例（3）（7）则通过三组韵腹变化，既表示事物之间大小，也用来表达名词和动词间区别；例（6）则通过韵腹o和a变化表达颜色深浅；例（5）则是通过韵母u和ɛ变化表达动作轻重程度。尤其需要说明的是，在双音节中，往往只有一个单音节词具有意义，另一个单音节词要么没有意义，要么与这个意义没有丝毫关系。如例（5）tsup⁵⁵表示"吸、咂"，tsɛp⁵⁵单独使用没有"吸、咂"，而需tsɛp⁵⁵sop⁵⁵连在一起表示"轻轻地咂嘴"，强调"轻轻"这一状态，它是与tsup⁵⁵sop⁵⁵相对应的，通常具有修辞作用。例（6）中dɛŋ⁵⁵表示"红"，"loŋ⁵⁵"表示"大"，合起来表示"大红"；"lāŋ⁵⁵"单独使用没有"浅、小"，只有与"dɛŋ⁵⁵lāŋ⁵⁵"连在一起时才表示"浅红"，且通常要与"dɛŋ⁵⁵loŋ⁵⁵"对举。例（8）（9）情况也类似。

从反映状态或附加意义来说，可分为以下几个细类：

1. 表示事物或动作大小区别。

（11）lāu^{33}：支（指较大的支，如一支枪等）；liu^{33}：支（指较小的支，如一支笔等）。

（12）vāk^{33}：缺口（指事物出现较大的缺口）；vɛk^{33}：缺口（指事物出现较小的缺口）。

（13）vāu^{55}：啼哭（声音较大）；vɛu^{55}：嚷嚷（声音较小）。

（14）vāi^{55} loŋ^{55}：较大的藤篾；vāi^{55} lāŋ^{55}：较小的藤篾；vāi^{55} leŋ^{55}：细小的藤篾。

2. 表示时间先后区别。

（15）lān^{55}：孙子　　　　lin^{55}：重孙　　　　lɔn^{55}：曾孙；

（16）pi^{55}kɔn^{35}：前年　　　pi^{55}kɛn^{35}：大前年

（17）pi^{55}ʔɔn^{55}：前年　　　pi^{55}ʔɛn^{55}：大前年

（18）van^{51}hɔ^{51}：大大后天　van^{51}hɛ^{51}：大后天　van^{51}hɯ^{51}：后天

（19）van^{51}sɛn^{51}：大前天　　van^{51}sɯn^{51}：前天

3. 表示不同词性。

（20）māp^{35}：压扁，扁（把盆之类的东西压得扁扁的）；mɛp^{35}：压扁，扁（把鼻子等压扁）；mɛp^{55}：扁扁的。

（21）sāp^{55}：大口地吞吃　　sop^{55}：嘴巴
　　　sip^{55}：小口地吮吸

（22）beŋ^{35}：歪斜，不平；　beŋ^{55}：倾斜。

4. 表示方位、长短、原因等状态的不同。

（23）ŋok⁵⁵ho⁵⁵：较大幅度地点头；ŋɔk⁵⁵ho⁵⁵：点头；ŋɯk⁵⁵ho⁵⁵：来回摆头。

（24）xɯp³³：拃（指伸展大拇指和中指来量长度）；xip³³：拃（指伸展大拇指和食指来量长度）。

（25）pik⁵⁵：短秃；puk⁵⁵：秃。

（26）beŋ³⁵：歪斜，不平；bəŋ³⁵：倾斜。

（27）van⁵¹ve⁵¹：缠绵；van⁵¹vɛ⁵¹：缠绵，不断。

（28）pam⁵⁵：疙瘩（线，绳）；pum⁵⁵：指虫咬后起的疙瘩；pɔm⁵⁵：疙瘩；pɯm⁵⁵：皮肤上起的疙瘩。

以上这些词内部概念意义基本相同或词义有关联，有些因为长幼关系、时间先后关系形成一个词族，它们类似于王力先生《同源字典》中的同源字，同源字内部语音或声调有细微差别，而意义常常关联。有的词在后来发展中，由于不常用，单独使用受限，需要通过对举常用词才能显示出原来词义。

二 傣语韵腹变化造词分析

通过语音内部韵腹屈折变化而进行造词，是一种较为古老的造词方式，目前在西双版纳傣语中数量较为有限。但从韵腹覆盖面上看，却基本涉及了傣语全部九个单元音韵母，这说明过去这也曾是一种较为普遍的语音造词现象。通过韵腹之间的变化来表达概念意义相同而状态或词性有差别的一组词，既方便记忆，又能通过韵腹变化来体现生动形象的附加意义，对于语音造词方式来说，这是一种两全其美的手段。但这种造词方式会受到很多因素的制约，只能限定在某些词中，否则范围一旦扩大，就会波及其他非语音造词方式产生的词，所以这种造词方式产生新词的能力较为有限。

通过语音内部韵腹屈折变化造词后形成的两个或多个词之间概念意义相同或具有语义上的关联，仅在附加意义或感情色彩上有些许差异，一般表现为某一事物的大小、长幼、褒贬、长短、高低等关系。如 lān⁵⁵（孙子）、lin⁵⁵（重孙）、lɔn⁵⁵（曾孙）三个词辈分的大小，就是通过 a/i/ɔ 来体现的。van⁵¹hɔ⁵¹（大大后天）、van⁵¹hɛ⁵¹（大后天）、van⁵¹hɯ⁵¹（后天）时间上的先后也是通过 ɯ/ɛ/ɔ 来体现的。由于这种造词已不是十分普遍地存在，我们现在已经很难完整地勾勒出它们之间的语义关系顺序链。但从上述词中，我们大致能看出一些端倪或规律，如韵腹 u、o、a 通常表示事物或动作较大，如 lān⁵⁵（孙子）、vāu⁵⁵（啼哭，声音较大）、vāk³³（缺口，指较大的缺口）、sāp⁵⁵（大口地吞吃）；tsup⁵⁵sop⁵⁵ 表示咂嘴，而 tsɛp⁵⁵sop⁵⁵ 表示"轻轻地咂嘴"。而韵腹 i、ɔ、ɛ、e 等通常表示事物较小，如 lin⁵⁵（重孙）、pik⁵⁵（短秃）、sip⁵⁵（小口地吮吸）等。但这种大小是相对的，当韵腹 o 与韵腹 a/e 相比时，o 具有表示事物"更大的"附加意义，而 a 表示"相对较小"，e 则表示"相对更小"，如 vāi⁵⁵loŋ⁵⁵（较大的藤篾）、vāi⁵⁵lāŋ⁵⁵（较小的藤篾）、vāi⁵⁵leŋ⁵⁵（细小藤篾）。再如 dɛŋ⁵⁵loŋ⁵⁵（大红）和 dɛŋ⁵⁵lāŋ⁵⁵（浅红）中，o/a 也是如此。i 大多表示"小"，但它与 ɔ 对举时，如 ʔi⁵⁵ 表示"唤狗"，ʔɔ⁵⁵ 表示"唤小狗"，再如 thi⁵⁵ 表示"移动，挪"，thɔ⁵⁵ 表示"小步移动，挪"等，也是通过 i/ɔ 的变化来体现附加意义的。大体上，从它们表达的大小意义上看，一般 o/a 表示较大事物，i/ɔ 表示较小事物，这是具有普遍性的，这种普遍性也与元音的响度有一定的关联，响度强的元音一般表示大的事物，而响度弱的元音一般表示小的事物，虽然我们不能绝对化，但仍能观察出这种倾向性来。

在事物进行对比时，往往以较大事物或动作作为比较基点，较小事物或较小动作是相对较大事物或较大动作而言的，因此一般而言，较大事物或动作具有较强的独立成词能力，较小事物或动作需要依赖较大事物或动作而存在。当然也有部分词语在长时间的使用中能独立成词，但频率和独立性相对来说也较低或较弱。从时间上看，主要涉及 ɯ/ɔ/ɛ 三个，而很少涉及其他韵腹。三者比较时，从"天"的角度观察，ɯ 离现在的时间最近，ɔ 离现在的时间最远。这在"van⁵¹hɯ⁵¹ 后天，van⁵¹hɔ⁵¹ 大大后天"和"van⁵¹sɯn⁵¹ 前天，van⁵¹sɔn⁵¹ 大大前天"中表现一致。可在"年份""月份"却不大一样，如 pi⁵⁵ʔɛn⁵⁵（大前年）pi⁵⁵kɛn³⁵（大前年）和 pi⁵⁵ʔɔn⁵⁵（前年）pi⁵⁵kɔn³⁵（前年）中 ɔ 表示的时间离现在更近，而 ɛ 的时间较远。之所以不一样，是因为前者涉及三者比较，后者只涉及两者。而每个词在做比较时，都有一个基点，都是以离现在最近的那一个词作为构词条件，其他词在此基础上向后或向前延伸。当然这种构词也是以词频作为基础的，一般情况下，"今天"比"明天"使用频率高，而"明天"比"后天"频率高，反过来也一样，"昨天"比"前天"使用频率高，所以使用频率高的词语最容易成为基点。

这种造词方式是单音节的话，往往都可独立使用，如 lāu³³（较大的支）和 liu³³（较小的支），在 nāt³³lāu³³nɯŋ³³（一支枪）就用 lāu³³，在 pi¹³liu³³nɯŋ³³（一支笔）就用 liu³³。如是双音节词，内部情况较复杂。它们间是单音节并列关系，往往两个都可单独使用，如 xāŋ⁵¹ 表示"并排"，xeŋ⁵¹ 表示"并排，对照"，两者仅在附加意义有些差别，它们一起使用时，也表示"并肩、并行、并排"。thi⁵⁵ 和 thɔ⁵⁵ 都表示"移动，挪"，它们组合也表示"移动，挪移"，此外，thɔ⁵⁵ 还可与 thɛ⁵⁵ 构成摹状词 thɔ⁵⁵thɛ⁵⁵ 表示"移动"。如是双音节外部并列关系，也就是与其他词形成并列的话，它内部往往只有一个音节有意义，另一个音节依靠韵腹变化来体现附加意义。如 li¹¹lap³³ 表示"隐藏，隐蔽"，li¹¹lɔp³³ 也表示"隐藏、隐蔽"，li¹¹ 表示"藏、遮"，lap³³ 也表示"藏、遮"，两者组合表示"隐藏、隐蔽"，而"lɔp³³"则没有"隐藏"这一义项，它是通过 lap³³ 赋予"藏、遮"义的，以表示附加意义有差别。jā¹³nit³³ 和 jā¹³nɛt³³ 情况也一样，jā¹³ 是近代汉语借词"压"，nit³³ 是傣语词"压、碾"，组合表示"压，碾压"，而 nɛt³³ 附加意义是 nit³³ 赋予的，以表示碾压时力度的大小。

如韵腹变化形成的词是双音节内部组成成分，而且构成偏正关系的话，有时候也只有一个词具有意义，另一个词是在双音节中由于韵腹变化所赋予的意义。如 pi⁵⁵ʔɔn⁵⁵（前年）中 pi⁵⁵ 是"年、岁"，ʔɔn⁵⁵ 是"前、先"，组合表示"前年"。而 pi⁵⁵ʔɛn⁵⁵（大前年）中的 ʔɛn⁵⁵ 并不表示"更前"，它只有与 pi⁵⁵ 组合才表达"大前年"，而且是 pi⁵⁵ʔɔn⁵⁵（前年）赋予它的附加意义。$pi^{55}kɔn^{35}$（前年）和 $pi^{55}kɛn^{35}$（大前年），$vāi^{55}loŋ^{55}$（较大的藤篾）、$vāi^{55}lāŋ^{55}$（较小的藤篾）和 $vāi^{55}leŋ^{55}$（细小藤篾），$dɛŋ^{55}loŋ^{55}$（大红）和 $dɛŋ^{55}lāŋ^{55}$ 浅红也是如此。里面只有"$loŋ^{55}$"表示"大"，而"$lāŋ^{55}$""$leŋ^{55}$"并没有"较小或更小"。它的附加意义是"$loŋ^{55}$"所赋予的。在 $van^{51}hɔ^{51}$（大大后天）、$van^{51}hɛ^{51}$（大后天）、$van^{51}hɯ^{51}$（后天）三个词中，van^{51} 表示时间意义上的"天"，而"后天、大后天、大大后天"则是通过后一音节中 ɔ/ɛ/ɯ 韵腹变化来表示的。其中 $hɔ^{51}$、$hɛ^{51}$、$hɯ^{51}$ 三个词，哪个词与"后"有关尚不清楚，因为今天的单音节义项中都已没有了，但从韵腹变化造词来说，如果历史上有这个义项的话，应是"$hɯ^{51}$"，因为其他两个音节都是在它基础上向后追溯的。

韵腹变化造词在现代傣语虽然比重和分量都较小，今天也已不再生成新的造词，但其涉及面还是较广的，因为这种造词方式涉及傣语中的 9 个单元音韵母，虽总的数量不多，但具有较强修辞作用，不常出现在字词典中，却经常出现在傣族古籍或文学作品中，过去有很多词经常作为生僻词，很难明白其具体意义，通过韵腹变化造词规律的揭示，有些生僻词的意义就可迎刃而解了。而且韵腹变化造词在壮侗语族很多语言都存在，特别是壮傣语支中语言中较为普遍。它与摹状词和动词生动形式一起成为壮傣语支语音造词的主要形态，对此开展深入研究，有助于深化认识壮侗语族语言元音结构及变化，有助于深化认识语音造词的历史形态，也有助于开展壮侗语族语音演变研究。

第三节 《维先达腊》语音变异异形词分析

《维先达腊》中常见的由语音变异形成的异形词主要有三种类型。第一种是傣文中同时保留了复辅音和单辅音两种形式，即一些词语同一个词有两种及以上写法，两个异形词语音上有关联，意义上一样，但一种词形是复辅音声母，一种词形是单辅音声母，如"马"有

（mlā¹¹）和 ᩴ（mā¹¹）①两种写法，前一种写法傣文是复辅音 ml，后一种写法傣文为单辅音 m。像这样既有复辅音写法又有单辅音写法的异形词主要集中在 kl/ml/hl/pl/pr/kr 等复辅音声母中，尚未发现有 tl②。从壮侗语族其他语言看，这些词原来都是复辅音声母，老傣文形式也仍保留了复辅音形式，但现代傣语已单辅音化了。这显示了文字具有滞后性一面，也表明在老傣文创制或书写年代傣语尚保留有复辅音。第二种异形词是由舌根塞音和舌根擦音（实际应是舌根送气擦音）语音变异产生的，如"人"标准形式为"ᩴ kun⁵¹"，但也常写成"ᩴ xun⁵¹"（也可读为 khun⁵¹）。这种异形词表面看是塞音和擦音的自由变体引起的，但结合泰语、老挝语等亲属语言看，它们之间的差异实际上是舌根塞音不送气和送气的区别。这是因为傣语中 kh 和 x 是自由变体，通常将 kh 读成 x 了，而含有 x（kh）的异形词主要是受境外其他傣泐方言影响所致。第三种异形词是由浊声母 b/d 声调变异产生的，如"必定，一定"有"ᩴ dɛn⁵⁵"和"ᩴ dɛn⁵¹"两种写法，前者为高音组，后者为低音组。这种变异形式在经书中较普遍，涉及词语很多，后来新傣文为此专门创制了低音组声母。在此依次对这三类由语音变异产生的异形词类型进行说明，并结合壮侗语族其他语言做进一步分析探讨。

一 复辅音和单辅音语音变异形成的异形词

现代傣语中已没有复辅音，复辅音皆已单辅音化，如"ᩴ 近"字形虽为 klai¹³，但口语读为 kai¹³，但从该词字形看，这个词声母 k 下面还有一个辅音 l，说明这个词辅音原来是复辅音 kl。在《维先达腊》形成经书时，它们正处于单辅音化进程中，或更可能的情况是单辅音化进程已完成，但某些复辅音书写形式仍保留在傣文书写中。为了说明这一问题，我们先看傣语与壮侗语族其他语言这些词的现代口语读音情况。

---

① 该词李方桂构拟为 m，并不是复辅音 ml/r。ml/r 李先生也构拟有该音，但不包括"马"。壮侗语族大多多数语言也皆为 mā⁴，但毛南语为 mja⁴。

② tr 虽有，但主要是拼写巴利语，特别是梵语借词较多。

第二章 《维先达腊》傣语固有词研究

从表 2-2 可看出，傣文书写形式尚保留了部分复辅音书写形式。当然《维先达腊》中同时有相应的单辅音形式，据观察，除了 "ꧠꦴꦮ klāu³⁵（告，告诉）"① 这个汉语借词以 kl 复辅音为主要书写形式，其他词都是以相应单辅音书写形式为主。从表中可看出，涉及的复辅音主要有 kl/pl/pr/kr 四个，没有见到 tl，其中尤以 kl 保留的词语为多。其中《维先达腊》保留的 kl 复辅音书写形式，现代泰语标准语仍为复辅音 kl，武鸣壮语则为复辅音另一种形式 kj，而德宏傣语以及与版纳傣语更为接近的北部泰语也都已单辅音化了。从中部泰语和武鸣壮语看，这些词原来确为复辅音，但复辅音处于演变中，中部泰语仍保留了复辅音 kl，而武鸣壮语已演变为 kj，而其他很多方言则已单辅音化了。它们处于演化的链条之中，速度快慢不一。实际上，傣语 kl 复辅音异形词还有很多，如 "ꧠꦴꦮꦴꦮꦴꦮ nok³³ klau¹¹ xau⁵⁵（白头翁）" "ꧠꦴꦮꦴꦮ pli⁵⁵ klā³⁵ hau¹¹（癸酉年）" "ꧠꦴꦮꦴꦮ klɛ³³ fɔi⁵⁵（紫薇）"，等等。《维先达腊》中 kl 是保留异形词最多的复辅音。

表 2-2   傣语复辅音异形词表

国际音标	傣文	汉语	壮侗语族其他语言
klai⁵⁵（klai¹）①	ꦒꦶ	远	kjai¹（武鸣壮语）；klai¹（中部泰语）②；kai¹（北部泰语）；kai⁶（德宏傣语）③
klai¹³（klai³）	ꦒꦶ	近	kjaɯ³（武鸣壮语）；khjaɯ³（龙州壮语）；klai³（中部泰语）；kai³ 北部泰语；kaɯ³（德宏傣语）
klāŋ⁵⁵（klāŋ¹）	ꦒ	中间	kjāŋ¹（武鸣壮语）；klāŋ¹（中部泰语）；kāŋ¹（北部泰语）；kāŋ⁶（德宏傣语）
klā¹³（klā³）	ꦒ	秧苗	kjā³（武鸣壮语）；klā³（中部泰语）；kā³（北部泰语）；kā³（德宏傣语）；lā³（临高话）
pli⁵⁵（pli¹）	ꦥ	年	pi¹（武鸣壮语）；pi¹（中部泰语）；pi¹（北部泰语）；pi⁶（德宏傣语）
plā³⁵（plā⁵）	ꦥꦴ	野生的	pā²（中部泰语）；pā⁶（北部泰语）
plā⁵⁵（plā¹）	ꦥꦴ	鱼	plā¹（武鸣壮语）；pja¹（布依语）；plā¹（中部泰语）；pā¹（北部泰语）

---

① 中部泰语这个词至今口语仍为 klāu²，与傣文书写形式语音一一对应。

续表

国际音标	傣文	汉语	壮侗语族其他语言
krəŋ³³（krəŋ⁶）	(傣文)	工具，器物	xəŋ⁶（德宏傣语）⑤；khrɯaŋ⁶（中部泰语）；khiəŋ⁶（北部泰语）
krāp³³（krap⁸）	(傣文)	蜕皮	xāp⁸（德宏傣语）⑥；khrāp³（中部泰语）；khāp³（北部泰语）
prāk³³（prāk⁸）	(傣文)	离开	phāk⁸（德宏傣语）；prāk³（中部泰语）；phāk³（北部泰语）
pruk³³（pruk⁸）	(傣文)	明天	pjuk⁸（龙州壮语）；pruk³（中部泰语）；phuk³（北部泰语）

注：①为了显示它们之间的关系，我们在国际音标一栏中同时标注傣文的调值和调类。
②中部泰语即以曼谷为标准音的标准泰语。
③德宏傣语第六调与版纳傣语第一调有严整的对应关系。
④该词在壮侗语族所有语言中皆为 p，李方桂先生构拟为 p。该词写作 pl 有可能是受另一个词 pli⁵（香蕉花）影响所致，香蕉花在泰语中为 pli¹。
⑤版纳现代口语中读音也为 xəŋ⁶，《维先达腊》也以"xəŋ⁶"的书写形式为主。
⑥版纳现代口语中读音也为 xāp³³，《维先达腊》也以"xāp³³"的书写形式为主。

    傣文中仅有少数词保留了复辅音 pl，除了上表 3 个词，还有"(傣文) plāt³³（滑倒，失足）""(傣文) pli³⁵（笛子）"①两个。从壮侗语族语言看，除了 (傣文) plā⁵⁵（鱼），武鸣壮语（pl）、中部泰语（pl）和布依语（pj）尚保留复辅音外，其他如 pli⁵⁵（年）、pli³⁵（笛子）和 plā³⁵（野生的）也都已单辅音化了，这说明 pl 单辅音的进程要快于 kl。"(傣文) plāt³³（滑倒，失足）"在壮语中表示"失手"。但同时也有很多中部泰语中仍保留了 pl 复辅音，但傣文都已单辅音变化了，如"(傣文) pen⁵⁵（是，成为）""(傣文) pək³⁵（树皮）"等中部泰语为 plian¹ 和 plək⁹，但傣文已没有复辅音痕迹了。kl 和 pl 演变成单辅音后，在傣语中都是不送气音，这与 pr 演变成送气音有很大不同。

    kr②和 pr 是另一类复辅音。它们通常是傣语低音组声母，即它们前一辅音曾是浊声母，如"(傣文) xəŋ³³（工具、器物）"有另一种书写形式"(傣文)"；"(傣文) xāp³³（蜕皮）"有另一种形式"(傣文)（蜕皮）"；"(傣文) phoŋ³³（某些）"有

---

① 这两个词李方桂先生构拟为 pl。
② kr 和 pr 在泰语和傣语中的作用比较多，它们还可做词头，加在很多词前面。它们演变规律并不完全一样，我们这里只谈语言变异形成的异形词，没有异形词的不在考虑之列。

另一种书写形式"ᰮᰮ"。这几个词在《维先达腊》中前者出现频率更高，后者出现次数也不少。后者声母形式都是在相应浊音上加一个外框，这个外框不能独立使用，它必须附着于其他辅音上面。这个外框一开始应为复辅音中的 r，后来复辅音单辅音化后，它的使用频率大为降低，只在文字书写中还有所保留。另外，傣文古籍从梵语或巴利语中又借进了含有 pr 的复辅音借词，就用它直接来表示梵语复辅音，如"ᰮ kru^{51}（老师、教师）"的梵语形式为 guru（巴利语为 garu）；"ᰮᰮ bra^{55} kān^{55}（事项，种类，品类）"梵语为"prakāra"（巴利语为 pakāra）等，在现代傣语口语中，这些梵语借词也已单辅音化，分别读为"x""ph"了，但"ᰮ kru^{51}（老师、教师）"还有ᰮ（xu^{51}）异形词，而"ᰮᰮ bra^{55} kān^{55}（事项，种类，品类）"词频虽高，但只有这一种书写形式。kr 和 pr 后来在傣语中演变成送气音。关于壮侗语族复辅音问题，李方桂先生的《比较台语手册》对此有专节进行讨论，如有兴趣的读者可参看声母部分。[①]

除上面几类单辅音和复辅音形成的异形词外，《维先达腊》中经常还有 h 和 hr 并存的异形词，如"头"有"ᰮ ho^{55}"和"ᰮ hro^{55}"，"石头"有"ᰮᰮ hin^{55}"和"ᰮ hrin^{55}"等不同词形。这类异形词都是阴声类词，没有阳声类词，即都是傣语的高音组声母，也就是李方桂先生所说的 A1、B1、C1 调词。关于 hr 问题，李方桂先生《比较台语手册》中也有专门的论述，他认为"原始台语的 * hr-，这个辅音在西南方言中读 h，只有在阿函读 r-。在中支方言里也读 h-，在北支按方言不同读 r-、l-、ð-、ɤ-"等。具有这个声母的词读第 1 类阴调，显示它原来的清音性质。[②] 同时他还认为"我们在这里把未能肯定的例子暂时放在 * hr-之下，等待中支关键性的方言里进一步的证据"[③]。李先生在书中所举的 10 多个例子中，傣语大多数都有音义对应的词语，除了"ᰮ hrɔk^{35}"外，《维先达腊》其他词都写成 h-了。但同时《维先达腊》中有一部分读为 hr 的第一类阴调字，很多是常见词，

---

① 参见李方桂《比较台语手册》，清华大学出版社 2011 年版。
② 李方桂：《比较台语手册》，清华大学出版社 2011 年版，第 131 页。
③ 李方桂：《比较台语手册》，清华大学出版社 2011 年版，第 131 页。

李先生并未将它列为 hr-，我们在这里罗列出来供学界参考并进行论证。详见表 2-3。

表 2-3　　　　　　　　　h 和 hr 形成的异形词表

傣语音标	傣语字形 1	傣语字形 2	汉语意思
hāŋ¹³（hrāŋ¹³）	᧟	᧠	准备，安排；架子，太子
hrā³⁵	无	᧠	阵，经常"雨"连用
hriɛn⁵⁵	无	᧠	仰，抬
hɛ³⁵（hrɛ³⁵）	᧟	᧠	簇拥，集合行进
hɔk³⁵（hrɔk³⁵）	᧟	᧠	长毛，红缨枪
hāŋ⁵⁵（hrāŋ⁵⁵）	᧟	᧠	尾巴
hā⁵⁵（hrā⁵⁵）	᧟	᧠	找，寻找
hu⁵⁵（hru⁵⁵）	᧟	᧠	耳朵
hāŋ³⁵（hrāŋ³⁵）	᧟	᧠	稀少，稀疏
ho³⁵（hro³⁵）	᧟	᧠	欢呼，喝彩
hɛu⁵⁵（hrɛu⁵⁵）	᧟	᧠	悬崖
hāi⁵⁵（hrāi⁵⁵）	᧟	᧠	恢复
ha³³hre¹³	无	᧠	猿人

这些词大多有两种写法，有的词语甚至只有 hr 的写法。现代壮侗语族语言中也基本单音化了，希望今后发现有更多的材料来阐述这个问题。

二　送气与不送气形成的异形词

送气和不送气形成的异形词只涉及少数词汇，但都是常用词汇，应属于一种词汇扩散问题。当然，这种变异构成的异形词到底涉及多少词汇还需更多古籍文献的支持才能下结论。据《维先达腊》看，目前主要涉及三对异形词。一是"᧠ kun⁵¹（人）"和"᧠ xun⁵¹（人）"，《维先达腊》中前者词频为 325 次，后者为 90 次，词形以前者为主，但后者也较高；一是"᧠ xvām⁵¹（事情，事实；内容，含义）"和"᧠ kvām⁵¹（事情，事实；内容，含义）"，前者词频为27次，后者出现18次。现代傣语中以"ᦅᦳᧃ kun^{51}（人）"和"ᦃᧁᧄ xvām^{51}（事情，事实；内容，含义）"为正体，在《维先达腊》中它们的词频相对也高一些。"ᦅᦳᧃ kun^{51}（人）"和"ᦆᦳᧃ xun^{51}（人）"如从正体与异体角度来看，后者是不送气音变异为送气音。这种变化应是受方言影响的结果。我们知道《维先达腊》在泰国北部和缅甸傣泐地区都很流行，现在西双版纳地区的《维先达腊》主要是从缅甸地区进来的。而在传播地区"ᦅᦳᧃ kun^{51}（人）"大多读为"khon^{51}"，如中部泰语、北部泰语和掸邦傣语"ᦅᦳᧃ kun^{51}（人）"都读为"khon^{51}"，如转化为傣文就是"ᦆᦳᧃ xun^{51}（人）"，所以"ᦆᦳᧃ xun^{51}（人）"应是文献书写的一种存留，体现了文献传播过程中由于方言的语音变异而产生的异形词。而"ᦃᧁᧄ xvām^{51}（事情，事实；内容，含义）"和"ᦂᧁᧄ kvām^{51}（事情，事实；内容，含义）"方向则相反，如从正体与异体角度看，它是由送气音演变成不送气音了。这个词泰语标准语和北部泰语都为"xvām^{51}"，但缅甸勐勇傣泐方言读为"kvām^{51}"，《维先达腊》传播开来后，也保留了这一异形词。还有一对异形词是"ᦃᦥᦱ xvāi^{51}"和"ᦂᦥᦱ kvāi^{51}"，它们都表示"水牛"，前者出现18次，后者出现5次，以前者为主要形式。傣语中"ᦃᦥᦱ xvāi^{51}"为正体，它音变的情形与"ᦃᧁᧄ xvām^{51}（事情，事实；内容，含义）"是一样的，都应是异形词转写不彻底而产生的。

综上所述，傣文中保留的送气与不送气异形词，应是语言接触和文本传播的结果。在文本转写和翻译过程中，将不同方言或语言的语音都保存在傣文文献中了。

三 高低音组形成的异形词

傣文高低音组采用不同声母，高音组拼写阴声类；低音组拼写阳声类。一般情况下，两者之间不会出现混读问题，因为如混读就会出现阴声类和阳声类声调词混淆问题，从而破坏傣语高低音组声母区分声调的功能。但在古籍中，有一类高低音组却常混读，就是高音组的b、d、j和m经常读作低音组的b、d、j和m音。此外还有一个清声母词语pai^{55}，一律读成低音组 pai^{51}。我们先将部分异形词表列在表2-4再进行分析（注：有的高音组词没有相应的字形，这里只标注国际音标）。

表2-4　　　　送气与不送气形成的异形词对照表

傣语字形1	傣语字形2	汉语意思
ᦡᦹ dāi^{55}	ᦎᦹ dāi^{51}	白白的，空地
ᦡᦴ du^{55}	ᦎᦴ du^{51}	看，看起来
ᦡᦼ dɛŋ^{55}	ᦎᦼ dɛŋ^{51}	红
ᦡᦱ dā^{55}	ᦎᦱ dā^{51}	准备
ᦡᧁ dāu^{55}	ᦎᧁ dāu^{51}	星星
ᦡᦹ dai^{55}	ᦎᦹ dai^{51}	什么，哪个
᧑ᦡᦱ mā^{51}dā^{55}	᧑ᦎᦱ mā^{51}dā^{55}	母亲，妈妈
ᦉᧄᦡᦼ sam^{35}dɛŋ^{55}	ᦉᧄᦎᦼ sam^{35}dɛŋ^{51}	显示，出示，表示；表演，标榜；表达，表明，说明
ᦃᦲᦡᦱ thi^{51}dā^{55}	ᦃᦲᦎᦱ thi^{51}dā^{51}	女儿
ᦵᦑᦞᦡᦱ te^{33}va^{33}dā^{55}	ᦵᦑᦞᦎᦱ te^{33}va^{33}dā^{51}	天人，女天人
pai^{55}	ᦞᧄ pai^{51}	去
ᦺᦢᦺᦙ bai^{55}mai^{11}	ᦺᦀᦺᦙ bai^{51}mai^{11}	树叶
ᦢᦱᧃ bān^{55}	ᦀᦱᧃ bān^{51}	开，开放，张开，展开
mɔ^{55}jā^{55}	ᦖᦸᦊᦱ mɔ^{55}jā^{51}	医生
jān^{35}	ᦍᦱᧃ jān^{33}	距离
jāŋ^{35}	ᦍᦱᧂ jāŋ^{51}	浆，胶
jɔk^{35}	ᦍᦸᧅ jɔk^{33}	开玩笑
᧚ mɔn^{35}	᧚ mɔn^{33}	曾祖
ku^{55}	ᧅ ku^{51}	我

在现代傣语中，上面这些词的高音组形式都是正体形式，低音组形式在口语中都不说。为什么说高音组形式是正体形式呢？这是因为壮侗语族语言中有同源关系的词语都是阴声类，也就是傣语的高音组。如 pai^{55}（去）在壮侗语族语言中都是A1调，无一例外，因此可确认这些词为阳声

类词，也就可确认傣语相应的低音组是一种变异形式。具体从《维先达腊》来看，很多词在本生经中两种形式都有，而有的词只有低音组，而未出现相应的高音组，如ပၢႆ pai^{51}和ၵူ ku^{51}这两个词在口语中只读高音组 pai^{55}和 ku^{55}，但在文献中却只读低音组 pai^{51}和 ku^{51}，形成了截然对立。这两个词无论是在现代傣语口语、书面语还是古籍文献都是高频词，它们在《维先达腊》中出现的次数分别为 1130 次和 353 次，都无一例外读成低音组了。从很多文献看，清音 p 和 k 也只有这两个词可读作低音组，具体原因尚不明确。除了 pai^{51}外，其他的高低音组异形词都集中在 b、d、j 和 m 四个声母中。其中 b、d 两个高音组在老傣文字母表中没有相应的低音组字母，也就是说，老傣文的 b、d 本来只有阴声类，没有阳声类词语。但从古籍文献看，如《维先达腊》《佛祖巡游记》《长阿含经》中都有很多 b、d 词语可读成相应的低音组音，从而形成异形词。新傣文改革时，专门为这两个字母设置了低音组字母，其中很多词就是从高音组转化来的，但这两个字母下的词语都非常少，设置字母一是为了傣文高低音组声母达到一种平衡状态，二是由于读书音的影响，某些 b、d 词语习惯读成低音组，三是为了书写某些拟声词。① j 和 m 两个声母傣语中本来既有高音组词语也有低音组词语。但从《维先达腊》看，少数 j 和 m 词语在文献中却只有低音组形式，而没有高音组形式，这种异形词只占 j 和 m 声母极少数词语。这说明 j 和 m 声母读成低音组大概是受 b、d 浊音性质影响而产生的，它只局限于少数词语中，属于一种词汇扩散现象。但由于 j 和 m 本有相应的低音组词，这就容易造成混淆，在释读文献过程中需进行辨别才能准确释义，如《维先达腊》中 "ၸၢင် jāŋ^{51} 浆，胶" 是高音组 jāŋ^{55}一种变异形式，而ၸၢင်也有其本来的词形，表示 "笼子、草坪；白色"。这种情况，如不能区分它是一种异形词就容易翻译错误了。"မွၼ် mɔn^{33}" 也是如此，高音组 "မွၼ် mɔn^{35}" 表示 "曾祖"，而低音组 "မွၼ် mɔn^{33}" 本没有这个意义，只是由于声调变异造成的，但 "မွၼ် mɔn^{33}" 有 "山脉，山区；渣滓" 等，如不

---

① 戴红亮：《西双版纳傣语低音组 b、d 属字分析》，《中央民族大学学报》2004 年第 6 期。

加鉴别，直接翻译的话就容易出现错误。

此外，傣语中"ho⁵¹（黄牛）"这个词在《维先达腊》中皆写作"ᦞᦸ vo⁵¹（黄牛）"。因为只涉及这一个词，在这里只简单地提及一下。

第四节　傣语单音节并列反义合成词语序问题研究

汉语中有很多单音节并列反义合成词，如"高低、长短、快慢、左右、上下"等。但这种单音并列反义词能构成合成词的语言并不多见，大多是以并列短语形式出现。董秀芳指出"并列短语在各种语言中都很普遍，但并不是所有的语言都有并列式合成词。相反，有并列式合成词的语言是很少的，即使是德语这样一个较多使用合成词的语言，并列式合成词也很罕见。"①

与印欧语不同，傣语和汉语都属于并列合成词比较多的语言，如好坏（hāi¹¹di⁵⁵）、"远近（kai¹³kai⁵⁵）"汉傣语都是合成词。但不同的是，汉语语序是"好、远"在前，"坏、近"在后，傣语语序则是"hāi¹¹（坏），kai¹³（近）"在前，"di⁵⁵（好），kai⁵⁵（远）"在后，两者语序相反。我们以《维先达腊》和《傣汉词典》中的单音节并列反义合成词为主，另从其他古籍中选取了部分单音节并列反义合成词，共80多组傣语单音节并列合成词来探讨傣语单音节反义并列合成词语序问题。②研究发现：汉傣单音节并列合成词，有的语序相同，如"兄弟、父母、夫妻"傣语分别叫 pi³³nɔŋ³³/pho⁵⁵me⁵¹/pɔ³³mɛ³³。这些单音并列合成词，汉傣语都是"兄、父、夫"在前，"弟、妻、母"在后。但同时汉傣语也有单音并列合成词语序不相同，如"大小、长短、男女、上下"等，傣语为"nɔi¹¹jai³⁵/san¹³

---

① 董秀芳：《词汇化：汉语双音词的衍生和发展》（修订本），商务印书馆2017年版，第102页。

② 如古今存在两种语序，以当前的语序为主，并在注释中说明古籍文献中的语序。

jāu⁵¹/jiŋ⁵¹tsāi⁵¹/tai¹³nə⁵⁵"。汉语是"大、长、生、男、上"在前,而傣语是"小、短、女、下"在前,傣汉两种语序相反。此外,汉语和傣语中有些并列合成词,一种语言可连用,另一种语言则要通过短语形式表达,如"快慢",汉语可连用,并词汇化为合成词,傣语则不能连用,而需像英语等语言一样,添加连词或语气词,说成"tsəŋ¹¹lɛ³³vai⁵¹(慢和快),tsəŋ¹¹hā³³vai⁵¹hā³³(慢啊快啊)"①等,因此难以词化,与之相反,傣语 bāu³⁵ sāu⁵⁵(青年男女,少男少女)以合成词形式出现,而汉语则以短语形式表达。

一 汉傣单音节并列合成词语序

傣语单音节并列反义合成词语序大体上可分为以下三种类型:

1. 两种语言单音节并列反义合成词语序不同,且它们在四音格中语序也不相同,见表 2-5 所示。

表 2-5　　傣语与汉语语序不同的单音节并列反义合成词表

序号	汉语	傣语	汉语成语或惯用语	傣语四字格或惯用语
1	好坏(优劣、巧拙)①	hāi¹¹di⁵⁵(坏好)	好坏不分	bau³⁵hāi¹¹bau³⁵di⁵⁵(不坏不好;不好不坏,差不多)
2	贵贱	thuk⁵⁵pɛŋ⁵¹(贱贵)	高低贵贱,贵古贱今	sɯ¹¹thuk⁵⁵xāi⁵⁵pɛŋ⁵¹(买便宜卖贵;投机倒把)
3	新旧	kau³⁵mai³⁵(旧新)	新仇旧恨,喜新厌旧	pai³⁵kau³⁵ʔau⁵⁵mai³⁵(去旧拿新;喜新厌旧)
4	大小	nɔi¹¹jai³⁵(小大)	凶多吉少、僧多粥少	tām⁵⁵nɔi¹¹jai³⁵(根据小大;按比例)
5	长短	san¹³jāu⁵¹(短长)	三长两短,问长问短	
6	胖瘦	jɔm⁵⁵pi⁵¹(瘦胖)	环肥燕瘦	nɔi¹¹jai³⁵jɔm⁵⁵pi⁵¹(小大瘦胖;大小胖瘦)

---

① 傣语中还有一对便是快慢的反义词"tsā¹¹hip³³(徐疾)语序与汉语相反。

续表

序号	汉语	傣语	汉语成语或惯用语	傣语四字格或惯用语
7	远近	kai^{13}kai^{55}（近远）	远近闻名	ti^{33}kai^{13}tɛn^{51}kai^{55}（近处远处；远近处）；kai^{13}tā^{55}kai^{55}tin^{55}（近眼远足；可望而不可即）
8	深浅	tɯn^{13}lək^{33}（浅深）	不知深浅、就深就浅	jaŋ^{13}tɯn^{55}jaŋ^{13}lək^{33}（深浅深深；深浅难测）
9	冷热	hɔn^{11}nāu^{55}（热冷）	冷热不均、冷嘲热讽	phān^{33}hɔn^{11}phān^{33}nāu^{55}（惧怕热惧怕冷；忽冷忽热）
10	疏密	thi^{35}hāŋ^{35}（密疏）	疏密有致	thām^{55}thi^{35}thām^{55}hāŋ^{35}（问密问疏；追根到底）
11	死活	pin^{55}tāi^{55}（活死）	不知死活、半死不活	hom^{33}pin^{55}hom^{33}tāi^{55}（同活同死；生死与共）；phɔn^{35}pin^{55}phɔn^{55}tāi^{55}（拼活拼死；舍生忘死）
12	上下（方位）	tai^{13}nə^{55}（下上）	不相上下、承上启下	leu^{55}tai^{13}leu^{55}nə^{55}（瞄下瞄上；东张西望）；tai^{13}tai^{13}nə^{55}nə^{55}（下下上上；上上下下）
13	来去	pai^{55}mā^{51}（去来）	说来说去、眉来眼去	pai^{55}pai^{55}mā^{51}mā^{51}（去去来来；来来去去）；jɛŋ^{51}pai^{55}jɛŋ^{51}mā^{51}（估计去估计来；左看右看）
14	往返	pai^{55}pɔk^{33}（去回）	来回来去	ʔeu^{13}pai^{55}ʔeu^{13}pɔk^{33}（团团转转，转来转去）
15	内外（里外、表里）	nɔk^{33}nai^{51}（外里）	内外有别、内柔外刚	xau^{13}nɔk^{33}ʔɔk^{35}nai^{51}（进外出内；外出，出外）；nɔk^{33}xɛŋ^{55}nai^{51}ʔon^{13}（外硬内软；外强中干）
16	软硬（强弱）	xɛŋ^{55}ʔon^{13}（硬软）	软硬不吃、软磨硬泡	nɔk^{33}xɛŋ^{55}nai^{51}ʔon^{13}（外硬内软；外强中干）
17	手脚	tin^{55}mɯ^{51}（脚手）	缩手缩脚、碍手碍脚	pin^{55}tin^{55}pin^{55}mɯ^{51}（是脚是手；指手画脚）；sɔŋ^{55}tin^{55}sɔŋ^{55}mɯ^{51}（双脚双手；双手双脚）
18	金银②	ŋɯn^{51}xam^{51}（银金）	金银财宝、披金戴银	xo^{51}ŋɯn^{51}xo^{51}xam^{51}（货物银子，货物金子；金银首饰）；xɔ^{55}ŋɯn^{51}xɔ^{55}xam^{51}（讨要银子讨要金子；讨钱）
19	开关	hap^{55}xai^{55}（开关）	忽开忽关	hap^{55}hap^{55}xai^{55}xai^{55}（关关开开；开开关关）
20	冷热	mai^{13}nāu^{55}（热冷）	不冷不热、冷热不均	tsep^{55}mai^{13}xai^{13}nāu^{55}（痛热病冷；生病）

第二章 《维先达腊》傣语固有词研究

续表

序号	汉语	傣语	汉语成语或惯用语	傣语四字格或惯用语
21	高低	tɛm³⁵suŋ⁵⁵（高低）	高低不平	tɛm³⁵tɛm³⁵suŋ⁵⁵suŋ⁵⁵（低低高高；高高低低）
22	男女	jiŋ⁵¹tsāi⁵¹（男女）	男男女女	jiŋ⁵¹jiŋ⁵¹tsāi⁵¹tsāi⁵¹（女女男男；男男女女）；thau¹³num³⁵jiŋ⁵¹tsāi⁵¹（老少女男；男女老少）
23	坐立	luk³³naŋ³³（立坐）	坐立不安	phut⁵⁵luk³³phut⁵⁵naŋ³³（冒出立冒出坐；坐立不安）
24	轻重	nak⁵⁵bau⁵⁵（重轻）	没轻没重、不知轻重	
25	输赢	pɛ¹¹kān¹¹（赢输）		
26	田地	hai³³nā⁵¹（旱地水田）	田间地头	xɛm⁵¹hai³³xɛm⁵¹nā⁵¹（边缘旱地边缘水田；田边地角）；puk³⁵hai³³dam⁵⁵nā⁵¹（种地种田；种田种地）
27	皮肉	tsin¹¹naŋ⁵⁵（肉皮）	皮肉之苦	pāt³⁵tsin¹¹thə⁵⁵naŋ⁵⁵（剐肉剥皮；剥皮剐肉）
28	苦乐	tuk³³suk⁵⁵（苦乐）	苦乐不均、苦中作乐	
29	善恶	bāp³⁵bun⁵⁵（恶善）	善有善报、恶有恶报	bāp³⁵bun⁵⁵kun⁵¹tot³³（善恶功过）
30	哭笑	xo⁵⁵hai¹³（笑哭）	哭笑不得	xo⁵⁵bau¹³dai¹³，hai¹³bau³⁵dai¹³（哭笑不得）
31	厚薄	baŋ⁵⁵nā⁵⁵（薄厚）		
32	难易	ŋāi³³jāk³³（易难）		
33	悲喜	jəm⁵¹mɔ⁵⁵（喜悲）	悲喜交加	
34	甘苦	xum⁵⁵vān⁵⁵（苦甜）	同甘共苦	
35	黑白	xāu⁵⁵kam³⁵（白黑）或 xāu⁵⁵dam⁵⁵（白黑）③	黑白不分	xau¹³xāu⁵⁵xau¹³kam³⁵（白米紫米）
36	炎凉	jin⁵⁵mai¹³（炎凉）	世态炎凉	
37	稀稠	xun¹³lɛu⁵⁵（稠稀）		
38	美丑	hāŋ³³ŋām⁵¹（丑美）		
39	干湿	pe⁵⁵xān⁵⁵（湿干）		
40	多少④	nɔi¹¹māk⁵⁵（少多）或 nɔi¹¹lāi⁵⁵（少多）		

续表

序号	汉语	傣语	汉语成语或惯用语	傣语四字格或惯用语
41	宽窄	tsɔm¹¹kvāŋ¹³（窄宽）		
42	老少	num³⁵thau¹³（少老）或 thɛu³⁵thau¹³少老）⑤	男女老少	jiŋ⁵¹tsāi⁵¹num³⁵thau¹³（女男少老；男女老少）
43	正误	phit⁵⁵thuk³⁵（错正）		
44	风雨	fun⁵⁵lum⁵¹（雨风）	风雨交加	
45	爷爷奶奶	jā³³pu³⁵（奶奶爷爷）		
46	生死	tāi⁵⁵kət³⁵（死生）		
47	睁眼闭眼	lap⁵⁵mɯn⁵¹（睁闭）		

注：①汉语中有多对并列合成词，傣语往往用一对表示，如汉语"好坏、优劣、巧拙"，傣语用"hāi¹¹di⁵⁵"表示，汉语"出入、进出、收支"，傣语用"xau¹³ʔɔk³⁵"表示；有时汉语一对反义词，如"上下"，傣语使用两组词表示，如表示方位的"tai¹³nə⁵⁵上下"和表示动作的"xɯn¹³luŋ⁵¹上下"。
②例子里面有少数词为古代汉语借词，如"金银""早晚"的"早"等。
③另有一种说法为xāu⁵⁵dam⁵⁵（白黑），语序也是"白"在前。
④另有一种说法为nɔi¹¹lāi⁵⁵（少多），语序也是"少"皆在前。
⑤另有一种说法为（thɛu³⁵thau¹³少老），语序也是"少"在前。

2. 汉傣两种语言单音节并列合成词语序相同，它们构成的四音格语序也相同，见表2-6所示。

表2-6　　傣语与汉语语序相同的单音节并列反义合成词表

序号	汉语	傣语	汉语成语或惯用语	傣语四字格或惯用语
1	兄弟	pi³³nɔŋ¹¹（兄弟）	难兄难弟	jem¹³pi³³jem¹³nɔŋ¹¹（探亲访友）；sɯp⁵⁵pi³³sɯp⁵⁵nɔŋ¹¹（连接兄连接弟；结亲）
2	胜败（胜负、成败）	pɛ¹¹kān¹¹（胜负）	决一胜负	
3	买卖	kā¹¹xāi⁵⁵或 sɯ¹¹xāi⁵⁵（买卖）	公买公卖	lak³³kā¹¹lak³³xāi⁵⁵（偷买偷卖；走私）；lak³³sɯ¹¹lak³³xāi⁵⁵（偷买偷卖；走私）
4	得失	dai¹³se⁵⁵（得失）	患得患失	tā⁵⁵dai¹³tā⁵⁵se⁵⁵（利益和损失；得失）；nā¹³dai¹³tā⁵⁵se⁵⁵（得失）

第二章 《维先达腊》傣语固有词研究

续表

序号	汉语	傣语	汉语成语或惯用语	傣语四字格或惯用语
5	进出（出入、收支）①	xau¹³ʔɔk³⁵（进出）	进进出出	phāt³⁵xau¹³phāt³⁵ʔɔk³⁵（跑进跑出）
6	先后	ʔɔn⁵⁵tsɔm⁵¹（先后）；ʔɔn⁵⁵lun⁵¹（先后）	先来后到、先斩后奏	
7	早晚（朝夕）	tsau¹¹lā¹³或tsau¹¹xam³³（早晚）②	早出晚归	pai⁵⁵tsau¹¹pɔk³³xam³³（早出晚归）
8	首尾（头尾）	kau¹¹pāi⁵⁵（首尾）	首尾相通、首尾连接	fāi¹¹ho⁵⁵fāi¹¹hāŋ⁵⁵（削头砍尾）；soi¹¹ho⁵⁵soi¹¹hāŋ⁵⁵（斜削两端）
9	左右	sāi¹¹xvā⁵⁵（左右）	左右为难、左思右想	jet³⁵mɯ⁵¹pəŋ¹³sāi¹¹，jāi¹¹mɯ⁵¹pəŋ¹³xvā⁵⁵（伸左掌，翻右掌）；mɯ⁵¹sāi¹¹nɔp³³mɯ⁵¹xvā⁵⁵（左右手互换）
10	公母（阴阳、雄雌）	pu¹¹me⁵¹（公母）	木公金母、雄飞雌伏、阴阳怪气	
11	夫妻（夫妇）	pho⁵⁵me⁵¹（夫妻）	结发夫妻、夫贵妻荣	sāŋ¹³pho⁵⁵sāŋ¹³me⁵¹（建立丈夫建立妻子；成婚）；sɔŋ⁵⁵tsau¹³sɔŋ⁵⁵nāŋ⁵¹（夫妻俩）
12	天地③	fā¹¹din⁵⁵（天地）	别有天地、天旋地转	fā¹¹kvāŋ¹³din⁵⁵xvāŋ⁵⁵（天广地宽；广阔天地）；kam¹¹fā¹¹kam¹¹din⁵⁵（顶天立地）
13	酸甜	sum¹³vān⁵⁵（酸甜）	酸甜苦辣	māk³⁵sum¹³luk³³vān⁵⁵（酸果甜果；水果）；sop⁵⁵vān⁵⁵tsai⁵⁵sum¹³（嘴甜心酸；口是心非）
14	日夜④	van⁵¹xɯn⁵¹（日夜）	日日夜夜、连日连夜	leŋ⁵¹van⁵¹leŋ⁵¹xɯn⁵¹（整天整夜）；dap⁵⁵van⁵¹theu⁵⁵xɯn⁵¹（白天黑夜）
15	父母	pɔ³³mɛ³³（父母）	衣食父母	pɔ³³ʔɔk³⁵mɛ³³jɔ⁵⁵（教父教母）；pɔ³³hai³³mɛ³³nā⁵¹（父亲旱地母亲水田；农民）
16	兵将	luk³³nāi⁵¹（兵将）	调兵遣将、兵多将广	sum⁵¹luk³³se⁵⁵nāi⁵¹（损兵折将）
17	前后	nā¹³laŋ⁵⁵（前后）	前赴后继、思前想后	xā¹¹nā¹³xā¹¹laŋ⁵⁵（诽谤）；fāŋ¹¹nā¹³fāŋ¹¹laŋ⁵⁵（防前防后；瞻前顾后）
18	上下（动作）	xɯn¹³luŋ⁵¹（上下）	七上八下、不相上下	jɔn³⁵xɯn¹³jɔn³⁵luŋ⁵¹（提上吊下）；xɯn¹³mɔn³³luŋ⁵¹məŋ⁵¹（上山下乡）

续表

序号	汉语	傣语	汉语成语或惯用语	傣语四字格或惯用语
19	山水	pā³⁵ nam¹¹（山水）	山清水秀	pā³⁵ ʔam¹³ nam¹¹ sai⁵⁵（山清水秀）
20	水火	nam¹¹ fai⁵¹（水火）	水火不容、水深火热	sut⁵⁵ nam¹¹ sam¹¹ fai⁵¹（无能为力，没办法）；thɛm⁵⁵ nam¹¹ thɛm⁵⁵ fai⁵¹（加油）
21	明暗	lɛŋ⁵¹ mo⁵¹（亮暗）	明升暗降、忽明忽暗	kam³³ lɛŋ⁵¹ kam³³ mo⁵¹（忽明忽暗）
22	盛衰	xɯn¹³ thɔi⁵⁵（升退）	盛衰荣辱	
23	曲直（正邪）	kot³³ sɯ³³（弯直）	是非曲直	
24	褒贬	jɔŋ¹¹ phon⁵⁵（褒贬）	褒贬分明	
25	动静	tiŋ⁵⁵ nim⁵⁵（动静）	动静有常	
26	借还	jɯm⁵¹ sāi¹³（借还）	有借无还、借尸还魂	
27	贫富	tok³³ hāŋ³³（贫富）	贫富不均	

注：①《维先达腊》有一例（ʔɔk³⁵ xau¹³，出进）。
②《维先达腊》《长阿含经》出现 8 次，其中 xam³³ tsau¹¹（晚早）7 次，tsau¹¹ xam³³ 仅 1 次，说明过去"晚早"为优势语序。
③《维先达腊》《长阿含经》出现 2 次，皆用 din⁵⁵ fā¹¹（地天），说明过去这种语序为优势语序。
④《维先达腊》《长阿含经》出现 2 次，皆为 聚 "xɯn⁵¹ van⁵¹（夜日）"，说明过去这种语序为优势语序。

3. 汉语单音节并列反义合成词能够并列，傣语通常不直接并列，中间加"和"或借助助词等表达；相反情况也存在，傣语单音反义合成词可并列，汉语需使用短语表达，见表 2-7 所示。

表 2-7　　傣语和汉语其他形式的单音节并列反义合成词表

序号	汉语	傣语	汉语常用表达方式	傣语其他表达方式或四音格
1	少男少女	bāu³⁵ sāu⁵⁵（青年男女）	少男少女	bāu³⁵ tsau¹³ sāu⁵⁵ nāŋ⁵¹（公主少爷）；tsā⁵⁵ bāu³⁵ tsā⁵⁵ sāu⁵⁵（谈情说爱）
2	真假	tɛ¹¹ lɛ³³ kɛk³⁵（真和假）	真假不分	xɔŋ⁵⁵ tɛ¹¹ xɔŋ⁵⁵ kɛk⁵⁵（真假）
3	香臭	hɔm⁵⁵ lɛ³³ min⁵⁵（香和臭）	书香铜臭	hɔm⁵⁵ lɛ³³ min⁵⁵（香和臭）

第二章 《维先达腊》傣语固有词研究

续表

序号	汉语	傣语	汉语常用表达方式	傣语其他表达方式或四音格
4	快慢	tsəŋ^{11}lɛ^{33}vai^{51}（慢和快）		tsəŋ^{11}hā^{33}vai^{51}hā^{33}（慢啊，快啊）
5	对错	mɛn^{33}lɛ^{33}luŋ^{55}（对和错）	对错不分	mɛn^{33}hā^{33}luŋ^{55}hā^{33}（对呀错呀） mɛn^{33}bau^{35}mɛn^{33}（对不对）
6	公私	kān^{55}loŋ^{55}kān^{55}xin^{33}（公事私事）	公私分明	kān^{55}loŋ^{55}kān^{55}xin^{33}（公事私事）
7	正反	pāi^{51}di^{55}pāi^{51}pin^{13}（正面反面）		pāi^{51}di^{55}pāi^{51}pin^{13}（好的方面反的方面）
8	呼吸	thoi^{13}ʔɔk^{35}lɛ^{33}thoi^{13}xau^{13}（呼气和吸气）		thoi^{13}ʔɔk^{35}（呼气）；thoi^{13}xau^{13}（吸气）
9	东西	hun^{55}van^{51}ʔɔk^{35}lɛ^{33}hun^{55}van^{51}tok^{55}（东边和西边）	东张西望	hun^{55}van^{51}ʔɔk^{35}lɛ^{33}hun^{55}van^{51}tok^{55}（东边和西边）
10	有无	mi^{51}bau^{35}mi^{51}（有没有）		mi^{51}bau^{35}mi^{51}（有没有）

从上述三个表可看出，傣语和汉语并列反义合成词语序存在复杂对应关系，大多数语序相反，部分语序相同，还有一部分两者中其中一者需借助短语形式表达。这种复杂错综的关系有无一定的规律呢？

二 汉傣语单音节并列合成词语序问题分析

汉语单音节并列合成词语序问题已引起很多学者注意。赵元任认为并列合成词跟并列短语的不同在于它的成分的次序不能颠倒，并且认为并列结构的项目次序，语法上虽是可逆的，可是有时候习惯上是不可逆的，很多例子里边只有一种次序合乎习惯。他举了很多例子，如"快慢、新旧、手脚、水火、风雨、买卖、好坏、远近、大小、长短"等。[①] 应学凤、方圆等尝试从音义相似性角度解释汉语单音节并列合成词语序问题，认为汉语单音节并列合成词前后音节在韵母、声母和声调上具有音义一致性，前一音节往往韵腹响亮，声调多为平声等。[②] 沈家煊先生对此有较深入研究，

---

① 赵元任：《汉语口语语法》，商务印书馆1979年版，第139—140页。
② 应学凤：《现代汉语单音节反义词音义象似性考察》，《语言教学与研究》2009年第3期。

他从不对称与标记理论出发，认为一般总是肯定项在前，否定项在后，因为人们倾向于把认知上显著成分或先引起注意成分先说出来，这也是"象似原则"中的"顺序象似"在构词法上的反映。① 崔希亮则从认知角度，如伦常关系、对事物认知的倾向性、时序、方位和运动过程等角度解释了汉语并列合成词的语序，认为如"快慢、粗细、远近"等形容词是人们在造词的时候下意识地总是把重要的、正面的意义地放在前面。② 少数民族单音节并列合成词研究成果很少，仅有李代燕《壮语反义语素合成词说略》对壮语单音节并列合成词有简单解释，她也从认知角度，如时空原则、利弊原则、自我中心原则和等级原则解释了壮语单音节并列合成词语序问题。③ 但从举例来看，壮语单音节并列合成词的语序跟汉语几乎没有差别，而与同为壮傣语支的傣语差别较大。

格林伯格（Greenberg）指出任何一种语言，总是正面词为无标记项，反面词为有标记项。④ 如"长短"，我们常说"有多长？""三寸长"等，除非问话人知道物体很短才会问"有多短？"，但即使东西只有三微米，也不会回答"三微米短"，也得说"只有三微米长"。这就是说，正面词一般总是为无标记项，反面词为有标记项。拿单音节并列合成词来说，"长、高、深、密、远、快、得、上、进、来"等为无标记项，"短、低（矮）、浅、疏、近、慢、失、下、退、去"为有标记项。从语言类型学来说，这是一种极为普遍的现象，傣语也不例外。例如：

（1） xo⁵⁵laŋ⁵⁵ni³³jaū⁵¹mɔk³³dai⁵⁵? jaū⁵¹sām⁵⁵mi⁵¹.
　　 桥　座　这　长　多少⑤？　　长　三　米。
这座桥有多长，三米长。

---

① 沈家煊：《不对称和标记论》，商务印书馆 2015 年版，第 207 页。
② 崔希亮：《语言理解与认知》，学林出版社 2016 年版，第 72—75 页。
③ 李代燕：《壮语反义语素合成词说略》，《钦州学院学报》2017 年第 6 期。
④ ［美］Joseph H Greenberg：《某些主要跟语序有关的语法普遍现象》，陆丙甫、陆致极译，《国外语言学》1984 年第 2 期。
⑤ 傣语疑问词"多少"与表示数量的"多少"不是一个词。

（2）tsāi^{51}to^{55}ni^{33}mi^{51}suŋ^{55}mɔk^{33}dai^{55}？suŋ^{55}1.78mi^{51}.

男孩 个 这 有 高 多少？ 高 1.78米。

这男孩有多高？1.78 米

（3）luk^{33}hoŋ^{51}xɛk^{35}pai^{55}hɔt^{33}xoŋ^{35}hə^{51}bin^{55}kai^{55}mɔk^{33}dai^{55}？

从 宾馆 去 到 机场 远 多少？

从宾馆到机场有多远？

判断是否为有标记还是无标记项，沈家煊列出了组合标准、聚合标准、分布标准、频率标准、意义标准和历时标准等，并认为分布标准和频率标准不仅能用来判别一种语言内的有标记项和无标记项，而且是建立跨语言标记模式的依据。① 受此启发，在此不妨举些例子来看看傣语单音节反义合成词的各自频率，来验证频率标准的重要性，见表2-8所示。

表 2-8　　　　　　　　　　傣语单音节反义词的频率表

傣语正面词	词频	傣语反面词	词频
来 mā^{51}	4787	去 pai^{55}	3244
活；是 pin^{55}	4918	死 tāi^{55}	217
得；可以 dai^{13}	2566	失；输 se^{55}	362
好 di^{55}	2234	坏 hāi^{11}	119
长 jāu^{51}	82	短 sɛn^{13}	10
贵 pɛŋ^{51}	159	贱；便宜 thuk^{35}	154
新 mai^{35}	1065	旧 kau^{35}	164
大 jai^{35}	545	小 nɔi^{11}	952
多 lāi^{55}	1362	少 nɔi^{11}	952
远 kai^{55}	165	近 kai^{13}	144
胖 pi^{51}	34	瘦 jɔm^{55}	14
深 lək^{33}	225	浅 tɯn^{13}	6

---

① 沈家煊：《不对称与标记论》，商务印书馆 2015 年版，第 34—36 页。

续表

傣语正面词	词频	傣语反面词	词频
热 hɔn¹¹	42	冷 nāu⁵⁵	20
上 nə⁵⁵	182	下 tai¹³	108
密 thi³⁵	64	疏 hāŋ³⁵	29
内；里 nai⁵¹	2382	外；表 nɔk³³	30
手 mɯ⁵¹	183	脚 tin⁵⁵	134
金 xam⁵¹	337	银 ŋɯn⁵¹	895
开 xai⁵⁵	152	关 hap⁵⁵	5
男 tsāi⁵¹	1063	女 jiŋ⁵¹	136
厚 nā⁵⁵	73	薄 bāŋ⁵⁵	49
左 sāi¹¹	14	右 xvā⁵⁵	8
难 jāk³³	144	容易 ŋāi³³	69
赢 pɛ¹¹	42	输 kān¹¹	11
重 nak⁵⁵	170	轻 bau⁵⁵	50
公 pu¹¹	19	母 mɛ³³	45
父 pɔ³³	79	母 mɛ³³	45
夫 pho⁵⁵	214	妻 me⁵¹	210
明亮 lɛŋ³³	36	暗 mo⁵¹	22
美 ŋām⁵¹	203	丑 hāŋ³³	9
早 tsau¹¹	91	晚 lā¹³	550
硬 xɛŋ⁵⁵	17	软 ʔɔn¹³	5
田 nā⁵¹	784	地 hai³³	233
上；升，xɯn¹³	283	下；降 luŋ⁵¹	176

从表 2-8 中可看出，表示正面词的频率一般比反面词的频率要高，符合有标记项和无标记项对频率标准的基本要求。有几个词需要说明一下，nɔi¹¹（小、少）在傣语中对应 jai³⁵（大）、lāi⁵⁵（多）和 māk³³（多,丰富）三个反义词，mɛ³³（母；母亲）在傣语中对应 pu¹¹（公、雄）和 pɔ³³（父亲）两个反义词，如分开计算，它们频率实际上并不比相应的正面词高。tsau¹¹（早）是个汉语借词，义项较为单一，而 lā¹³ 是傣语固有词，义

项较多,有"晚,迟;最后,最末;下游"等含义,使用频率较高,是个例外。此外在傣族诗歌中还常用来称呼"女性",表示"妹妹",以及作为姓名用字等,这是语义引申的结果。xam^{51}(金)和 ŋɯn^{51}(银)都是汉语借词。ŋɯn^{51}(银子)使用频率高,是因为傣族过去主要使用"银子"作为货币,因此该词在傣语中还有"钱财、货币"等,而该义项使用频率很高。再从分布角度来看,上面我们举了很多成语(四音格),这些单音节并列反义合成词独立或者在成语(四音格)中往往一致,具有很强的关联性,说明这些用法具有稳定性。

傣语和汉语并列反义合成词的正面词和反面词在频率、分布和句法上有很多共性,但两者之间语序却存在着较为复杂的对应关系。从语料情况看,傣语并列反义合成词在语音和声调上没有明显规律,但在词性和时空意义上具有倾向性。

(1)傣语形容词除"明暗、密疏、动静"等少数并列反义合成词外,其他词都是反面词在前,正面词在后。某些词如"曲直(正邪)、酸甜、贫富"等,尽管跟汉语语序一致,但符合反面词在前,正面词在后的原则,反倒是汉语并列反义合成词出现了例外。由于形容词单音节并列反义合成词数量较大,而且正面词和反面词典型,因此傣汉单音节并列反义合成词语序整体上异大于同。其中有些形容词性的单音节并列反义合成词在古籍文献中语序与现代傣语语序不同,古籍中大多也倾向反面词在前,正面词在后,而现代傣语中则语序发生了变化。从词汇演变的角度看,这是一条重要的语言现象,可能很多傣语单音节并列反义形容词过去语序也是反面词在前,正面词在后,有的词还处于演变中,有的词则完成了演变。

(2)傣语"开关、来去、往返、坐立、哭笑"等日常生活单音节并列反义复合动词与汉语语序也相反,"开、来、返、坐、笑"在后,符合正面词在后,反面词在前的原则。而"得失、胜败、买卖、进出、褒贬、借还、盛衰"等词傣语与汉语语序一致。"买卖、进出(出入)、先后、借还、盛衰"等词较好解释,这些词实际上具有时间先后关系,符合时序原则,而且这些词书面语性质较强,其中"得失、买卖"都含有汉语借词。

动词中傣语并列反义合成词正面词在后，反面词在前的词语大多是生活词语，与日常生活密切相关，很有可能是傣语的原生形式，而正面词在前的并列合成词使用频率相对较低，书面语性质强。它们要么具有认知上的时间顺序，要么可能是后生形式。

（3）傣语表示时间、空间和表示性别的单音节并列复合名词大多与汉语一致，如"前后、日夜、兄弟、首尾、左右、天地、夫妻、公母、父母、少男少女"。但也有不少例外，如表示空间的"nɔk^{33}nai^{51}（里外）" "tai^{13}nə^{55}（上下）"和表示一般性别的"jiŋ^{51}tsāi^{51}（男女）"等，而且这几个词都是傣语的基本和常用词汇。再如普通名词"金银、兵将、田地、手脚"等也是"金、将、田、手"在后，与汉语语序相反。

如从历史角度看，当前一些正面词在前的并列合成词，在古籍文献中存在反面词在前的情况，有的甚至占据优势地位。如"早晚、日夜、进出、天地"都有"晚早、夜日、出进、地天"的用例，特别是"晚早"占绝对优势，而相反的情况仅有"大小"一例，相对于"小大"，在十几例中仅有一例。除了形容词外，傣语其他词性中一些常用高频并列反义词通常也是反面词在前，正面词在后，如"去来"① "女男""下上""外内"等。

我们认为反面词在前，正面词在后是傣语的一种优势语序，近现代以来，受汉语等语言的影响，有的并列反义词正在进行语序调整。之所以这么认为，我们有四个理由：一是形容词并列反义词绝大多数是反面词在前，正面词在后，古今语序保持了相对一致性，我们没有看到反例；二是名词、动词很多日常生活中的并列反义词也是反面词在前，正面词在后，古今也没有变化，保持了稳定性；三是语序变化的词主要是文献古籍中都基本是反面词在前，正面词在后，而现代傣语口语中发生了正面词前移的现象；四是尽管壮语等亲属语言并列反义词语序已与汉语相同，但在某些词中仍保留了反面词在前，正面词在后的词语，如傣语的"pai^{55}pai^{55}mā^{51}

---

① "去来"在整个壮侗语族都是反面词在前，正面词在后。尽管壮语和泰语很多并列反义词词语序已发生变化。

mā⁵¹（来来去去）"，泰语也是如此，壮语为"pai¹ pai¹ tau³ tau³"，尽管"来"的用词不同，但也为"去去来来"。再如傣语的"tin⁵⁵ mɯ⁵¹（脚+手）手脚"，泰语跟傣语一样，壮语为"tin¹ fɯŋ²（脚+手）"，布依语为"tin¹ vɯŋ²" 侗语为"tin¹ mja²"，尽管语音形式有差别，语序也为"脚手"。布依语的"naʔ⁷bau¹"则与傣语"nak⁷bau¹"语序一致，这些词虽不系统，但都是壮侗语族固有词和核心词，说明它们曾经语序也是反面词在前、正面词在后。

由于单音节并列合成词中形容词所占数量和比例最大，加上日常使用频率较高的名词或动词并列合成词也倾向于反面词在前，因此傣语单音节并列合成词语序与汉语在整体上不一致。而且形容词正面词和反面词较为典型，具有很强的对比性，因此进一步突出了傣汉两种语言单音节并列合成词的差异。汉语、英语、俄语等语言倾向于把认知上显著的成分或先引起注意的成分先说出来，而傣语则倾向于把认知上显著的成分或引起注意的成分后说出来，整体上算是一种反面词在前、正面词在后的语言。

一种语言一般总是正面词为无标记项，反面词为有标记项，这是个普遍规律，具有强制性，目前尚未发现例外。而正面词反面词语序大多也是正面词在前，反面词在后，如汉语、英语、俄语、壮语等，符合"顺序象似"原则，但这只是倾向性，不具有强制性。语言的共性被认为是一种倾向性而不是绝对性，是一种普遍认知而不是语言的自治性和特定性。① 这些语言内部也常有反面词在前，正面词在后的反例。从傣语单音节并列合成词语序来看"顺序象似"也只是大多数语言的语序组织倾向性规律，傣语就基本不符合这一规律，而是倾向于正面词在后，反面词在前。傣语单音节并列合成词语序的揭示有助于认识"顺序象似"规律在语言语序组织中的复杂性以及多样性，同时进一步使我们看到这一语序组织规律只是"倾向性"，而不是"强制性"。从这个角度说，傣语单音节并列合成词具有较强的个性和类型学上的意义。

---

① ［英］劳蕾尔·J. 布林顿、［美］伊丽莎白·克洛斯·特劳戈特：《词汇化与语言演变》，罗耀华、郑友阶等译，商务印书馆2013年版，第5页。

第五节 《维先达腊》偏正式构词特殊语序研究

傣语偏正式名词性结构与壮侗语族大多数语言一样，一般都是中心语在前，修饰语在后，即"中心语+修饰语"结构，形成前正后偏式的偏正结构，如"ᨾᩥᩬᨦᨠᩮᩢᩣ mɤŋ⁵¹kau³⁵（地方+旧）家乡""ᩉ᩠ᩅᨧᩱ ho⁵⁵tsai⁵⁵（头+心）心上，心头""ᨩᩮᩢᩣᨾᩥᩬᨦ［tsāu⁵¹mɤŋ⁵¹（族+地方）百姓］""ᩅᩢᩁ［van⁵¹nan¹¹（天+那）那天］""ᨡᩬᨦᨴᩣᨶ xɔŋ⁵⁵tān⁵¹（物品+赙）捐赠物，赙品"等。但这是就一般情况说的。在有些情况下，傣语名词性偏正结构也有"修饰语+中心语"的情况。这种前偏后正式的偏正结构数量较少，对修饰语和中心语都有一定限制，过去对这种现象几乎未有关注。这里以《维先达腊》词语为例，联系现代傣语使用情况，并利用相关字词典，对这类较为特殊的偏正结构进行分析。

一 不定代词+名词构成名词位置问题

不定代词修饰名词或量词时，不定代词要放在名词或量词前面，而不能放在名词或量词的后面，而其他代词，如人称代词、指示代词、疑问代词都得放在名词的后面，这是傣语不定代词较为鲜明的特色。傣语常见的不定代词有"ᨴᩢ᩠ᨦ taŋ⁵¹（全，整、浑、遍）""ᨧᩩ tsu³³（诸、每、各）""ᨴᩩᨠ tuk³³（每、各）""ᩃᩣᨦ lāŋ⁵¹（某些，一些）""sɛn⁵¹（有的）"① "ᨻᩫ᩠ᨦ phoŋ³³（有些，一些）""ᨠᩦ᩵ ki³⁵（几）"。这些词都可修饰名词、量词或名词短语，其中以"ᨴᩢ᩠ᨦ taŋ⁵¹（全部，所有）""ᨧᩩ tsu³³（诸、每、各）""ᨴᩩᨠ tuk³³（每、各）"三个词最为活跃。下面我们依次举例分析。

"ᨴᩢ᩠ᨦ taŋ⁵¹（全、整、浑、遍）"修饰名词时，只能放在名词前面。如"taŋ⁵¹to⁵⁵（全+身体）全身""taŋ⁵¹kāt³⁵（全+街道）整条街道""taŋ⁵¹tso³³

---

① 该词未在《维先达腊》中出现。

（全+生命）一生""taŋ⁵¹məŋ⁵¹（全+地方）全国，各地""taŋ⁵¹hən⁵¹（全+家）全家""taŋ⁵¹lok³³（全+世界）全世界""taŋ⁵¹van⁵¹（全+天）整天""taŋ⁵¹xɯn⁵¹（全+晚上）整晚""taŋ⁵¹ho⁵⁵taŋ⁵¹tin⁵⁵（全+头+全+脚）全身上下"等。"ᨲᨦ taŋ⁵¹（全、整、浑、遍）"修饰形容词、数词或量词时，也得放在形容词、数词、量词前面，与名词语序一致，如"taŋ⁵¹lāi⁵⁵（全+多）大家""taŋ⁵¹mon⁵¹（全+很多）所有，一切""taŋ⁵¹sɔŋ⁵⁵（全+两）我俩""taŋ⁵¹ku³³（全+双）"等。①

"ᨧᩪ tsu³³（诸、每、各）"来自汉语"诸"，表示"诸、每、各"，它与傣语固有词"ᨲᩩᨠ tuk³³（每、各）"意思基本相同，在《维先达腊》中这两个词都是高频词。"ᨧᩪ tsu³³（诸、每、各）"也得放在名词前面。

"ᩃᨦ lāŋ⁵¹（某些，一些）"搭配规律与上述各词也很相似，主要是与时间、地域和人搭配，如"ᩃᨦ lāŋ⁵¹van⁵¹（某+天）某天""ᩃᨦ lāŋ⁵¹kun⁵¹（某+人）某人""ᩃᨦ lāŋ⁵¹ti³³（某+地）某地"等。"ᩃᨦ lāŋ⁵¹（某些，一些）"在傣语中义项较多，但以不定代词义项为主，常组合成"ᩃᨦᨻᩬᨦ lāŋ⁵¹phɔŋ³³（某些+某些）某些"，主要用来修饰名词短语，这在《维先达腊》中就较为普遍，该词出现了 32 次。当然它们独立都可使用，大多时候用来构词。

二 数词"sak⁵⁵一"的位置与来源问题

傣语通常有四个"一"，它们是"ᩮᩋᨯ ʔet⁵⁵""ᨶᩧ᩵ᨦ nɯŋ³³""ᨭᩢᨠ sak⁵⁵""ᨯ᩠ᨿᩅ deu⁵⁵"。"ᩮᩋᨯ ʔet⁵⁵"这个词只能跟在十位数以上的数词里，如"十一""一百零一"等，不能单独使用；"ᨶᩧ᩵ᨦ nɯŋ³³"是最常用的，可用在基数词、序数词、数量组合中等，它与"ᩮᩋᨯ ʔet⁵⁵"形成互补。但有一点值得注意，如"ᨪᩣᩅᩮᩋᨯ sāu⁵¹ʔet⁵⁵（二十+一）"表示的是"二十一"，而"ᨪᩣᩅ（二十+一）二十"表示的是"二十"，后面的"ᨶᩧ᩵ᨦ nɯŋ³³"是修饰前面的"二十"的，表示一个"二十"或者"整二十"，李方桂先生认为"ᨶᩧ᩵ᨦ nɯŋ³³"原

---

① 为避免是否为词语的争议，本节中的所有词语都来自《傣汉词典》。

来应是一个形容词，表示"单一的，唯一的"，① 我们觉得这个看法是有道理的，所以怀疑它来自汉语"整";② "ဒေ deu⁵⁵"在傣语中一般不单独用来作数词用，这与壮语、布依语等语言有点不一样。它在傣语中表示"单独，独一的，同一的"，形容词功能很明显，可构成很多词，如"ၽူ phu¹³ deu⁵⁵（位+独）独自一人""ສັນဒေ san⁵⁵ deu⁵⁵（样子+独）同样，一样""ဝັນဒေ van⁵¹ deu⁵⁵（天+独）同一天""ဗတ် bat⁵⁵ deu⁵⁵（现在+独）现在，同时""ယາມဒေ jām⁵¹ deu⁵⁵（时候+独）同时，这时"等。

"ສັກ sak⁵⁵"在傣语中也表示"一"，这个词用法特殊，它与其他"一"的位置和用法不一样。一是它只能位于名词或量词前面，形成"数量"或"数名"结构，如"ສັກ sak⁵⁵ xun⁵¹（一人）"，二是它只用于否定句中，如"bau³⁵ dai¹³ het³³ sak⁵⁵ tə³³（不得做一次）一次都不能做"。"ສັກ sak⁵⁵"表示"一"常见的构词有"sak⁵⁵ ʔit⁵⁵（一+点）一点儿""sak⁵⁵ kam⁵¹（一+句）一句，刚才""sak⁵⁵ phau³⁵（一+次）一次，一点""sak⁵⁵ jāt³⁵（一+点）一点儿"等，这些词字典都已收录。"ສັກ sak⁵⁵"语序与其他"一"不相同。为什么会这样呢？我们无法从傣语自身词汇中得出有效结论，但可从壮侗语族其他语言中来反观该词用法。壮语"sak⁵⁵"用法较多，有四种主要义项，分别表示"大约""数量少""某""任何"等，既可用于肯定句，也可用于否定句中，③ 泰语情况与壮语很相似，用法都比傣语丰富。据此，我们推测傣语该词原来也可用于肯定句和否定句中，后来傣语用法萎缩，只用于否定句中，但仍保留了不定代词特征，语序放在名词或量词前面。由于主要用于否定句中，用于否定极小量，因此引申出"一"义项，但从源头上来看，它应为一个不定代词，所以语序与其他"一"位置相反。

三 lāi⁵⁵+名词和量词

傣语"ຫຼາຍ lāi⁵⁵（多）"修饰数词、量词和名词时，需放在名词前面，

---

① 李方桂：《侗台语论文集》，清华大学出版社2011年版，第205页。
② 戴红亮：《西双版纳傣语数词层次分析》，《民族语文》2004年第4期。
③ 覃凤余、田春来：《广西汉壮语方言的"嚓"》，《民族语文》2011年第5期。

这与不定代词用法近似，而与其他形容词修饰名词语序（名+形）有别，如"ຫຼາຍໝູ່ lāi⁵⁵mu³⁵（多+群）大众""ຫຼາຍວັນ lāi⁵⁵van⁵¹（很多天，以后，过几天）""ຫຼາຍໂກດຫຼາຍພັນ lāi⁵⁵kot³⁵lāi⁵⁵pan⁵¹（多+亿+多+千）成万上亿"，其他再如"lāi⁵⁵tsai⁵⁵lāi⁵⁵xɔ⁵¹（多+心+多+脖子）多心""lāi⁵⁵tsə¹¹lāi⁵⁵jaŋ³⁵（多+种+多+样）多种多样""lāi⁵⁵ti³³lāi⁵⁵hɛŋ³⁵（多+地+多+处）多处""lāi⁵⁵lɯp³³lāi⁵⁵pɔk³³（多+轮+多+次）三番五次"等，其他形容词都不具备这种用法，甚至与"lāi⁵⁵"词义基本相同的"ມາກ māk³³（多，丰富）"也是如此，只有形容词功能，如"kun⁵¹māk³³（人+多）人多"与"kun⁵¹lāi⁵⁵（人+多）人多"意义基本相同。"ຫຼາຍ lāi⁵⁵（多）"修饰名词或量词时，其功能和作用相当于不定代词的功能，功能类似于英语的"many"，而位于名词后功能为形容词。这与"ຫຼາຍ lāi⁵⁵（多）"是个兼类词有关，它不仅是个形容词，也是一个不定代词，所以它可放在名词、数词和量词的前面。这与汉语的"多"功能比较相近。

四 量词+名词的构词位置问题

傣语数量词修饰名词时，都应放在名词后面，不能放在名词前面，这是壮侗语的固有语序，傣语仍保存完好，如"（人+三+位）三个人"不能说成"sām⁵⁵phu¹³kun⁵¹"，"这只狗"要说成"mā⁵⁵to⁵⁵ni³³（狗+只+这）"。但在构词时，情况则完全相反，量词须放在名词前面，形成量名结构。这种量名结构只用来构词，它类似一个词头。从傣语名数量句法结构来看，它不应是从句法层面语法化而来，因为两者语序相反，除非有很好的机制解释这种构词的语法化进程才行，所以它应是一种词法现象。傣语中量名构词现象很普遍，很多量词都可放在名词前面构成一个不可分开的词语，字典中也收录了大量量名结构的词语。对于这种语序问题有三种可能的解释，一是量词修饰名词，名词是中心词，这种语序违反了傣语偏正结构常见的句法语序，如成立的话，它就是一种特殊语序，类似汉语的"船只""马匹""人口"等词。二是名词修饰量词，量词是中心词，这种语序符合傣语的句法语序，但就得解释为什么合成词中核心语义倾向于"名词"而不是量词，它们构词时有什么统一的语法意义，表示"集体"义或"复数"义？三是前面量词是从名词演化而来的，仍保留了名词的某些属性，后面名词修饰前面从名词演化而来的量词，这种解释就得说清楚每一个量词相应的名词源头，以及它们成词时是否还有名词意义。

从目前来看，这三种解释都有一定解释力，但都有解释不清的问题。我们分情况来分析它们。第一种情况是表人或动物的量词，如"ꪕꪴ phu¹³（位）""ꪔꪷ to⁵⁵（个，只）""ꪔꪴꪙ tun⁵⁵（尊，位）"等，它们都可位于名词、形容词、代词前构词，也都可看出它们曾经的名词或代词时的影子，它们做名词或代词时分别表示"人""身体""自己"等意义，构词时仍限于表人或动物，如"ꪕꪴꪒꪱꪥꪕꪴꪙꪳꪉ phu¹³dai⁵¹phu¹³nɯŋ³³（位+哪+位+一）任何人""ꪕꪴꪚꪱꪥ phu¹³bai¹³（位+傻）傻子""ꪕꪴꪯꪮ phu¹³deu⁵⁵（位+单独的）独自一人""ꪕꪴꪊꪱꪥ phu¹³jai³⁵（位+大）大人""ꪕꪴꪊꪲꪉ phu¹³jiŋ⁵¹（位+女人）女人""ꪕꪴꪎꪱ phu¹³xā¹³（位+奴隶）我的谦称""ꪔꪷꪒꪲ to⁵⁵di⁵⁵（个+好）好看，漂亮""ꪔꪷꪠꪱꪙ to⁵⁵hren⁵⁵（只+灵猫）灵猫""ꪔꪷꪢꪱ to⁵⁵mā⁵⁵（只+狗）狗""ꪔꪷꪣꪱꪙ to⁵⁵man⁵¹（个+他）他""ꪔꪷꪣꪯ to⁵⁵mɛ³³（个+母的）雌性动物""ꪔꪷꪔꪴꪙ to⁵⁵tun⁵⁵（个+位）您""ꪔꪷꪎꪱ to⁵⁵xā¹³（个+奴隶）我的谦称""ꪔꪴꪙꪯꪮ tun⁵⁵deu⁵⁵（尊+单独的）独自一人""ꪔꪴꪙꪊꪱꪥ tun⁵⁵jai³⁵（尊+大）大人""ꪔꪴꪙꪀꪴ tun⁵⁵ku⁵¹（尊+我）我的傲称""ꪔꪴꪙꪀꪴꪾ tun⁵⁵kɛu¹³（尊+珍珠）大人，贵人""ꪔꪴꪙꪣꪯ tun⁵⁵mɛ³³（尊+母亲）家母，慈母""ꪔꪴꪙꪕꪮ tun⁵⁵pɔ³³（尊+父亲）家严，严父""ꪔꪴꪙꪔꪱꪙ tun⁵⁵tān³³（尊+他）您；他"等。这几个量词与后面成分构成名词后都与人或动物有关，应与这些量词是由生命名词演化而来有关。这些词视为量词还是名词都可以，但作为名词似乎更顺畅一些。如这样看待的话，它们仍符合傣语的语序。不过其中有些词，如"ꪔꪷꪠꪱꪙ to⁵⁵hren⁵⁵（只+灵猫）灵猫""ꪔꪷꪢꪱ to⁵⁵mā⁵⁵（只+狗）狗"有表示"集体"的语法意义，后面不能再受数量结构修饰。此外，表示集体量词"群"与"人"组合时构成偏正结构"ꪕꪳꪉꪀꪳꪙ fuŋ⁵⁵kun⁵¹（群+人）人群，人们"时，这时显然为前正后偏式。

第二种情况是无生命量词，这些量词不用来修饰人，而是用来修饰其他事物，如"ꪠꪱꪴꪕꪴꪙ hrā³⁵fun⁵⁵（阵+雨）阵雨""ꪎꪯꪙꪕꪱ tsan¹¹fā¹¹（层+天）天堂，天空""lam⁵¹lot³³（辆+车）车子，车辆""[lam⁵¹mai¹¹（支+树）树干，树枝］""pɛn³⁵din⁵⁵（片+土地）领土，领地""xāu⁵¹tāŋ⁵¹（段+路）路程""pok³³pun⁵¹（帮+士兵）军队""kɔŋ⁵⁵bun⁵⁵（堆+福）福气""kɔŋ⁵⁵fai⁵¹（堆+火）火堆""dɔŋ⁵⁵dɔk³⁵（朵+花）花朵""tun¹³fāi¹³（棵+棉）棉花""tun¹³mai¹¹（棵+树）树木""mu³⁵mai¹¹（群+树木）树林"等。这些词语中前一音节量词性质很明显，除了个别量词尚有名词意义外，其他都是专用量词，如分析为名词修饰量词，能够保证傣语偏正结构的一致性，但为什么词语意义倾向于名词不好解释，特别是"hrā³⁵fun⁵⁵（阵+雨）阵雨""tsan¹¹fā¹¹（层+天）天堂，天空""pɛn³⁵din⁵⁵（片+土地）领土，领地"较早形成的词语；而分析为量词修饰名词，则为前偏后正式偏正结构，这种结构不符合傣语基本语序。傣语这类词与汉语的"船只""马匹""人口"功能大体相当，主要用于表示"集体名词"，但汉语往往将这种结构分析为补充结构，但傣语只能分析为偏正结构。这种构词法还需要进一步深入探讨。

第六节 《维先达腊》词缀问题研究

合成词里附加在词根前后表示附加意义的语素称为词缀。英语等形态变化的语言一般都有专门的词缀固定形式，而汉傣等孤立型语言缺乏形态，词缀识别主要看虚化程度及其表达虚化义的稳定程度。汉傣等单音节为主的语言词缀大多都经历双音化（多音化）、构词类推，高频泛化，实义虚化，甚至实虚脱离等阶段。在这个序列发展过程中，有的词缀跟它词根关系密切，尚能看出语义演变关系，有的则不易看出，需找到中间阶段才能说得清楚。词缀根据位置关系可区分为前缀、中缀和后缀。加在前面的叫前缀，如老鹰的"老"；加在后面的叫后缀，如工业化的"化"；加在两个词根中间的叫中缀，如"叽里咕噜"的"里"等。傣语词缀一般都是前缀，这是由傣语定中语序决定的，后缀较少，只有个别词缀是由古汉语借词（关系词）虚化而来。目前关于傣语词缀问题几乎没有任何成果，这里以傣文贝叶经《维先达腊》中的有关词缀为例，并结合现代傣语的词缀发展情况，简单讨论和分析傣语的词缀问题。

傣语前缀主要有三类，一是由某个名词演变而来的词缀加在动词或形容词前面，将这个词变成名词，如"ᦺᦎ tāŋ⁵¹""ᦎᦲ ti³³""ᦕᦴ phu¹³""ᦂᦱᧃ kān⁵⁵""ᦜᦳᧂ loŋ⁵¹"等，这五个词加在动词或形容词前，将相应动词或形容词变成名词；二是人名前、称呼前或动植物名词前用ᦀᦻ（ʔai¹³，用在平民男性名字前表示性别）、ᦃᦲ（ʔi⁵⁵，用在平民女性前表示性别，用在称呼或者动植物前表示亲切）表示性别或亲切；三是形容词或副词加在动词前面，将动词转变成形容词；而后缀主要就是加在动词后面的"ᦵᦀᧀ ʔau⁵⁵，放在某些动词之后，表示动作是主动采取的方式"。

一 傣语中可构成名词的词缀

傣语名词基本皆为前正后偏式，即"中心语+修饰语"，如"ᦗᦻᦓᦱ pāi⁵¹ nā¹³，前方，前面（方向+前面，脸）"，"ᦙᦵᦓᧃ mə³³ nan¹¹，那时（时候+那）"等。这种偏正结构中的"中心语"如使用频率高，搭配范围广，特别是后常跟较为抽象的动词、形容词，或者出现超常搭配的话，其中某些高频名词、量词就会逐渐虚化，并具有前缀性质。汉傣等单音节语言词缀产生较晚，它是词汇双音化进程中的伴随物，古代汉语和傣语虽已产生词缀，但数量都很少，词缀主要是近代以来产生的。汉语是因大量翻译西方文献而产生了一些词缀，傣语词缀很多则是翻译汉语或受泰语影响而产生的。现代傣语名词前缀较为明显的有"ᦺᦎ tāŋ⁵¹""ᦎᦲ ti³³""ᦕᦴ phu¹³""ᦂᦱᧃ kān⁵⁵""ᦜᦳᧂ loŋ⁵¹""ᦓᧄ nam¹¹""ᦵᦋᧄ xvām⁵¹"等，有的词典中明确为词缀，如"ᦎᦲ ti³³""ᦕᦴ phu¹³""ᦂᦱᧃ kān⁵⁵""ᦓᧄ nam¹¹""ᦵᦋᧄ xvām⁵¹"。实际上在傣语古籍中"tāŋ⁵¹""loŋ⁵¹""xvām⁵¹"三个词前缀身份最为明显，在现代傣语中它们已很少产生新词了，只出现在双音节或多音节词中，这说明它们基本已完成了其词缀的作用了，有点像汉语的"子"或"阿"。而"nam¹¹""ti³³""phu¹³""kān⁵⁵"现在仍很活跃，是现代傣语名词前缀的代表，分别添加在动词、形容词前,表示泛化的"度,量""地、点、处""某类人""某类事情"等含义,如"nam¹¹bai¹³(水+傻)傻瓜""nam¹¹di⁵⁵(水+好)质量""kān⁵⁵xum⁵⁵xi⁵⁵(事情+困难、苦难)""kān⁵⁵sāŋ¹³tɛŋ³⁵(事情+建设)""ti³³ʔɔn¹³(地方+柔弱)弱点""ti³³tsai¹¹(地方+使用)用处""phu¹³kɔn³⁵ʔɔn⁵⁵(位+领导)领导,领导人""phu¹³kot⁵⁵(位+记录)作者"等,这些词加上动词或形容词后都变成了相应的名词,但在古籍中这四个词虽然使用频繁,不过尚未完成词缀化,只是处于高频泛化阶段。我们认为"tāŋ⁵¹""loŋ⁵¹"也曾经历这个阶段,但目前由于傣文古籍年代较晚,已很难看到它们的高频泛化阶段了,古籍中也只能在双音节或多音节词中还可看出它们虚化的痕迹。

"ᧈ tāŋ⁵¹"的本义是"路,道路,路途",在现代傣语中这个义项还很活跃,如是单用,或者跟名词以及部分形容词的话,它的本义还很明显,如"ᧈᧈ tāŋ⁵¹loŋ⁵⁵(路+大)大路""ᧈᧈ hun⁵⁵tāŋ⁵¹(方向+路)道路,路途""ᧈᧈ kāŋ⁵⁵tāŋ⁵¹(中间+路)路途,路中"等。"ᧈ tāŋ⁵¹"后来搭配一些较为抽象的名词或形容词,它的词义就演变为"方式、方法、途径"等较虚化的意义,如"tāŋ⁵¹mə⁵¹nā¹³(途径+将来)前途""tāŋ⁵¹pāk³⁵(方式+嘴)口才""tāŋ⁵¹xɛm¹¹(方法+精细)技术,技巧"等,"ᧈ tāŋ⁵¹"也可跟各种动词,这时它的内部之间的差异就显现出来了,有的动词比较具体,尚能看出原来的意义,如"tāŋ⁵¹ʔɔk³⁵(路+出)出口,出处""tāŋ⁵¹xāi⁵⁵(路+销售)销路,销售"。此外,还有一种相关情况,就是多义词词义引申问题,也会造成"ᧈ tāŋ⁵¹"的词缀性质进一步加深,如"tāŋ⁵¹ʔɔk³⁵(路+出)出口,出路"后来引申出"支出"义,"tāŋ⁵¹xau¹³(路+进入)入口"引申出"收入"义,"tāŋ⁵¹dam⁵⁵(路+黑)黑道"引申出"阴谋"义,"tāŋ⁵¹lu¹¹(路+坏)烂路"引申出"坏处,害处"义,"tāŋ⁵¹lɛn³³(路+跑)跑道"引申出名词"逃跑"义,"tāŋ⁵¹jāu⁵¹(路+长)长路,远路"引申为"长度"等,这些词从原来的具体义引申出相对抽象的意义也进一步助长了"ᧈ tāŋ⁵¹"的前缀性质。后来"ᧈ tāŋ⁵¹"搭配的动词或形容词越来越多,它的词义就进一步虚化了,这时它的词缀性质就更明显,几乎看不到它的词义了。它的主要功能是演化为跟后面的动词和形容词组合，将动词或形容词转换成相关的名词意义，如"tāŋ⁵¹tāi⁵⁵（路+死）死亡""tāŋ⁵¹kā¹¹（途径+贸易、销售）生意""tāŋ⁵¹tsā¹¹（方式+恶劣）坏处，毛病""tāŋ⁵¹di⁵⁵（途径+好）好处，优点""tāŋ⁵¹dai¹³tāŋ⁵¹ʔau⁵⁵（方式+得+方式+拿）收入""tāŋ⁵¹mak³³fai³⁵（途径+愿望）梦想，愿望""tāŋ⁵¹lo³⁵（途径+需要）用处"以及"tāŋ⁵¹kin⁵⁵（??+吃）食物""tāŋ⁵¹tān⁵¹（??+布施）布施品""tāŋ⁵¹tuk³³（??+苦）困难""tāŋ⁵¹tɔŋ⁵¹（??+看）看法""tāŋ⁵¹hu¹¹（??+知道）知识""tāŋ⁵¹han⁵⁵（??+看见）见识，见解""tāŋ⁵¹jɔŋ¹³（??+打扮）装扮"等。这些词中的"ᦑᦱᧂ tāŋ⁵¹"在部分词语中还隐约地能看出它原来的意义，如"tāŋ⁵¹tāi⁵⁵（路+死）死亡""tāŋ⁵¹di⁵⁵（途径+好）好处，优点""tāŋ⁵¹lo³⁵（途径+需要）用处"等，而到了"tāŋ⁵¹kin⁵⁵（??+吃）食物""tāŋ⁵¹tuk³³（??+苦）困难""tāŋ⁵¹jɔŋ¹³（??+打扮）装扮"等词中，"ᦑᦱᧂ tāŋ⁵¹"就已经没有具体的意义，只是起到将后面的动词和形容词转换成名词的功能了。"ᦑᦱᧂ tāŋ⁵¹"近代以来似乎就已经不再产生新词了，尤其是现代傣语中，它产生新词的能力更弱，但在古籍中保留了一大批词语，从这些词语中可看出它虚化的轨迹。这有点像汉语的词缀"子"，在现代汉语中构成新词的能力已很有限，但留下了大量的词语。从"ᦑᦱᧂ tāŋ⁵¹"词缀化路径可看出：1. 该实义词高频是词缀产生的必要条件，高频容纳更多搭配的可能；2. 搭配范围扩大是词缀产生的重要条件，搭配范围扩大后就会导致该词的词义虚化，产生抽象义，而词义虚化后又会接纳更多的搭配，搭配范围扩大也是词缀产生的重要条件；3. 词缀的产生与其后面搭配的动词或形容词有关，特别是一些不能正常搭配的形容词或动词，如它也具有接纳能力的话，就说明这个词缀性质就很明显和稳定了。

"ᦑᦱᧂ loŋ⁵¹"，也可写作"ᦟᦳᧂ"，它的本义是"地带，一带"，如"loŋ⁵¹teu⁵¹（地带+走）走廊"，"loŋ⁵¹nan¹¹（地带+那）那一带，那个区域"。由于"地带，一带"蕴含有"一定范围"，这个词就可加在所有与"一定范围的空间"的形容词和名词前，表示"度"，如"ᦟᦳᧂᦍᦱᦞ loŋ⁵¹jāu⁵¹（地带+

长）长度""ᦟᦳᧂ loŋ⁵¹kvāŋ¹³（地带+宽、广）宽度，广度""ᦟᦳᧂ loŋ⁵¹kum⁵⁵（地带+圆）直径"等。后来它后面跟的形容词或名词就更多，如"loŋ⁵¹ tɔm¹³（地带+窄）窄度""loŋ⁵¹suŋ⁵⁵（地带+高）高度""loŋ⁵¹tɛm³⁵（地带+低）低度""loŋ⁵¹pak⁵⁵（地带+幅）""loŋ⁵¹lāi⁵¹（地带+招式）程序"等。与汉语表示"一定范围的时间或空间"的"度"稍有不同，"ᦟᦳᧂ loŋ⁵¹"由于词义限制，只能表示"一定范围的空间"，而不能表示"一定范围内的时间"，如"年度""月度"等。这告诉我们，尽管这个词已逐步词缀变化了，但仍与其本义有着联系，它的词缀变化并不彻底，所以它所能搭配的形容词或名词也相对有限，它的词缀化程度也不及"ᦟᦱᧂ tāŋ⁵¹"。近代以来，由于"ᦓᧄ nam¹¹"这个词可表示"一定范围的时间或空间"的"度"义，它就逐渐取代了"ᦟᦳᧂ loŋ⁵¹"，"ᦟᦳᧂ loŋ⁵¹"只保留在某些双音节词中了。①

"ᦞᦱᧄ xvām⁵¹"在文献中也可写作"ᦅᧁᧂ kvām⁵¹"，表示"事情、事实"，意思跟"ᦂᦱᧃ kān⁵⁵"很相似，但"ᦂᦱᧃ kān⁵⁵"是巴利语借词，而"ᦞᦱᧄ xvām⁵¹"是个傣语固有词。现在"ᦞᦱᧄ xvām⁵¹"表示"事情、事实""内容、意义"的义项已经很少用了，只在双音节词语或多音节词语中作为构词成分存在，主要加在动词或者形容词前表示"某种心理状况"，如"xvām⁵¹kɯt³³（思想、想法、念头、主意）""xvām⁵¹xvāi⁵⁵hu¹¹（觉悟）""xvām⁵¹tsā⁵⁵（理论、学说）""xvām⁵¹tsə³³（信任）""xvām⁵¹di⁵⁵（善行，功德）""xvām⁵¹hu¹¹（知识，学问）""xvām⁵¹han⁵⁵（意见，看法）""xvām⁵¹vaŋ⁵⁵（愿望）"等。

"ᦑᦲ᧑ ti³³""ᦕᦴ᧑ phu¹³""ᦂᦱᧃ kān⁵⁵""ᦓᧄ nam¹¹"是现代傣语四个最为常见的词缀，它们分别表示"地点、处所、地方，点、所""位、人""事情""度、量"等。"ᦑᦲ᧑ ti³³"后面跟名词或代词时，它的意义相对较实，而后跟形容词或动词时，它的意义就有泛化和虚化的趋向，词义逐渐由实趋虚，搭配的范围也就越来越大。这个词实际上很早就有虚化的趋向，如傣族谚语"ti³³ʔɔn¹³ni³³tɛŋ⁵¹，ti³³xɛŋ⁵⁵ni³³vin¹¹（地方+软弱+呢+刺，地方+刚

---

① 德宏傣语中也有"ᦟᦱᧂ tāŋ⁵¹"和"ᦟᦳᧂ loŋ⁵¹"这两个前缀，这是两种方言共有词缀，说明它们产生较早。参见李强《傣语语音历史研究的若干问题》，民族出版社2012年版，第20页。

硬+呢+避开）欺软怕硬"。但从《维先达腊》来看，这个词绝大多数都还是"实义词"，但它搭配的范围较广，后面可跟名词、动词、形容词、代词等，词频较高（出现375次），①为它泛化和虚化提供了条件，现代傣语里"ᨲᩥ ti³³"相当于汉语的较为虚化的"点、处"等词，如"ti³³xat⁵⁵（点+闪，插）焦点""ti³³tsa³³ti³³haŋ¹¹（点+脏+点+荒芜）污点""ti³³tsut³³（点+缺乏）缺点，短处""ti³³di⁵⁵（点+好）优点，长处""ti³³tāŋ³⁵（点+不同的）特点""ti³³xat³³（点+关键）关键，要害""ti³³lə⁵⁵（处+剩余）长处""ti³³tsai¹¹（处+使用）用处""ti³³hak³³（处+爱）亲爱的，珍爱的""ti³³+hām¹³（点+禁止）刹车"等，像这样的词还有很多。需要说明的是，"ti³³hak³³（处+爱）亲爱的，珍爱的""ti³³+hām¹³（点+禁止）刹车"都是名词，不是形容词和动词。

"ᨻᩪ phu¹³"这个词本义是"人"，在合成词中还能看得出来。但文献中和现代傣语中它的主要意思已经是量词"位"了。②它可加在名词或形容词前，表示某类人，如"ᨻᩪ phu¹³xā¹³（位+奴隶）'我'的谦称""ᨻᩪ phu¹³nɔŋ¹¹（位+小，幼）弟弟、妹妹""ᨻᩪ phu¹³dai⁵⁵（位+任何）任何人""ᨻᩪ phu¹³thau¹³（位+老）老人，老者""ᨻᩪ phu¹³jiŋ⁵¹（位+女人）女人"。文献中"ᨻᩪ phu¹³"后面虽然没有出现较多的动词，但傣语的量词可带定语从句，这时候它的功能就相当于关系代词，加上量词词义具有总括性，容纳范围较广，所以《维先达腊》中词频也较高（286次），这些都为它虚化并词缀化提供了条件。与"ᨻᩪ phu¹³"功能相类似的量词"to⁵⁵个"和"tun⁵⁵尊"也都能带定语从句，但它们的词缀化程度不及"ᨻᩪ phu¹³"。这三者大致对应汉语的词缀"者、家、员"等，很多显然是翻译的结果，而汉语带"者、家、士"的词语大多都含有"尊敬"，所以用"ᨻᩪ phu¹³"翻译较多，"tun⁵⁵尊"在古籍文献中虽然频次很高，但指称对象较为单一，大

---

① 这里的词频是指它单独出现和参与构词两种情况的总词频。
② 傣语中还有两个量词"to⁵⁵（个）"和"tun⁵⁵（尊）"。"to⁵⁵（个）"可表示人，也可修饰其他有生命的动植物，使用范围较广，但只在表示与人相关的"个"中有虚化倾向；"tun⁵⁵（尊）"则用来修饰德高望重的人，特别是与佛教有关的经师和教师。

多指佛祖、经师和教师等，在现代傣语中使用较少，它词缀化的程度几乎没有发生。现代傣语中，表示与人有关，内含动词的词语几乎都可使用"ᨻᩪ phu¹³"来进行表达，如"phu¹³ kɔn⁵⁵ ʔɔn⁵⁵（位+领导）领导"表示名词，泛指所有的"领导"，而"kɔn⁵⁵ʔɔn⁵⁵领导"是动词。汉语有很多名动兼类词，傣语一般都要予以区分，这也是另一个词缀"ᨠᩣ᩠ᨶ kān⁵⁵"兴起的重要原因。

现代傣语中"ᨠᩣ᩠ᨶ kān⁵⁵"是个高频词，它来自巴利语。我们统计了多种不同性质的现代文本，它的词频都排在第一位。而在古籍中，"ᨠᩣ᩠ᨶ kān⁵⁵"也是个高频词（240次），但跟现代傣语相比，它的使用范围还是较为受限的。它后面主要跟名词、形容词等表示"事情"，词义虚化还不明显，而现代傣语书面语中，它几乎可加在与"事情、事业、事务、工作"等含义相关的所有动词或形容词前，搭配极为广泛，这既与这个词自古以来是个常用词有关，也与受泰语影响有关。泰语这个词在书面语中使用比傣语还要广泛。"kān⁵⁵"名物化功能非常明显，它有时纯粹就是区别名词和动词，如"sāŋ¹³ teŋ³⁵（建设）"是动词，前面加上"kān⁵⁵"变成"kān⁵⁵ sāŋ¹³ teŋ³⁵"就是名词；"saŋ³⁵ sɔn⁵⁵（教育）"是动词，"kān⁵⁵ saŋ³⁵ sɔn⁵⁵"就是名词；"phɛ³⁵ sɯp³⁵（宣传）"是动词，"kān⁵⁵ phɛ³⁵ sɯp³⁵"就是名词，这样的现象还可拉很长的清单，"kān⁵⁵"名物化功能主要是从现代傣语中产生的。

"ᨶᩣ᩠ᨾ nam¹¹"原义是"水"，自古以来就是高频词，这与傣族水文化有很大关系。"ᨶᩣ᩠ᨾ nam¹¹"作词缀时，它相当于现代汉语的"性、度、量"等。这与"水"作为测量标准以及具有弹性有关，跟汉语"水准"情况差不多。在《维先达腊》它也是高频词（282次），但都是作为实词"水"的用法，几乎未见其虚化的倾向，它的虚化也应是一种翻译的结果。如"nam¹¹ xak⁵⁵（性+积极）积极性""nam¹¹ dit⁵⁵（性+弹）弹性""nam¹¹ mɔŋ³³（性+灵活）灵活性""nam¹¹ di⁵⁵（量+好）质量""nam¹¹ sāŋ¹³（量+生产）产量""nam¹¹ nak⁵⁵（量+重）重量""nam¹¹ xun¹³（度+稠）浓度""nam¹¹ jāu⁵¹（度+长）长度""nam¹¹ hɔn¹¹（度+热）热度，温度""nam¹¹ vai⁵¹（度+快）速度""nam¹¹ hu¹¹（度+知道）知识""nam¹¹ jɔn¹¹（度+赚钱）利润""nam¹¹lak⁵⁵（度+聪明）智慧""nam¹¹bai¹³（度+傻）傻瓜""nam¹¹deu⁵⁵（度+唯一）固执"等。由于"ᦓᩣᧄ nam¹¹"表示"度"的范围更广，除了少数词外，大多用"ᩃᩰᩬᨦ loŋ⁵¹"表达的"度"都可用"ᦓᩣᧄ nam¹¹"替代，如"长度、高度、宽度"，等等，此外"温度、速度、密度"等，"ᩃᩰᩬᨦ loŋ⁵¹"无法表达的也可用"ᦓᩣᧄ nam¹¹"表示。这一方面造成了傣语中有较多的同义词，另一方面也形成了词汇替换现象。此外，"ᦓᩣᧄ nam¹¹"还可替代"ᨲᩢ᩵ᨦ tāŋ⁵¹"的部分功能，如"nam¹¹hu¹¹（度+知道）知识""nam¹¹lak⁵⁵（度+聪明）智慧""nam¹¹bai¹³（度+傻）傻瓜"等，古籍中只用"ᨲᩢ᩵ᨦ tāŋ⁵¹"，现代傣语两者都可用，但以"ᦓᩣᧄ nam¹¹"为主了。也就是说，"ᦓᩣᧄ nam¹¹"作为"性、度、量"类的词缀功能正不断替代传统的"ᩃᩰᩬᨦ loŋ⁵¹"和"tāŋ⁵¹ ᨲᩢ᩵ᨦ"两个词缀。

　　上面以《维先达腊》为参照，以《维先达腊》中傣语词缀的用法和现代傣语中词缀化为例，简单地讨论了傣语的词缀形成问题。从上述讨论中我们可看出：（1）傣语词缀基本都是由名词演变而来，有的也涉及傣语的量词，但量词一开始也是名词。（2）傣语词缀在古籍中就已产生，古籍中的词缀变化主要是语言演化的结果，但数量较少；现代以来，由于受汉语和泰语的影响，很多名词在翻译过程中作为对应汉语或泰语中的词缀，它们迅速词缀化，有的词缀变化并不是演变的结果，而是翻译的因素更大。（3）傣语的词缀与名词之间都有着一定的语义联系，是名词语义虚化、泛化和抽象化的结果。名词词缀化后大都与其本义有着某种联系。（4）傣语的词缀形成前都是高频词，大多数高频词搭配情况较为多样复杂，特别是后跟较为抽象的名词或形容词时，它更易于虚化并词缀化。在傣语词缀化进程中，动词和形容词扮演了重要角色。（5）在词缀化过程中，由于搭配范围扩大，接纳能力增强，词汇内部就会出现一些超常搭配现象，这时它的语义更容易虚化。超常搭配，也就是一般情境中难以搭配的词与其搭配，它的虚化更为明显。超常搭配和语义虚化，两者相辅相成，共同促进了词缀的发展。（6）傣语的词缀已形成了较为完整的名词词缀系统，表示"人、者、员""事务、工作""地、点""性、量、度"等。

二 前缀ᨠ᩵ᩣ᩠ᨿ（ʔāi¹³）和ᨳᩦ（ʔi⁵⁵）

傣族传统社会没有姓氏，也很少使用其他民族姓氏。他们按照社会身份和性别分为官民和男女四种类型。男性贵族姓名前一般加"ᨧᩮᩢᩢᩣ tsau¹³ 主人、官员、国王"和"ᨴᩮᩢᩣ tāu¹¹ 官员"作为身份象征，后来作为社会身份被继承下来，世代相传并具有了姓氏的功能，如"召存信""召树屯""刀世勋""刀美兰"等，傣族男性姓名前如有"召""刀"就说明其祖先是贵族。女性贵族前加"nāŋ⁵¹ 姑娘，娘娘"作为身份象征，也逐渐具有了姓氏的特征。而平民男性名字前只能加ᨠ᩵ᩣ᩠ᨿ来表示身份和性别，女性平民名字前只能加ᨳᩦ来表示身份和性别。现代社会"ᨶ nāŋ⁵¹ 姑娘，娘娘"作为姓氏的功能几乎已经消失，但作为名字成分，仍是很多女性喜欢选择的字眼；"tsau¹³ 主人、官员、国王"作为姓氏也很罕见，但作为敬称则使用频繁；而以"tāu¹¹ 官员"作为姓氏的，仍有相当一部分人。而加ᨠ᩵ᩣ᩠ᨿ和ᨳᩦ则成为傣泐人的主要姓氏了。

ᨠ᩵ᩣ᩠ᨿ（ʔāi¹³）是傣语固有词，来自名词"大哥、长兄"，这个义项在合成词中尚可看出它的本义，如 ʔāi¹³tsāi⁵¹（男孩），ʔāi¹³loŋ⁵⁵（大哥，哥哥）等，后来引申为形容词，表示"大、为首的"等；如"dən⁵⁵ʔāi¹³（正月，元月）"等，它构成的合成词数量较为有限。ᨠ᩵ᩣ᩠ᨿ（ʔāi¹³）无论是古籍中还是现代傣语中最重要的作用就是加在名字前表示姓氏，这说明它已经泛化了，主要用来做"男性"区别词。这是西双版纳傣族绝大多数男性都姓"岩"或"艾"的原因，现代汉语多翻译为"岩"（当地话读作 ʔāi¹³）或"艾"。

ᨳᩦ（ʔi⁵⁵）表示女性性别，来自巴利语"ᨳᩦ ʔit⁵⁵thi⁵⁵ 或 ʔi⁵⁵thi⁵⁵（女人，女性）"，做性别词时，由于使用频繁，只截取了巴利语第一个音节。这个前缀汉语多翻译做"玉"（云南地方方言读"怡"音）或"依"等，如"ᨳᩦᨡᩣᨾ ʔi⁵⁵xam⁵¹（玉罕）""ᨳᩦᨯᩣᩴᨾᩦ ʔi⁵⁵dam⁵⁵mi⁵⁵（玉丹米）"等，这个词如在 51 调前会变调为 35 调，所以又有另一种写法ᨳᩦ（ʔi³⁵），如"ᨳᩦᩃᩣ᩠ᨿᨯᩣᩴ ʔi³⁵lāi⁵¹dam⁵⁵（玉莱丹）"等。后来它进一步泛化，用于亲属称谓和小动物名称前表示"亲切、可爱"义，与汉语中的"阿"功能相近似，我们认为也应与这个词"表示女性"义有关。用于亲属称谓词前，只能用于比自己年长的亲属称谓前，如"ʔi⁵⁵ʔā⁵⁵（婶婶）""ʔi⁵⁵tā⁵⁵（外公）""ʔi⁵⁵tui⁵⁵（外婆）""ʔi⁵⁵pɔ³³（爸爸）""ʔi⁵⁵mɛ³³（妈妈）""ʔi⁵⁵pu³⁵（爷爷）""ʔi⁵⁵jā³³（奶奶）"等。这些称谓词如没有前缀ᦀ（ʔi⁵⁵），它们所表示的理性意义没有差别，但感情色彩的"亲切"义没法显示出来。值得注意的是，它也可用于男性亲属称谓前，它的词缀化属性也越发清晰。用于动物名称前，它一般也只用来表示体型较小的动物，而大禽猛兽前不能加这个前缀。用于动物前，也含有"亲切、可爱"的感情色彩义，如"ʔi⁵⁵ko⁵⁵（猩猩）""ʔi⁵⁵kuŋ¹³（虾子）""ʔi⁵⁵kin¹¹（个小的松鼠）""ʔi⁵⁵bi¹³（蜻蜓）""ʔi⁵⁵ju³³（竹虫）""ʔi⁵⁵hok³³（松鼠）""ʔi⁵⁵liŋ⁵¹（猴子）""ʔi⁵⁵vɔk³³（猴子）"等。这些动物词前如没有前缀ᦀ（ʔi⁵⁵），所表示的理性意义没有差别，只是有感情色彩差异而已。

三 "ᦀʔau⁵⁵"的词缀化

"ᦀʔau⁵⁵"一般认为是汉语借词，也有认为是同源词的。它的动词义为"要、拿、取"，如"ʔau⁵⁵pai⁵⁵dɔ⁵¹（拿去吧）""bau³⁵xai³³ʔau⁵⁵（不想要）"。由于经常用于连动句中，这个词后来词义扩大并逐步虚化。在主动词前时，它虚化为介词，表示"把、将、以、用"等处置义。如"ʔau⁵⁵to⁵⁵pen⁵⁵tɯk³³，ʔau⁵⁵hɯk⁵⁵pen⁵⁵dɛn⁵⁵（以身体当作基础，以齿龈当作边界）以身作则""ʔau⁵⁵to⁵⁵pen⁵⁵nak⁵⁵，ʔau⁵⁵sak⁵⁵pen⁵⁵jai³⁵（以身体当作重要，以官衔当作大）妄自尊大"，作为连动结构的次要动词（动补结构除外），它的词义逐渐虚化，但仍与本义有着密切的关系。由于傣语的介宾结构都位于动词之后，ʔau⁵⁵虚化为介词后，与后面的宾语一起移到主动词后面，一开始表示动作的"凭借"，后进一步虚化，并与前面的主动词进行重新分析，形成一个结合紧密的双音节动词，主要表示前面动词的动作是主动采取的方式。前面动词本身就是及物动词，加不加"ᦀʔau⁵⁵"的区别主要就看是否强调"动作是主动采取的方式"这一主观意愿。如强调就加"ᦀ

ʔau⁵⁵",如一般陈述就可不加 "ᦈᦱᧁ ʔau⁵⁵"。如图 2-3 所示。

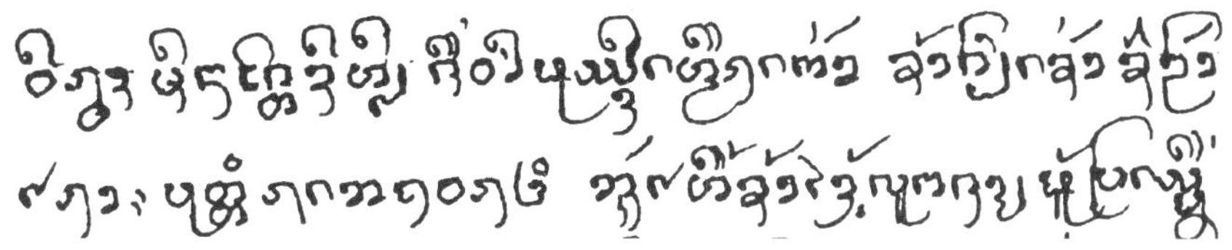

[傣文图像]

图 2-3

vi⁵¹hot³³mi⁵¹nām⁵¹kot³³di⁵⁵li⁵⁵, tsɯ³³vā³³phut⁵⁵sa⁵⁵di⁵⁵mən⁵⁵kau³⁵, xā¹³
无暇 有名字 世系 好,名字叫 普萨丽   像旧,奴仆

xop³³xau³⁵xɔ⁵⁵ʔau⁵⁵nɯŋ³³hā⁵¹but⁵⁵taŋ⁵⁵ha³³phe³³tha³³va³³ha³³taŋ⁵¹, ʔan⁵⁵
跪着 乞求   一   啊!儿子 幸运   优秀 他, 个一

nɯŋ³³hɯ¹³xā¹³dai¹³luk³³tsāi⁵¹phu¹³bra⁵⁵sət³⁵.
给 奴仆 得儿子   位 伟大

（我有绝色美貌和家世，名字依旧叫普萨丽，我跪着乞求您赐给我一个吧：幸运优秀的儿子，请让我得到一位伟大的儿子吧!）

这句话中 "xɔ⁵⁵ʔau⁵⁵" 如直译可翻译为 "求取"。这样的话，后面的 "ᦈᦱᧁ ʔau⁵⁵" 表示结果，但从上下文来看，她的主观意愿更强，是一种主动的索取行为，与 "xɔ⁵⁵" 一起翻译成 "乞求、恳求" 更符合上下文的意思。"ᦈᦱᧁ ʔau⁵⁵" 经常与动作性强的动词连用，逐渐与前面的动词连接更为紧密，从而导致词语内部进行了重新分析，它逐渐倾向于跟前面的动词构成一个双音化词（里面有韵律和句法双重因素在起作用），这样 "ᦈᦱᧁ xɔ⁵⁵ ʔau⁵⁵" 就成为一个词了，而 "ᦈᦱᧁ ʔau⁵⁵" 主要表达前面的动作是主动采取的方式。"ᦈᦱᧁ ʔau⁵⁵" 经常构词有 "ᦈᦱᧁ nam⁵¹ʔau⁵¹（带领）" "ᦈᦱᧁ hap³³ʔau⁵⁵（欢迎）" "ᦈᦱᧁ thɯ⁵⁵ʔau⁵⁵（采纳，接受）" "ᦈᦱᧁ bit⁵⁵ʔau⁵⁵（摘取）" "ᦈᦱᧁ ʔum¹³ ʔau⁵⁵（拥抱）" 等。这些动词都是强动词，后面的 "ᦈᦱᧁ ʔau⁵⁵" 带有动作所获得的 "结果" 义，但在重新分析过程中，"ᦈᦱᧁ ʔau⁵⁵" 倾向于与前面的动词组合构成双音节，构成一个双音节韵律结构。在重新分析过程中，"凭借"义逐渐淡化,而"动作的主动采取的动作方式"语法意义得到强化,逐渐变成一个类词缀。如 "ᥟᥩᥛ ʔum¹³ ʔau⁵⁵(拥抱)",如只有"ʔum¹³"就是"抱",陈述一般事实,如是"ᥟᥩᥛ ʔum¹³ ʔau⁵⁵(拥抱)"则表示主动"抱",表示施动者的主观意愿。"ᥟᥙᥙ hap³³ ʔau⁵⁵(欢迎)"也是如此,它一开始表示"迎接",即"欢迎并得到",后来表示"主动采取的动作方式"的语法意义得到加强,强调表示"迎接"的"主动方式"。其他动词也是如此,在此不做一一分析。但这个进程正处于发展中,有的经常与"ʔau⁵⁵"搭配的动词逐渐重新分析成一个双音节词语,而有的与"ʔau⁵⁵"搭配较少的动词,则仍为两个单音节词,但"凭借"义淡化,"动作主动采取的方式"语法意义和主观义加强则是共有的趋向。

上面结合《维先达腊》和现代傣语中词缀情况,简要地分析了傣语词缀的演变情况。从上面的分析可看出,名词词缀与动词词缀既有共性的特点也有个性的因素。无论是名词还是动词词缀,它们成为词缀的必要条件都是高频词,高频词一般搭配较广,搭配较广会延伸出抽象义并逐步导致词义泛化和虚化,词义泛化和虚化又会接纳更多的搭配形式,从而进一步虚化并词缀化。但从傣语名词和动词词缀来看,当傣语名词词缀后面跟动词、形容词后,它们更易于虚化,会将后面的动词变成名词。它们大致是一种组合关系。而动词词缀并不改变词性,它们是历史演变中的重新分析导致的结果。

第七节 "ᥖᥭᥴ tai⁵¹"的用法及文化事项考察

tai⁵¹在现代傣语口语中主要有两个义项。一是傣族的统称和自称,如 phā⁵¹sā⁵⁵tai⁵¹以及各地傣族支系称谓:"tai⁵¹lɯ¹¹(版纳傣族支系自称,傣泐)" "tai⁵¹nə⁵⁵(德宏傣族支系自称,傣讷)" "tai⁵¹jā³⁵(新平,元江傣族支系自称,傣雅)" "tai⁵¹dam⁵⁵(金平一带傣族支系自称,傣丹)" "tai⁵¹ don⁵⁵（金平一带另一个傣族支系自称，白傣）""tai⁵¹jiu¹¹（元阳、红河傣族支系自称，傣友）""tai⁵¹pɔŋ³³（瑞丽、耿马、临沧的傣族支系自称，傣绷）"，以及境外的"tai⁵¹jon⁵¹（泰国清盛傣族支系自称，傣允）""tai⁵¹xɯn⁵⁵（缅甸景栋傣族支系自称，傣痕）"。第二个义项就是"人"，这个义项经常跟"村、家和地方"等少数词组合，表示"某某人"，如"tai⁵¹bān¹³（本村人）""tai⁵¹hən⁵¹（家人）""tai⁵¹məŋ⁵¹（本地人）"。这两个义项间应具有语义上的联系，因为后一义项的"人"只能用来表示"傣族人"，而其他民族一般要用"kun⁵¹"构成 kun⁵¹bān¹³（本村人）"kun⁵¹hən⁵¹（家人）" kun⁵¹məŋ⁵¹（本地人）等。

一 《傣汉词典》中的义项和来源分析

《傣汉词典》中 tai⁵¹有三个义项：①傣，傣族；②自主、自由、独立；③（前缀）应施舍。第一个义项今天是最为常用的义项，第二个义项已罕用。第一、第二个义项我们认为它是个傣语固有词义项。这里先重点讨论第三个义项。据我们反复考证和确认，认为它实际上是个巴利语借词，而不是傣语固有词，它的巴利语词形是 deyya，转写为傣语本应为 tāi⁵¹ja³³。deyya 这个词在几部巴利语词典中意义如下：

《汉译パーリ语辞典》Deyya：a. n. ［dadāti 的 grd.］能（可，应）给予施与的，受施的，施物，-dhamma 施物，所施物，施法。

《パーリ语辞典》deyya：a. n. ［dadāti の grd.］与えらるべき，受施の，施物，-dhamma 施物，所施物，施法。

《PTS P-E Dictionary》Deyya：(adj.) ［Sk. Deya, grd. of dā, see dadāti I. 2, b］(a) to be given (see below). (b) deserving a gift, worthy of receiving alms J. Ⅲ, 12 (a°); Miln. 87 (rāja°) --nt. a gift, offering Vin. I, 298 (saddhā°). —dhamma a gift, lit. that which has the quality of being given; esp. a gift of mercy, meritorious gift. The deyyadhamma (set of gifts, that which it is or should be a rule to give) to mendicants, consists of 14 items, which are (as enumd at Nd2 523 under the old Brahmans term yañña "sacrifice")（1）cīvara（2）piṇḍapāta（3）senāsana（4）gilāna-paccaya-bhesajja-parikkhāra（5）anna（6）pāna（7）vattha（8）yāna（9）mālā（10）gandhā（11）vilepana（12）seyya（13）āvasatha（14）padīpeyya. A similar enumn in diff.

因此，第三个义项不是"前缀"，而是一个形容词或名词，与"tān^{51}（赕）"为同一个巴利语词根 dā。Dāna 是"布施，慈善，捐献，施舍"。在巴利语中它实际上也是个名词。如《Concise P-E Dictionary》"dāna：[nt.] gift; charity; alms; alms-giving"。傣语则既可做名词也可做动词。傣语中这两个词组成"tai^{51}tān^{51}"，表示"布施品，布施物"。我们还可从文字字形的角度进一步来看这个问题，tai^{51}ꪘ这个字形后面的ꪺ正是老傣文中的 y 的拼写字母，这个字母形式表示 y（j）这个音，在傣族古籍中随处可见，《维先达腊》所有的 tai^{51} 的写法都有这个ꪺ。这也说明ꪺ跟 deyya 这个词形原来是具有一一对应关系的（巴利语的 eyya 傣语都转写成 ai 或 aija）。tai^{51} 只是在读法上截取了前一个音节，即词根主要部分，这进一步证明了第三个义项为巴利语借词。至于ꪺ偶尔也写作ꪻ，则是一种词汇字形扩散现象，它是汉语"得"的同源词或借词。

二 《维先达腊》中 tai^{51} 使用情况及用法

现在换个角度，从佛经文献来看一下"tai^{51}"的使用情况，以便从历时角度观察 tai^{51} 的用法，为 tai^{51} 的用法提供另一个观察角度。《维先达腊》是傣族最为知名，也是传播最广的文献之一，其他文献的影响力难以匹敌。傣族寺庙中关于"维先达腊"的壁画随处可见，在重要节日诵念《维先达腊》也成了一种既定的宗教仪式。"在西双版纳安居节期间，'赕坦'（献经节，公历8—9月，即傣历十月至十一月之间）是一个比较重要的仪式，念诵《维先达腊》的部分仪程既是其活动的重点，也是高潮阶段"[①]。《维先达腊》中 tai^{51} 这个词出现的次数比较多，可成为观察 tai^{51} 的用法、意

---

① 杨民康：《中国南传佛教音乐文化研究》，高等教育出版社2016年版，第83页。

义和用法的窗口。tai^{51} 在《维先达腊》中共出现 25 次。tai^{51} 使用情况见表 2-9 所示。

表 2-9　　　　　　　　《维先达腊》tai^{51} 使用情况表

傣语字形	国际音标	意义	频次
	$phai^{33}tai^{51}$	百姓、平民、百姓	7
	$kun^{51}tai^{51}$	一种死后尸体不腐烂的人；恶鬼	2
	tai^{51}	自由民；给予，布施	11
	$məŋ^{51}tai^{51}$	傣勐（地名）	3
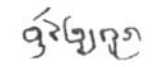	$van^{51}tai^{51}kun^{51}$	干支日（布施功德日）	1
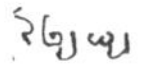	$tai^{51}ja^{33}$	给予，捐赠，布施	1

在一部古籍中，tai^{51} 出现 25 次应不算少。综合来看，主要分为两种情况：一是构词，二是单独使用。我们结合上下文依次来讨论这些词的意义，先看构词，再看单独使用情况。

（1）$phai^{33}tai^{51}$ 这个词共出现 6 次，意思基本一致，表示"平民、百姓、庶民"，见图 2-4 所示。

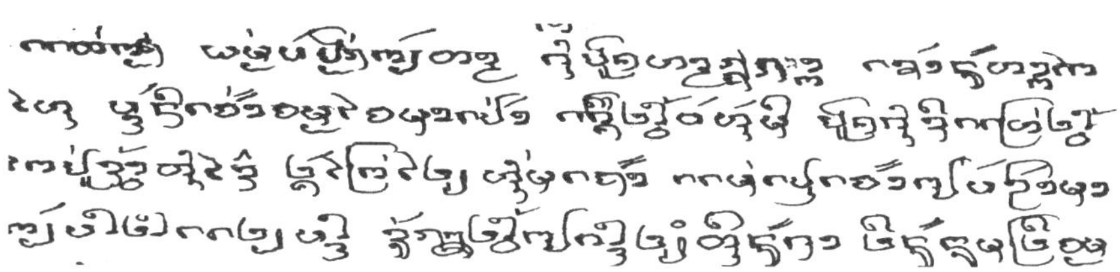

图 2-4

（从前那些紧紧跟随的，那些牵象拉车的人都去了哪儿？现在敬爱的王后您独自来，没有尊贵王室的装配，那些曾簇拥着的好人去了哪？您现在要去哪儿，老少百姓为什么没有带来？为什么您还要独自走路过来?)

(2) ᥛᥥᥒᥱᥖᥭᥱ məŋ⁵¹tai⁵¹ 这个词共出现 3 次, 意思为 "勐傣, 地名", 见图 2-5 所示。

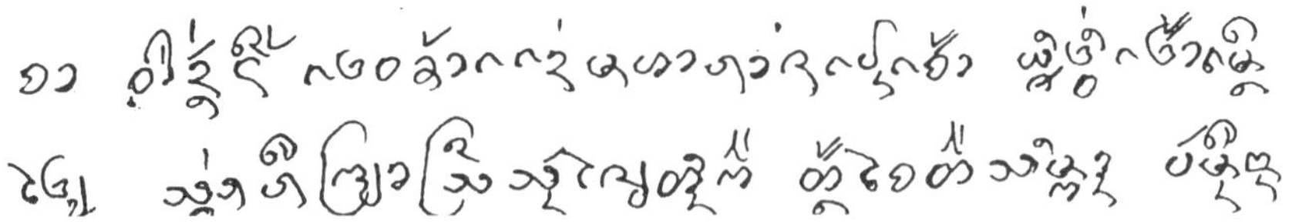

[图 2-5: 傣文手写体]

图 2-5

(谈论, 这样说, 我的神啊, 大王威望遍及勐傣, 也就是说, 父王先宰雅有心于功德)

(3) ᥐᥧᥢᥱᥖᥭᥱ kun⁵¹tai⁵¹, 这个词出现两次, 意思为 "恶鬼", 见图 2-6 所示。

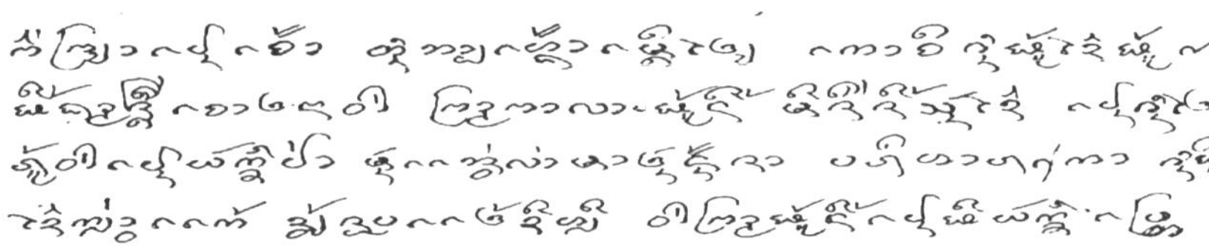

[图 2-6: 傣文手写体]

图 2-6

(这位愚蠢的婆罗门, 有名字叫什么? 是恶鬼还是野夜叉。他来这里游荡, 哪些人能正确、实事求是地、好好地告诉和解释清楚, 说这位婆罗门就是恶鬼、夜叉、长毛鬼装成了人啊!)

(4) ᥝᥢᥱᥖᥭᥱᥐᥧᥢᥱ (van⁵¹tai⁵¹kun⁵¹) 这个词只出现 1 次,《维先达腊》整理时翻译成 "干支日", 见图 2-7 所示。

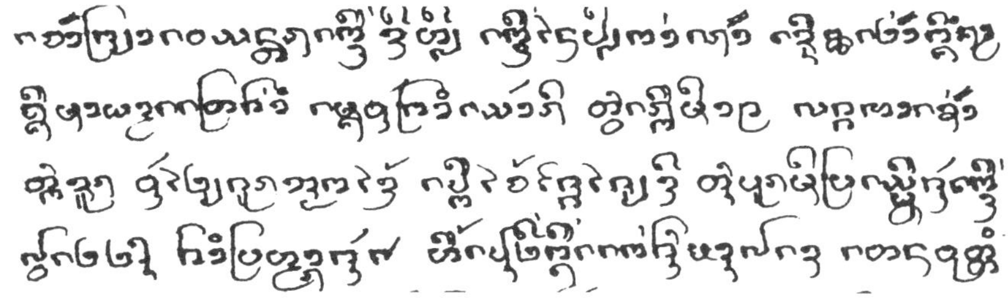

第二章 《维先达腊》傣语固有词研究

图 2-7

（维先达腊王出生好，出生于癸酉年八月十五日月圆到来之日的晚上，正好是一个星期六，星宿为十九，十二宫正入天羊宫。干支日，功德属于吉祥如意的戊子日，他是个伟大的有福之人，一出生就布施黄金大约 1000。）

此外，还有一句，是说明 maddi（玛迪）出生日期的，但只出现了 tai^{51}，用法基本相似，但承接上下文，算是单独出现，见图 2-8 所示。

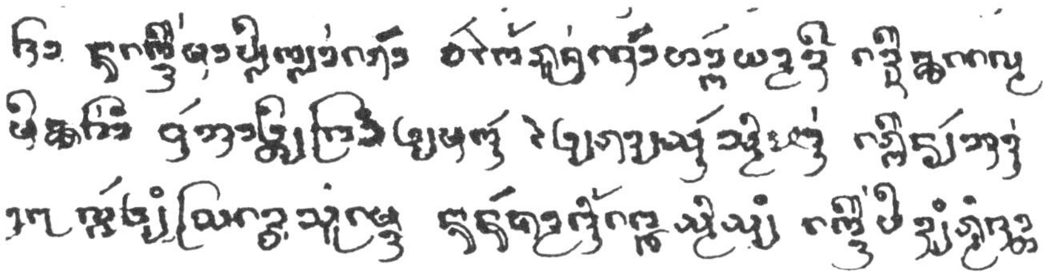

图 2-8

[婻玛迪出生在癸酉年，将近清晨，是个好时候。八月下八日（即二十三日）正好是星期天，干支纪日属于吉祥如意的丙申，星宿算读为十七，年庚点行走在白羊座。]

(5) ཨང་ཨི $tai^{51}ja^{33}$ 这个词只出现一次，它的意思比较明确，就是"布施，捐赠"，见图 2-9 所示。

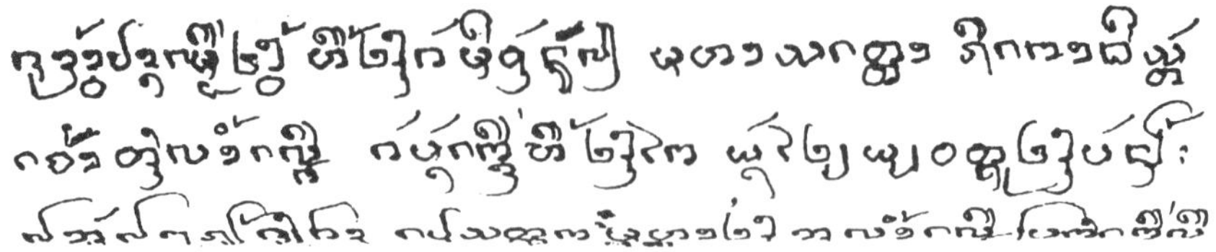

[傣文图片]

图 2-9

（各地那是王布施也在那天了。杰出的人啊，也就是尊贵的菩提索多，也去布施了，布施了不少的财物，各种有七百大赎了。）

在这句话里，$tai^{51}ja^{33}$ 前面是副词"还"，后面是名词"财物"，这说明中间只能是动词了，翻译成"布施"应没有疑问。我们上面说了 $tai^{51}ja^{33}$ 在巴利语中是个形容词，但在傣语中将它作为动词或名词使用。

（6）最后来看单独使用的"ᛁᛅ"，这在《维先达腊》里面出现的频次最多，其中有一半以上出现在动词 pin^{55} 后面，大致意思为"自由人、自由民"，见图 2-10 所示。

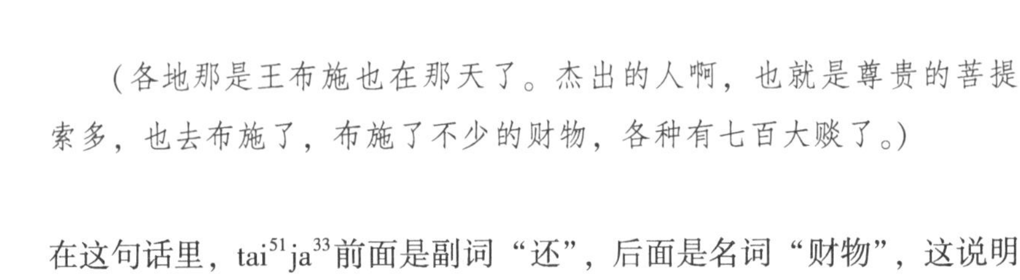

[傣文图片]

图 2-10

（超群的玛哈萨达拉西就对两个子女说，儿子扎利你听着，优秀的扎利王子啊，如果你想摆脱成为自由人，远离摆脱那个婆罗门，扎利王子啊你就给价值一千的赤金和金首饰，赎成自由人吧。）

上述就是《维先达腊》中 tai^{51} 的主要用法。从上述用法来看，《傣汉词典》词义概括为三个义项，还是比较准确的，只是在细节上存在一些问题：一是将 tai^{51} 第三个义项认为是前缀。从巴利语词形以及《维先达腊》可单独使用来看，它都不是一个前缀，而是动词或名词。二是第二个义项解释为"自主、自由、独立"。从《维先达腊》来看，其用法都是名词，解释为"自由人、自由民"应更为准确。此外，这个义项也为现代泛化意义上的"人"词义引申提供了依据；还有一个表示"干支日"的 tai^{51}，我们下文讨论文化事项时再做具体说明。

三 tai^{51} 用法相关问题和文化事项考察

上面我们从现代傣语、词典用法和古籍用法三个角度考察了 tai^{51} 的静态和动态、共时和历时的主要用法。下面从语言学和文化学的角度再来考察 tai^{51} 的用法相关问题和文化事项。从而更为全面、完整地看待和解释 tai^{51} 的意义及其发展。

1. tai^{51} 的词性界定及其文化事项阐释

《傣汉词典》将第二个义项解释为"自主、自由、独立"，先前一些文章也提到和认为 tai^{51} 是"自由、独立"，这几乎成为一种广泛的说法。但从《维先达腊》和句法分析的角度来看，解释为"自由民、自由人"更为准确，《维先达腊》里面大部分句子都是"ᩁᩣ thai^{35} pen^{55} tai^{51} tsā^{51} lɛ^{33}（赎为自由民、自由人了）"。我们再来看 ᩁᩣ 这个词，phai^{33} 或 prai^{33} 在《傣汉词典》中分别列词条，实际上它们是一个词，分别解释为"庶民、黎民、平民、百姓、布衣；贱民、奴仆"和"百姓、子民"（字典前后考虑不周）。它在现代傣语中构词还算活跃，如"phai^{33} məŋ^{51}（人民）""phai^{33} pā^{55}（民众）""phai^{33} fā^{11}（黎民，臣民；群众）""phai^{33} pha^{55}tet^{33}（国民）""phai^{33} hāt^{33} sa^{55}dɔn^{55}（公民）"等，但没有收录 ᩁᩣ ᩁᩣ。如根据字典的解释，它就是一个偏正结构，意思为"自由的平民"，如解释为"自由民、自由人"则是个"并列结构",意思为"平民、自由民"。应该说,后一种解释更为准确。从意义引申角度来说,从形容词引申为普通名词会有一些,引申为专有名词的路径较为罕见。因此,从句法、词语关系和意义引申角度来说,tai^{51}为名词,解释为"自由民,自由人"更为恰当。

我们再从文化学的角度来看,在封建领主制度下,傣族社会的百姓一般划分为三个等级:第一个等级是"luk^{33} lān^{55} tāu^{11} pha^{33} jā^{51}鲁郎刀帕雅",为"国王或官员的子孙"。他们属于各级领主的子孙后代和远亲,后来独立建寨,他们享有一定的特权。第二个等级为"tai^{51} məŋ^{51}傣勐",为"本地人",也叫"tai^{51} pɯŋ^{11} məŋ^{51}(地方本来的人)或 kun^{51} məŋ^{51}(地方人)"。第三个等级就是"kun^{51} hən^{51} tsau^{13}滚很召",为"主人家里的人","滚很召"里面又可划分为五个等级。我们这里主要讨论"tai^{51} məŋ^{51}傣勐",从词法和意义看,tai^{51}在这里都应为名词,意思为"人"。但我们认为它的原先应是"本地的自由民",后来泛化为"人"。这是因为"傣勐"在傣族百姓等级中具有一定的社会地位,他一般不负责各级领主的私人事务,而是主要负责傣族社会地方或寨子的公共事务(后有部分地位降低另当别论),分别称为"kān^{55} məŋ^{51}甘勐(地方事务)"或"kān^{55} bān^{13}甘曼(寨子事务)"。与领主家臣"kun^{51} hən^{51} tsau^{13}滚很召"相比,他们具有相对的人身自由,不用替领主干私活。傣族谚语说"先有傣勐后有官家""水和土都是召的,但田地是傣勐开的"也生动地说明了傣勐的地位。更为重要的是,"傣勐"这一等级的人比较多,据20世纪50年代大调查,"傣勐"约占傣族农户的55%。所以它为tai^{51}由"自由民、自由人"向"人"意义泛化,再向"傣族"专门化提供了人口学基础。① 还有个有趣的说法,缅甸景栋民间就认为tai^{51}"自由、独立"就来自《维先达腊》。如是是这样,这个推论就更具有基础了。

2. ဃ是人还是鬼及其文化事项

ဃ在《维先达腊》中出现了两次,两次都是与"jak^{33}魔鬼 [夜叉,鬼神; -nagara 夜叉城 . -bhavana 夜叉界 . -yoni 夜叉胎 . -vata 夜叉务; yakkha:

---

① 20世纪50年代民族大调查时,西双版纳傣族是调查的重点,后来出版十多卷傣族调查报告,绝大多数是西双版纳方面的调查资料。

(天部众名)亚卡,(古音译:)夜叉,药叉,悦叉,阅叉,野叉]"这个词并列。从意义上判断,它肯定是"坏人"或是"恶鬼"之类的意思。

这里笔者先来说一下一次田野调查经历。2019 年暑假,笔者去西双版纳开展语言和文献调查,同去的有云南大学保明所老师、云南民族大学研究生玉腊光罕(她是傣族人,本科是云南民族大学傣语班的,能熟练使用傣语)。记得有一次,有一个傣族人询问笔者是哪个民族的,笔者当时就回答了一句"xɔi^{13}pin^{55}kun^{51}hɔ^{13},ʔi^{55}lā^{13}kɔŋ^{55}xam^{51}pin^{55}kun^{51}tai^{51}"。当时玉腊光罕好像有点不高兴,纠正说"ʔɛ^{55}pin^{55}tai^{51}"。她还说,说我是傣族人时不能说"xɔi^{13}(ʔɛ^{55})pin^{55}kun^{51}tai^{51}"。笔者当时追问了一句为什么,她说不知道,但傣族人就是不这样说。笔者当时就留下了一个大大的疑问,为什么"汉族人""景颇族人""哈尼族人"都能说"kun^{51}hɔ^{13}""景颇族 kun^{51}xāŋ^{55}""哈尼族 kun^{51}xā^{33}ni^{11}",其他民族也都可类推,为什么傣族人不能说"kun^{51}tai^{51}"。这个疑团一直在我心中盘旋,每看到傣族文献中的 tai^{51} 或 kun^{51}tai^{51} 时我都会停下来,通过上下文来揣摩其意义。在研究《维先达腊》的过程中,两次碰到꯭,都是贬义或骂人的话,我的疑团才慢慢解开。先摘录一段《维先达腊》有关꯭内容,如图 2-11 所示。

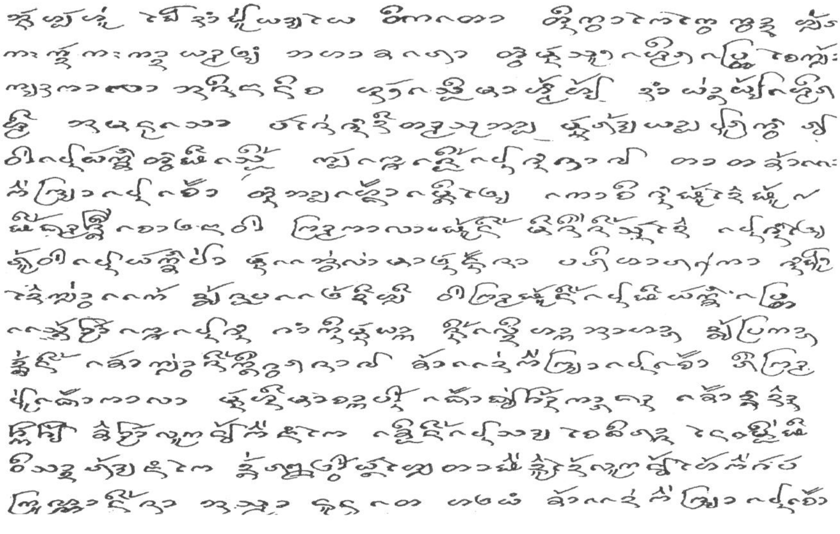

图 2-11

（他脸上满是皱纹，黑痣遍布脸上。右脚走路摇摇晃晃，走路的时候一瘸一拐的。他的个头高高的，像是愚蠢又凶残的长毛鬼。他穿着虎豹的皮，黑黑的，走路像是一头熊。他不是斯文的好人，他凶残可怕，可能是可怕的鬼怪和夜叉，伪装成人种罢了。我的父亲啊！威震傣乡的父王啊！任何人如果问到都会谴责着说，这位愚蠢的婆罗门，有名字叫什么？是野鬼还是野夜叉。他来这里游荡，哪些人能正确、实事求是地、好好地告诉和解释清楚，说这位婆罗门就是鬼、夜叉、长毛鬼装成了人啊！他饿得发慌，血肉都是食物，这样的事情，他们应告诉说出来的呀。我的父王啊，那个又老又愚蠢的婆罗门，他离家出走跑来，又老又卑劣又懒于活计，忐忑地进森林来，求取父亲的幼子带走，我们是父王的心肝宝贝。当要被纠缠的凶恶的鬼带走的时候，为什么您还睁眼看着幼子哭泣，父亲也不怜悯啊！我们确实是您的心肝宝贝呀。我的父王啊，老婆罗门把我们带走的时候，他快快地使劲地打着我们，驱赶我们跑，就像小孩子习惯于鞭打黄牛一样。）

从"可能是可怕的鬼怪和夜叉，伪装成人种罢了"来看，它应是与"人"对立的"鬼怪"的意思了。我开始对这个问题追根究底。我再次求教于傣族老人，玉腊光罕问了她的爷爷。她爷爷经过了解后说，"$kun^{51}tai^{51}$是指那种没有火化就埋起来的死人，这种人死后身上不会腐烂，是种会长长毛长指甲的怪物。他们寨子过去死人是直接埋的，后来也出现这样的怪物，寨子人接连不断地生病，老人就说是坟地出问题，她爷爷和寨人的人就去把死人挖出来砍了以后烧掉了情况才好起来。从那以后，他们寨子才开始火葬，火葬实行到现在有40多年了"（转为汉语）。

从这段话来看，$kun^{51}tai^{51}$解释为"死后身体不会腐烂的人，而且会出来害人的恶鬼"是符合上下文语境，也是非常确切的。因为它与$jak^{33}pā^{35}$并列，说明词义相关。jak^{33}是巴利语借词夜叉，$pā^{35}$是"森林；野"，合起来大意是"野鬼，孤魂野鬼"。这段话是两个小王子控诉那个想骗走他们的老婆罗门，咒骂的意味非常浓。$kun^{51}tai^{51}$在这种语境中出现肯定是个贬义词，是被谴责的对象，也就是肯定是做了坏事的恶人或恶鬼。$kun^{51}tai^{51}$解释为"死后身体不会腐烂的人，而且会出来害人的恶鬼"也符合这种语意，另外这段话里还有个巴利语借词 peta（梵语为 preta。傣文从词形上看更像是梵语），它的意思是"亡者，饿鬼，死灵"。《巴利语汇解》对此做了详细的说明"peta：鬼，为轮回流转中的苦界、恶趣之一。许多民族的先民皆认为人死后会变成鬼，古印度人也不例外。因此，巴利语 peta（梵 preta）一词也作为（pa-ī，先前的，离开的）的过去分词，有亡者、死者、祖灵等，并引申为'鬼'"。ᨠᩮᩣ与 jak^{33} 和 $pre^{55}ta^{55}$ 同时出现，这说明这个词翻译为"恶鬼"之类的意思是无疑了。但这个例子也告诉我们，在语言交际中我们要特别注意文化禁忌。

3. ᩅᩢ᩠ᨶᨴᩱᨣᩩᩴ $van^{51}tai^{51}kun^{51}$意义及其文化事项

ᩅᩢ᩠ᨶᨴᩱᨣᩩᩴ《维先达腊》将它翻译为"傣族日历"，而《傣汉词典》将ᩅᩢ᩠ᨶᨴᩱ $van^{51}tai^{51}$解释为"干支日"。这两种说法从上下文来看，似乎都是行得通的。但ᩅᩢ᩠ᨶᨴᩱᨣᩩᩴ这个词中，tai^{51}后面还有一个kun^{51}，kun^{51}这个词有两个主要意思：一是傣族固有词"人"，二是巴利语借词"德，功德"（guṇa：德，功德．-teja 德威力．-hīna 无德的，失德的）。从语言结构和书写形式上看，这个词肯定不是人。这是因为：1. 表示"人"的kun^{51}与表示"功德"的kun^{51}二词读音虽相同，但老傣文书写形式不同。表示"人"的一般都写作"ᨤᩫ᩠ᨶ"，这个词古代实际上读为kon^{51}，一般不会与kun^{51}相混，而表示"功德"的kun^{51}与巴利语语音一一对应的话，应写作ᨣᩩᨱ，但也经常写作"ᨣᩩᩴ"，这是因为ᩴ是韵尾 n 后接韵尾的最常见形式，具有很强的类推能力。这样的话，就可解释为"布施功德日"。2. 从语言结构来说，傣语通名在前，专名在后，如解释为"人"，它应位于tai^{51}的前面。

我们再从南传佛教的宗教仪式上来说，"在安居节和傣历年等重大节日期间，按宗教习俗，年满 40 岁的人均要在傣历每月的初八（"星变楞"）、初十五（星西哈）、初二十三（星早双），初三十（或二十九，

'星门暖'）四个拜佛日到佛寺参与拜佛，一般于头天晚上便进寺居住。因此，凡遇傣历上下半月的月末两天（十四、十五、二十九、三十诸日），以及月中的两天（七、八、二十二、二十三）日，相当于周日，傣族称以上8天为'大天'，其他日子为'小天'，老年佛教徒都要参与佛寺的晚课或早课活动。除节日外，凡寺庙及信徒有宗教性质的聚会活动，也均在以上日期举行"①。《维先达腊》记载维先达腊出生在八月十五日，而嫡玛迪出生在二十三日。这正与上面日期重合，应不是偶然，傣族的两个"大天"应与维先达腊与嫡玛迪出生日期有关，或者具有附会关系，此外释迦牟尼的出生日大乘佛教一般认为四月初八，② 日子也与上述日期重合，我们推断三十日也应与某个人物的出生日有关，这或许也反映出印度对星期纪日的认同。"大天"也是"布施功德"的日子。因此我们认为ᨲᩣ᩠ᨶ为"布施功德日"，里面的 tai^{51} 为巴利语"给予、布施"。

我们探讨了 tai^{51} 的用法，词源及其文化事项。从上可看出，这个词具有丰富的文化内涵，是研究傣族文化必须弄清楚的问题之一。tai^{51} 在古代汉文文献中从未出现，甚至民国时期还叫摆夷，应与 tai^{51} 本身词义有关。我们认为 tai^{51} 经历了从"自由民、自由人"到民族称呼再到狭义的"傣族人"的词义变化。

---

① 杨民康：《中国南传佛教音乐文化研究》，高等教育出版社2016年版，第195页。
② 释迦牟尼出生日期说法有很多种，大乘佛教一般认为是四月初八，可是据南传佛教都比说，他们认为是七月十五。姑且以这一说作为例证。

第三章 《维先达腊》古汉语借词及演变研究

　　傣语和汉语同属汉藏语系，两者仍保留有一定比例的同源词。① 同时，傣族和汉族先民一直共同生活在华夏大地上，他们长期接触、共同发展，相互影响。有接触就会产生文化上的交流交往和语言上的借贷现象，正如萨丕尔所言："一种语言对另一种语言最简单的影响是词的'借贷'。只要有文化借贷，就可能把有关的词也借进来。"② 也就是说，语言中的词汇是最活跃、最易受影响的部分，两种文化接触交流，词汇"借贷"的机会就多，接触越全面深入，"借贷"的词汇量就越广泛越系统。历史上汉族文化源源不断地影响着傣族文化的发展，因此傣语也在不同历史时期从汉语借进了大量的汉语词汇。一般情况下，词汇"借贷"主要以"文化词汇""借贷"为主，即借用反映当时的经济、政治、文化、科学等各方面的词汇，但这方面的词汇也较不稳定；基本词汇相对不易受影响，如基本词汇受到了影响，一般都是大规模或长久的接触、涵化和浸润才得以发生，而且一般是强势语言一面倒地涌进借贷语言中。"这种影响往往是一面倒的。被看作文化中心的人群的语言，自然更可能对附近的语言发生显见的影响，而不那么为它们所影响。"③

---

① 傣语等壮侗语族语言与汉藏语系关系目前有多种不同的观点。第一种认为壮侗语族属于汉藏语系，认为同汉语、苗瑶语族、藏缅语族等语言属于同一语系；第二种认为壮侗语族属于澳泰语系，与汉藏语系属于接触关系；第三种认为同属于华澳语系，在更大层次上具有同源关系。
② ［美］爱德华·萨丕尔：《语言论》，陆卓元译，商务印书馆1985年版，第174页。
③ ［美］爱德华·萨丕尔：《语言论》，陆卓元译，商务印书馆1985年版，第173页。

傣语历史上不同阶段都从汉语中借了很多文化词汇，也借了一些基本词汇，形成了上古汉语借词层、中古汉语借词层、近代汉语借词层和现代汉语借词层。可以想见，历史上傣汉先民接触一直都是非常频繁的。早在东汉初年，汉族的干支纪时法就传入傣族先民居住的地区，傣语系统地借用了汉语干支词，这些干支词至今仍系统地保留在傣语词汇中。再如金属词"金、银、铜、铁、锡"，也是中古时期从汉语中全盘引进的，其他傣语方言，如德宏、金平、孟连、元阳等地都保存了这种系统性，西双版纳只保留了"xam^{51}（金子）""ŋɯn^{51}（银子）""tɔŋ^{51}（铜）""lek^{55}（铁）"四个，"锡"则被巴利语"sa^{1}tu^1"替代。数词作为一种语言中基本词汇，傣语也是较完整地从汉语中借入的，如"一（nɯŋ^{33}，如一、二、三、一个等，用在'十'后面，表示'整'）"，"一（ʔet^{55}，只用在十位数后，如十一、一百零一等，与 nɯŋ^{33} 形成互补）"，"sɔŋ^{55}（二、两）""sām^{55}（三）""si^{35}（四）""hā^{13}（五）""hok^{55}（六）""tset^{55}（七）""pɛt^{35}（八）""kau^{13}（九）""sip^{55}（十）""mɯn^{35}（万）"等。"百""千"其他傣语方言也是借进了的，如德宏、孟连、元江、马关等地傣语都是"百"为"pak^9"，"千"为"heŋ^1"，① 只有西双版纳、金平等地为"hɔi^{11}""pan^{51}"（老挝语、泰语也为这两个词），应是后来词汇竞争中再次被替代了。因为在西双版纳傣语也有"千 heŋ^1"这个借词，只是用于某些成语或谚语中。元明清是傣族文献形成和翻译的高峰时期，在翻译佛经或其他文献过程中，傣语又从西南官话或东南亚国家华人方言中借进了一批近代汉语借词。现代汉语借词在现代傣语语言生活中使用更为广泛和频繁，但在文献中还未出现该层次借词。②

一般来说，文化词汇"来也匆匆，去也匆匆"。随着所表达对象的消失或转移，绝大多数借词都湮没在历史洪流之中或仅有少部分保存在古籍

---

① 本书《维先达腊》一般采用音值标调法，而涉及壮侗语族其他语言及傣语方言，则一般只给出调类。如西双版纳傣语个别调类与其他语言不符合的，进行说明；未说明的表示西双版纳傣语与其他语言调类有对应关系。

② 关于傣语中现代汉语借词使用情况，参见戴红亮《基于语料库的现代傣语词汇研究》，中央民族大学出版社 2015 年版，第 142—159 页。

文献里，而只有一些基本词汇、成系统的文化词汇或接受语缺乏的词汇才会长久地保留在接受语的词汇系统中，丰富或完善着接受语的词汇系统和语法功能。由于傣族长期身处西南边疆，特别是版纳地区与内地接触相对较少，版纳傣语中的古汉语词汇比壮语、布依语等靠近内地的壮傣语支语言数量要少得多。而跟傣语其他方言土语比较，由于受南传佛教文化的影响较早较深，版纳傣语中古汉语借词也比傣语其他方言的古汉语借词要少一些。尽管这样，西双版纳傣语在不同时期还是借进了一定数量的古汉语借词。这些借词无论在构词能力上，还是使用频率上都远远胜过大多数巴利语借词，这些借词丰富和完善了傣语的表达能力，特别是书面语的表达能力。

傣语与汉语存在着"双重关系"，即语言同源和语言接触关系。这种双重关系也会在语言中留下痕迹。目前学术界难以确定的就是壮侗语族内部一致性较强同时又与汉语具有音义对应关系的词汇，它们到底是同源关系还是接触关系？尽管学界运用不同理论，采用不同的方法进行识别鉴定，但目前来看，仍没有取得较为一致的意见。有学者干脆采用"关系字"来界定这部分词汇，这是因为无论是同源还是接触，它们都是在音义上有着密切关系的词语。这虽然对探源作用不大，但对于认识汉语与壮侗语族语言复杂关系还是很有帮助的。

古汉语词汇判定难点有三：一是难以准确判定它们借入时期，只能根据音韵对应关系和该词在壮侗语族分布的情况进行大致判断。傣语的汉语借词大多是从当地汉语方言借入的，而且历经迁徙，同时很多汉语方言的语音本身就有滞后性，这些都给判定带来难度；二是难以判定它们从哪种汉语方言借进的，傣语长期居住在南方地区，汉语词汇主要是从汉语方言中借入的，除了近古汉语借词和现代汉语借词具有明显的西南官话特点外，上古、中古借词都不好判定其来源；三是借词的声韵关系，有很多借词无法与汉语借词进行严格对应，特别是调类受质疑的地方颇多，判定的可信度有时遭到怀疑。加上借词进入接受语后会进行语音调适、语音演变等，对早期借词的识别也会带来困难。

《维先达腊》作为傣族最知名的古籍文献之一，主要翻译和形成于元明清时期。元明清时期也是傣族书面文献形成的最重要的时期，现在保留的绝大多数文献几乎都是这个时代翻译或形成的。《维先达腊》既有大量的巴利语梵语借词，同时汇集了历史上不同时代的汉语借词，同时又根据当时译经或书面语表达的需要，借入了一定数量的元明清的近代汉语借词。当然《维先达腊》古汉语借词并不能代表傣语中的所有汉语借词，有很多古汉语借词并没有在文献中出现，但也有些借词现代傣语中并不使用了，成为书面文献借词。

本章主要关注四个问题。第一节讨论《维先达腊》中的古汉语借词分布问题，古籍中的汉语借词既不全面，也不系统，只有部分古汉语借词进入了古籍中，这些古汉语借词进入傣语的时间和层次并不一致。为了减少争议性，我们吸收学界对借词的主要观点进行标注和认定，上古和中古的汉语借词主要依据罗美珍、张公瑾等先生对傣语古代汉语借词的认定，曾晓渝、蓝庆元等先生对水语、壮语借词的相关认定中涉及的傣语借词；国内外对泰语中汉语借词的相关认定及成果等，并利用古汉语古音和壮侗语族其他语音分布情况对认定的借词予以说明；如未认定为古汉语借词，暂标注为傣语固有词。少数借词认定可能会有不同看法，如文献词汇统计研究一直纠结于词源判定，就会导致无法标注的问题，很多工作就无法开展。近代汉语借词主要根据上下文语境、借词词义以及与汉语语音关系进行认定，这部分由于进入较晚，语音和词义对应都较为整齐，较易确定。

第二节关注古汉语借词进入傣语词汇系统后，由于词汇系统关系、语法位置、词汇竞争、词汇发展、词汇替代等多种因素影响，部分古汉语借词在傣语词汇系统中的用法和语义发生了一定变化，换句话说就是关注古汉语借词的词义的保持和变化问题。

第三节关注《维先达腊》近代古汉语借词。这部分借词是为了满足翻译傣族古籍书面文本需要从近代汉语借入的，这部分词汇具有较为浓厚的文本特征和临时性特点，有些高频词反映了汉译佛经对傣族贝叶经翻译的影响。如果说上古汉语借词、中古汉语借词主要是通过人群接触，直接口语传播的，那么近代汉语借词则是以书面语为主，有部分古汉语借词书面语色彩浓厚。

第四节、第五节、第六节以四个古汉语高频借词为个案，利用《维先达腊》中相关例句，讨论古汉语借词的词义演变和语法化问题，并利用借词探讨了傣族古籍形成的时间问题，借词的"义项"和层次性问题。古汉语借词的判断依据中语音是基础，词义是依据，而用法及演化路径也可作为判定借词的参考。

第一节　《维先达腊》古汉语借词分布

《维先达腊》借词分两种情况，一是累积了历史上不同时代、不同地域从古汉语中借用的常用借词和文化借词，这部分借词大多是元朝之前借入的；二是为了翻译傣文书面文献，从古汉语中借用的具有明显时代特点的元明清时期的近代汉语借词。这两种性质的借词，前者往往在壮侗语族诸语言中具有明显对应关系，特别是调类上表现出相当的整齐性和一致性；后者在壮侗语族语言上绝大多数没有相应的借词，或其他语言虽也借进了该借词，但在声韵形式上，特别是调类上具有较大的差异。

《维先达腊》古汉语借词以动词、名词、形容词、数词（包括天干地支词）为主，同时借用了少量的代词、量词和副词。《维先达腊》是专书，傣语口语中某些古代汉语借词有的在文献中并没有出现，同时《维先达腊》中有一部分时代性强的近代汉语借词在现代傣语口语中也很少见。为了较为全面地了解《维先达腊》里古汉语借词和我们的认定情况，本书以单音词（古汉语借词基本皆为单音节词）为例，分词类详细地罗列汉语原借词、傣文词形及读音，傣语词义，上古音和中古音，出现频率以及该词在壮侗语族其他语言中的分布情况，并对某些词做注释说明。有的词是兼类词，我们仅在某一词性下列举，并标注它们的词义。如"ᨩᩨ࿁ tsɯ³³"有"名字"和"名字叫"两个义，该借词以名词义项为主，我们也仅在名词中呈现。其他有些借词引申出新义项或虚化，我们也仅在某一词类里呈现，并完整地列出其各种义项。

一 《维先达腊》古汉语动词借词情况

《维先达腊》中动词的借词数量较多，特别是部分动词很高频、很活跃，进入傣语后，成为傣语的常用词汇。这些动词借词不仅与傣语以及巴利语等构成混合词，而且很多汉语借词发生语法化，成为高频连词、介词和助词的来源或构词成分。另外，很多高频动词在现代傣语中仍十分活跃，与古文献中名词高频词形成鲜明对照，见表3-1所示。

表3-1　　　　　　　《维先达腊》古汉语动词借词

汉语借词	傣文词形及读音	傣语借词词义	汉语上古和中古语音	注释	频率	壮侗语族其他语言对应情况
贾	ka¹¹	做生意、做买卖；销售、贩卖、经营	上古：kea 中古：ka	名词为kā³³，见名词部分。该词与中古音近，借入较早	16	北壮 ku⁶、傣 kā⁴、泰 kā⁴，有明显对应关系
涂	tā⁵¹	涂、抹、搽、敷、刷	上古：dɑ 中古：du	该词为傣文低音组，其原也为浊音d，声韵母接近上古音，借入应较早	11	北壮、毛南 tu²，西傣、德傣 tā²，中泰 thā¹、北泰 thā⁴
过	kvā³⁵	去、走；超过、胜过；余、多	上古：kuɑ 中古：kuɑ	跟古汉语上、中古语音皆近似。壮傣语支调类一致	106	壮 kuā⁵、布依 kwā⁵、傣 kvā⁵、泰 kvā⁵
话	vā³³	说、讲、道、称；责备、斥责	上古：ɣoāt 中古：ɣwæi	跟中古音近似，壮傣、侗水部分语言一致	1544	侗语 wa⁶、北泰 wa³、傣 vā⁶
破（剖）	phā³⁵	剖、切、剖开；砍、劈、破、击；破坏、捣乱；掺、配、勾兑	上古：phua 中古：phua 上古：phə 中古：phəu	跟上、中古音接近，壮傣、侗水语支较一致，借入较早	22	北壮 pu⁵、布依 pā⁵、傣 phā⁵、仫佬 phwa⁵、毛南 pha⁵、中泰 phā²、北泰 phā⁶

第三章 《维先达腊》古汉语借词及演变研究

续表

汉语借词	傣文词形及读音	傣语借词词义	汉语上古和中古语音	注释	频率	壮侗语族其他语言对应情况
给（许）	ႁႂ်ႈ hɯ¹³	送、赠、给、给予、授予；让、准许、允许；使；替、为	上古：kiəp 中古：kɪəp 上古：xɑ 中古：xɒ	一说来自"许"，但从主动义看，来自"给"的可能性大。壮傣、侗水语支调类一致，借入较早	804	北壮、德傣 haɯ³，南壮、西傣 hɯ³，布依 ɣaɯ³，中泰 haj³，北泰 haj²
要	ဢဝ် ʔau⁵⁵	要、需；拿、取、带、领；把、将、用、以；放在动词后，表示主动采取的方式	上古：ɣau 中古：ĭɛu	傣语里没有韵头，没有零声母，零声母皆加 ʔ。壮傣、侗水语支调类一致，借入较早	467	壮、布依、西傣、泰、侗、仫佬、水、毛南 ʔau¹，皆为第一调，德傣为 ʔau⁶
得	လႆႈ dai¹³	得、得到、受到、获得、取得；能、能够；了、过	上古：tək 中古：tək	傣语"得"来自"de³⁵"和"dei¹³"两个义项，壮傣、侗水语支调类一致，借入较早	749	壮、西傣 dai³，布依、毛南 dai⁴，德傣、仫佬 lai³，泰 daj³，侗 li³，水 ʔdai³
市	ၶႂ်ႈ sɯ¹¹	买、购买、购置、采购	上古：zɪə 中古：zɪə	壮傣语支调类一致，词义与"市"对应，借入较早	9	傣、中泰 sɯ⁴，北泰 sɯ³；北壮 ɕaɯ⁴，南壮 ɬɯ⁴，布依 tsɯ⁴
汨（落）	တူၵ်း tok⁵⁵	掉、落、坠落、下雨；投入、进入；漏；轮到	上古：thăk 中古：thɑk 上古：lăk 中古：lɑk	笔者家乡（安徽东至）下雨为"落雨"，"淋雨"为"tuo⁵雨"，落、汨皆为促声调	164	北壮、西傣、侗、水 tok⁷，德傣 tok⁹，仫佬、毛南 tɔk⁷，中泰 tok²，北泰 tok⁵
撕	သိၵ်း sik⁵⁵	撕、撕破、撕毁	李方桂：上古 sig，中古 sjig 高本汉：上古 sieg，中古 sîɛg	壮傣语支各语言调类一致	2	北壮、傣、布依 sik⁷，南壮 ɕik⁷，中泰 chik²，北泰 sik²或 cik²
答	တွပ် tɔp³⁵	答、回答、解答；答谢、报答、酬答；回复、答复	上古：təp 中古：tɑp	傣语保留韵尾	22	壮、仫佬为 tāp⁷，西傣 tɔp⁹

续表

汉语借词	傣文词形及读音	傣语借词词义	汉语上古和中古语音	注释	频率	壮侗语族其他语言对应情况
脱	ꪶꪕꪸ thɔt³⁵	脱、拔、抽；拍照	上古：thuăt 中古：thuɑt	傣语保留韵尾	1	侗、德傣 thot⁹，西傣 thɔt⁹，北泰 thɔt²，北壮 tut⁷，布依 tot⁷
拾	ꪶꪀꪸ kep⁵⁵	拾、捡；收、征收	上古：ʑǐəp 中古：ʑǐəp	傣语保留韵尾	3	北壮 kip⁷，布依 tɕip⁷、西傣 kep⁷，德傣 kep⁹，中泰 kep²，北泰 kep⁵
夹	ꪀꪱꪚ kap³³	卡住、堵塞；紧、小；满	上古：keăp 中古：kɐp	与古汉语语音接近，傣语保留韵尾	2	北壮、布依、西傣 kap⁸
踢	ꪶꪕꪸ thip⁵⁵	踢、蹬	上古：thiěk 中古：thiek	傣语韵尾为 p	6	傣语 thip⁹；北壮 tik⁷，南壮 thik⁷，布依 tit⁷，侗 thik⁹，仫佬、毛南 thek⁷，水 tek⁷
添	ꪶꪕꪷꪙ thɛm⁵⁵	添、添加、增加、附加、外加；补充；再	上古：thiam 中古：thiem	傣语保留 m 韵尾	17	傣语 thɛm¹，毛南 thjem¹，侗 thim¹
解	ꪶꪀꪸ kɛ¹³	解、脱、打开、松开；解除、消除；解释、解答；辩解、辩护	上古：kĕk 中古：kai	壮傣语支各语言调类一致	17	壮、德傣 ke³，布依 tɕe³，西傣 kɛ³，泰 kæ³
了	ꪶꪩꪸꪸ lɛu¹¹	完、了结、已、已经；了（动作已完成）	上古：liau 中古：lieu	傣语里没有韵头。傣语已发生语法化，借入应较早	405	壮、西傣 lɛu⁴，泰 læw⁴，侗语 ljeu⁴
居	ꪶꪊꪴ ju³⁵	住、住在、居住；在、存在、放在；生活、过活	上古：kǐɑ 中古：kǐo	壮傣语支内部一致，且傣语发生了语法化，借入应较早	682	傣、南壮 ju⁵，北壮 ʔjou⁵，布依 ʔjiu⁵，中泰 ju²，北泰 ju⁶。
失	ꪶꪎꪸ se⁵⁵	失、丢失、失去、丧失；死、死亡、去世；损、损害、损失、费、浪费；比；被、挨、着、了；用在动词后，表示动作的结果	上古：ɕĭĕt 中古：ɕĭĕt	壮傣语支一致，且傣语发生语法化，借入应较早	147	北壮 saɯ¹，布依 sɯ¹，西傣 se¹，中泰 sia⁵，北泰 siə⁵

第三章 《维先达腊》古汉语借词及演变研究

续表

汉语借词	傣文词形及读音	傣语借词词义	汉语上古和中古语音	注释	频率	壮侗语族其他语言对应情况
使	ᩈᩱ᩶ tsai¹¹	使、用、使用、运用、利用；指使、指派	上古：ʃɪə 中古：ʃɪ		53	中泰chāj⁴，北泰saj³
是	ᩈᩱ᩵ tsai³³	是；对、正确	上古：zɪe 中古：zɪe	傣语表示"是"一般只用在否定句中；表示"对"的义项可用于肯定句	39	南壮ɕɯ⁶，西傣tsai⁶，德傣tsaɯ⁶
拉	ᩃᩢ᩠ᨠ lāk³³	拉、拖、拽、牵引	上古：luəp 中古：lɒp	壮傣语支内部一致，但与汉语韵尾不同	18	壮ɣāk⁸，布依、傣lak⁸，泰lāk³
放	ᨷᩣ᩠ᨦ vāŋ⁵¹	放、安放、停放；放手、安排、布置、安装、铺设、规定、制定	上古：pɪwaŋ 中古：pɪwaŋ	李方桂认为现代傣语低音组f来自原始台语的v	43	该词各方言不同源；侗语wāŋ⁵与傣语不同调
开	ᨡᩱ xai⁵⁵	开、打开；张开	上古：khəi 中古：khɑi	傣语x和kh为自由变体	98	北壮hāi¹，布依vuai¹，西泰xai¹，德傣hui¹，南壮、仫佬、毛南khai¹，北泰khəj⁵
骑	ᨡᩦ xi³⁵	骑；坐、乘	上古：gɪe 中古：gɪɑ	南壮与西南次语支傣、泰、老关系更密切	36	南壮khvi⁵，傣xi⁵，中泰khi²，北泰khi⁶
塞	ᩈᩱ᩠ sai³⁵	塞、装、安；盛、斟；镶；施、灌、打（气）；戴；上药、称、取名、种植、着及、予	上古：sək 中古：sɒi	从傣语词义看，来自汉语"塞"的可能性较大	153	西傣sai⁵，德傣saɯ⁵，中泰saj²，北泰saj⁶
憎	ᨫᩢ᩠ᨦ tsaŋ⁵¹	恨、憎恶、憎恨、讨厌、厌恶	上古：tsəŋ 中古：tsəŋ	各语言调类不一致	23	傣tsaŋ²，侗语saŋ¹，中泰chaŋ¹，北泰saŋ⁶
横	ᩍ᩠ᩅᩢᨦ xvāŋ⁵⁵	横、横放、拦、挡；阻碍、妨碍、作梗	上古：ɣoaŋ 中古：ɣɐŋ		16	北壮、布依vāŋ¹，傣xāŋ¹，中泰wāŋ⁴，北泰wāŋ³，毛南族wāŋ¹

续表

汉语借词	傣文词形及读音	傣语借词词义	汉语上古和中古语音	注释	频率	壮侗语族其他语言对应情况
分	pan⁵⁵	分、分给、分配、配给；送、赠送；转让、分让	上古：pĭuən 中古：pĭwən	声母仍为唇辅音	55	壮 fan¹，布依、西傣 pan¹
争	tsiŋ⁵¹	争、争夺、抢夺	上古：tʃeŋ 中古：tʃæŋ		10	傣语内部一致；壮为第三调；侗、水为第一调
淌	thaŋ³⁵	流、淌、倾泻；下垂、下坠	上古：thaŋ 中古：thaŋ		20	未知
管	kvān⁵¹	管、管理、管辖	上古：kuɑn 中古：kuɑn	借入应较晚	5	未知
望	vaŋ⁵⁵	希望、期望、盼望、愿望、想望；料想、打算	上古：mĭwaŋ 中古：mĭwaŋ	借入应较晚	25	西傣、泰语有明显对应关系，其他语言不同
缝	fuŋ⁵⁵	缝、补、缝补	上古：bĭwoŋ 中古：bĭwoŋ		3	侗语为 pāŋ¹，毛南语为 fāŋ¹，皆为第一调；其他语言不同
倒	tāu³³	倒、摔倒、跌倒	上古：tau 中古：tau		30	傣语为第六调，布依语为第三调，侗水语为第五调，其他语言不同
保	pau⁵¹	保，担保、保证	上古：pəu 中古：pɑu	傣语声调与版纳现代汉语方言有对应规律，借入应较晚	11	壮、布依、侗有明显对应关系
送	suŋ³⁵	送、递、寄、投、汇、发；派、遣	上古：soŋ 中古：suŋ	傣语声调与版纳现代汉语方言有对应规律，借入应较晚	12	壮、布依、傣一致，皆为第五调；泰语调类为第二调
采	sai¹¹	采；捡	上古：tsə 中古：tsɒi		14	其他语言未知

第三章 《维先达腊》古汉语借词及演变研究

续表

汉语借词	傣文词形及读音	傣语借词词义	汉语上古和中古语音	注释	频率	壮侗语族其他语言对应情况
告	ᨠᩖᩮᩢᩤ klāu³⁵	告、告诉、说、讲；控告、告状	上古：kəuk 中古：kɑu	傣文声母为复辅音 kl，傣语声调与版纳现代汉语方言有对应规律	317	壮、布依、傣、泰 kāu⁵、侗 qāu⁵
等	təŋ⁵¹	字典未收	上古：tə 中古：təŋ	借入应较晚，现代傣语不用	1	壮语为 taŋ³，与傣语调类不一致
唆	sɔ³⁵	唆使、挑拨；怂恿；告嘴、错、诉	上古：suai 中古：suɑ		19	傣语内部一致，其他语言不同
卡	kā⁵¹	卡、卡住、搁置；夹	上古：?? 中古：dzhɒp	借入应较晚	4	其他语言未知
到	tau³³	到、到达	上古：tau 中古：tɑu	借入应较晚，与上面不处于同一历史层次	26	其他语言未知
报	pāu³⁵	报、报告、传报；喊；吼叫	上古：pəu 中古：pɑu	傣语声调与版纳现代汉语方言有对应规律，借入应较晚	17	其他语言未知
谈	tān¹³	谈、谈话；说，言	上古：dam 中古：dɑm	傣语不送气，傣语声调与版纳现代汉语方言没有对应规律	53	傣语 tān³，其他语言未知
攀	phan⁵⁵	攀、扶	上古：phean 中古：phan	傣语声调与版纳现代汉语方言没有对应规律	13	其他语言未知
喊	xān⁵⁵	喊、叫喊、呼喊；应、回应、答应、回答	上古：xəm 中古：xɑm	傣语声调与版纳现代汉语方言没有对应规律	24	壮语为 hān¹，为"应、回应、答应"义
铺	pu⁵⁵	铺、铺设	上古：phuɑ 中古：phu	北壮、傣、泰不送气。北壮没有送气音，傣、泰不送气原因不知	7	北壮、傣、泰 pu¹，侗 phu¹，毛南 phu⁶

续表

汉语借词	傣文词形及读音	傣语借词词义	汉语上古和中古语音	注释	频率	壮侗语族其他语言对应情况
压	ယွၞ် jă¹³	压、压迫、榨；碾压	上古：eǎp 中古：ap	傣语声调与版纳现代汉语方言声调不符	2	西傣 jă³，中泰 jat⁴。傣泰应各自介入，泰语借入时间更早
指	ဇ် tsi¹¹	用手指；指出；指点、指导	上古：ʈɯei 中古：tɕi	傣语声调符合与版纳现代汉语方言声调有对应规律，借入应较晚	27	傣语 tsi⁴，中泰 chi⁴，北泰 si³，傣泰有语音对应关系；侗为 çi⁵，侗语调类不同，应是各自借入
嗅	ၷ် sɛu⁵⁵	嗅觉、气味儿；闻到、嗅到	上古：xǐeu 中古：xǐeu	傣语声调与版纳现代汉语方言声调不符	3	侗语为 so⁶ sāu¹，泰语未知，其他各语言不同
绣	ၷ် sɛu³⁵	绣、绣花	上古：sǐeu 中古：sǐeu	傣语声调与版纳现代汉语方言声调有对应规律，借入应较晚	5	北壮 siu⁵、布依 seu⁵、西傣 sɛu⁵
助	ဇ tsu⁵¹	字典未收汉语借词义项	上古：dʒǐa 中古：dʒǐa	常与傣语固有词"帮助"等连用，作为语素构成双音节词语 ဇ 等	5	其他语言未见
息	ၷ' si³⁵	字典未收录	上古：sǐək 中古：sǐək	与壮侗语固有词 "prak³³ 休息"连用构成双音节词语，ၷ' prak³³ si³⁵	1	其他语言未见

二 《维先达腊》古汉语名词借词情况

《维先达腊》中古汉语名词借词数量不是很多，这可能与傣语中很多抽象名词都借用了巴利语有关。而且名词借词高频词古籍色彩浓厚，有很多名词高频词在现代傣语中使用频率明显降低。其中有多个古汉语名词在《傣汉词典》中没有收录，说明其时代性较强，见表3-2所示。

第三章 《维先达腊》古汉语借词及演变研究

表3-2　　　　　　　　　《维先达腊》古汉语名词借词表

汉语借词	傣语字形及读音	傣语借词词义	汉语中古或上古语音	注释	频率	壮侗语族语言对应情况
巫	ｍɔ⁵⁵	巫师、算命人；学者、专家、行家；善于、会	上古：mǐwa 中古：mǐu	傣语还有一个mot³³，与德宏傣语相同	20	布依 mo¹，西傣 mɔ¹，德傣 mot⁸，水 mo¹，泰 mɔ⁵
贾	kā³³	价、价值；钱、费用、代价、酬金、开销	上古：kea 中古：ka	傣语声调别义，动词为第四调，名词为第六调。有傣语固有词同音词	29	傣 kā⁶，中泰 khā¹，北泰 khā⁶，布依 ka⁶，应为同一层次借词；北壮 kja⁵，侗 qa⁵，仫佬 ca⁵，毛难 bja⁵，应为同一层次借词
腰	ʔɛu⁵⁵	腰、腰部、腰围；某些物件的中间细小部分	上古：ɣau 中古：ɣɛu	傣语 ʔau⁵⁵（要）动词，通过韵腹变化构词	5	西傣 ʔɛu¹，德傣 ʔɛu⁶，泰 ʔew¹，语音有明显对应关系，应为同一层次借词。仫佬 ʔjeu¹ 也为第一调
燕	ʔɛn³⁵	燕子	上古：ian 中古：ien	傣语没有韵头	2	壮、布依 ʔen⁵，傣 ʔɛn⁵，侗、仫佬、毛难 ʔin⁵，水 ʔjin⁵，中泰 ʔæn²，北泰 ʔæn⁶，调类对应一致，属于同一层次借词
羹	kɛŋ⁵⁵	汤、羹汤、菜汤；煮、煮汤	上古：keaŋ 中古：kɐŋ		2	西傣、泰 kɛŋ¹，皆为第一调，其他语言借用汉语"汤"
雁	hān³⁵	鹅	上古：ŋean 中古：ŋan		1	壮、布依、傣 hān⁵，中泰 hān²，北泰 hān⁶，皆为第五调；侗、仫佬、水、毛南 ŋān⁶，皆为第六调
马	mā¹¹/mlā¹¹	马	上古：mea 中古：ma	傣文声母有 m、ml 两种形式	100	壮、布依、傣、侗、仫佬、水中泰 mā⁴，毛难 mja⁴，北泰 mā³，具有一致对应关系
屎	xi¹³	屎、大便、粪；污垢；屑、渣；拉屎、解大便	上古：ɕǐei 中古：ɕi	傣语为高音组送气音 x/kh，泰语为 kh	4	傣 xi³，中泰 khi³，北泰 khi³，具有对应关系

续表

汉语借词	傣语字形及读音	傣语借词词义	汉语中古或上古语音	注释	频率	壮侗语族语言对应情况
渡	tā³³	码头、港口、渡口	上古：dɑːk 中古：du	傣文声母原为浊音 d	53	壮、布依、傣 tā⁶、中泰 thā³，有明显对应关系，但壮、布依为"河流"义，傣、泰为"渡口"义
君	xun⁵⁵	官长、官爵、官衔	上古：kĭwən 中古：kĭuən	傣语为 x/kh 自由变体，泰语为 kh	25	傣 xun¹、泰 khun⁵有明显对应关系
地	ti³³	地方、地点、处所、场所；点、处	上古：dĭa 中古：di	傣文声母原为浊音 d	383	傣 ti⁶，中泰 thi³，北泰 thi⁶，有明显对应关系
娘	nāŋ⁵¹	女、女子、太太、小姐；王后、公主；蛹	上古：nǐaŋ 中古：nǐaŋ	傣语里没有韵头	798	未知
父	pɔ³³	爹、爸爸、父亲	上古：bĭwa 中古：bĭu	傣文声母原为浊音 b	258	壮、布依、德傣 po⁶，西傣 pɔ⁶，中泰 phɔ³，北泰 phɔ⁵，有明显对应关系
社	sə¹³	神、鬼	上古：zĭɑ 中古：zĭɑ	傣语来自古"社神"祭祀。傣语有"村社"和"勐社"两种，即"村寨"和"地方"的两种神鬼	2	未知
字	tsɯ³³	名字、名称；命名名字叫；名声、名望	上古：dzǐə 中古：dzǐə		249	傣 tsɯ⁶，中泰 chɯ³，北泰 sɯ⁶
声	seŋ⁵⁵	声、声音；音、语音；嗓子；说话、言论、争论	上古：ɕǐeŋ 中古：ɕǐɛŋ	傣文没有 ɕ，一般用 s 对应	161	北壮 siŋ¹，布依 ziŋ¹，傣 seŋ¹，中泰 siaŋ⁵，北泰 siəŋ⁵，有对应关系
货	xo⁵¹	货、货物；物品、东西	上古：xuɑ 中古：xuɑ		12	傣 xo²为第二调；壮 hu⁵，布依、毛难 ho⁵，侗 ho⁵，水 ho⁵皆为第五调，不同层次借词

第三章 《维先达腊》古汉语借词及演变研究

续表

汉语借词	傣语字形及读音	傣语借词词义	汉语中古或上古语音	注释	频率	壮侗语族语言对应情况
醪	ເຫຼົ້າ lau¹³	酒	上古：ləu 中古：lɑu	原为米酒	15	壮、布依、傣 lau³，中泰 law³，北泰 law²
耗（号）	ຂ່າວ ˈxāu³⁵	消息、新闻；音信、音讯、讯息；通知	上古：xau 中古：xɑu	傣语 x 和 kh 自由变读，应为送气音	35	傣 xau⁵，南壮 khau⁵，其他语言不同
金	ຄຳ xam⁵¹	金、金子、黄金	上古：kǐəm 中古：kǐĕm	傣语 x 和 kh 自由变读，应为送气音	203	傣 xam²，中泰 kham¹，北泰 kham⁴ 有明显对应关系，皆为第二调；壮 kim¹，布依 tɕim¹，侗 təm¹，水 tim¹，黎 khim¹ 等为第一调
银	ເງິນ ŋɯn⁵¹	银、花银、纹银；钱、金钱、钱财；款、款项；货币；财产、财富	上古：ŋǐən 中古：ŋǐĕn	傣语没有韵头	29	壮、布依 ŋan²，西傣 ŋɯn²，德傣 ŋən²，中泰 ŋɯn¹，北泰 ŋɯn⁴ 等有明显对应关系；侗水语支 ŋan² 有明显的对应关系
铜	ທອງ toŋ⁵¹	铜	上古：doŋ 中古：duŋ	傣文声母原为浊音 d	7	壮、侗、水 toŋ²，布依 luŋ²，傣、仫佬、毛难 toŋ²，中泰 thoŋ¹，北泰 thoŋ⁴，各有对应关系
铁	ເຫຼັກ lek⁵⁵	铁、钢；钉子	上古：thiĕt 中古：thiet	郑张尚芳：lhiig 潘悟云：ljig	3	南壮 lik⁷，西傣 lek⁷，德傣 lek⁹，中泰 lek²，北泰 lek⁵，有明显对应关系
雾	ໝອກ mɔk³⁵	雾；岚；灰暗、浅灰；苍茫、朦胧	上古：mǐwo 中古：mǐu	另有一音为塞音韵尾。王力：miok 郑张尚芳、潘悟云：mogs	1	北壮 mok⁷，西傣 mɔk⁹，泰 mɔk²，仫佬 mɔk⁸，调类不一致，但都保留了塞音韵尾，声母皆为 m
底	ໄຕ້ tai¹³	下、底下、下面、下方；南、南方	上古：tiei 中古：tiei	傣语没有韵头	39	北壮 tei³，布依 tie³，西傣 tai³，德傣 taɯ³，中泰 taj³，北泰 tai³

汉语借词	傣语字形及读音	傣语借词词义	汉语中古或上古语音	注释	频率	壮侗语族语言对应情况
夫	ꪕ pho⁵⁵	丈夫	上古：pĭwa 中古：pĭu	傣语为高音组送气音，没有韵头	82	傣 pho¹，中泰 phua⁵，phuə⁵，傣泰有对应关系
城	ꪕꪕ veŋ⁵¹	城、城堡、城市	上古：zieŋ 中古：zĭɛŋ	傣语还有一词"tseŋ⁵¹"	37	傣 veŋ²，中泰 wiaŋ¹，北泰 wiaŋ⁴有明显的对应关系
粪	ꪕ fun³⁵	粪土、粪肥、肥料；尘、灰尘、尘土、尘埃	上古：pĭwən 中古：pĭuən	傣文为高音组，来自 p	10	傣 fun⁵，北泰 fun⁶有对应关系；壮、布依为pɯn⁶进入较早
牙	ꪕꪕ ŋā⁵¹	象牙、獠牙；倒须	上古：ŋea 中古：ŋa	傣语为动物"牙"，"人牙"为 xeu¹³	15	未知
豆	ꪕ tho³⁵	豆、豆子	上古：do 中古：dəu	傣语为高音组清音	10	南壮 thu⁵，傣 tho⁵，中泰 thua²，北泰 thuə⁶有语音对应关系；北壮 tu⁶，布依 tuə⁶，侗、水 to⁶，仫佬、毛南 tau⁶。傣语北壮等属于各自借入的借词
鞍	ꪕꪕ ʔān⁵⁵	鞍	上古：an 中古：ɑn		10	德傣 ʔān⁶，壮侗各语言皆为（ʔān¹）。各语言具有严格语音对应关系
弓	ꪕꪕ kuŋ⁵⁵	弓	上古：kĭwəŋ 中古：kĭuŋ	傣语里没有韵头，近似中古音	8	北壮 kuŋ¹，布依 kɔŋ¹，西傣 kuŋ¹，德傣 koŋ⁶，中泰 khoŋ⁴，北泰 khoŋ³，仫佬、毛南 cɔŋ¹有明显对应关系
客	ꪕꪕ xɛk³⁵	客、客人、来宾、宾客	上古：khɑk 中古：kheǎk	傣语 x 和 kh 自由变读	13	西傣 xɛk⁹，泰语 khæk²，侗语 qhek⁹，有对应关系；北壮 hek⁷，仫佬 khɛk⁷，水 hek⁷，毛难 hɛk⁷有对应关系

第三章　《维先达腊》古汉语借词及演变研究

续表

汉语借词	傣语字形及读音	傣语借词词义	汉语中古或上古语音	注释	频率	壮侗语族语言对应情况
盒	ꪀꪱꪚ kap⁵⁵	盒子；（量）盒、罐；（量）集、卷；和	上古：ɣəp 中古：ɣɒp	李方桂： 上古：gəp 中古：gəp	2	西傣 kap⁷，侗 kap⁷，水 qap⁷，北泰 kap⁵ 有明显对应关系；北壮、布依 hāp⁸，仫佬 hɔp⁸ 有对应关系
镊	ꪙꪲꪚ nɛp⁵⁵	夹子、镊子；夹、镊	上古：nĭăp 中古：nĭɛp	傣语没有韵头	1	未知
轭	ꪹꪮꪀ ʔɛk³⁵	轭	上古：ěk 中古：æk		3	壮、布依、傣、泰、侗、仫佬有明显对应关系，傣、侗为第九调，其他为第七调
板	ꪝꪈ pɛn¹³	板子	上古：pean 中古：pan		4	壮语 pen³，傣 pɛn³，仫佬 pjen³
杆	ꪀꪱꪙ kan⁵¹	杆、竿；把、把子；杆、把、辆	上古：kan 中古：kɑn		5	未知
架	ꪎꪱ xā³⁵	架子	上古：kea 中古：ka	傣语为高音组送气音	1	未知
点	ꪵꪔꪙ dɛn³⁵	斑点（指物体上的污点）；空白	上古：tiam 中古：tiem	借入应较晚	2	未知
傍	ꪚꪱꪉ pāŋ³³	旁、侧	上古：baŋ 中古：baŋ	傣语原为低音组浊音 b	11	各语言不一样，傣语另有本族词 xāŋ¹³ 与泰语一致
盏	ꪊꪱꪙ tsān⁵⁵	盘、碗、碟	上古：ʧean 中古：ʧæn	借入应较晚，不单用，活跃度低	2	未知
角	ꪹꪎꪱ xau⁵⁵	（动物的）角	上古：keok 中古：kɔk	借入应较晚，只表示动物"角"	3	未知
官	ꪀꪫꪙ kvan⁵⁵	字典未收	上古：kuan 中古：kuɑn	该词应为时代词，相当于"官人"义	34	壮语为 kvān，指代丈夫，与傣语较为一致
派	ꪼꪠ fāi³⁵	派、宗派；边、方、方面；部门	上古：phek 中古：phai	傣语高音组 f，原始台语为 ph	3	未知
沙	ꪎꪱꪥ sāi⁵¹	沙、沙子	上古：ʃea 中古：ʃa		3	傣 sai²，南壮 ɬai²，中泰 sāj¹，北泰 sāj⁴ 有对应关系
楔	ꪵꪎ sɛ³³	楔子；门闩	上古：siăt 中古：siet	借入应较晚	1	未知

续表

汉语借词	傣语字形及读音	傣语借词词义	汉语中古或上古语音	注释	频率	壮侗语族语言对应情况
祸	ꩡꩰ xɔ³³	祸、祸害	上古：ɣuɑ 中古：ɣuɑ		11	未知
炭	ꩡꩰ thān³⁵	炭	上古：than 中古：than	借入应较晚	1	北壮、布依 tān⁵，傣、侗、仫佬、水、毛难 thān⁵，中泰 thān²，北泰 thān⁶，各语言具有明显对应关系
凳	ꩡꩰ təŋ⁵¹	凳，凳子	上古：dəŋ 中古：dəŋ	借入应较晚	1	未知
宝	ꩡꩰ pāu⁵¹	字典未收	上古：pəu 中古：pɑu	宝贝，对小孩或亲近人的爱称	8	未知
骡	ꩡꩰ lɔ¹³	骡子	上古：luɑ 中古：luɑ		3	西傣 lo³、德傣 lo³，泰 lɔ:³ 有明显对应关系；北壮 laɯ²，布依 luə²，侗、水 lo²，仫佬、毛难 lwa² 有对应关系，属于各自借词
刀	ꩡꩰ tāu⁵⁵	长刀、长柄刀	上古：tau 中古：tau		2	未知
袋	ꩡꩰ tai³³	袋、袋子	上古：dək 中古：dɒi	借入应较晚	2	未知

三 《维先达腊》古汉语形容词借词情况

《维先达腊》中除极个别形容词借词外，大多数形容词在现代傣语中仍很活跃，与动词一样，表现出相当的稳定性，见表3-3所示。

表3-3　　　　　《维先达腊》古汉语形容词借词表

汉语借词	傣语借词	傣语借词词义	汉语中古语音	注释	频率	壮侗语族其他语言对应情况
餍	ꩡꩰ ʔim³⁵	饱、满足；腻，厌烦	上古：ɣam 中古：ɣɜm		8	壮、布依、傣 ʔim⁵，中泰 ʔim²，北泰 ʔim⁶。有明显对应关系

第三章 《维先达腊》古汉语借词及演变研究

续表

汉语借词	傣语借词	傣语借词词义	汉语中古语音	注释	频率	壮侗语族其他语言对应情况
囡	ꪙꪮꪥ noi¹¹	小、幼；低、卑；少、寡、微、薄	未收该词	吴方言多个点有该词。开化：nua²¹³ 温州：nɔ³⁵ 罗阳：naĩ⁵¹	304	北壮 noi⁴，布依 noi⁵，西傣 nɔi⁴，德傣 lɔi⁴，中泰 nɔi⁵，北泰 nɔj²
广	ꪀꪫꪱꪉ kvāŋ¹³	宽、宽广、宽阔、宽敞；豁达	上古：kuaŋ 中古：kuaŋ	唐宋时期，"广"表示"宽"较为普遍，如《大唐西域记》几乎皆为"广"	153	壮、布依 kvāŋ⁵，西傣 kvāŋ³，德傣 kāŋ³，中泰、侗、毛难 kwāŋ³，北泰 kuəŋ³。壮、布依调类不一致
旧	ꪀꪮꪫ kau³⁵	旧、故、老	上古：gǐwə 中古：gǐəu	傣语一般只用于时间和物体的老旧，不能修饰"人"	59	壮、布依、傣 kau⁵，侗、水 qau⁵，毛难 kāu⁵，中泰 kaw²，北泰 kaw⁶ 有明显语音对应关系
独	ꪨꪴ deu⁵⁵	独、独一无二、单独、同一	上古：dok 中古：duk	壮、布依等语言作为数词"一"，傣泰语中只能表示"唯一、独一"	82	壮、布依、西傣 deu¹，德傣 leu⁶，中泰 diaw²，北泰 diəw¹ 有明显对应关系。壮、布依作为数词"一"，傣泰仍为形容词
坚	ꪀꪵꪙ kɛn³⁵	坚、硬、坚硬	上古：kien 中古：kien	该词可表示"坚硬"和"坚强"	1	傣语一致，其他语言不同
早	ꪋꪮꪫ tsau¹¹	早；早晨、上午	上古：tsəu 中古：tsau		60	北壮 ɕau⁴，傣 tsau⁴，中泰 chāw⁴，北泰 saw³ 有明显对应关系
快	ꪫꪱꪥ vai⁵¹	快、速、快速；敏捷、灵敏	上古：khoāt 中古：khwæi		87	北部壮语 vai⁵，侗 hoi⁵，水 hoi⁵ 有对应关系；西傣 vai²，中泰 waj¹，北泰 waj⁴。傣泰语有明显对应关系
肥	ꪜꪲ pi⁵¹	肥、胖；大、壮；油、膘、脂肪	上古：bǐwəi 中古：bǐwəi	傣语原为浊音 b	6	壮、布依、傣、仫佬、水、毛难 pi²，侗 pui²，中泰 phi²，北泰 phi⁴。各语言有明显对应关系

续表

汉语借词	傣语借词	傣语借词词义	汉语中古语音	注释	频率	壮侗语族其他语言对应情况
害	ꪀꪱꪥ hāi¹¹	厉害、凶猛、凶恶；坏、恶劣；过于；太	上古：ɣāt 中古：ɣai		88	傣 rai⁴，中泰 rai⁴，北泰 rai³有明显对应关系
平	ꪜꪲꪉ peŋ⁵¹	平、平坦；齐；相等；平行	上古：bǐeŋ 中古：bǐaŋ	傣语原为浊音 b	34	北壮 piŋ²、布依 pīŋ²、傣 peŋ²、侗 pjiŋ²、仫佬 peŋ²、水 pjeŋ²、毛南 peŋ²和北部泰语 phiəŋ⁶有明显对应关系
熟	ꪋꪳꪀ suk⁵⁵	熟；成熟	上古：ʑǐuk 中古：ʑǐuk		21	傣语内部一致
白	ꪠꪮꪀ phək³⁵	白、白色	上古：beǎk 中古：bɐk	傣语为送气音	18	南壮 phək⁷，傣 phək⁹，中泰 phɯak²，北 phiək²，调类有对应关系。壮侗语族其他语言多为第八调，应为不同时代借词
假	ꪶꪋ tsā¹¹	假、非正品	上古：kɑe 中古：ka	借入应较晚	7	北壮 kja³，布依 tɕā³，仫佬、毛南 ca³，皆为第三调；傣语为第四调，应为不同时代借词
温	ꪮꪴꪙ ʔun³⁵	热、温、暖、温暖、暖和；使热、加热	上古：uən 中古：uən		4	傣 ʔun⁵，中泰 ʔun²，北泰 ʔun⁶
荒	ꪬꪱꪉ haŋ¹¹	荒	上古：xuɑŋ 中古：xuɑŋ		1	未知
亮	ꪩꪳꪉ leŋ⁵¹	亮	上古：lǐaŋ 中古：lǐaŋ		10	傣语内部一致，其他语言不同
烂	ꪩꪱꪙ lān³³	烂、腐烂；稀	上古：lan 中古：lɑn		1	西傣、侗、毛难、水 lān⁶，德傣 lau⁵，北壮、布依、西傣、北泰 nau⁶，中泰 nau³。西傣借词和本族词都使用
急	ꪀꪲ ki¹³	急	上古：kǐəp 中古：kǐəp	借入应较晚	1	西傣 ki³，德傣 tsi³

第三章 《维先达腊》古汉语借词及演变研究

续表

汉语借词	傣语借词	傣语借词词义	汉语中古语音	注释	频率	壮侗语族其他语言对应情况
混（浑）	xun³⁵	浑；搅浑	上古：ɣuən 中古：ɣuən		2	傣 xun⁵，中泰 khun²，北泰 khun⁶
明	miŋ³³	字典未收	上古：miaŋ 中古：miɐŋ	借入应较晚，现代傣语几乎不用	49	未知
英	jiŋ³³	英明；优越；极、甚、十分、非常	上古：iaŋ 中古：iɐŋ	借入应较晚；该词主要用于形容佛祖"英明"，现代傣语使用较少	105	未知

四 《维先达腊》古汉语数词和天干地支借词情况

傣语从古汉语中借入了一整套数词和一整套天干地支词。天干地支词借入的时间较早，经学者研究，普遍认为是借自上古汉语，但傣语和汉语的天干地支词有些词的语音差别很大。版纳傣语数词借入了"一"至"十"以及"万"，而德宏都借入了"百、千、万"。在月份中，傣语借了汉语的"正 tsəŋ⁵⁵"，这些都是容易认定的，见表3-4所示。

表3-4 《维先达腊》古汉语数词和天干地支借词表

汉语借词	傣语字形及语音	傣语借词词义	汉语中古或上古语音	注释	频率	壮侗语族其他语言对应情况
整	nɯŋ³³	一	上古：tieŋ 中古：tɕieŋ	该词只能放在量词后，与其他数词语序不同，而且放在数词后，只表示"一个、整个"如"hɔi¹¹nɯŋ³³（百+一）一百、整百"，来源尚需进一步考证，也有说来自汉语"零"	349	南壮 nəŋ⁶、西傣 nɯŋ⁶、德宏 ləŋ⁶，中部泰语 nɯŋ²，北部泰语 nɯŋ⁶，其他语言不同
一	ʔet⁵⁵	数词一（放在"十、百、千、万"等位数后）	上古：ĭĕt 中古：ĭĕt	不能简写，如"hɔi¹¹ʔet⁵⁵（百+一）一百零一"，与汉语上、中古音接近	4	西傣 ʔet⁷，壮、布依 ʔit⁷，侗 ʔət⁷，水 ʔjat⁷，毛南 ʔjit⁷

续表

汉语借词	傣语字形及语音	傣语借词词义	汉语中古或上古语音	注释	频率	壮侗语族其他语言对应情况
双	ꩬꩭ、ꩭ soŋ⁵⁵	二、两、双、俩	上古：ʃeoŋ 中古：ʃɔŋ	ꩭ只能做数词，量词使用傣语词"ku³³"，与中古音接近	547	西傣德傣 soŋ¹；中部泰语北部泰语 sɔŋ⁵，北壮 soŋ¹，南壮 ɬoŋ¹，布依 soŋ¹
三	ꩬꩭ、ꩭ、ꩭ sām⁵⁵	三	上古：səm 中古：sɑm	与中古音更接近	80	壮、布依、傣、侗、毛南 sām¹，仫佬 tām¹，水 hām¹；泰 sām⁵
四	ꩭ、ꩭ si³⁵	四	上古：sǐet 中古：si	与中古音接近		布依、傣、侗、毛南 si⁵，北壮 sei⁵，南壮 ɬi⁵，仫佬 ɬi⁵，中部泰语 si²，北部泰语 si⁶
五	ꩭ、ꩭ hā¹³	五	上古：ŋa 中古：ŋu	声母差别较大，韵母与上古汉语接近	39	壮语、布依、傣、中部泰语 hā³，北部天域 hā²，侗、仫佬、毛难、水 ŋo⁴
六	ꩭ、ꩭ hok⁵⁵	六	上古：lǐəuk 中古：lǐuk	声母差别较大，韵尾一致	74	西傣 hok⁷，德傣 hok⁹，中部泰语 hok²，北部泰语 hok⁵，北壮 ɣok⁷，南壮 huk⁷，侗、水 ljok⁸，仫佬 lɔk⁸，毛南 ljɔk⁸
七	ꩭ、ꩭ tset⁵⁵	七	上古：tshǐet 中古：tshǐet	傣语不送气，接近汉语上、中古音	39	西傣 tset⁷，德傣 tset⁹，中部泰语 cet²，北部泰语 cet⁵，北壮、水 ɕat⁷，南壮 tɕit⁷，侗 sət⁷，仫佬 thət⁷，毛南 ɕit⁷
八	ꩭ、ꩭ、ꩭ pɛt³⁵	八	上古：pět 中古：pæt	接近汉语上中古音	28	北壮、南壮 pet⁷，布依 piat⁷，西傣德傣 pɛt⁹，侗 pet⁹，水、仫佬 pāt⁷，毛南 pjāt⁷
九	ꩭ kau¹³	九	上古：kǐəu 中古：kǐəu	接近汉语上、中古音	14	南壮、西傣、德傣 kau³，北壮 kou³，布依 ku³，侗、水 tu³，毛南 cu³，黎 faɯ³

第三章 《维先达腊》古汉语借词及演变研究

续表

汉语借词	傣语字形及语音	傣语借词词义	汉语中古或上古语音	注释	频率	壮侗语族其他语言对应情况
十	༄, sip⁵⁵	十	上古：ʑĭəp 中古：ʑĭəp	接近汉语上、中古音	90	傣语为 sip⁷，南壮为ɬip⁷，北壮 ɕip⁸，布依 tsip⁸，侗 ɕəp⁸，水 sup⁸，毛南 zəp⁸。调类不一致
万	༄ mɯn³⁵	万	上古：mĭwan 中古：mĭwɐn	接近汉语上、中古音	49	西傣 mɯn⁵，德宏傣 mun⁵，壮、布依、水 fān⁶，布依、毛南 vān⁶，仫佬 wān⁶，黎 vān¹，侗 wən⁶
第	༄ thi⁵¹	第	上古：diei 中古：diei	傣语声母原为浊音 dh	5	西傣 thi²，中部泰 thi³，北部泰 thi⁴，壮 tāi⁶，布依 ta²
乙	༄ dap⁵⁵	（天）乙	上古：ĭĕt 中古：ĭĕt	傣语词借得较早；语音变化大，变成 p 韵尾	1	北壮 ʔit⁷，侗 ʔit⁹，毛南 ʔjit⁷
丙	༄ hāi⁵¹	（天）丙	上古：piaŋ 中古：pĭɐŋ	傣语词借得较早，语音变化大，变成元音韵尾	5	北部 piŋ³，侗 pjiŋ⁶，仫佬 pin³，毛南 piŋ¹
戊	༄ pək⁵⁵	（天）戊	上古：məu 中古：məu	傣语词借得较早，语音变化大，变成塞音韵尾	3	北壮 fau⁶，侗 mu⁶，仫佬 wu⁴，毛南 wu⁶
庚	༄ kot⁵⁵	（天）庚	上古：keaŋ 中古：kɐŋ	傣语词借得较早，语音变化大，变成塞音韵尾		北壮 kēŋ¹，侗 qeŋ¹，仫佬 kən⁵，毛南 cīŋ¹
癸	༄、༄ kā³⁵、klā³⁵	（天）癸	上古：kĭwei 中古：kwi	傣语词借得较早，较为接近	3	北壮 kwai⁵，侗 ɬui⁵，毛南 kwi⁵，仫佬 kwi⁴，水 kai²
子	༄ tsai¹³	（天）子	上古：tsĭə 中古：tsĭə	傣语词借得较早，较为接近	2	壮 ɕei³，布依 ɕau³，西傣 tsai³，德宏傣 tsaɯ³，侗 si³，仫佬 ti³，水 ɕi³，毛南 tsi³
寅	༄ ji⁵¹	（天）寅	上古：ʎĭen 中古：jĭĕn	傣语词借得较早，丢失鼻音韵尾	1	西傣、德宏傣、水为 ji²，壮、毛南为 jin²，侗为 jən²，仫佬为 jin⁶

续表

汉语借词	傣语字形及语音	傣语借词词义	汉语中古或上古语音	注释	频率	壮侗语族其他语言对应情况
辰	ဢ္ si⁵⁵	(天)辰	上古：ʑĭən 中古：ʑĭĕn	傣语词借得较早，丢失鼻音韵尾	3	西傣、德宏傣 si¹、壮 san²、布依 san¹、侗水语支 sən² 居多
巳	ဢ္ sai¹³	(天)巳	上古：zĭə 中古：zĭə	傣语词借得较早，较为接近	3	壮 ɕai⁶、布依 sɯ³、西傣 sai³、德宏傣 saɯ³、侗 si⁴、仫佬 ti⁴、水 ɕi⁴、毛南 zɯ⁶
戌	ဢ္ set⁵⁵	(天)戌	上古：sĭwət 中古：sĭwĕt	傣语词借得较早，较为接近	4	壮 sɯt⁷、布依 sat⁷、傣 set⁷、侗 ɕɔt⁷、仫佬 tət⁷、水 xət⁷、毛南 sit⁷、黎 theţ⁷，皆有明显对应关系
未	ဢ္ met³³	(天)未	上古：mĭwət 中古：mĭwəi	傣语词借得较早，较为接近	1	侗、仫佬、水、毛皆为 mi⁶，壮为 fai⁶，布依为 fat⁸，西傣为 met⁶，德宏傣为 mot⁸。没韵尾皆为第六调，有韵尾皆为第八调，按照声调转写规律，如傣语失去韵尾也会为第六调
申	ဢ္ san⁵⁵	(天)申	上古：ɕĭen 中古：ɕĭĕn	傣语词借得较早，较为接近	2	壮、布依 san¹、傣 san¹、侗 ɕən¹、仫佬 sən⁵、水 sən¹、毛南 ɕin¹
酉	ဢ္ hau¹¹	(天)酉	上古：ʎĭəu 中古：jĭəu	傣语词借得较早，较为接近	1	壮 jou⁴、布依 zu⁴、傣 hau⁴、侗、水、毛南 ju⁴
正	ဢ္ tseŋ⁵⁵	正、正月	上古：tĭeŋ 中古：tɕĭɐŋ	仅用于"ဢ္ဢ္正月"一词中	3	壮、布依、侗 ɕiŋ¹、傣、毛南 tseŋ¹、水 tsjeŋ¹

五 《维先达腊》其他词类借词情况

其他词类借词主要是量词、副词和代词。这些词在现代傣语中也多有使用，但古籍中使用频率最高的"ဢ္"在现代傣语中频率显著降低，已成为一个低频词，而"ဢ္"使用频率显著增高，已成为现代傣语中的高频词，

第三章 《维先达腊》古汉语借词及演变研究

见表 3-5 所示。

表 3-5 《维先达腊》其他词类借词情况表

汉语借词	傣语字形及读音	傣语借词词义	汉语中古或上古语音	注释	词频	壮侗语族其他语言对应情况
孤	ku⁵¹	表示傲称"我"	上古：kuɑ 中古：ku	口语读为 ku⁵⁵	353	北壮 kou¹，布依西傣、泰 ku¹，德傣 kau⁶。西傣书面语为第二调，口语为第一调
尊	tun⁵⁵	位；尊（对他人尊称）	上古：tsuən 中古：tsuən	赣方言、吴方言、闽方言、粤方言都有方言点声母为 t	1023	西傣为 tun¹；德傣为 ton⁶，中泰为 ton⁶，老挝为 ton¹
就	kɯ⁵¹	就是，即	上古：gǐwə 中古：gǐəu	傣语声母原为浊音 g	193	未知
诸	tsu³³	诸，每、各	上古：ȶɪɑ 中古：tɕɪo	借入应较晚	116	傣泐语特有借词
条	thɛu⁵⁵	排、行、列、道；一带、地区	上古：dieu 中古：dieu	借入应较晚	20	北壮 tiu²，布依 teu²，侗 ȶiu²，仫佬、水、毛难 tjeu²。这几种语言调类一致。傣语为第一调，应为较晚借入
片	phɛn³⁵	片、张；块；板	上古：phian 中古：phien	封建领主制下，傣族首领叫"召片领"（一片土地的主人）	50	傣语 phɛn⁵，中泰 phæn²，北泰 phæn⁶
几	ki³⁵	几、多少、若干	上古：kǐei 中古：ki	"几"为不定代词，需放在名词、量词前面	3	北壮 kei³，布依 tɕi³，仫佬 ci³，水 ȶi³，毛难 ci³，西傣 ki⁵，中泰 ki²。西傣、泰一致，为同一时间层次借词。其他不同
且	tsɯ⁵⁵	且，并且；却	上古：tshiɑ 中古：tshǐa	傣语为不送气	1	未知
份	pun³³	份	上古：biən 中古：bhǐuən	傣语声母原为浊音 b	4	北壮 fan⁶，布依 fan⁵，傣 pun⁶，泰 pan¹，侗 pən⁶，水 pən⁶，仫佬 pən⁶

续表

汉语借词	傣语字形及读音	傣语借词词义	汉语中古或上古语音	注释	词频	壮侗语族其他语言对应情况
定	ဒိုဠ် teŋ³³	肯定、必定	上古：dieŋ 中古：dieŋ	傣语声母原为浊音 d。傣语声调与当地现代汉语方言声调没有对应规律	31	北壮 tiŋ⁶，西傣 teŋ⁶，毛南 teŋ⁶，但壮、毛南语词借入"一定"
段	ဒွန် tɔn³³	（量）段、截、节	上古：duan 中古：duan	傣语声母原为浊音 d。傣语声调与当地现代汉语方言声调没有对应规律	4	北壮 tun⁶，布依 ton⁶，傣 tɔn⁶，泰 tɔn¹

从上述诸表可得出如下结论。

（1）古汉语借词除了数词、天干地支词和金属类借词较为系统外，其他借词都较分散，词汇系统性不强。

（2）古汉语借词时间跨度大，有上古汉语借词、中古汉语借词、近古汉语借词等不同时间段的借词。从语音形式上看，上古语音借词汉傣间差别较大，上古汉语个别借词是借贷关系还是同源关系难以确定，有待进一步考证；中古和近古汉语借词语音对应关系明显，相对容易辨别，特别是近代汉语借词，大多数是通过书面语借入的，大多符合西南官话语音对应规律，加上有实例、语境和词义变化小，更易判断。

（3）汉语借词涉及动词、名词、形容词、数词、代词、量词、连词等词类，其中名、动、形、数等实词借词较多，数词、量词，代词也是原词借入的，而连词和助词则是平行语法化结果。

（4）傣语借古汉语借词时，通常是按汉语的义项借入的，而不是按照词语借入的，因此，傣语中的汉语借词通常只与汉语借词中的某个义项对应，而不与整个词所有义项相对应，上古汉语借词义项如为单义词，傣语大多也为单义词，尚能整词对应，这在文化词汇或量词、数词、代词中对应明显；而中古以后，随着汉语某些常用词义项孳乳出较多义项，傣语借用汉语借词义项的情况越来越明显。

(5) 保留在《维先达腊》中的古汉语借词动词比名词稍多，在其他文献中也大致相同，这是一个有趣的借词存留现象。一般而言，一种语言的借词通常以名词为主，动词、形容词其次，这是因为借词大多与文化现象相关联，有文化"借贷"就会有名词借入，但文化现象自身具有不稳定性，随着文化现象消失，某些名词借就会消失；同时名词也最容易被本族词所替代，随着理解的深入，某些音借名词会被义借名词所替代，如汉语的"德谟克勒西"被"科学"取代；另外名词大多表示指称，主要做主语和宾语，嵌入句子内部的能力稍弱，可取代性较强，所以名词借词的保留率相对较低。动词、形容词借到一种语言后，稳定性强，这是因为动词借入后，具有很强的组合能力，它们往往能构成很多新词，而某些动词句法能力活跃，嵌入句子的能力较强，具有不可替代性；相对于名词，动词、形容词不表示文化现象，而是与语言表达密切相关，进入语言后较为稳固，不易被替代。而数词、量词等封闭词类一旦进入另一种语言中，大多是"刚需"，其稳定性也非常强。

(6) 连词或助词一般很难进入另一种语言，但很多动词进入另一种语言后，由于语法化原因，有很多借词可演变成虚词，其演变轨迹有的与源语言演变轨迹非常近似，从而形成平行语法化现象；有的单独语法化，引申出助词功能。如傣语连词大多带上古代汉语借词动词义"话"，而在书面语中，连词使用频繁，造成了古代汉语"话"在傣语中非常高频，而汉语动词义"话"在中古以后就不活跃了，它语法化进程就很难持续。助词大多是常用动词虚化的结果，如"要""得""失""塞"等古汉语借词，在傣语中都是高频词，所以发生了语法化现象，都具有了助词功能，反而汉语大多未发生语法化，只有"得""要"语法化较为明显。

(7) 文献中的古汉语借词都是单音节，这一点与现代汉语借词具有鲜明的区别。古汉语借词在傣语双音节化过程中，特别是动和形容词，有的与傣语固有词结合，有的与巴利语结合，形成多种形式的混合性借词。古汉语借词虽数量不多，但由于全部是单音节，一方面自身经历了历史上"惊涛骇浪"的淘洗，除天干地支词和数词外，部分词频高的借词具有非常强的接纳能力，构词能力很强，另一方面很多借词嵌入句子成分，成为句子表达不可分割的组成部分，导致某些动词、形容词使用频率很高，从而产生语法化现象。

（8）从语音上看，傣语韵母系统仍完整地保留了鼻音韵尾和塞音韵尾，因此很多上、中古汉语借词如是鼻音、塞音韵尾的话，也仍然保留了这些韵尾。带鼻塞音韵尾的字，其语音演变相对较慢，这些借词在傣语中也较易判断，而且争议较少；有些借词声母保留了古音成分，如汉语"分、份"已为唇齿音 f，而傣语仍为 p，汉语的一些 k 音已腭化为 ɕ，傣语仍为 k；有些古汉语借词借入时，不是某一个词，而是一组相关词，这些借词的语音或词义上有关联，具有互证功能，可作为判别借词的辅助依据，如"tsai^{33}（是）"和"tsai^{11}（使）"；"tā^{51}（涂）""tā^{33}（渡）""tā^{11}（赌）"；"kā^{11}（买卖；做生意）"和"kā^{33}（价、价钱，价值）"等。

第二节　傣语中古代汉语借词和词义变化

语言接触是一种社会行为，语言接触后，就会对接受语的词汇系统产生影响，并产生词汇适应、填补、分工、竞争、替代、演变等。大多数借词进入接受语后，首先它必须适应接受语的语音系统，如接受语缺乏相应的音位，接受语也会增加新的音位来接纳。词语借入后，还要根据接受语的词汇系统进行词义吸收和调整。这种吸收和调整包括：填补接受语所缺乏的词汇；如接受语中有同义词或近义词，借词就要与固有词进行适当分工；如词汇意义比较接近，特别是接受语在理解上较接近（也许原语词义有差别），就会产生词汇竞争和替代。同时有些借词，特别是高频词在适应了语言系统之后，就会在句法环境中引申出新义项，有很多新义项反映了接受语的句法特征和语言特点。一般情况下，低频词发生句法变化很少，而高频词往往是句法演变的重要参与者，但高词频并不是词义和句法演变的充要条件，有很多高频词，由于词义单一或词类限制，也没有发生词义变化。在各种词类中，动词是最易发生句法演变而导致词义引申，而名词最易受社会条件影响而产生词义引申。下面根据傣汉词语之间的意义关系对傣语中的汉语借词词义变化情况进行简单的梳理分析。

一　傣语借词仍常用而现代汉语罕用

傣语中有些古汉语借词至今仍为常用词，但在现代汉语中这些词相关词义却已少用甚至已不用了。这些词主要有"社""贾""羹""醪""箸""厌""市""孤""广""诸""话"等。

傣语从汉语中同时借进了古代汉语的"贾"的动词义项和名词义项。"贾"名、动词古代读音不同，借入傣语后，名、动读音也不同。作动词时读音为"ᨠᩣ᩶ kā¹¹"，表示"买卖，做生意、销售、贸易"等，作名词时读音为"ᨠᩣ kā³³"，表示"价、价值；钱，费用，代价，酬金"，仍体现了古代汉语的四声别义功能，这种外在特征也是判定借词的重要条件。现代汉语中前一义项早已不用，只在某些成语"多财善贾""余勇可贾"中还留有残迹，后一义项现代汉语已写作"价"。而这两个义项在傣文古籍文献和现代傣语中仍为常用词，延续使用至今，成为傣语两个常用词。

傣语中的"ᩈᩮᩬᩥ səʔ¹³"在傣语中有两个词义，一是"上衣"，二是"神，鬼"，其中"神、鬼"义来自古汉语借词"社"。傣语中"ᩈᩮᩬᩥ səʔ¹³（神、鬼）"义只表示"用来祭祀的神、鬼"，而且也只构成"bān¹³səʔ¹³（村神）""məŋ⁵¹səʔ¹³（地方神）""mai¹¹səʔ¹³（保护村寨的树神）"等词，一般意义上的"鬼"使用傣语固有词"phi⁵⁵（鬼）"。"ᩈᩮᩬᩥ səʔ¹³"在傣雅语、泰语里也存在。① 汉语"社"的本义就是"本地神"，如《左传·僖公四年》"君惠徼福于敝邑之社稷"；《礼记·祭法》"共工氏之霸九州也，其字曰后土，能平九土，故祀以为社"；《说文解字》"二十五家为社，各树其土所宜木"。现代汉语里，该词只用于"社稷"等词中，产生了引申义，而作为"本地神"的义项已少见。

---

① 邢公畹：《红河上游傣雅语》，语文出版社1989年版，第3页。

傣语中的"ᨠᨠᨶᨦ᩵kɛŋ⁵⁵"表示"汤，菜汤；煮，煮汤"是个兼类词。这两个义项在古代汉语中同样存在，如《左传·隐公元年》"未尝君之羹"中的"羹"为名词；《史记·货殖列传》"楚越之地，地广人希，饭稻羹鱼"。这个词在现代汉语中只保留在某些词语或成语中，如"羹匙""残羹冷炙"等，其名词义项早被"汤"替代，动词义项也已消失。在现代傣语中名词动词义项仍使用，通常与傣语固有词构成"kɛŋ⁵⁵xɛ⁵¹"。

傣语中的"ᩃᩮᩢᩢᩣ lau¹³"表示"酒"，但长期以来实际上指的是传统工艺酿造的"米酒"，在汉语里它也可泛指"酒"。"醪"在某些汉语方言中仍较为常用，但在标准语中一般只用于"醪糟"一词，现代傣语的"ᩃᩮᩢᩢᩣ lau¹³"仍是一个常用词和高频词。

傣语中的"ᩒᩥ᩺ ʔim³⁵"表示"饱，满足；腻，厌烦"义，借自古代汉语的"饜（厌）"。这个词在古代汉语中较为常见，古籍中多有记载。《老子》第五十三章"厌饮食，财货有余，是谓盗夸。"杜甫《醉时歌》"甲第纷纷厌粱肉，广文先生饭不足"。汉语"厌"引申出"讨厌，厌烦"的义项时间也比较早，如《史记·律书》"会高祖厌苦军事。"现代傣语中的"ᩒᩥ᩺ ʔim³⁵"单用时一般只表示"饱，满足"，口语中是常用词。表示"厌烦"的义项多用于合成词，如"ʔim³⁵bə³⁵（厌恶）""ʔim³⁵nāi³⁵（讨厌）"中，单用一般没有这个意思。"厌"表"饱、吃饱"义现代汉语已不用，"满足"义也仅保留在"贪得无厌"等成语中，现代汉语多用于表示"讨厌，厌烦"义了。

傣语中的"ᨪᩨ᩶ sɯ¹¹"表示"买、购，购买、购置、采购、收购"义，借自于古代汉语的"市"。"市"在古代汉语中有名词义"市井、市场"，如《孟子·滕文公上》"虽使五尺之童之市，莫之或欺"。后来引申出"城市"，"市"也可做动词"买、购买"，如《木兰辞》"愿为市鞍马，从此替爷征"。傣语中的"ᨪᩨ᩶ sɯ¹¹"只能做动词，只借用了古代汉语的动词义项。现代汉语中这个义项几乎不用，而傣语却是一个常用词和高频词。

傣语文献中的"ᨠᩪ ku⁵¹"表示"我、吾、朕（国王自称）"，傣语口语中读作"ᨠᩪ ku⁵⁵"。壮侗语族其他语言也为第一调,与傣语口语中调类相合。傣语文献中的读音是一种音变现象。傣语这个词过去多用于"国王"自称,现在一般做傲称代词"我"。但这个词不能随便使用,它作代词时,必须是上级对下级、长辈对晚辈的自称,平辈之间,下级对上级,晚辈对长辈都不能自称"ᨠᩪ ku⁵⁵",但用于骂人或训斥人等不满情绪时,可用它来表示"傲称"。

傣语中的"ᨠ᩠ᩅᩣ᩠ᨦ kvāŋ¹³"表示"宽,宽广,宽阔,宽敞;豁达",来自古代汉语"广"。"广"在古代汉语中有"宽敞、宽阔"义,如《诗经·卫风·河广》"谁谓河广,一苇杭之"。《庄子·逍遥游》"有鱼焉,其广数千里,未有知其修者,其名为鲲"。玄奘《大唐西域记》中"广"字出现频率非常高。"ᨠ᩠ᩅᩣ᩠ᨦ kvāŋ¹³"在《维先达腊》中也是高频词,出现154次,在现代傣语口语中它仍是常用词和高频词。在现代汉语中,单说"广"的时候已很少了,大多用于合成词。

傣语中的"ᨧᩩ tsu³³"表示"每、各"义,借自古代汉语的"诸",但这个词借入较晚,应是元明清时期翻译佛经时借入的,因为它跟上古中古音不合,且符合西南官话的语音和调类。"ᨧᩩ tsu³³"在《维先达腊》中虽词频较高,但它词频(116次)要低于傣语固有词"ᨴᩩᨠ tuk³³(每、各)"的280次。两个不定代词构词用法多有重合。现代傣语口语中"ᨴᩩᨠ tuk³³(每、各)"几乎完全退出,已被"ᨧᩩ tsu³³"替代。"ᨧᩩ tsu³³"在现代傣语口语和书面语中使用都很频繁,而在现代汉语中,"诸"多用于书面语,口语中很少使用。

二 傣语借词与汉语借入时的义项大致保持一致

傣语中一部分古汉语借词,特别是一些专用借词,如天干地支词、数字词和大多数金属等名词、数词、大多数形容词、量词、副词和部分低频动词,它们与借入时的古汉语义项保持着一致关系,这是识别两种语言借词的基础。

傣语中的天干地支词皆借自古汉语借词,它们的义项间保持着一致关系。但这是就借入时的义项而言的，而不是对汉语的词义而言的。汉语中很多天干地支词还有很多其他的意义，如"子"还有"儿女、孩子、小孩""古时对男子尊称""古代五等爵位的第四等"等义项，这些义项傣语都没有借入。如汉语借词"ꪊꪱꪥ tsai¹³"只表示"地支第一位，鼠年"义，而没有汉语中的其他义；汉语借词"ꪹꪣꪒ met³³"只表示"地支第八位"义，而汉语中其他"未"义项并未借入。天干地支词借入较早，很多词语音变化很大，但由于它们是成系统借入的，尽管有的语音差别较大，学术界一般还是认为它们之间有"借贷"关系。

版纳傣语中大多数数字词来自古代汉语，如"一"至"十"和"万"等借词，这些数词借词基本根据音义关系就可确定它们来自古代汉语。较为特殊的"ꪊ nɯŋ³³（一）"和"ꪎꪮꪉ sɔŋ⁵⁵（二、两）"。"ꪊ nɯŋ³³（一）"只在南壮和西南次语支中的傣、泰、老等语言中具有一致关系，而北部壮语和布依语等使用"deu¹"。这个词傣语中也有，但表示"唯一的、独一的"，是个形容词，它只能放在量词的后面。"ꪊ nɯŋ³³（一）"语法属性也与"deu¹"一样，只能放在量词后面，而与其他所有数词语序不一致，壮语、布依语的"deu¹"能引申成数词"一"，傣语"ꪊ nɯŋ³³（一）"也处于同一句法位置，应也能引申为数词"一"。我们认为它来自汉语的"整"字，当初是从语音角度去说明的。① 在这里再补充几条证据。首先，"ꪊ nɯŋ³³（一）"来自汉语"整"，从语法上完全是说得过去的。李方桂先生曾利用泰语文献，证明了"ꪊ nɯŋ³³（一）"位于量词后，是泰语中的最早语序，并认为它应来自一个形容词，但没有说明它具体来自哪个词。② 其次"ꪊ nɯŋ³³（一）"与其他数词组合时，它只表示"整"义，如"一百"傣语得为"hɔi¹¹ nɯŋ³³"，"一十"得为"sip⁵⁵ nɯŋ³³"，其他以此类推，这里实际上翻译为"整十""整百"更确切些。最后，据邢公畹先生解放前调查，在傣雅傣语中，"一"为"təŋ⁶"或"ləŋ⁶"系自由变体，其中以

---

① 戴红亮：《西双版纳傣语数词层次分析》，《民族语文》2004 年第 4 期。
② 李方桂：《泰语中的一种句法变化》，载《李方桂全集 2·侗台语论文集》，清华大学出版社 2011 年版，第 202—206 页。

"təŋ⁶"出现更多，"təŋ⁶"或"ləŋ⁶"与版纳傣语的"ᨶᩨ‌ nɯŋ³³（一）"同出一源，这相当于补充完整了"ᨶᩨ‌ nɯŋ³³（一）"来自"整"的证据链。①"ᦉᦸᧂ sɔŋ⁵⁵（二、两）"它借自汉语的"双"，但傣语中的"ᦉᦸᧂ sɔŋ⁵⁵（二、两）"只做数词，不做量词，如"两双鞋子"傣语得说成"xɛp³⁵ sɔŋ⁵⁵ku³³（鞋子+两+双、对）两双鞋子"。其他数词都跟古代汉语较为一致。值得一说的是，德宏傣语中的"百""千"也是借自汉语的，而西双版纳和泰、老挝使用的是"hɔi¹¹（百）""pan⁵¹（千）"。这两个词产生较晚，因为西双版纳傣语某些谚语中仍使用"pak⁵⁵""heŋ⁵⁵"表示"百""千"。"ᦖᦹᧃ mɯn³⁵（万）"借自汉语，傣汉语音词义有对应关系。但傣语的"十万""百万""千万"都有各自的词，如"sɛn⁵⁵（十万）""lān¹¹（百万）""tɯ¹³（千万）"。版纳傣语中的"百""千""十万""百万""千万"过去都是计量单位。有意思的是，傣语的"亿"来自巴利语"kot⁵⁵（亿）"，这个词在巴利语中本表示"千万"，泰语仍用它表示"千万"，但傣语有固有词"tɯ¹³（千万）"，就用它来表示"亿"。

西双版纳傣语中的金属词也来自古代汉语，如"金银铜铁"四个词都与古代汉语有关系，"ᦆᧄ xam⁵¹金""ᦷᦑᧂ tɔŋ⁵¹铜""ᦵᦜᧅ lek⁵⁵铁"（古汉语的t变成了l）大致保持了它的借入时的词义，而"ᦇᦹᧃ ŋɯn⁵¹（银）"词义扩大，可用来表示"金钱"义，词频也较高。

傣语中的大多数形容词、动词借词也与古代汉语保持着较为一致的关系，如"ᦷᦺᧁ kau³⁵（旧）""ᦶᦔᧃ phɛn³⁵（片，张，件）""ᦵᦑᧂ teŋ³³（一定、肯定）""ᦉᦳᧅ suk⁵⁵［煮熟；（果实）成熟］""ᦵᦏᧁ thɛu⁵⁵（条，排）"，音译相合是判定借词的重要依据，很多借词义仍然保留了它借入之初时的义项，个别词有引申，这些借词较易判断。在此不再赘述。

三 傣语借词词义或功能缩小

有些古汉语借进入傣语后，为适应傣语的词汇系统，某些词的词义出

---

① 参见邢公畹《红河上游傣雅语》，语文出版社 1989 年版，第 67—238 页。

现了缩小现象。这类词义缩小现象主要是傣语词汇系统里已有上位词或平行词，汉语借词主要是补充傣语语义场中某个词义，如"刀"借入傣语后，在傣语里只表示"ဢၢ tāu^{55}（长刀，长柄刀）"，这是因为傣语中已有上位词"ၸၢ phā^{11}（刀）"，也有"ဢ mit^{33}（小刀，尖刀）"，缺乏"ဢၢ tāu^{55}（长刀，长柄刀）"义项，傣语就借用"刀"表示"长刀"。再如古代汉语"一"借入傣语"ဢၢ ʔet^{55}（一）"后，只能用于十、百、千、万等数位后表示"十一""一百零一""一千零一"等，如"ၸၢ hɔi^{11} ʔet^{55}（一百零一）""ၸၢ sāu^{51} ʔet^{55}（二十一）"等，因此该词使用功能缩小，在傣语中使用频率较低，但由于它与"ၸ nɯŋ^{33}（一）"形成互补关系，它仍被借入傣语系统里，尽管使用频率不高，但作为系统词仍很稳固。同时"ၸ deu^{55}"仍作为形容词，表示"唯一的、独一"，它不能跟量词结合，而需要与名词或时间名词结合，弥补了前两者不能修饰名词的空位。如"ၸ bat^{55} deu^{55}（当时+唯一）现在""ၸ jām^{51} deu^{55}（时间+唯一）同时，一起""ၸ phu^{13} deu^{55}（人+唯一）独自一人"等。

四 傣语借词产生词义引申

傣语借用古代汉语借词，一般情况下，如是单义词就会直接借进，如是多义词，一般只会借用其中某个义项。在借用汉语义项后，一般会发生词义引申现象，而很少会发生词义扩大的现象。这是因为傣语如果没有某个词，就会直接借用缺少的词，而不会借入一个词作为它的上位词，这不太符合认知习惯。但汉语借词借入傣语后，有些高频词会产生词义引申，这却是普遍现象，这是因为古汉语借词进入傣语后，它会根据傣族人的生活需要，以及傣语的句法条件、词汇系统产生很多新词义。如"ၸ nāŋ^{51}"在傣族古籍中是个极高频的词，《维先达腊》中出现798次（其他傣族古籍也很多），它借自汉语"娘"（傣语没有韵头），实词义主要表示"女子，女性，太太、小姐；王后，公主"义。由于傣族传统文学以本生经故事和叙事诗为主，里面有大量的女性人物，那些身份高贵的女性都可称为"ၸ nāŋ^{51}"，这样就逐渐成为有身份地位女子的标记，只要是贵族女性都需在名字前附上"🅂 nāŋ⁵¹",如维先达腊的母亲,妻子、女儿名字前都冠有"🅂 nāŋ⁵¹",分别称为"🅂🅂🅂 nāŋ⁵¹ phut⁵⁵ sā⁵⁵ di⁵⁵(嫱普萨丽)""🅂 nāŋ⁵¹ ma³³tri³³(嫱曼坻)""🅂🅂🅂 nāŋ⁵¹kan⁵⁵hā⁵⁵",直到今天它还是傣族女性取名时喜欢使用的字眼。"🅂 ŋɯn⁵¹(银)"借入傣语时,本表示"银、银子",由于傣族曾以"银子"作为通行货币,所以"🅂 ŋɯn⁵¹(银)"引申为"钱,金钱;款,款项;钱财;财产,财富"等义项。"🅂 tai¹³(下,下面)"来自古代汉语"底",由于傣族生活在中国南方,所以该词引申出"南方、南部"。"🅂 xi¹³"借自汉语的"屎",表示"屎,大便,粪",引申出"屑,渣",这也是词义引申结果。这四个词的义项都是在原借词基础上引申出来的,不是词义扩大问题,因为它的本义"🅂 nāŋ⁵¹""🅂 ŋɯn⁵¹(银)""🅂 tai¹³(下,下面)""🅂 xi¹³(屎,大便)"义仍在使用。

名词引申义大多是受词义系统和社会条件影响而产生的。而动词、形容词、量词、副词等引申义则大多受句法条件和词义系统影响而产生,如"🅂 sai³⁵"由汉语的"塞"义引申为"安,装;施(肥);镶(牙);打(气);盛(饭);斟(酒);戴(眼镜);擦(药);取(名字);纳(税);着、及、予"等义项,这些引申义项主要是由"🅂 sai³⁵"的"施加"义引申过来的,当然也与傣语词汇分化较慢有关系。"🅂 sai³⁵"虽然翻译为汉语时义项较多,但它所跟的宾语是受限的,因此只相当于某个汉语双音节词的功能。"🅂 ʔau⁵⁵"借自古代汉语"要",由于"要"具有"主动义",所以引申出"拿,取;带,领"。在连动结构中,作为前动词的"🅂 ʔau⁵⁵"虚化为介词"把,将,用,以";而傣语介宾结构需要放在动词的后面,虚化后的"把,将,用,以"作为介宾结构移至动词后,它与前面的动词进行重新分析后进一步虚化为"表示动作主动采取的方式"义,这时的"🅂 ʔau⁵⁵"主要表达语法义。但"表示动作主动采取的方式"与动词的"要""主动义"还有很大的关系。"🅂 xi³⁵"借自"骑",常用于"🅂 xi³⁵ mlā¹¹"一词,后引申出"坐"义,如"🅂 xi³⁵ hot³³(骑+车子)坐车",现代傣语中又引申出"乘",如"乘飞机"等。上述这些词都属于词义引申，因为它借自的汉语词的本义还存在，只是在使用过程中，根据词汇系统的语义场要求、词语词义引申机制和句法环境产生出新的词义。

综上所述，傣语中的古代汉语借词目前有四种存在形态：一是傣语中仍为常用词，而古汉语借词已少用或不用，只保留在双音节词语或成语中；二是与古代汉语借词保持较为一致的词义，词义较为稳定；三是词义缩小，成为傣语中某个语义场中的下位概念，四是发生词义引申，名词义引申多与社会环境和词义系统有关，而动词、形容词多与句法环境有关。

第三节　《维先达腊》近代汉语借词及其特点

《维先达腊》中还有一些借词从语音形式上看更接近近代汉语语音或来自西南官话，但部分借词调类却不与现代当地汉语方言一致，而且在《维先达腊》等古籍文献中出现，这一类借词一般认为是近代汉语借词。近代汉语借词大多主要用于书面语，只有部分借词进入了现代傣语口语系统。关于西双版纳傣语近代汉语借词的相关论述几乎没有，我们在这里以《维先达腊》中近代汉语借词为例，分析文献中的近代汉语借词问题。当然，《维先达腊》中的近代汉语借词覆盖并不完整，数量也不多，但作为分析对象应没有问题。

元明清时期是傣族古籍翻译整理的大发展时期，也是傣族书面语形成时期。目前的傣族古籍大约都形成于这一时期。在巴利语文献转写成傣语并逐步傣族化过程中，书面语一方面需要启用较多的古语词，组合成双音节词；另一方面也要借用其他语言的词汇进行表达，在这一过程中，除了借用大量巴利语借词，也借用了部分近代汉语借词。这个时期傣语词汇有三个鲜明特征：一是傣语双音化进程明显加速，形成了大量双音节词语。傣语在双音化过程中，在利用固有词双音节化的同时，也形成了大量的混合词，类型有傣汉混合词、傣巴混合词、汉巴混合词，高棉语傣语混合词以及少量的傣巴汉三种语言混合词等。在《维先达腊》中混合式合成词就有 5000 余个，其中有少量近代汉语借词。二是借用了大量巴利语借词，巴利语借词主要也是这个时间段或稍早一点时间借进的，《维先达腊》中纯巴利语词汇就有 17000 余个，占《维先达腊》总词语数的近 20%，当然这些借词主要保留在书面文献中，口语中巴利语借词数量仍然较少，仅有 200 余个，这就造成了傣语书面语和口语分离的问题。三是沿用了上古和中古汉语借词，同时根据需要借用了一批近代汉语借词，而且有些借词具有鲜明的佛经特色。

在这个时期，傣语中的近代汉语借词也具有三个特点：一是语音与近代汉语或现代汉语西南官话调类相对应，而不是与上古中古汉语语音调类相对应，特别是很多塞音韵尾已脱落，m 韵尾归到了 n 韵尾里等；二是部分近代汉语借词词频较低或仅用于构成双音词，自身独立性差，经常作为语素参与构成双音节词，同时词义也与近代汉语借词保持了较高的一致性，而很少发生词义引申现象；三是一些借词书面语和佛经色彩较浓，只有部分无特定语体色彩的词语进入现代傣语口语。

一 近代汉语借词的语音特点

中华人民共和国成立后，特别是改革开放后，现代汉语借词大量借到傣语词汇中，形成了现代汉语借词层，据统计，在现代傣语书面语系统中，有 4400 余个现代汉语借词，占总词表的 27%。傣语中的现代汉语借词主要借自当地西南官话的汉语方言，但它们与普通话的调类也存在着严格的对应关系。为了更好地说明近代汉语借词与现代汉语借词层的区别，我们先将版纳傣语现代汉语借词与普通话调类关系罗列成表 3-6。[①]

---

① 参见戴红亮《基于语料库的现代傣语词汇研究》，中央民族大学出版社 2015 年版，第 143 页。书中采用的傣文调类表示法，这里转化为与壮侗语一致的常用调类表示法。

表 3-6　　　　　　　现代汉语借词与普通话声调对照表

汉语普通话声调	现代傣语借词声调
阴平 55 调	傣文第 6 调 33 调
阳平 35 调	傣文第 4 调 11 调
上升 214 调	傣文第 2 调 51 调
去声 51 调	傣文第 5 调 35 调
入声字	傣文第四调 11 调

也就是说，傣语里的现代汉语借词尽管调值不一样，但调类与普通话形成了严格的对应关系，只是单独保留了入声字的调类，但调值也只有 4 个。

我们再来反观《维先达腊》中的近代汉语借词问题。《维先达腊》是傣族古籍，它没有借进现代汉语借词，因此没有现代汉语借词层。但在翻译本生经过程中，借进了一批近代汉语借词。这些借词有的符合西南官话调类，而有的不符合。由于近代汉语借词是壮傣语支语言各自借入的，因此傣语与壮语、布依语相比，有很多相同的借词调类也不一致（也有一致的），也有的未能在其他语言中发现相应的借词；与泰语、老挝语相比，由于他们地域相连，共同接受了南传佛教，加上有共同的译经需要，近代汉语借词在这些语言里有很多是相同的。我们先列举近代汉语的例子，再做具体的说明，见表 3-7 所示。

表 3-7　　　　　　　　　近代汉语借词表

近代汉语借词	傣文及国际音标	词义	傣语语音与现代傣语汉语借词调类对应关系
倒	tāu^{33}	倒、摔倒、跌倒	傣语声调与现代汉语借词调类不对应；与中古借词应为阴上 13 调不符
保	pau^{51}	保，担保、保证	傣语声调与现代汉语借词有对应规律；与中古借词应为阴上 13 调不符
采	sai^{11}	采；捡	傣语声调与现代汉语借词调类不对应；与中古借词应为阴上 13 调不符，傣语为阳上 11 调

第三章 《维先达腊》古汉语借词及演变研究　　187

续表

近代汉语借词	傣文及国际音标	词义	傣语语音与现代傣语汉语借词调类对应关系
告	klāu³⁵	告、告诉；说、讲；控告、告状	傣语声调与现代汉语借词有对应规律；与中古借词应为阴去35调相符
等	təŋ⁵¹	字典未收录	傣语声调与现代汉语借词有对应规律；与中古借词应为阴上13调不符
唆	sɔ³⁵	唆使、挑拨；怂恿；告嘴；诉	傣语声调与现代汉语借词调类不对应；与中古借词应为阴平55调不符，傣语为阴去35调
卡	kā⁵¹	卡、卡住、搁置；夹	傣语声调与现代汉语借词有对应规律；与中古借词应为阳入33调不符，该词失去塞音韵尾，且为长元音，变为阳平符合傣语声调变化规律，傣语为阳平51调
到	tau³³	到、到达	傣语声调与现代汉语借词调类不对应；与中古借词应为阴去35调不符，傣语为阳去33调
报	pāu³⁵	报、报告、传报；喊；吼叫	傣语声调与现代汉语借词有对应规律；与中古借词应为阴去35调相符
耗	xāu³⁵	消息、新闻；音信、音讯、讯息	傣语声调与现代汉语借词有对应规律；与中古借词应为阳去35调相符
谈	tān¹³	谈，谈话；说，言	傣语声调与现代汉语借词调类不对应；与中古借词应为阳平51调不符，傣语为阴上调，且韵尾为n尾，不为m尾
攀	phan⁵⁵	攀、扶	傣语声调与现代汉语借词调类不对应；与中古借词阴平55调相符
铺	pu⁵⁵	铺、铺设	傣语声调与现代汉语借词调类不对应；与中古借词阴平55调相符
压	jā¹³	压、压迫；榨；碾压	傣语声调与现代汉语调类不对应；与中古借词阴入35调相符，傣语为阴上13调，且失去塞音韵尾。傣语另有本族词"nip³⁵"
指	tsi¹¹	用手指；指出；指点、指导	傣语声调与现代汉语调类不对应；与中古借词阴上13调相符，傣语为阳上11调
嗅	sɛu⁵⁵	嗅觉、气味儿；闻到、嗅到	傣语声调与现代汉语借词调类不对应；与中古借词应为阴去35调不符，傣语为阴平55调
绣	sɛu³⁵	绣、绣花	傣语声调与现代汉语借词有对应规律；与中古借词应为阴去35调相符

续表

近代汉语借词	傣文及国际音标	词义	傣语语音与现代傣语汉语借词调类对应关系
助	tsu⁵¹	字典未收汉语借词义项	傣语声调与现代汉语调类不对应；与中古借词应为阳去33调不符，傣语为阳平51调，应与该词由短元音变为长元音有关
息	si³⁵	字典未收录	傣语声调与现代汉语借词调类不对应；与中古借词应为阴入35调相符，傣语为阴去或长阴入35调，且失去塞音韵尾
杆	kan⁵¹	杆、竿；把、把子；杆、把、辆	傣语声调与现代汉语有对应规律；与中古借词应为阴上13调不符，傣语为阳平51调。傣语另有kān¹³表示"植物的叶、花或果实的柄、中筋、中脉"，疑该词为高音低化现象
架	xā³⁵	架子	傣语声调与现代汉语借词有对应规律；与中古借词应为阴去35调相符
点	dɛn³⁵	斑点（指物体上的污点）；空白	傣语声调与现代汉语借词调类不对应；与中古借词应为阴上13调不符，傣语为阴去35调，且韵尾为n，不为m尾
傍	pāŋ³³	旁、侧	傣语声调与现代汉语有对应规律；与中古借词应为阳去33调相符
盏	tsān⁵⁵	盘、碗、碟	傣语声调与现代汉语借词调类不对应；与中古借词应为阴上13调不符，傣语为阴平55调
官	kvan⁵⁵	字典未收录	傣语声调与现代汉语借词调类不对应；与中古借词应为阴平55调相符。该词主要表达"官人"义，称呼"丈夫"等，借入应较晚
楔	sɛ³³	楔子；门闩	傣语声调与现代汉语借词调类不对应；与中古借词应为阴入35调不符。傣语已无塞音韵尾
祸	xɔ³³	祸、祸害	傣语声调与现代汉语借词调类不对应；与中古借词应为阳上11调不符，傣语为阳去33调。该词傣语为短元音，按傣语拼写规则为33调
蹬	təŋ⁵¹	蹬，蹬子	傣语声调与现代汉语借词调类不对应；与中古借词应为阳去33调不符，傣语为阳平51调
宝	pāu⁵¹	字典未收录	傣语声调与现代汉语有对应规律；与中古借词应为阴上13调不符，傣语为阳平51调

续表

近代汉语借词	傣文及国际音标	词义	傣语语音与现代傣语汉语借词调类对应关系
骡	᧞	骡子	傣语声调与现代汉语借词调类不对应；与中古借词应为阳平51调不符，傣语为阴上13调
刀	tāu⁵⁵	长刀、长柄刀	傣语声调与现代汉语借词调类不对应；与中古借词应为阴平55调相符
袋	tai³³	袋、袋子	傣语声调与现代汉语借词调类不对应；与中古借词应为阳去33调相符
荒	haŋ¹¹	荒	傣语声调与现代汉语借词调类不对应；与中古借词应为阴平55调不符，傣语为阳上11调
亮	leŋ³³	亮	傣语声调与现代汉语借词调类不对应；与中古借词应为阳去33调相符
烂	lān³³	烂、腐烂；稀	傣语声调与现代汉语借词调类不对应；与中古借词应为阳去33调相符
急	ki¹³	急	傣语声调与现代汉语借词调类不对应；与中古借词应为阳入33调不符，傣语为阴上13调
混（浑）	xun³⁵	浑；搅浑	傣语声调与现代汉语借词调类不对应；与中古借词应为阳平51调不符，傣语为阴去35调
明	miŋ³³	字典未收录	傣语声调与现代汉语借词调类不对应；与中古借词应为阳平51调不符，傣语为阳去33调
英	jiŋ³³	英明；优越；极、甚、十分、非常	傣语声调与现代汉语借词有对应规律；与中古借词应为阴平55调不符，傣语为阳去33调
就	kɯ⁵¹	就是，即	傣语声调与现代汉语借词调类不对应；中古借词应为阳去33调不符，傣语为阳平51调。老傣文有时写为短元音33调，应与该词傣语短元音消失有关系
诸	tsu³³	诸、每、各	傣语声调与现代汉语借词调类有对应规律；与中古借词应为阴平55调不符，傣语为阳去33调
条	thɛu⁵⁵	排、行、列、道；一带、地区	傣语声调与现代汉语借词调类不对应；与中古借词应为阳平51调不符，傣语为阴平55调

续表

近代汉语借词	傣文及国际音标	词义	傣语语音与现代傣语汉语借词调类对应关系
片	ᨻᩮ᩠ᨶ phɛn³⁵	片、张；块；板	傣语声调与现代汉语借词声调有对应规律；与中古借词应为阴去35调相符
管	ᨠ᩠ᩅᩢᨶ kvān⁵¹	管、管理、管辖	傣语声调与现代汉语借词有对应规律；与中古借词应为阴上13调不符，傣语为阳平51调
几	ᨠᩦ ki³⁵	几、多少、若干	傣语声调与现代汉语调类不对应；与中古借词应为阴上13调不符，傣语为阴去35调
且	ᨧᩪ tsɯ⁵⁵	且，并且；却	傣语声调与现代汉语调类借词不对应；与中古借词应为阴上13调不符，傣语为阴平55调
定	ᨴᩮ᩠ᨦ teŋ³³	肯定、必定	傣语声调与现代汉语借词调类不对应；与中古借词应为阴去35调不符，傣语为阳去33调

近代汉语借词大多数在声母韵母上与近现代汉语西南官话相似度高，词义也基本相同，而且词义较为单一，与汉语借词对应关系明显。我们判断它们为近代汉语借词的主要依据有三条。(1) 中古汉语为入声字的，傣语借词中却已没有入声韵尾，而变成与近现代汉语一致的开音节词；或汉语中古音为 m 韵尾的，傣语采用了 n 韵尾与之对应，这些词都应是近代汉语借词，如"急、压、卡、角、谈、点"等。这是因为中古汉语借词如为塞音韵尾或 m 尾，傣语如借自中古汉语会保留入声韵尾或 m 韵尾。但在傣语借词里却为开音节词或 n 韵尾，因此借入时间应较晚，由于它又在文献中出现，因此判断它为近代汉语借词。(2) 很多词在壮侗语族语言中找不到相应的汉语借词，或者傣语借词调类与其他语言借词明显不一致，应是傣语较晚时期单独借入的，如"几、条、诸、烂、管、且、英、明、袋、荒、楔"等，这些借词声母韵母与现代汉语差异较小，而与中古汉语音韵差别较大，且在壮傣语支语言中调类不一致，也可判断它们为近代汉语借词。(3) 罗美珍先生利用德宏傣语材料对中古以前的汉语借词与近代汉语借词做了区隔，判断为近代汉语借词的，而且语音也符合版纳傣语的汉语

借词，如"急、浑、倒、条、片"等，我们也认为是近代汉语借词。①
(4) 与现代汉语借词调类不一致但声母韵母与现代汉语借词接近的，出现在文献中，如"骤、定、盏、傍、杆、息、助"等，认定为近代汉语借词。

近代汉语借词声韵与近现代汉语比较一致，但调类却与现代汉语借词层有一定区别，而且在古籍中出现，不大可能是现代汉语借词。这些借词调类较为复杂。我们试着来归纳这部分借词的调类：汉语的全清去和次清去借词基本对应傣语的第五调（35），具有明显的对应关系；全浊去基本对应傣语的第二调（51），对应关系也很明显；全清上以51调为主，其他声调也不少；次清上和次清平字较少，两个55调，一个11调；全清平几乎都是55调和33调；全浊平和次浊平以及入声字声调较为分散。由于近代汉语借词进入时间跨度也较长，借词方言来源也不太一样，能与现代汉语借词层对应的，大多应借自西南官话。而与现代借词层不一致的借词，有可能来自其他汉语方言。因为西南官话对当地少数民族语言的影响主要是明朝中后期和清朝以后，而且很多汉语借词是通过书面文献翻译传播的，傣族文献翻译与缅甸、泰国北部佛经文献翻译有直接关系，因此有部分古代汉语借词很有可能是从泰国、缅甸等地方华人输入进来的。这些方言借词与泰国、缅甸的华人方言背景有关。

二 近代汉语借词的使用情况分析

一是近代汉语借词在词义上最大的表现就是与汉语借词词义吻合度很高，很少词语发生引申现象，绝大多数借词都是保留借入时的词义，如"ᦵᦑᧁ tāu³³"表示"倒，摔倒，跌倒"义，"ᦂᦲ᧒ ki³⁵"表示"几，多少，若干"义等，这些词义都较为单一，尚未发生明显的词义引申现象和语法化问题。二是有很多近代汉语借词在傣语字词典中并未收录，如"ᦙᦲᧂ miŋ³³"在古籍中出现49次，主要表示"英明、明白事理的"，"ᦶᦔᧁ pāu⁵¹"在古籍

---

① 周耀文、罗美珍：《傣语方言研究》，民族出版社2004年版，第326—342页。

中表示"宝贝"义的爱称出现6次,主要是维先达腊父母及妻子对两个王子的爱称。这两个词在现代傣语口语中已不用,字词典也未收该义项。三是某些近代汉语借词一般只能与傣语固有词构成合成词而不能单用,主要起着双音化进程中补充语素的作用。如"ꪶꪊ tsu⁵¹"只与傣语固有词构成"ꪀꪾ kam¹¹tsu⁵¹(资助,帮助)"(1次),"ꪹꪊꪱ tsɔi³³tsu⁵¹(帮助,辅助)"(3次),它本身不能单用,其中"ꪀꪾ kam¹¹"为"顶,撑,支撑;支援,资助;捐;拯救"义,"ꪹꪊꪱ tsɔi³³"为"帮,帮忙,帮助;协助、辅助;拯救,保护"义。"ꪶꪊ tsu⁵¹"傣语固有词虽也有这个词,但表示"迁就,勉强同意"义,现代傣语中也借用作汉语的量词"组"音,但都没有"帮助"义。"ꪏꪲ si³⁵"与傣语固有词构成"ꪠꪱꪀ prak³³si³⁵(休息,停歇)"。"prak³³"本身就有"休息、停歇",但这个词古籍中用得很少,一般只出现在双音节中,现代傣语也几乎不用,已被"ꪹꪎꪱ sau⁵¹(停,休息)"代替了,但可用"prak³³sau⁵¹(休息,停歇)"。"ꪏꪲ si³⁵"单独使用没有"休息",而是表示汉语借词"四",它只在这个双音节中出现表示"休息"义。四是绝大多数词频都比较低,大多数在20次以下,甚至一两次,只有少数借词词频较高。当然词频高低不是判断是否为近代汉语借词的理由,但近代汉语借词由于借入晚,义项较为单一,使用范围很有限也是事实,也就是说,大多数近代汉语借词还未站稳脚跟,与傣语固有词竞争中还处于下风,加上很多词书面语色彩浓,大部分在现代傣语中已不用了。

三 近代汉语借词高频词分析

傣语里近代汉语高频词数量较少,只有为数不多的几个,我们对频次在30次以上的较高频词使用情况进行分析,见表3-8表示。

表3-8　　　　　　　　傣语中近代汉语高频词表

近代汉语借词	傣文及国际音标	词义	词频	注释
倒	ꪶꪔꪱ tāu³³	倒、摔倒、跌倒	30	现代傣语口语书面语较常用

第三章 《维先达腊》古汉语借词及演变研究

续表

近代汉语借词	傣文及国际音标	词义	词频	注释
告	ᥐᥨᥣᥝ᷄ klāu³⁵	告、告诉；说、讲；	317	咨询过多位傣语和泰语母语者，它们都表示现代傣语或泰语书面语、口语中少用
谈	ᥖᥢ tān¹³	谈，谈话；说，言	53	现代傣语书面语、口语中较为少用
官	kvan⁵⁵	字典未收	34	现代傣语书面语、口语中少用
明	miŋ³³	字典未收	49	现代傣语书面语、口语中少用
英	jiŋ³³	英明；优越；极、甚、十分、非常	105	现代傣语书面语、口语中少用
就	kɯ⁵¹	就是，即	193	连词口语中较少用，书面语词频较高
诸	tsu³³	诸，每、各	116	现代傣语书面语、口语中极常用
片	phɛn³⁵	片、张；块；板	50	现代书面语、口语中较常用
定	teŋ³³	肯定、必定	31	现代傣语书面语、口语中较常用

这些词大致分为三种情况。一是古籍中常见，但现代傣语书面语和口语中都少用，如"kvan⁵⁵（官）""jiŋ³³""miŋ³³"等，这些词书面语色彩都较浓，其中尤以"klāu³⁵（告诉）"最典型。在傣族古籍文献中，特别是本生经文献里，"klāu³⁵（告诉）"普遍高频。这是因为该词在本生经文献中形成了多个构式，但在现代傣语中这个词就较少使用了，偶尔出现在通告中。二是古籍中常用，现在傣语书面语和口语中也较为常用，如"tāu³³（倒）""phɛn³⁵（片）""teŋ³³（定）"等，它们都进入了现代傣语词汇系统，成为傣语词汇的一部分。三是古籍中常用，而现代傣语书面语和口语中更常用，如"tsu³³（诸）"，该词在现代傣语中使用频率有明显增长，主要是它在词汇竞争中战胜了傣语固有词，成为常用词。

第四节　古汉语借词"ᦷᦈᧈ tsu³³"和"ᦷᦂᧁᧈ klāu³⁵"分析

这一节分析几个古代汉语借词在《维先达腊》中的具体使用情况，以便从微观角度观察借词进入傣语后，词义词频的变化、竞争、替代情况。

古汉语借词"ᦷᦈᧈ tsu³³（诸、每、各）"和"ᦷᦂᧁᧈ klāu³⁵（告、告诉）"在文献中是使用频率很高的两个近代汉语借词，特别是"ᦷᦂᧁᧈ klāu³⁵（告、告诉）"使用频率更高，在《维先达腊》中出现达 316 次。但在现代傣语中，两个近代汉语借词使用情况却发生了较大变化。"ᦷᦈᧈ tsu³³（诸、每、各）"几乎替代了"ᦷᦎᧁᧈ tuk³³（每、个）"，成为傣语书面语和口语的常用词。在 76.6 万音节的现代汉语语料库中，"ᦷᦈᧈ tsu³³（诸、每、各）"共出现了 1955 次（包括构词），而"ᦷᦎᧁᧈ tuk³³（每、个）"仅出现 1 次；而"ᦷᦂᧁᧈ klāu³⁵（告、告诉）"在现代傣语中较少使用，表示"告状"义的有 80 次，而表示"告诉"义的仅有 67 次。

笔者认为，"ᦷᦈᧈ tsu³³（诸、每、各）"和"ᦷᦂᧁᧈ klāu³⁵（告、告诉）"都是借自汉译佛经中的书面语借词。在汉译佛经中，"ᦷᦈᧈ tsu³³（诸、每、各）"和"ᦷᦂᧁᧈ klāu³⁵（告、告诉）"也都是高频词。"ᦷᦈᧈ tsu³³（诸、每、各）"主要表示名词复数，而"ᦷᦂᧁᧈ klāu³⁵（告、告诉）"用于佛祖对弟子自上而下地言说。由于这两个词近古借词用法较为简单，我们放在一起予以讨论。

一　古汉语借词"ᦷᦈᧈ tsu³³（诸、每、各）"分析

"ᦷᦈᧈ tsu³³（诸、每、各）"在傣语中是个不定代词，位于名词或量词前，表示"每、各、诸"，表示"特定范围内的任何一个或一组"，具有"遍指"功能。用法与汉语"诸位""诸方面""诸种"等词中"诸"作用类似。

第三章 《维先达腊》古汉语借词及演变研究

"ཀྱི tsu³³（诸、每、各）"应是近代汉语借词，这是因为它与汉语的上古和中古音差别都较大。"诸"上古音为"ţɪa"，中古音为"tɕĭo"，中古音虽与傣语更相似一些，但也存在不小的差异，因此认为它进入傣语时间应较晚。这是因为"ཀྱི tsu³³（诸、每、各）"符合当地西南官话（西南官话主要在明朝中后期形成）方言音，与现代汉语借词音调类也一致。同时由于它已出现在古籍文献中且有一定频率，进而可断定它借自近古汉语。这个借词很有用，它有助于判断 13 册《维先达腊》最后形成时间，我们推测它应形成于清朝。这是因为一方面"ཀྱི tsu³³（诸、每、各）"这个词借入较晚，最早不会早于明朝中期，另一方面这个词在《维先达腊》中使用频率虽比不上傣语固有词"tuk³³"，但其使用也已非常普遍了，说明这个词借入傣语词汇系统已有一段时间了。根据这两种情况，我们推测 13 册《维先达腊》应形成于清朝时期。

在傣语里，还有一个表示"诸、每、各"的"ཏུག tuk³³"，与"ཀྱི tsu³³（诸、每、各）"意义和用法几乎都一致。在《维先达腊》中这两个词都是高频词，而且它们都修饰相同的名词或量词，但"ཏུག tuk³³（每、个）"使用更为频繁，共出现 280 次（包括构词），而"ཀྱི tsu³³（诸、每、各）"出现 116 次。壮侗语其他语言里没有这个借词，经向泰语专家和泰国朋友询问，泰语中也没有借进"ཀྱི tsu³³（诸、每、各）"这个词，目前仍只使用"thuk⁸（每、个）"。这说明"ཀྱི tsu³³（诸、每、各）"这个借词主要适用于傣泐语（缅甸傣泐语也使用该词）。

在《维先达腊》中"ཀྱི tsu³³（诸、每、各）"主要用于量词前，也可用于名词前。见图 3-1—图 3-4 所示。

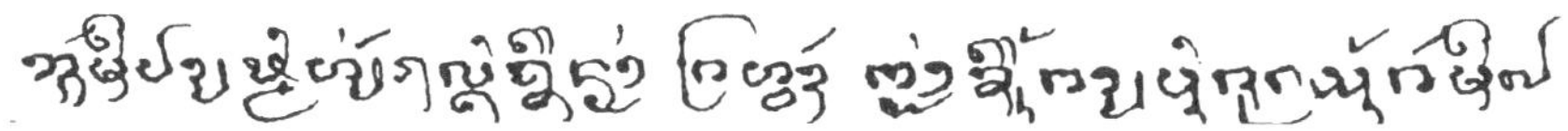

图 3-1

ʔan⁵¹ mi⁵¹ pāi⁵⁵ phum⁵⁵ jan¹³ luŋ⁵¹ thɯŋ⁵⁵ nɔŋ³³, kra³³ vat⁵⁵ kɔŋ³⁵ xɯn¹³ pāi⁵¹
个　有　发梢　垂落　　到　脚跟，美貌 弯曲 上　上部

bun⁵⁵tsu³³sen¹³kɔ¹¹mi⁵¹lɛ³³.
每　根　也　有　了。

(那发梢垂落到脚后跟，而每根眉毛都向上弯曲)

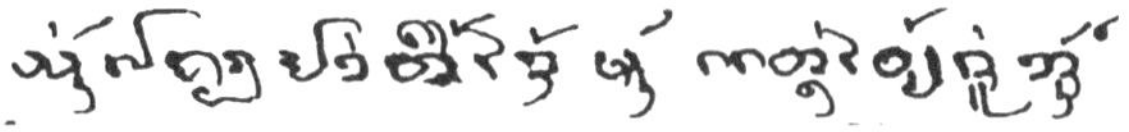

图 3-2

san³⁵lɛ³³thɔn⁵⁵jaa³⁵hɯ¹³dai¹³man⁵¹tɛŋ³⁵vai¹¹tsu³³ʔan⁵⁵ʔan⁵⁵.
摇晃和拔　别　使得　它　留着　每　个　个。

(它使劲摇和拔拴绑的藤篾，不让一个留着)

图 3-3

ma³³hā⁵⁵sat⁵⁵ta⁵⁵ha³³si⁵⁵tun⁵⁵phān³⁵phɛu¹³hɯ¹³nāŋ⁵¹mat³³tri³³lɯm⁵¹lɛu¹¹
摩诃萨埵　出家认尊　卓越　　　使　曼坻　　忘记了
tsu³³bra⁵⁵kān⁵⁵.
每　事情。

(卓越的菩提萨埵想让妻子曼坻忘了每件事情)

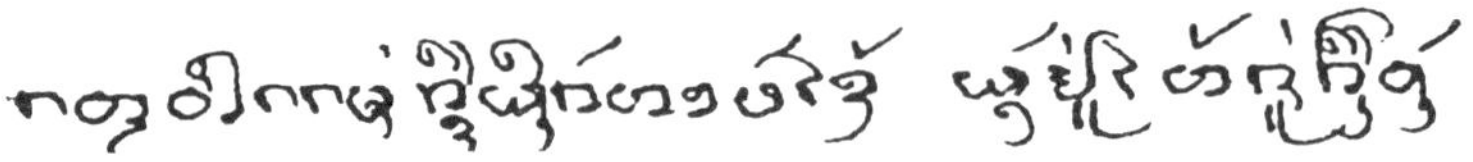

图 3-4

tem⁵⁵vā³³mɛ³³kɯt³³jin⁵¹kɔ¹¹hā⁵⁵bau³⁵dai¹³ jaŋ⁵¹ju³⁵hai¹³tsu³³xɯn⁵¹van⁵¹.
即使　妈妈　想念　　　也　找　不到　还　在哭　每晚上　白天。

(即使妈妈想念也找不到，只有每天每夜在那啼哭。)

第三章 《维先达腊》古汉语借词及演变研究

在《维先达腊》中，"tsu³³（诸、每、各）"在与"tuk³³（每、各）"竞争中还处于下风，但在现代傣语书面语和口语中却发生了"天翻地覆"的变化，"tsu³³（诸、每、各）"使用频率已远远高于"tuk³³（每、各）"，几乎将"tuk³³（每、各）"淘汰了。在傣语现代语料库中，"tsu³³（诸、每、各）"词频为1900余次，而"tuk³³（每、各）"则只有1次，两者悬殊很大，"tsu³³（诸、每、各）"取代"tuk³³（每、各）"的趋势已十分明显。在口语中，特别是比较庄重场合的开头语，如"tsu³³phu¹³tsu³³kun⁵¹（每位、每人）大家好"，现在也都只使用"tsu³³（诸、每、各）"了。

在古籍文献中，虽然"tsu³³（诸、每、各）"使用频率还处于劣势，但"tsu³³（诸、每、各）"和"tuk³³（每、各）"无论是意义、位置还是用法两者都高度重合，出现"tuk³³（每、各）"也几乎都可用"tsu³³（诸、每、各）"替代，因此发生词汇替代是早晚的事情，只是谁会成为"胜利者"的问题。例如，"tsu³³（诸、每、各）"构成的常见词有"tsu³³jəŋ³³（各+种类）各种""tsu³³hɛŋ³⁵（各+地方）各地""tsu³³dāu¹³（各+地域）各地""tsu³³nā¹³（各+脸）各方""tsu³³kun⁵¹（每+人）每人""tsu³³van⁵¹（每+天）每天""tsu³³kam¹³（各+方面）各方"等，而"tuk³³（每、各）"构成的常见词有"tuk³³jəŋ³³（各+种类）各种""tuk³³siŋ³⁵（各+种类）各种""tuk³³hɛŋ³⁵（各+地方）各地""tuk³³ti³³（各+地方）各地""tuk³³xɔk³⁵（各+地域）各地""tuk³³dāu¹³（各+地域）各地""tsu³³mə³³（每+时候）每时""tuk³³pāk³⁵（各+嘴）各方""tuk³³van⁵¹（每+天）每天""tuk³³pāi⁵¹（各+方面）"①等。这些词中大多数中心语素都是一样的，意义也没有差别，这就为现代傣语"tsu³³（诸、每、各）"替代"tuk³³（每、各）"创造了条件。但哪种形式能在词汇竞争中胜出，则既与语言接触密度有关，也与词汇内部形式有关。我们认为促使"tuk³³

---

① "tuk³³（每、各）"异形词较多，有四种不同的写法。

(每、各)"使用频率降低甚至淘汰既有语言接触的因素，如"ᥓᥳ tsu³³（诸、每、各）"借入后，逐渐在文献中成为高频词，而且用法与"ᥗᥩᥢ᥵ tuk³³（每、各）"高度重合，这为它替代固有词准备了充分的条件，同时与"ᥗᥩᥢ᥵ tuk³³（每、各）"读音和字形有关。"ᥗᥩᥢ᥵ tuk³³（每、各）"在傣语中还有另一个意义，它还用来表示巴利语借词"ᥗᥧᥐ᥵ tuk³³（苦）"，在这个义项上，它是佛教的核心词汇，而且已进入了傣语书面语和口语中。这两个词在文献中，如使用老傣文书写形式有差别，在文献中尚易区别两者。但由于读音一样，有时古籍文献中也将"ᥗᥧᥐ᥵ tuk³³（苦）"简写为"ᥗᥩᥢ᥵ tuk³³（每、各）"，造成了两者词形的混淆。新傣文改进后，两者词形和读音就完全一样了，成为同音同形词。为了区别同音同形词，采用意义和用法完全一样的"ᥓᥳ tsu³³（诸、每、各）"替代"ᥗᥩᥢ᥵ tuk³³（每、各）"显然更为经济，也更符合词汇替代习惯。

二 古汉语借词"ᥐᥨᥲ klāu³⁵（告、告诉）"分析

"ᥐᥨᥲ klāu³⁵"在现代傣语里有"告、告诉""控告、告状"两个义项。表示"告状、控告"义的"告"，壮语（kāu⁵）、布依语（kāu⁵）、泰语（klāu⁵）、侗语（kāu⁵）、仫佬语（kɔ⁵）、毛难语（kɔ⁵）等语言都借入了这个义项，而且调类一致。这个义项分布范围较广，借入时间应较早，属于中古汉语借词；而表示"告、告诉"义的"告"只在傣泰语等西南次语支中使用，而且一般在书面文献中使用，使用范围相对受限。但由于傣泰语文献绝大多数都是经书类文献，所以其使用频率很高。

尽管"告、告诉""控告、告状"义语音词形都相同，但它们并不是同时借入的，这是由借词的层次性决定的。"ᥐᥨᥲ klāu³⁵"表示"告状"义的借词分布广泛，遍及壮侗语族大多数语言，而"ᥐᥨᥲ klāu³⁵"表示"告、告诉"义使用范围狭窄，只在壮侗语族西南次语支中部分语言中使用。虽然它们词形一样，但由于借词借入时通常是以"义项"为单位，而不是以"词"为单位，所以源语为多义词的话，它往往只与某个义项相对应，后来有需要了，再借入另一个义项。这就会给借词层次分析带来挑战，特别

是同形词更是这样。

"ꪀꪾꪱꪫ klāu³⁵"在《维先达腊》中基本表示"告、告诉"义，而几乎不用来表示"告状"义。"ꪀꪾꪱꪫ klāu³⁵（告、告诉）"在《维先达腊》中主要有两种语法。一是与傣语固有词或古汉语借词构成合成词，如"ꪜꪮꪀ ꪀꪾꪱꪫ bɔk³⁵ klāu³⁵（告诉，宣告）""ꪀꪾꪱꪫꪜꪮꪀ klāu³⁵bɔk³⁵（告诉，宣告）""ꪀꪾꪱꪫꪀꪾ klāu³⁵kam⁵¹（声称，宣称；说话，讲话）""ꪀꪾꪱꪫꪔꪱꪙ klāu³⁵tān¹³（告诉，宣讲）""ꪀꪾꪱꪫꪬꪮꪥ klāu³⁵thɔi¹³（讲述，告诉）""ꪀꪾꪱꪫꪫꪱ klāu³⁵vā³³（宣告，宣称，宣言）""ꪎꪱꪥ ꪀꪾꪱꪫ xai⁵⁵klāu³⁵（告诉）"等词。二是单独使用，单独使用时经常形成各种构式，使用较多的有"ꪀꪾꪱꪫꪀꪱꪋꪱꪫ klāu³⁵kā⁵¹thā⁵⁵vā³³（宣讲偈颂说）告诉偈颂说""ꪀꪾꪱꪫꪮꪮꪀꪱꪃꪱꪫ klāu³⁵ʔo¹³kāt³⁵kā⁵¹thā⁵⁵vā³³（告诉教言偈颂说）告诉教言偈给""ꪀꪾꪱꪫꪔꪮꪀꪱꪋꪱꪫ klāu³⁵tɔ³⁵kā⁵¹thā⁵⁵vā³³（告诉对偈颂说）将偈颂告诉给""ꪊꪲ꪿ꪁ ꪮꪮꪀꪾꪱꪫꪎꪳ꪿ tsiŋ³⁵mi⁵¹ʔo¹³kāt³⁵klāu³⁵suŋ³³（就有教言告诉于）就将教言告诉给""ꪀꪮꪀꪾꪱꪫꪜꪲꪙꪀꪱꪋꪱꪫ kɔ¹¹klāu³⁵pen⁵⁵kā⁵¹thā⁵⁵vā³³（就告诉为偈颂说）就形成偈颂告诉给"等相近的说法。由于《维先达腊》中偈颂、教言较多，该词频率自然也就较高。

傣语中"ꪀꪾꪱꪫ klāu³⁵"表示"告诉"义的用法与汉译佛经中的"世尊告曰""世尊告诸比丘""世尊复重告曰""佛告"等用法非常相似。在汉译佛经中，"告"只能用来表示佛祖对弟子说话，而弟子回答佛祖的话时就不能使用"告"，而只能使用"答""语""言""复""说""白"等词，体现了明显的尊卑关系。这是由"ꪀꪾꪱꪫ klāu³⁵"自身词义决定的，"告"含有"言说优先权"或"信息优先权"的双重优势，所以"告"的主体一般都是"权势者"或"信息优先掌握者"，这样就形成了自然的社会身份关系。傣语中的"ꪀꪾꪱꪫ klāu³⁵"使用情况也一样，只是使用范围稍有扩大，它用于佛祖对弟子或国王对臣子、妻属和百姓说话时才使用，也具有较为明显的上对下言说的关系。只是由于傣族贝叶经很多是本生经故事，国王、王子等人物也较多，"ꪀꪾꪱꪫ klāu³⁵"也可用于这一类现实社会的上下关系中，而弟子对佛祖或臣属、百姓对国王绝对不能使用该词。汉语和傣语中的"告"这种对应关系不是偶然形成的。我们认为"ꪀꪾꪱꪫ klāu³⁵"是受汉译佛经影响而借入的近代汉语书面语借词。

"ᦂᧁ klāu³⁵"在现代傣语中使用已较少，一般只用于"通告"类文体中。"通告"类文体实际上也是一种"权势者对一般人"的"宣告、宣讲"，它与古籍文献中用法仍是一致的，只是"通告"类文体在现代社会中使用范围较窄，所以该词使用也就少了。

第五节　"ᦂᦳᧃ tun⁵⁵"与汉语"尊"的比较分析

我们再来看另一个高频古代汉语借词"ᦂᦳᧃ tun⁵⁵"。"ᦂᦳᧃ tun⁵⁵"在傣语中有"身体，自身，本身；位；尊（对他人的尊称）"等义项，表示量词义项"位、尊"义为古代汉语借词。"ᦂᦳᧃ tun⁵⁵"在很多傣族古籍文献中都是高频词，这与傣族文献大多是佛经或长篇叙事诗有关，为了对国王、首领、佛祖等有身份地位或有影响力的人物以及辈分高的亲属（夫妻之间也可用）表达尊敬或爱戴，经常使用敬称量词"ᦂᦳᧃ tun⁵⁵"。在《维先达腊》中"ᦂᦳᧃ tun⁵⁵"出现1023次（包括构词），属于高频词，但在现代傣语中，该词使用范围及频次显著降低，在现代傣语书面语语料库中只有238次（包括构词）。

"ᦂᦳᧃ tun⁵⁵"在《维先达腊》中除了少数情况下作为名词外，绝大多数时候都作为量词使用，但已不再是纯粹的数量词，而是发展引申出"关系代词"的用法，用于联系前面主语和后面定语或定语从句，这是《维先达腊》中"ᦂᦳᧃ tun⁵⁵（尊）"的主要用法。傣语的量词，特别是泛化量词功能十分丰富，有"替代、联系、区别、规定和构词"等作用，① 这是大多数泛化量词共有的特点。

本节首先讨论"ᦂᦳᧃ tun⁵⁵"与汉语"尊"的语音形式，然后对《维先达腊》中"ᦂᦳᧃ tun⁵⁵"的用法进行细致解剖，最后将"ᦂᦳᧃ tun⁵⁵"与汉语的

---

① 张公瑾：《论汉语及壮侗语族诸语言中的单位词》，《中央民族学院学报》1978年第4期。

"尊"做比较，认为两者词义和用法有很多共同点，有可能是同源词或较早期从南方汉语方言借用的借词。

一 "ɗtun⁵⁵"与"尊"的语音形式

古汉语的"尊"为精母魂韵平声一等合口字。各家构拟的语音情况见表3-9所示。

表3-9 "尊"古音构拟表

作者	上古音	中古音	作者	上古音	中古音
高本汉	tswən	tsuən	白一平	tsun	??
王力	tsuən	tsuən	郑张尚芳	ʔsuun	tsuən
李方桂	tsən	??	潘悟云	suun	tsu̯on

从上表可知，各家上古音声母拟音存在些微差异，中古音大体一致。上古音声母有 ts/ʔs/s 等，中古音很一致，皆为 ts。韵母差别不大。我们重点讨论下该词的声母，在汉语很多南方方言点中，"尊"的声母可为 t，见表 3-10 所示。

表3-10 "尊"在各地汉语方言语音表

方言点	"尊"读音	方言点	"尊"读音	方言点	"尊"读音
诸暨（吴）	tɵu²¹⁴	定安（闽）	ʔdun²¹³	崇仁（赣）	tən¹①
昭平疍家（粤）	tun⁴²	万宁（闽）	tuŋ⁴⁴	金溪（赣）	tun¹
澄迈（闽）	tun²²	南宁亭子（平话）	tun⁴¹	靖安（赣）	tən¹
陵水（闽）	tun³³	藤县藤城（平话）	tun⁵³	乐安（赣）	tən¹
琼海（闽）	tun³³	玉林福绵（平话）	tyn⁵⁴	南丰（赣）	tun²³
三亚（闽）	tuŋ³³			宜黄（赣）	tən¹¹

注：各方言点调查时，有的为调值，有的为调类，为调类的皆为第一调。本表材料来自东方语言学网，也按相关方式处理。

上述各方言点中，声母为 ʔ/d/t，韵母除了诸暨韵母为复合元音外，其他皆为鼻音韵尾。而且 t 声母广泛存在于吴、粤、闽、平话和赣等汉语南方方言地区，特别是闽方言和赣方言较多。这说明"尊"为 t 声母曾是汉语南方方言的存在形式。

我们再来看壮侗语族语言分布情况，在壮侗语族中，在北支（北部壮语和布依语）和中支（南部壮语）中都未见该词，而在西南次语支的德宏傣语，泰语、老挝语中皆有这个词，此外马来西亚语中也有该词。西南次语支内部一致，且具有明显的声韵调对应关系，都来自原始台语的 A1 调。"ᨲᩩᩁ tun^{55}"德宏傣语对应形式为"ton^6【书】尊，位（佛、菩萨、佛爷）"，老挝语为"ton^1 身躯，身体；自己，自身，本身；（用于称呼君主、僧侣的量词）名，位"，中部泰语为"ton^2 自己，自身，本身；量词（用于妖魔鬼怪）"①。这个词在西南语支中的共同形式应为"ton^1"，而版纳傣语的元音"ᨲᩩᩁ tun^{55}"是元音高化的结果。这种语音变化是个普遍现象，如西双版纳傣语的"人 kun^2"，德宏傣语为 kon^2，中部泰语为 khon^1，北部泰语为 khon^4，皆为原始台语的 A2 调；西双版纳傣语的"雨 fun^1"，德宏为 fon^1，中部泰语和北部泰语 fon^5，皆为原始台语的 B1 调。它们具有整齐的变化规律。傣语文献中这个词使用普遍，但没法确定它开始的年代。

二 《维先达腊》中"ᨲᩩᩁ tun^{55}"的用法

"ᨲᩩᩁ tun^{55}（尊）"在文献中主要分为单用和构词两种。单用时，有名词或量词用法，但绝大多数都是量词用法；构词时大多用于亲属名词以及部分代词中，主要表达"尊敬"义。为说明"ᨲᩩᩁ tun^{55}（尊）"用法，我们先对单用情况进行举例解释，然后列举它的构词情况，并作简要分析。

（一）"ᨲᩩᩁ tun^{55}（尊）"独用时的词义和用法

1. 表示"身体、自身"义

"ᨲᩩᩁ tun^{55}（尊）"作为名词义，主要表示"身体"，后来引申出"自身、

---

① 分别参见孟尊贤《傣汉词典》（德宏），云南民族出版社 2007 年版，第 707 页；黄冰《老挝语汉语词典》，国际关系学院昆明分院 2000 年版，第 658 页；广州外国语学院《泰汉词典》，商务印书馆 1990 年版，第 242 页。

第三章 《维先达腊》古汉语借词及演变研究

自己"义。如：

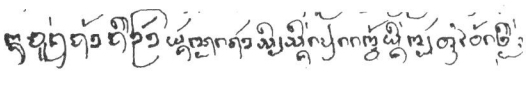

图 3-5

nāŋ⁵¹tsuŋ³⁵thā¹³thɯ⁵⁵ʔau⁵⁵jaŋ⁵¹pɔn⁵¹rau⁵¹sip⁵⁵siŋ³⁵pen⁵⁵kvɛu¹³kap⁵⁵tun⁵⁵
皇后　就　等　接受　于　愿　我们　十　种　是　珍宝　随　身体
vai¹¹tə³³!
着吧！

（皇后您就接受十愿，作为随身的珍贵之物吧！）

图 3-6

bat⁵⁵ni³³tun⁵⁵tān⁵⁵kon⁵¹luŋ⁵¹, tsāk³⁵məŋ⁵¹bun⁵⁵prāk³³fā¹¹vāi³⁵nā¹³su³⁵
现在　　您　　应下去， 离开 天上　　脱离 天 转向　至
məŋ⁵¹xun⁵¹tsuŋ³⁵ʔau⁵⁵tun⁵⁵luŋ⁵¹kət³⁵ti³³brā⁵⁵sət³⁵.
人间　　　拿　身体 下　生 地方 伟大。

（现在您应下凡，离开天国到人间，投胎到一个伟大的地方。）

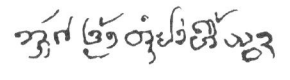

图 3-7

ʔan⁵⁵nɯŋ³³tɔŋ¹¹tun⁵⁵jā³⁵hɯ¹³sot³⁵.
个　一　肚子 自身 勿 使 凸出。

[一方面，自己的肚子不要凸出（怀孕不凸出肚子）。]

图 3-8

kan⁵¹vā³³tun⁵⁵bau³⁵tāi⁵⁵mə⁵¹nā¹³kɔ¹¹dɛn⁵¹teŋ³³vā³³tsak⁵⁵dai¹³han⁵⁵nā¹³.
如果 身体 不死, 以后 也 一定 说 必须 见面。
(如果身体不死亡，将来也就肯定要见面。)

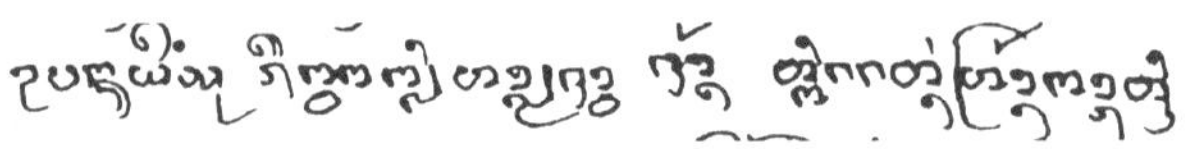

图 3-9

ʔu⁵⁵ban⁵⁵na³³jiŋ⁵¹su⁵⁵ʔan⁵¹vā³³pok³³pun⁵¹hān⁵⁵tsāu⁵¹tsāŋ¹¹tok⁵⁵teŋ³⁵hrāŋ¹³
象士们 也就是群 士兵勇士 象 准备 准备
kān⁵⁵tun⁵⁵.
事情自己。

(象士们，也就是勇敢的象兵准备着自己的事情。)

从上面的例子可看出，"ဢ tun⁵⁵" 表示 "身体、自身、自己" 义，按照词义引申或演变的规律，这也应是 "ဢ tun⁵⁵" 最先产生的词义。

2. 与数词一起构成数量结构修饰有地位或影响力的人物

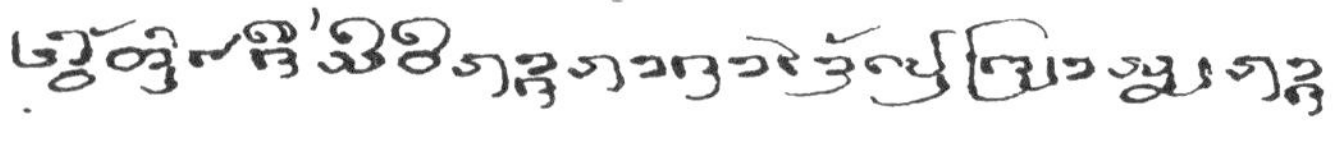

图 3-10

(jaŋ⁵¹mi⁵¹) tāu¹¹tun⁵⁵nɯŋ³³tsɯ³³si⁵⁵vi³³hāt³³hā⁵¹tsā⁵¹dai¹³pen⁵⁵pra³³jā⁵¹
还 有 官员 位一 名字叫 西维王 国王 得 成为王

第三章 《维先达腊》古汉语借词及演变研究

soi⁵⁵hāt³³.
继承 王。

（还有一个官员，名字叫西维王，继承王位成为国王）

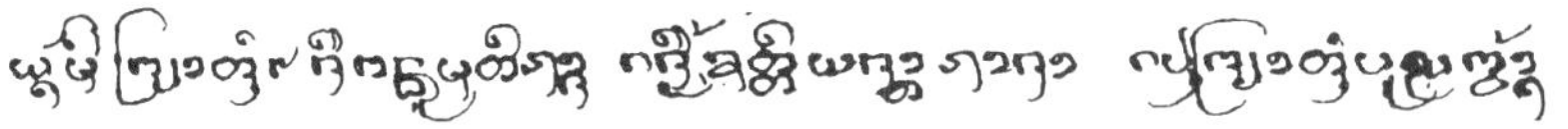

图 3-11

jaŋ⁵¹mi⁵¹pra³³jā⁵¹tun⁵⁵nɯŋ³³tsɯ³³pan⁵¹thu⁵¹ma³³ti⁵⁵tsə¹¹xat⁵⁵ti⁵⁵ja³³pen⁵⁵
　还有 国王 位 一 版 图 玛迪 种刹帝利 王 成为
pra³³jā⁵¹tun⁵⁵bun⁵⁵kvāŋ¹³.
国王 位 福 广。

（还有一位国王，名字叫版图玛迪，属于刹帝利种姓，是一位福气深广的国王）

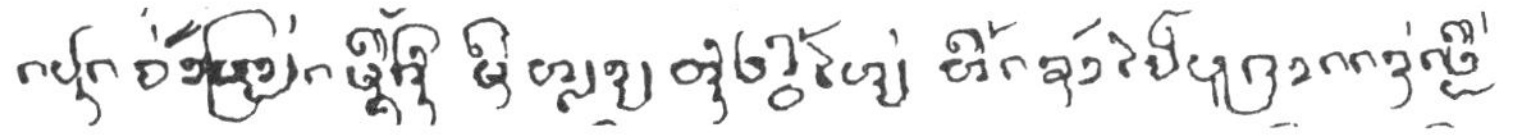

图 3-12

pen⁵⁵tsau¹³phāp³⁵məŋ⁵¹xun⁵¹mi⁵¹lāi⁵⁵tun⁵⁵tāu¹¹jai³⁵hɯ¹³xau⁵⁵fai³⁵bu⁵⁵tā⁵¹
　国王 征服 人间 有 多位 首领 大 让 他们 希望 赕
dɛ³⁵tə³³。
的 吧。

（佛祖征服人间，有多位大首领希望来赕他的了）

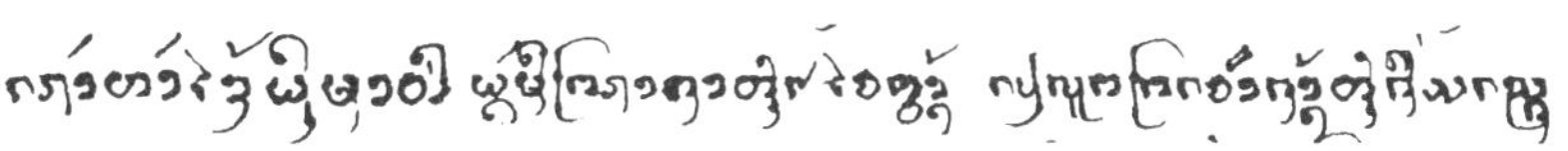

图 3-13

hau⁵¹ hāk³⁵ dai¹³ jin⁵¹ mā⁵¹ vā³³ jaŋ⁵¹ mi⁵¹ pra³³ hã⁵¹ tsā⁵¹ tun⁵⁵ nɯŋ³³ tsai⁵⁵ kvāŋ¹³
我们都听说 来说 还有 王 位 一 心 宽广 是
pen⁵⁵ luk³³ pra³³ tsau¹³ tsāŋ¹¹ tun⁵⁵ tsɯ³³ san⁵⁵ tsai⁵¹ ja³³.
儿子 王 大象 位 名叫 先宰雅。

(我们都听说, 有一位国王心胸宽广, 是一个名字叫先宰雅的象王的儿子)

"ဢ္ tun⁵⁵" 在句子中跟数词或不定代词结合, 作为"量词"修饰一些有身份地位或有正面影响力的人物, 表示对该人物的"尊敬"。在这些语境中, 它们不能被替换成"ၽူ phu¹³ (个, 位)" "တူ to⁵⁵ (个, 只)", 如替换了, 语法上完全是可以说得通的, 但在语义上不能体现出表敬称的褒义色彩。

3. 用在有身份地位或有影响力的人名或官衔后, 起着关系连词的作用, 联系后面定语或定语从句

"ဢ္ tun⁵⁵ (尊)"在《维先达腊》中主要用法是关系连词用法, 用在有身份地位或有影响力的人物之后, 起关系连词的作用, 联系后面的定语或定语从句, 从而对前面的有身份地位或有影响力的人物进行描写修饰, 后面的修饰成分一般表示该人的社会地位或者褒扬该著名人物。如:

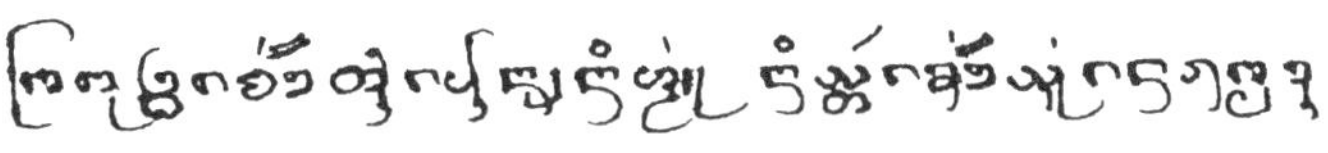

图 3-14

pra³³ put³³ tha³³ tsau¹³ tun⁵⁵ pen⁵⁵ nāi⁵¹ nam⁵¹ mu³⁵ nam⁵¹ sak⁵⁵ xau¹³ su³⁵ ne³³ ha³³
佛陀 位 是 头领 带 群 带 生灵 进入 涅
pān⁵¹.
槃。

(作为首领的佛陀带领众生进入涅槃。)

第三章 《维先达腊》古汉语借词及演变研究

该句中"ဥ tun⁵⁵"为量词，后面是一个从句，"ဥ tun⁵⁵"在这里起关系连词的作用，引导一个定语从句修饰前面的"佛陀"。这是《维先达腊》中"ဥ tun⁵⁵"的主要用法，也是傣语量词的一个重要用法，大多数泛化量词都有这种功能。再如：

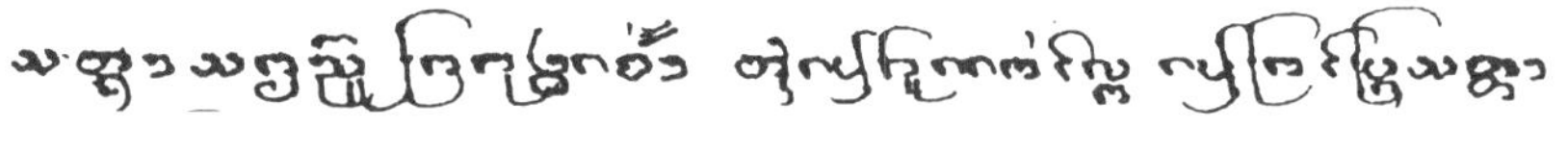

图 3-15

sat⁵⁵ thā⁵⁵ sap⁵⁵ pan⁵¹ ju⁵¹ pra³³ put³³ tha³³ thau¹³ tun⁵⁵ pen⁵⁵ xu⁵¹ kɛ³⁵ lok³³,
　导师　一切知　　　佛陀　　　位　是老师的 世界，
pen⁵⁵ pra³³ prot⁵⁵ sat⁵⁵ tā⁵⁵.
是　佛拯救 生灵。

（作为三世导师的一切知佛陀，是佛陀拯救生灵。）

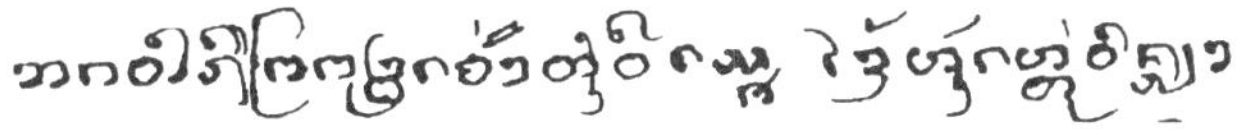

图 3-16

pha³³ ka³³ vā⁵¹ ʔan⁵¹ vā³³ pra³³ put³³ tha³³ tsau¹³ tun⁵⁵ vi⁵¹ set³⁵ dai¹³ han⁵⁵ het³⁵
　世尊　　　也就是　　佛陀　　　位　伟大　得 看见 情况
vuŋ⁵¹ sā⁵⁵.
族亲。

（世尊，也就是伟大的佛陀看见了族亲的情况。）

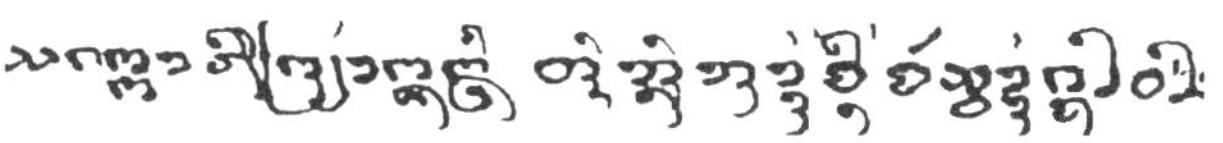

图 3-17

sak⁵⁵ko⁵⁵ʔan⁵¹vā³³pra³³jā⁵¹ʔīn⁵⁵ta³³tun⁵⁵ʔuŋ⁵⁵ʔāt³⁵tsiŋ³⁵tsak⁵⁵svāt³⁵kā⁵¹
帝释　也就是　　天王　　　位　威严　才　要　诵念　　偈语
thā⁵⁵vā³³.
说。

(帝释，也就是威严的天王才要诵念偈语说。)

图 3-18

ma³³hā⁵⁵sak⁵⁵to⁵⁵ʔan⁵¹vā³³po⁵¹thi⁵¹sat⁵⁵ta⁵⁵tun⁵⁵phān³⁵phau¹³xɯn¹³
　大　生灵　也就是　菩提萨埵　　位　优秀　　长　　大
jai³⁵dai¹³sip⁵⁵hok⁵⁵xop³⁵.
得　十六周岁。

(伟大的生灵，也就是优秀的菩萨长大已经十六岁了。)

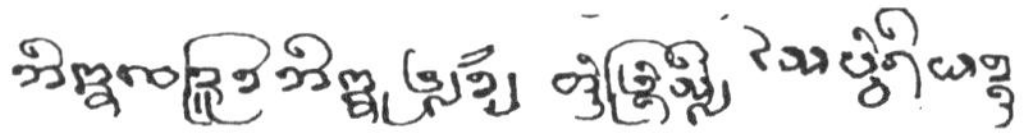

图 3-19

phik³³xa⁵⁵ve³³du⁵¹dā⁵¹phik³³xu⁵⁵taŋ⁵¹lāi⁵⁵tun⁵⁵truŋ⁵¹sin⁵⁵sai⁵⁵bo⁵⁵hi³³jāt³³.
比丘啊　　啊　　比丘　大家　位　遵守　清规戒律　纯洁。

(比丘啊！那些遵守清规戒律的比丘们啊！)

上面 5 句跟第 1 句情况类似，"tun⁵⁵" 后面为形容词或定语从句，"tun⁵⁵" 的作用就是联系前面的名词和后面的形容词或定语从句，使之构成修饰关系。如为单一的形容词，"tun⁵⁵" 从语法关系上看可去掉，其实并不影响句义，但去掉后只能表达"赞美"义，却不能很好地表达"尊敬"义。如后面是动宾结构或一个句子，这时"tun⁵⁵"就不能去掉。

第三章 《维先达腊》古汉语借词及演变研究

（二）"ᥖᥩᥢ် tun⁵⁵"构词情况

"tun⁵⁵"单用较多，构词相对比较小，"tun⁵⁵"在构词时有两种语序，在词头或词尾，在表示对亲属称谓时，两种语序都可以。列举见表3-11所示。

表3-11　　　　　　　　　　"tun⁵⁵"构词情况表

傣文和国际音标	词义	频次	词性	傣文和国际音标	词义	频次	词性
kvɛu¹³ tun⁵⁵	贵人（珠宝+尊敬的）	1	n	tun⁵⁵ deu⁵⁵	独自一人（身体+唯一的）	24	n/r
me⁵¹ tun⁵⁵	爱妻，贤妻（妻子+尊敬的）	5	n	tun⁵⁵ ku⁵¹	我（王者自称）；孤（位+我）	13	r
nai⁵¹ tun⁵⁵	体内（内+身体）	2	n	tun⁵⁵ mɛ³³	母亲大人，慈母（位+母亲）	1	n
nɔk³³ tun⁵⁵	身外（外+身体）	1	n	tun⁵⁵ nāŋ⁵¹	王后、皇后（位+王后、皇后）	3	n
pho⁵⁵ tun⁵⁵	夫君（丈夫+尊）	11	n	tun⁵⁵ pho⁵⁵	夫君（位+丈夫）	2	n
pɔ³³ tun⁵⁵	父亲大人、慈父（父亲+尊敬的）	2	n	tun⁵⁵ pɔ³³	父亲大人，慈父（位+父亲）	66	n
to⁵⁵ tun⁵⁵	您（身体+尊敬的）	2	r	tun⁵⁵ xam⁵¹	您（位+金）	1	r
				tun⁵⁵ tān³³	您（位+他）	2	r

在复合词中，"tun⁵⁵"的意义可归纳为三个义项。一是用在方位词后面，表示"身体、自身"；二是用在名词后面，这时的"tun⁵⁵"是一个形容词，修饰前面的名词中心语，中心语大多为亲属称谓语；三是用在名词前面，特别是亲属称谓词前面，这时它是一个量词。但从整个构词情况来看，"tun⁵⁵"主要是与亲属称谓词和代词搭配。

三 "ᩒtun⁵⁵" 与汉语 "尊" 的用法比较

汉语 "尊" 主要义项有：1. 尊贵、高贵；2. 辈分、地位高或年纪大；3. 称呼父亲；4. 称呼对方的敬词；5. 尊重，尊奉；6. 古代盛酒器；7. 盛酒；8. 量词，用于神佛塑像或 "大炮" 等。[①] 从字形上看，"尊" 表示 "用双手捧着酒樽向客人敬酒"，但清陈澧认为这并不是 "尊" 的本义，《东塾读书记·小学》 "《说文》有说转义不及本义者，举'尊'自酒器（为例）……本义是尊卑之尊"。黄侃先生在《文字声韵笔记·训诂》中也认为。"其一，但说字形之谊而不及本谊。如'尊，酒器也……'是也。夫酒器所以名为尊者，奉酒以所尊故也。是尊卑之义在前，乃'尊'之本谊"[②]。上述两位大家皆认为 "尊" 本义应是 "尊卑"，而不是 "酒器"。

在古代汉语里，除了常见的 "尊贵、高贵"；"尊重、重视" 义外，"尊" 在古代汉语里还可用来称呼 "别人父亲"，如南朝刘义庆《世说新语·品藻》"谢公问王子敬：'君书何如君家尊？'答曰：'固当不同'。" 这里的 "家尊" 指王献之的父亲王羲之。我们今天仍使用的 "令尊" 也是指 "别人父亲"，同时也可用来称呼自己的 "父亲"，如《世说新语·品藻》"刘尹至王长史许清言，时荀子年十三，倚床边听。既去，问父曰：'刘尹语何如尊？'"，进一步引申为 "称呼对方的敬辞"。如宋欧阳修《与梅俞宇书》"久不承问，不审尊体何以？"[③] 现在汉语中 "尊" 表敬辞的词语还有很多。

傣语的 "ᩒtun⁵⁵" 没有古汉语名词义 "酒器" 和动词义 "尊重、尊奉"，但多出了名词义 "身体、自身、本身"，这个义项是傣语固有词。傣语的 "ᩒtun⁵⁵" 不能直接表示 "父亲"，但它经常与 "父母、夫妻" 等词连用，作为 "称呼亲属的敬词"，而且两种语序都有，这在傣语构词中是极为罕见的。我们将 "名词+ᩒ" 中的 "ᩒ" 视为形容词，这样才符合傣语

[①] 综合《汉语大词典》《现代汉语词典》归纳出来的义项。
[②] 参见《汉语大词典》第二卷，汉语大词典出版社1991年版，第1280页。
[③] 参见《汉语大词典》第二卷，汉语大词典出版社1991年版，第1280页。

的语序，因为傣语中量词构词时必须放在名词的前面，而将"ဤ+名词"中的"ဤ"视为量词，因为傣语中形容词修饰名词必须放在名词后，而量词与名词构词时必须放在名词前。"ဤtun⁵⁵"在前或在后构成的很多词语或短语表达的意义一样，只是语序不同，说明它们产生于不同的时间。现代傣语中皆使用"ဤtun⁵⁵"在前的词语，说明"量词+名词"这种结构词的资格更为稳固，而"ဤtun⁵⁵"在后的词语都没有进入词典，说明它们作为短语的性质还很明显。

傣语量词"ဤtun⁵⁵"，无论是数量结构中的"ဤtun⁵⁵"还是起联系作用的"ဤtun⁵⁵"都必须是表达"尊敬"义。在数量结构中，其前面的名词须是有身份地位或有影响力的人物或官衔，在联系结构中，其后面的成分也要突出前面的名词身份地位或影响力，如是形容词则必须是褒义形容词，如"优秀、伟大、英明、庄严"等。汉语中称呼佛祖为"世尊"，称呼其弟子为"诸尊""尊者"，也都是表达"尊敬"义，汉傣语在这方面表达较为一致。

第六节　古汉语借词"ဒvā³³"的双音化和语法化

"ဒvā³³"在傣语中为"说、道、讲、称"，用法与现代汉语的"说、讲"大体一致，其后面常跟直接引语、间接引语或转述话语；虚化后，有凸显话题的作用。ဒvā³³在《维先达腊》和现代傣语中都是一个高频词语，在《维先达腊》中共出现1544次（包括构词），在现代傣语中，据76.6万余音节的傣语语料，ဒvā³³单独出现的频次为1277次，居于高频词第41位，同时构成了百余个合成词，出现有1840次，两者总计出现3117次。本节首先将"ဒvā³³"与汉语的"话"词义进行比较，然后列举分析《维先达腊》中"ဒvā³³"构成的合成词，讨论它的双音化和语法化问题，最后将傣语的"ဒvā³³"和汉语的"说"相关功能进行比较。

一 "ဎvā³³" 和古汉语 "话" 的音义比较

傣语的"ဎvā³³"借自中古汉语的"话"。"话"在中古汉语中为匣母、夬韵、合口、二等去声蟹摄字，中古音王力先生构拟为ɣwæi。在傣语"ဎvā³³"中，它为全浊声母阳去字，两者调类相合。

古代汉语"话"主要有三个义项，分别为名词义"言语、话语（慎尔出话，敬尔威仪）"和动词义"告、告谕（乃话民之弗率，诞告用亶）""谈话、议论（开轩面场圃，把酒话桑麻）"①。现在汉语中"话"的动词义已较为少见，只保留在某些词语中，如"话别""茶话会""话家常"等。古汉语"话"的动词义和名词义虽都出现很早，如"乃话民之弗率"（《书·盘庚》），"出话不然"（《诗·大雅·板》）等，但"话"的动词义在上古汉语中一直都不是常用词，"'话'在上古基本上只用作名词，意为'善言'，出现频率很低。偶尔做动词，是告诉的意思……"② 到了唐代，"'话'是表示'说话'义的一个常用词，是'说类词'中的新成员"③，"不过这个'话'在通语中流行的时间并不长……此后这个'话'可能'退居'为一个方言词，今天在赣语、吴语、闽语、粤语、客家话地区仍普遍使用的动词'话'就是它的直系后裔"④。宋代以后，"话"作为动词的功能就很少见了。现代汉语中"话"已几乎不用动词义项，所以汉语的动词"话"动词义构词屈指可数，在句法中未发生语法化现象，仅在词语中仍保留动词的实词义。

傣语中的"ဎvā³³"从语音形式上看，与汉语"话"的中古音较为接近，很有可能借自汉语南方某种方言。⑤ 傣语只借用了汉语"话"的动词义，表示"说、讲、道、称；责备、斥责"等义，而名词义则用壮侗语族

---

① 陈复华：《古代汉语词典》，商务印书馆2014年版，第579页。
② 汪维辉：《汉语"说类词"的历时演变与共时分布》，《中国语文》2003年第4期。
③ 汪维辉：《汉语"说类词"的历时演变与共时分布》，《中国语文》2003年第4期。
④ 汪维辉：《汉语"说类词"的历时演变与共时分布》，《中国语文》2003年第4期。
⑤ 关于"话"在南方方言的详细分布情况请参见汪维辉《汉语"说类词"的历时演变与共时分布》，《中国语文》2003年第4期。

第三章 《维先达腊》古汉语借词及演变研究

的固有词"ᨠᩣᩴ kam⁵¹（言、语、话；言词、语句；说法）"，如"说话"就为"vā³³ kam⁵¹"。从这个意义上来说，傣语的"ᩅ᩵ᩤ vā³³"比古汉语的"话"词义要狭窄，但傣语的"ᩅ᩵ᩤ vā³³"后来又发展出了其他义项。当然，傣语中表示"说"的词语还有很多，但最为常用的就是"ᩅ᩵ᩤ vā³³"。

二 《维先达腊》中"ᩅ᩵ᩤ vā³³"构词情况

"ᩅ᩵ᩤ vā³³"在《维先达腊》中的用法主要有两种：一是单说，就是独立使用，这种时候都是动词，其意义、作用和功能都相当于汉语的"说、讲"，后面常为直接引语、间接引语、转述语等；二是参与构词，构词时绝大多数都是双音节，构成词语的词性主要有动词、副词和连词。为清楚说明傣语"ᩅ᩵ᩤ vā³³"的双音化和语法化，这里将《维先达腊》中出现带"ᩅ᩵ᩤ vā³³"的合成词进行罗列，见表3-12所示。

表3-12　　　《维先达腊》中"ᩅ᩵ᩤ vā³³"构词情况表

傣文和国际音标	词义	频次	词性	傣文和国际音标	词义	频次	词性
tsɯ³³ vā³³	叫作，名叫，称为	32	v	lāŋ¹³ vā³³	可能，就是	2	d
hu¹¹ vā³³	知道，了解；莫非，还是	50	v/c	dɛn⁵⁵ vā³³	肯定，所以说	1	d/c
hām¹³ vā³³	劝说	1	v	het³⁵ vā³³	因为	8	c
jin⁵¹ vā³³	听说，据说	4	v	jau¹¹ vā³³	因为	6	c
klāu³⁵ vā³³	宣称、宣告、宣言	7	v	tem⁵⁵ vā³³	如果；即使	5	c
kɯt³³ vā³³	认为，以为	1	v	kan⁵¹ vā³³	如果，假如	36	c
lau³³ vā³³	劝说，说服	2	v	kɯ⁵¹ vā³³	就是，就是说	67	c

续表

傣文和国际音标	词义	频次	词性	傣文和国际音标	词义	频次	词性
mi⁵¹tun¹³vā³³	比如说	1	v	daŋ³⁵vā³³	如所说的,有如所述;至于,即使	3	c
nap³³vā³³	计算说;乱说;据说;更不用说	9	v/d	tau³³vā³³	但是	11	c
hek³³vā³³	叫作,称作	3	v	mak³³vā³³	即是,即是说	4	c
hoŋ¹¹vā³³	叫作	3	v	mɛn¹¹vā³³	如果、假如,倘若	49	c
tān¹³vā³³	谈论、讨论	1	v	pə³³vā³³	因为	1	c
teŋ³³vā³³	肯定,必定	7	d	phi¹³vā³³	假如,假使	21	c
tun¹³vā³³	根本上	1	d	prɔ³³vā³³	因为	37	c
jeu⁵¹vā³³	想是,可能是	13	d	son³⁵vā³³	至于,至于说	128	c
hɔi⁵¹vā³³	也许、可能,	25	d	son³⁵ʔan⁵¹vā³³	就是说,至于说	38	c
lon⁵⁵vā³³	也许、可能	2	d	ʔan⁵¹vā³³	所谓,就是说,所以说	270	c

从表 3-13 可看出,《维先达腊》中"ᩅᩤ vā³³"在合成词中都处于尾音节上,这些词除了"ᩉᩣᨾ hām¹³vā³³(劝说)",其他词语在《傣汉词典》中都有收录,说明它们皆已成词。这类词的某些词语还有一个显性的外在特征,就是傣文在书写时,有时候将它们写成"合体字",也就是将这两个音节看成一个不可分割的单位,如"tsɯ³³vā³³ 叫作""phi¹³vā³³ 假如""kɯ⁵¹vā³³ 就是说""ʔan⁵¹vā³³ 即为"等。这些"合体字"在书写形式上不同于一般常见形式,它们将两个词的声母叠合在一起,是一个不可分割的整体。其中有的合成词在《维先达腊》中频率也是很高的,如"ʔan⁵¹vā³³(个+说)"高达 270 次,"son³⁵vā³³(至于+说)"也有 128 次。

"ဝါ vā³³" 构成的合成词词性主要有动词、副词和连词三种。其中有些合成词只能当动词用,如 "ဟော် hɔŋ¹¹ vā³³";有的虽仍为动词,但转述或插入语功能较强,如 "ဂျင် jin⁵¹ vā³³" 表示 "听说、据说",具有明显虚化的趋向;有的动词延伸出了副词义,如 "ဟု hu¹¹ vā³³" "နပ် nap³³ vā³³" 等,都是兼类词;有的则为副词和连词的兼类词,如 "ဒဲန် dɛn⁵⁵ vā³³";而有的则发展成纯粹的连接词,如 "မဲန် mɛn¹¹ vā³³" "ʔan⁵¹ vā³³" 等。

我们认为,这三种词类的形成是 "ဝါ vā³³" 语法化的缩影,是 "ဝါ vā³³" 语义在句法环境中和韵律条件下不断虚化和句法重新分析的结果。"ဝါ vā³³" 的语法化与傣语书面语的产生密不可分,特别是连词,与书面语的发展关系更为密切。明清时期,是傣族书面文献形成和发展的黄金时期,也是傣语双音化的重要阶段,也应是 "ဝါ vā³³" 语法化的重要节点。

三　古汉语借词 "ဝါ vā³³" 的双音化和语法化

带 "ဝါ vā³³" 的合成词主要涉及动词、副词和连词三个词类,它们形成了演变链条,反映了 "ဝါ vā³³" 从 "言说" 义到 "认知" 义再到 "话题标记" 义的演变历程。下面我们先分析带 "ဝါ vā³³" 的各词类前一语素的情况,再结合汉语的 "说" 讨论傣语 "ဝါ vā³³" 相关性和平行虚化问题。

由 "ဝါ vā³³" 构成的动词,其前一语素也皆为动词,其副词义或插入语功能义是动词进一步虚化引申出来的义项和功能,是动词形成以后进一步虚化的结果。这些带 "ဝါ vā³³" 动词是一种词汇构词手段,是词与词之间在共时平面上通过构词法形成的合成词。其中有些动词后来引申出了副词义,则是合成词在句法环境中的进一步虚化的结果。

由 "ဝါ vā³³" 构成的副词合成词前一语素情况较为复杂。前一语素有动词的,如 "လင် lāŋ¹³ vā³³(是+说)" 是由表示强调的 "是" 后加 "ဝါ vā³³" 构成的,其一开始为动词短语,表示 "是说、就是说",主要起强调的作用,两个跨层结构由于经常出现在同一句法环境中,"ဝါ vā³³" 在静态动词的语境下,具有凸显话题的作用,语法化后经过重新分析后引申为 "可能、可不是" 义,在句中主要充当状语。见图 3-20 所示。

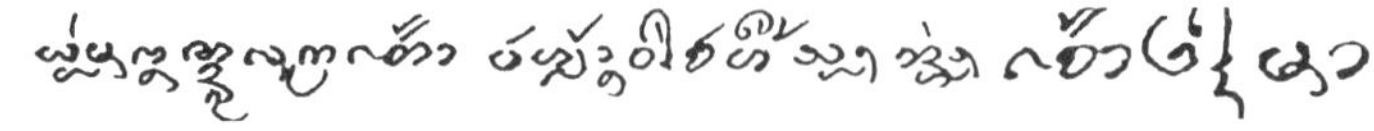

[傣文]

图 3-20

jɔm³³ʔi⁵⁵du⁵⁵luk³³tau¹³, bau³⁵lāŋ¹³vā³³tsak⁵⁵hɯ¹³sɔŋ³⁵ʔɔn³⁵tsau¹³tān⁵¹mā⁵¹.
当然 同情子女， 不也许 要 给 两 嫩 王 赊 来。
(当然爱护自己的子女，不可能把两个年轻的王子赊给乞丐)

[傣文]

图 3-21

bau³⁵lāŋ¹³vā³³tsak⁵⁵la³³pɔ³³mɛ³³xə⁵⁵xā¹³vai¹¹tɔ³⁵tsi⁵¹vaŋ⁵¹tsā⁵¹lɛ³³.
不 可能 要 丢 父母 俩我 留 对 生命 吧。
(不可能丢弃父母生命于不顾吧)

"[傣文] lāŋ¹³vā³³（是+说）可能" 一般只用于否定句中，出现在《维先达腊》中的两句也皆为否定句。"[傣文] lāŋ¹³（是）" 与 "[傣文] vā³³" 构成复合词 "[傣文] lāŋ¹³vā³³（是+说）可能" 后，"[傣文] lāŋ¹³（是）" 就不再单用，后来傣语又从汉语中借用了 "[傣文] tsai³³（是）" 用于否定句（这个词表示 "是" 只用于否定句，表示 "对、正确" 可用于回答问题）。"[傣文] bau³⁵lāŋ¹³vā³³（不+是+说）" 原本表示 "不是说"，后在句法中经过重新分析，由 "bau³⁵lāŋ¹³+vā³³" 变成 "bau³⁵+lāŋ¹³vā³³"，"[傣文] lāŋ¹³vā³³（是+说）可能" 就成为一个副词了。

前一语素有名词的，如 "[傣文] tun¹³vā³³（树根、根本+说）根本上" "[傣文] hɔi⁵¹vā³³（痕迹+说）可能、也许" 等。它们一开始为主谓短语，如 "[傣文] tun¹³vā³³（树根、根本+说）根本上" 首先为 "根子上说"，"[傣文] hɔi⁵¹vā³³（痕迹、迹象+说）也许、可能" 为 "迹象说"，后来两个词也经历了

第三章 《维先达腊》古汉语借词及演变研究

词义虚化的过程，并成为副词。我们这里以词频较高的"ཤུལ hɔi⁵¹vā³³（痕迹、迹象+说）可能、也许"为例予以说明。

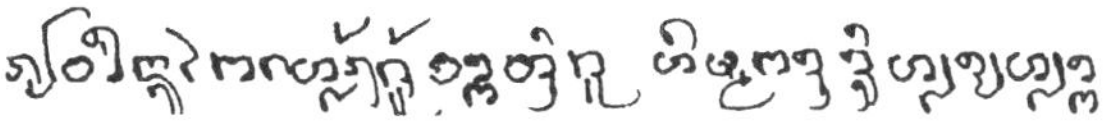

ཤུལ་དུ་ཀ་ལགས་ཤིག་ཅིག་ནུང་རི། སི་མ་པང་དུང་ལའི་ལགས

图 3-22

hɔi⁵¹vā³³ nāŋ⁵¹pai⁵¹len¹³tsu¹¹tsāk³⁵tun⁵⁵ku⁵¹, him⁵⁵ma³³pān⁵¹duŋ⁵⁵lāi⁵⁵lāk³⁵
也许 公主去 玩 情人离开我， 雪山林 奇异。
（也许公主去约会情人离开了我，雪山林很离奇）

句中"ཤུལ hɔi⁵¹vā³³"表示"一种不能肯定的猜测"义，是维先达腊妻子曼坻未见到"小公主"时所产生的各种胡思乱想。"ཤུལ hɔi⁵¹vā³³"通常位于句首，去掉它并不影响句子的表达，只是去掉之后整句话就表示一个客观陈述，而加上"ཤུལ hɔi⁵¹vā³³"主要目的就是强调说话者对事实的一种不肯定的猜测，反映说话者的主观想法，而不再是对客观事实的陈述。

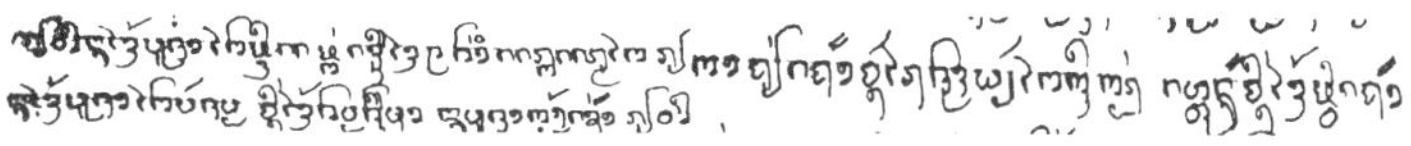

图 3-23

hɔi⁵¹vā³³ nāŋ⁵¹dai¹³bu⁵¹tsā⁵¹fai⁵¹phit⁵⁵phɛk³⁵dən⁵⁵dai⁵⁵kau¹³xam³³hɛk³³
可能 女子得捐献 火 违反 月 哪 九 晚从下半
hɛm⁵¹pai⁵¹, hɔi⁵¹nāŋ⁵¹dai¹³bu⁵¹tsā⁵¹fai⁵¹bau³⁵tsɔp³³, tsiŋ³⁵dai¹³xɔp³³xɯn⁵¹
月 去， 可能 女子得 捐献火 不对， 才 得返回来，
mā⁵¹, nāŋ⁵¹dai¹³bu⁵¹tsā⁵¹kɔn¹³xau⁵¹, hɔi⁵¹vā³³kā⁵⁵thɔi³⁵thau¹³tsaŋ⁵⁵hai⁵¹sut³³
　　 女子得 捐献 饭团， 可能乌鸦 低贱 低贱 摆
jap³³pai⁵¹kin⁵⁵kɔn⁵⁵, het³⁵nan¹¹tsiŋ³⁵dai¹³pho⁵⁵thau¹³.
抓 去吃 先， 因此 才 得 丈夫老。

(也许是女子捐献火,违背了哪个月的顺过去的九日,也许是女子捐献火不对,才得以返回来;女子捐献饭团,也许被可恶的乌鸦先抓去吃了,因此才嫁给老丈夫)

这段话中出现了两个"ᦷᦠᧈ hɔi⁵¹ vā³³(痕迹、迹象+说)"和一个"ᦠᧈ hɔi⁵¹",他们都位于每个分句的句首,表示对各种情况的"一种不能肯定的猜测"。

在文献中"ᦠᧈ hɔi⁵¹"(16次)和"ᦷᦠᧈ hɔi⁵¹ vā³³"(25次)都有一定的出现比例。但字词典中"ᦠᧈ hɔi⁵¹"没有副词义,只有名词义。我们认为"ᦷᦠᧈ hɔi⁵¹ vā³³"表示"一种不能肯定的猜测"义是一种语法化的结果,"ᦠᧈ hɔi⁵¹"名词义为"痕、迹、痕迹、斑迹;足迹、踪迹",词义本身已含有"表露出来的不很显著的情况",类似于汉语的"迹象"。"ᦷᦠᧈ hɔi⁵¹ vā³³"原本是一个主谓短语,直译为"踪迹说,迹象说,迹象表明"等,后来虚化为"也许、可能",所以它一直只位于句首或分句的前面。我们逐一查看了25个例子,情况皆如此。而"ᦠᧈ hɔi⁵¹"是一种语义感染的结果,其本身只有名词义,由于"ᦷᦠᧈ hɔi⁵¹ vā³³"长期连用感染上"一种不能肯定的猜测"义,或是"ᦷᦠᧈ hɔi⁵¹ vā³³"的书面语缩写形式,现代傣语中"ᦠᧈ hɔi⁵¹"已不再表示"可能"义了。

前一语素有为副词的,如"ᦵᦑᧁᧈ teŋ³³ vā³³(肯定+说)肯定、必定""ᦟᦸᧂᧈ lɔn⁵⁵ vā³³(也许、可能+说)"。它们的演化路径非常清楚,一开始为状中短语,分别为"肯定说、必定说""也许说、可能说",由于在句子中言说陈述功能减弱,主观认知功能增强,后来"ᦋ vā³³"就与后面的宾语成分关系弱化,在双音节韵律的作用下,"ᦋ vā³³"与前面的副词联系加强,它们进行重新分析后成为一个合成词。它们组合后,整句话的主观性也随之增强,不再表示一种客观的陈述言说,而是表示说话者对后面话题或事件的主观看法。

连词的前一语素也较为复杂,前一语素有形容词的,如"ᦎᦱᧃᧈ tem⁵⁵ vā³³(满+说)如果、即使"。该词由短语"满满地说"虚化而来,原来是个偏正短语，表示"满满地说，满打满算地说也不过如此"，后来"ຍva³³"与后面的宾语关系疏离，"ຍva³³"表示话题义的功能凸显，在双音化的驱动下，前面的"tem⁵⁵"就依附于后面的"ຍva³³"上，经过重新分析后虚化为连词"即使"，表示假设让步。

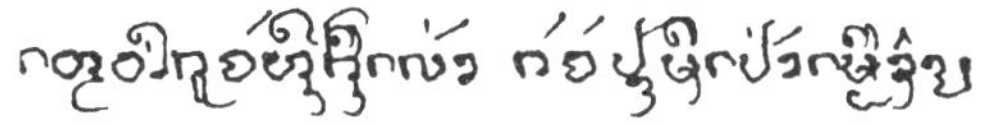

图 3-24

tem⁵⁵vā³³ ku⁵¹tsak⁵⁵ni⁵⁵xɯn⁵¹lau³³，kɔ¹¹tsak⁵⁵pat⁵⁵mɯ⁵¹pau³⁵mə⁵¹dāi⁵¹.
即使 我 要 逃 返 又， 也 要 拍 空 手 去 白白地。
(即使我逃回去，也只不过是空手返回去罢了)

"ຎtem⁵⁵vā³³"也只位于句首，表示假设让步，与后面的"kɔ¹¹（也、就）"搭配，形成类似于汉语的表示"即使……也……"结构，连词功能已非常稳定。

前一语素有名词的，如"ຎhet³⁵vā³³（原因、缘故+说），因为"原为主谓短语，表示对前面事实情况的解释，后来"ຍva³³"表示话题义的功能突显，与前面的名词重新分析后虚化为表示因果关系连词。

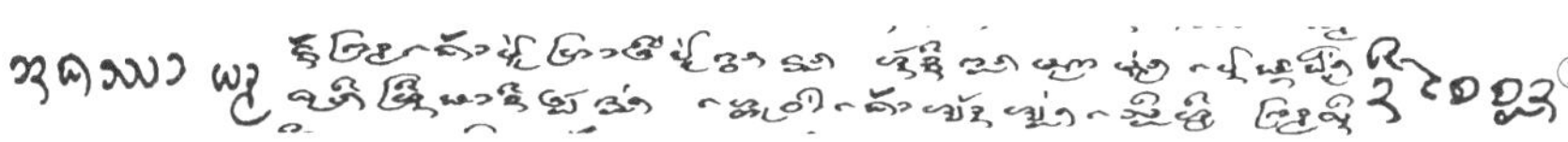

图 3-25

ʔat⁵⁵that⁵⁵sā⁵⁵，jām⁵¹nan¹¹prām⁵¹thau¹³pu³⁵hrā⁵⁵ti³³ju³⁵kon⁵¹nɔn⁵¹，han⁵⁵
那时， 那时 婆罗门 老者 寻找 住处 应 睡， 看见

---

① 因是图片截图，该句首和句尾在不同段落，暂这样处理。

din⁵⁵ pɔn⁵¹ muk³³ muŋ³³ pen⁵⁵ phuŋ⁵⁵ fun³⁵ thɯ³³ hi⁵¹ hrin⁵⁵ phā⁵⁵ di⁵⁵ tap³³ tsɔŋ³³, het⁵⁵
土　白　弥漫　　成　　尘土　　尘土　　岩石　好　堵缝，因为
vā³³ thau¹³ jān¹³ jɔŋ¹³ sə⁵⁵ mi⁵⁵, prām⁵¹ jin⁵¹ di⁵⁵ tsai⁵⁵ tsɔt³⁵.
老者　害怕　虎熊，　婆罗门觉　好　心 停歇。

［那时，婆罗门老者寻找可睡觉的住处，他看见白土弥漫成尘土，岩石可堵住漏洞的缝隙，因为它惧怕老虎和熊（尘土弥漫，堵住缝隙），婆罗门感觉安心可以停歇］

这句话中主要讲述婆罗门乞丐在寻找维先达腊路途中的经历，因为惧怕老虎和熊，它选择了一个尘土弥漫、岩石易于堵住洞口的地方睡觉，这样他才会安心休息。

"ᩉ het³⁵ vā³³ 因为"由巴利语"het³⁵（hetu，原因、缘故）"加古汉语借词"ᩅ vā³³"构成。本义是"原因说"，后来虚化为连词"因为"，这再次证明"ᩅ vā³³"的语法化与傣语书面语形成密不可分的关系。

前一语素有量词的，如"ᩋ ʔan⁵¹ vā³³（个+说）所谓，就是说"。这个词由主谓短语"这个说"虚化而来，这个词本为双音节词，由于高频，傣文简写为ᩋ（按文字读法为hɯ⁵¹，但口语读为ʔan⁵¹ vā³³），因为傣语的量词"ʔan⁵¹"有指示功能，代指前面言说的内容，因此这个词大多用于对前面一句话的同义说明，它们本是两个分离的句法成分，由于韵律作用和语法化的结果，它们重新分析后也成为一个连词"ᩋ ʔan⁵¹ vā³³ 所谓，就是说"。这个词在古籍文献中是个高频词，这是因为傣文古籍文献借用了大量的巴利语借词，很多巴利语借词词义都较难解释或者一般人不知其意，在翻译过程中就需要用傣语或熟知的巴利语对不常见的巴利语进行注释。其他几个连词，如"ᩈᩬᩁ son³⁵ ʔan⁵¹ vā³³（就是说，至于说）""ᩈᩬᩁ son³⁵ vā³³（至于、至于+说）至于、至于说""ᨠᩴ kɯ⁵¹ vā³³（就+说）就是说"功能与"ᩋ ʔan⁵¹ vā³³"功能差不多，也是用来说明同义关系的。但三者组合关系并不相同，"ᩈᩬᩁ son³⁵ ʔan⁵¹ vā³³（就是说，至于说）"由"至于+个+说"虚化而来；"ᩈᩬᩁ son³⁵ vā³³（至于、至于+说）至于、至于说"是由

"至于+说"组合而来;"ဆို kɯ⁵¹vā³³(就+说)就是说"是由"就+说"组合而来。

图 3-26　傣语传统字母表

pha³³ka³³vā⁵¹ ʔan⁵¹vā³³ pra³³put³³tha³³tsau¹³
世尊　　　也就是　　　佛祖

这句话比较短,但却很能说明"ʔan⁵¹vā³³"的用法,"pha³³ka³³vā⁵¹"是巴利语"世尊",为释迦牟尼十大称号之一,"pra³³put³³tha³³tsau¹³(优秀+佛陀+主人)"合起来表示"佛陀、佛祖"。"ʔan⁵¹vā³³"在其中起着连接的作用,相当于"即是说,就是说"。本来"ʔan⁵¹"是量词,指代前面的"pha³³ka³³vā⁵¹",由于韵律和语法化作用,这个词逐渐演变成一个连接词了。

前一语素有为副词的,如"tau³³vā³³(只、仅+说)但是""daŋ³⁵vā³³(似、若、像+说)至于说,即使",它们都是由"只是说""像这样说"虚化而来的,它们虚化和结合的方式显而易见,在这里就不详述了。

前一语素有为连词的,"phi¹³vā³³(假如+说)假如,如果""pə³³vā³³(因为+说)因为"皆如此。前一语素本身就是连词,可单独使用表示各种假设、因果关系,与汉语的"如果说""假如说""所以说"很相似,它们大多也是语法化重新分析的结果。与汉语的"如果说""假如说""所以说"还处于语法化进程中稍不同,傣语的这几个连词都已经成为一个连词了。这应与傣语中这些词大多是双音节、更易形成合成词有关。但与没有"vā³³"的连词相比,双音节的连词话题性更为凸显,它表达的主观化程度也更高一些。

从上面的分析可看出,"ꪵvā³³"构成合成词主要有两种情况,两个动词组合,一般构成并列式合成词,它们是共时层面上的构词,少数动词合成词语义会进一步虚化做副词,形成兼类词。而带"ꪵvā³³"的副词或连词基本都是语法化的结果,它们一开始多为短语或跨层结构,由于"ꪵvā³³"语义虚化,由言说义向认知义,甚至话题义发展,语义主观性不断增强,加上傣语双音化的趋势,"ꪵvā³³"就与后面宾语成分越来越疏离,而与前面的语素结合更为紧密,成为一个双音节词,有的跨层结构则经过重新分析形成双音节合成词。

四 "ꪵvā³³"与"说"在语法化进程中共性

不同语言的"说"类词,在发展过程中往往会呈现出一定的共性,这是由语言中的"言说"义决定的。傣语的"ꪵvā³³"与汉语的"说"具有相似的发展轨迹,它们皆大致经历了由"言说义"发展到"认知义"再到"话题转换标记义"等历程的演变。关于汉语"说"的语义演变历程,成果较多,如李明从叙事性角度研究了汉语的"言说类"词语"谓、呼、言、云、道"等词由"言说类"词语引申出"认为、以为"义的过程,并认为从言说义到认知义的引申是由"以身喻心"的隐喻驱动的,这种隐喻符合人类的一般认知规律。[①] 方梅利用北京话的语料详细论述了"说"演化的两条语法化路径:(1)言说动词〉引语标记〉标准句词〉标句词(2)言说动词〉话题标记〉列举标记〉条件从句标记〉虚拟情态从句标记。其中第一条路线主要体现为从言说的直接引语到作为间接引语标记,在语言上的表现就是说类词和感知类动词连用,如"告诉说""批评说""回忆说";在标准句词阶段,在语言上则体现为认知义、静态动词和系动词等,如"认识说""担心说""等于说"等,这时说可以删掉而不大影

---

① 李明:《试谈言说动词向认知动词的引申》,载《语法化与语法研究(一)》,商务印书馆2002年版。

响句义。①

傣语"ဆို vā³³"的发展历程与北京话"说"的发展历程非常相似。"ဆို vā³³"作为单音节动词时，基本上都是直接引语，而发展到部分双音节感知类合成词时，后面大多是间接引语，而到标准句词的时候，"ဆို vā³³"则大多为与认知类、静态类和系动词连用。傣语单音节动词"ဆို vā³³"的言说义都比较强，大多是直接引语成分，而要表达间接引语，则需在"ဆို vā³³"前加修饰成分，如某人说、某人某个时间说，据某人说之类的修饰语。而双音节词合成词内部并不均质，带"ဆို vā³³"的合成词内部可分为两大类，一类是实义类动词，如"ham¹³ vā³³（劝说）""klāu³⁵ vā³³（告诉说）""jin⁵¹ vā³³（听说、据说）""hek³³ vā³³（叫作、称作）""tān¹³ vā³³（谈论）""hoŋ¹¹ vā³³（叫作）""tsɯ³³ vā³³（叫作、称为）""lau³³ vā³³（劝说）"等，这类动词前一语素动作义还比较强，它们大多难以虚化，一般用来引出间接引语成分；一是认知类静态动词和系动词等，如"kua³³ vā³³（认为说）""jeu⁵¹ vā³³（想是，可能是）""hu¹¹ vā¹¹（知道说）""lāŋ¹³ vā³³（是+说）""ဆိုမြ mi⁵¹ tun¹³ vā³³"等，这些词一是容易引申出副词义，二是相对容易脱离原句法环境，成为插入语成分。此外像偏正结构的副词"teŋ³³ vā³³（肯定说、肯定）""dɛn⁵⁵ vā³³（肯定、必定）""lɔn⁵⁵ vā⁵⁵（可能、也许）"其功能与认知类动词相当，这类跨层结构与其后面的句法成分联系较为宽松，独立性较强，它们容易作为独立成分，成为话题标记或者列举标记，从而虚化为副词或连词。

傣语中还有为数不少的单音节副词或连词+"ဆို vā³³"构成的合成连词，这种用法与现代汉语里正在语法化的"如果说""就是说""所以说"等情况一样，它们原来也是跨层结构，后来由于作为话题转换标记，就结合在一起。"汉语也存在话题标记，而且可分为前置和后置的两种。前者包括'关于、对于、至于、说到、说起（……来）、再说、如果说、要说、

---

① 方梅：《北京话里"说"的语法化——从言说动词到从句标记》，《中国方言学报》2006年第1期。

若说、就说、(就) 拿……(来) 说、比如说'；后者如'嘛、吧、呢'等提顿词。"① 傣语中的连词加"ဝ vā³³"都属于前一类，它们在句子中主要起着话题转换的功能，使用合成连词主观义更强，而陈述表达事实义较弱。

---

① 李秉震:《"说"类话题转换标记的语义演变》,《中国语文》2009 年第 5 期。

第四章 《维先达腊》巴利语转写研究

巴利语是古代印度的一种通用俗语，属于印欧语系印度语族中的中古印度雅利安语，与梵语十分相近。从《维先达腊》中出现的巴利语情况来看，巴利语有一半以上与梵语完全同形，剩下的一半中绝大多数也都与梵语有明显的语音对应关系，只是部分元音或辅音发生了有规则的语音演变。

巴利语是一种多音节无声调且有丰富形态变化的语言，符合印欧语大多数语言的主要特点。巴利语元音较为简单，只有八个单元音，没有复合元音，单元音中 a/i/u 三个元音区分长短，e/o 两个元音为长元音；有较为复杂的复辅音，复辅音大多为发音部位相同的送气和不送气音构成，与梵语相比，复辅音结构要简单得多。语法上有性数格等语法范畴，如名词有阳性、阴性和中性三个性，有单数复数两个数范畴和主格、呼格、宾格、工具格、与格、离格、属格和方位格八个格。动词词形变化要承载关于人称、数、时态和语气等信息。

傣文偈颂中较多地保留了巴利语的性数格，而单个借词则多以某种固定性数格形式出现。傣语语音结构与巴利语差别较大，傣语是一种单音节有声调无形态变化的孤立型语言。傣语声母较为简单（老傣文创制时声母比现在要复杂一些），而韵母数量多且类型多样，有单元音韵母、有复合元音韵母，有鼻音和塞音韵母。总体上看，两种语言的语音结构和语言类型都存在较大的差异。傣文转写巴利语时，就需要建立系列规则，要释读巴利语，首要工作就得在音义条件下寻找两者的语音对应关系并分析语音变异发生的条件。

当巴利语佛典传入傣族地区后，诵读和转写巴利语就成为一项难以回避的工作。尽管两种语言差别较大，但傣文来自婆罗米字母，属于拼音文字，这就为两者语音对应奠定了坚实的基础。傣文转写巴利语遵循了婆罗米文字特点，转写尽量追求准确性和对应性，因此就形成了一系列的转写规则，同时由于语音演变和语音变异也产生了诸多变异现象。总的来说，傣文转写巴利语的主要办法可概括如下：（1）傣文全盘吸收了巴利语41个字母，并为每个字母创制了书写符号，而且字母排列顺序也与巴利语保持严格的对应关系，这就为傣文转写巴利语奠定了坚实基础。后来根据傣语实际读音增加了一些声母，这部分声母除了个别因语音演变可拼写巴利语，基本只用来拼写傣语固有词或古汉语借词。（2）在语音形式上，傣文将巴利语多音节语音结构按音节拆分成单音节形式，从而符合傣语的语音结构，巴利语中的复辅音则通过合体字形式、辅音韵尾化和复杂字母三种方式进行转化和体现，这样就完美地解决了巴利语复辅音的转写问题。这种转写方式不但符合傣语语音结构特点，而且保留婆罗米字母有较多合体字的传统特点。（3）单双音节巴利语或不常见的多音节巴利语都主要采用字母对应的方式进行转写，只有极少数常用双音节巴利语借词会产生辅音韵尾化变成单音节，多音节如有复辅音，大多会将复辅音韵尾化。（4）有的常见多音节巴利语词语会通过弭音、截取首音节或前两个音节方式进行简化。（5）巴利语短元音 a 一般不转写出来，如遇到短元音 a 就会自动省去，从而形成多个声母连用问题，而巴利语中短元音 a 出现频率很高，根据笔者对 1000 个巴利语借词的统计，短元音 a 出现频率为整个巴利语元音的 60% 以上，这样就大大缩减了傣文书写长度。（6）某些傣文转写时产生了语音变异现象，这种语音变异不是缩减音节而是辅音韵尾化产生的次生问题，也是转写过程中最难释读的借词，本文主要关注这部分转写规则。总之，傣文通过各种手段较为完美地解决了巴利语转写问题，但也产生了一定弊端，如字母冗余问题，辅音复杂化问题，韵尾多变问题、多个声母连用等。

过去对傣文转写巴利语的讨论几乎没有，而确定两者对应关系是研究词义的最重要的一步，所以本章主要从转写角度谈傣文转写巴利语问题，从而解决傣族古籍中的一大难点问题。至于巴利语的语义变化、书写讹误以及佛教专业术语等有关问题，需要在解决转写问题的基础上才能开始相关工作，我们将会在《长阿含经》专书研究中进行细致分析。本章分为五节：第一节讨论《维先达腊》中巴利语出现的类型；第二节分析傣文与巴利语字母对应规律和傣文转写巴利文的几种常用方法；第三节讨论傣文转写巴利语几种特殊语音变异问题；第四节利用巴利语和梵语的语音对应规律，分析《维先达腊》中的梵语借词问题。

第一节　《维先达腊》中巴利语出现的类型

根据巴利语佛经文本中的出现情况，大体上可分为四种类型。

一　巴利语以单词形式出现，并夹杂在傣语中

这些巴利语借词大多数已为傣族传统知识分子，甚至一般民众所熟知和了解，部分成为傣语常用词，经常出现在傣语书面语甚至口语中。例如：

（信徒们，倾听吧！善男信女和知识分子们，请竖起你们的耳朵安静地倾听伟大的维先达腊叙述上千条偈颂，从头到尾共有十三章。你们想脱离轮回到达涅槃境界从而结束一切之苦，就一起全部来竖立起耳朵俯首倾听吧，这样就得到……）

在上述这段佛经中，出现的巴利语或梵语有 "ꪎꪰꪗꪫꪮ $sa^{55}\,tha^{33}\,vo^{51}$" "ꪎꪳꪚꪬꪲꪎꪰ $sa^{55}\,bu^{55}\,hi^{33}\,sa^{55}$" "ꪌꪮꪉꪰ $so^{55}\,ta^{55}$" "ꪚꪾꪎꪱꪒ $br\bar{a}^{55}\,s\bar{a}t^{35}$" "ꪣꪬꪱ $ma^{33}\,h\bar{a}^{55}$" "ꪫꪷꪎꪱꪙꪰꪔꪬꪰ $ve^{51}\,san^{55}\,ta^{55}\,ha^{33}$" "ꪒꪰ $ts\bar{a}t^{33}$" "ꪀꪱꪰ $k\bar{a}^{51}\,tha^{55}$" "ꪀꪰꪙ kan^{55}" "ꪙꪲ ni^{33}

pān⁵¹""ᨲᩩᨠtuk³³"等，分别表示"信徒""贤人善士""耳朵""安静地""大，伟大""维先达腊""再生、出生，生辰""偈颂""章节""涅槃""痛苦"。这些词语像"sa⁵⁵bu⁵⁵ri³³sa⁵⁵""ma³³hā⁵⁵""ve³³san⁵⁵ta⁵⁵ha³³""tsāt³³""kā⁵¹thā⁵⁵""ni³³pān⁵¹""tuk³³"等借词。由于使用频率高，特别是诵经时，每部经典都会涉及，已为大多数傣族人所熟知，个别词甚至已产生语义引申现象。

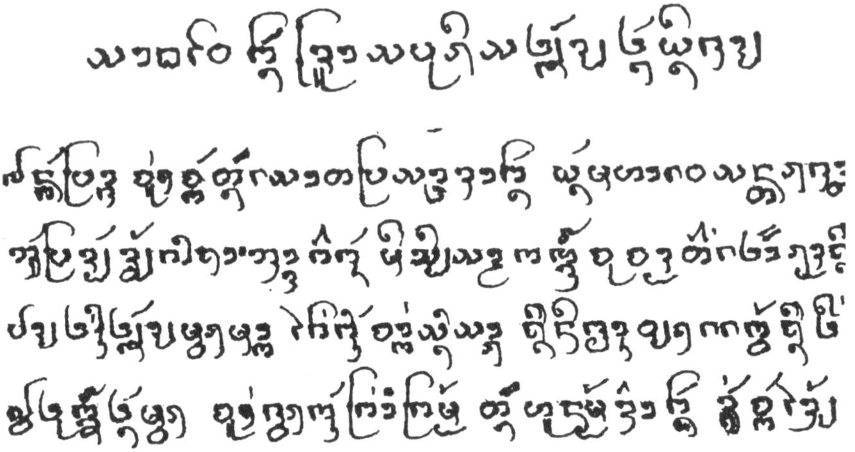

图 4-1

二 巴利语傣语同现，傣语主要目的是解释巴利语

同现是巴利语佛典传入之初，傣文翻译最常用的一种译经形式，如图 4-1 中的"so⁵⁵ta⁵⁵""brā⁵⁵sāt³⁵"是两个巴利语词，表示"耳朵""安静地"，这两个词一般人都不知道，于是就在这两个词后添加了一个傣语词"da⁵⁵faŋ⁵¹倾听"进行注释，然后下文中再一次出现傣语"ᨲᩢ᩠ᨦᩉᩪᨶᩫ᩠ᨾᨯᩢ᩠ᨦtaŋ¹³hu⁵⁵nɔm¹¹dā⁵¹faŋ⁵¹（竖起耳朵俯首倾听）"予以进一步解释。这种注释方式在佛经中较为普遍，对傣语构词以及四音节结构产生了很大影响，很多三音节或四音节词语由巴利语和傣语固有词构成，傣语固有词既起着注释作用，也起着补充凑足音节的作用，如"nə¹¹to⁵⁵ka⁵⁵jā⁵¹""kā⁵⁵la³³bān¹³məŋ⁵¹""bo⁵⁵ha³³mon⁵¹""ʔa⁵⁵nu³³jat³³"其中的"ka⁵⁵jā⁵¹""kā⁵⁵la³³" "bo⁵⁵ha³³""ʔa⁵⁵nu³³"都是巴利语。这些词嵌入成语中,有傣语词作为注释,它们的意思就更容易被一般人知晓。

三 整句以偈语方式出现,携带巴利语性数格等语法特征

傣语文献在偈语之前,一般都会说"kā⁵¹thā⁵⁵vā³³",就是"偈语说",如:

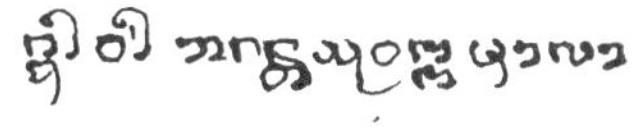

图 4-2

偈语说:"尊者啊,金色的华鬘。"这是《维先达腊》中较短的一句偈语。一般偈语都较长,例如:

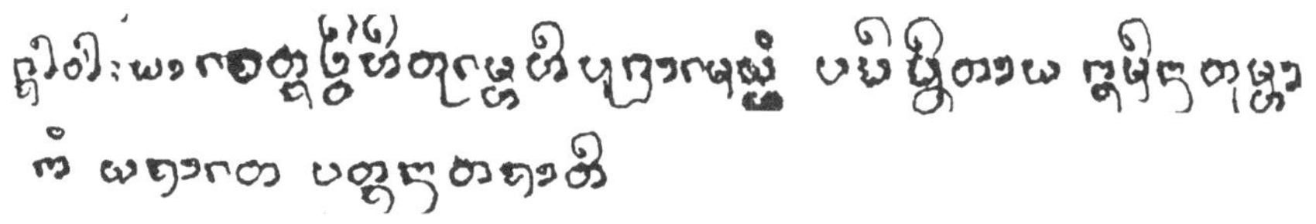

图 4-3

这句话相对就比较长。所谓偈语就是佛经中的唱词(Budhist's chant or hymn,偈陀之省),如偈颂、偈文、偈句、偈言、偈语、偈诵等。由于直接来自巴利语文本,所以全部都是巴利语,而且偈颂将巴利语的性数格等语法特征都带了进来。这也是傣语佛经中最难处理的部分。

四 出现在每章开头部分,主要为赞颂语和概括语

这是傣族文献的一般书写格式。傣文大多数佛经,甚至一般文献,如《药典》《断案集》,叙事诗中都会以整段的巴利语作为开头部分。这一部分不是偈颂,主要为赞颂语或对本章主要内容进行简单概括。这部分文字也携带巴利语性数格。《维先达腊》作为傣文文献的代表作,每章开头都

会礼赞佛祖或赞美相关正面人物，而且每章开头词都是"na^{33} mo^{51} ta^{33} sa^{55} thu^{55}"，意思是"尊者大德，我礼敬您！"它们不属于偈颂，但绝大多数都是固定格式。例如：

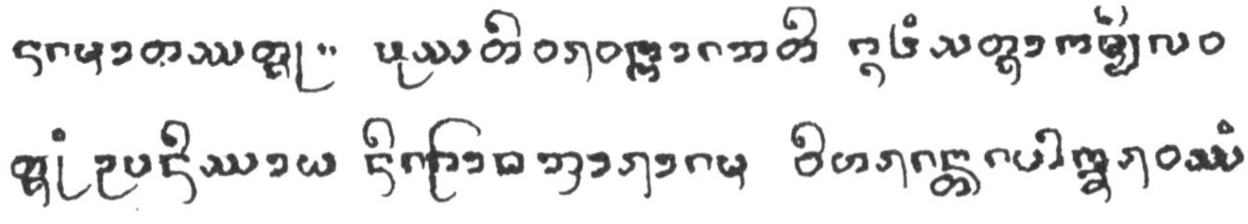

图 4-4

由于这样的话大多是礼赞佛祖或概括本章内容的，有的重复率高，一般都能进行释义。

《维先达腊》巴利语出现方式在其他佛经中也大致相同，只是比例高低的问题。其中第四种类型绝大多数佛经中甚至傣族长篇叙事诗中都普遍存在。第三种巴利语偈颂则不同佛经文本差异较大，有些傣族化较高的佛经文献或傣族自己后来创作的文献，偈颂就很少甚至不出现。第三、第四两种情况往往都是直接抄录自巴利语佛典，在抄录过程中，也把巴利语的各种语言特点，特别是性数格等特征都照搬了过来。第一、第二种情况是佛经中，甚至是巴利语单独出现时最常见的两种形式，它们只以某种固定的性数格形式出现。这些巴利语借词有的进入了傣语常用词汇行列，如"ᨠᩢ᩠ᨶ kān^{55}（事情）""ᨴᩩᨠ tuk^{33}（苦，痛苦）""ᨵᨾ᩠ᨾ tham^{51}（法；经）"等都是傣语高频词，是傣语词汇系统中不可缺少的部分。在现代傣语书面语中，我们曾统计过不同的样本，"ᨠᩢ᩠ᨶ kān^{55}（事情）"出现的频率都位居第一，这说明巴利语对傣语词汇系统产生了非常大的影响。

上面所举的巴利语借词，在外形上有一个共同特征，那就是在声母上面它们都没有❘和╯两个声调符号，但凡有这两个声调符号的一般都不会是巴利语借词。我们这里再来说一下傣文声调设计问题，这对识别和释读巴利语有很大用处，它是傣语中巴利语借词的一个重要外在特征。巴利语是一种无声调多音节有性数格变化的语言，傣文在转写巴利语时全盘照搬巴利语字母，也就没有赋予巴利语声调符号。傣文的声调符号是后来创制的，主要是用来标注傣语固有词或汉语借词用的。为了迁就巴利语无声调的特点，傣文在设计声调符号时就采用了一些方法来保持巴利语书写时不标注声调的传统。主要有以下五种方法。

一是利用声母区分高低音组（按清浊区分，清声母为高音组，浊声母为低音组），所以傣文21个声母有42个声母符号，并且固定高音组拼写阴声类5个调类，低音组拼写阳声类4个调类（塞音韵尾字调值与元音结尾的调值相同，因此傣文只有六个调值）。这样傣文九个调类（六个调值）只需要三个声调就可以了。

二是进一步规定阴声调的第一调55调不标调，阳声调第一调51调也不标调（类似于台湾注音字母的第一调不标调），这样只需要❗和✓两个声调符号就可标注傣文了，因此傣文只有两个声调符号（有变体形式）。而大多数巴利语借词都属于55调和51调这两个不需要标调的调类，这两个调不用标调就意味着巴利语借词大多数不用标调了。

三是规定傣语低音组短元音也不用标调，声调符号按照傣语低音组塞音韵尾33调处理。傣语低音组塞音韵尾33调也不标调，因为有塞音韵尾作为标记，不标调文字书写时也不会混淆，而巴利语浊辅音后带短元音的借词都是33调，这样绝大多数巴利语借词就不用标调了。

四是规定高音组塞音韵尾前的长元音也不标调，即高音组的35调也通过声调和塞音韵尾来区别，这样巴利语中的长元音塞音韵尾（辅音韵尾化的结构）也不用标调了，不过35调的巴利语借词很少。

五是巴利语的两个独立元音 $ʔe^{13}/ʔo^{13}$ 自身就读为13调（从不拼写傣语固有词和汉语借词），傣文专门创制了字母形式，通过字母形式就自动读为13调，这样13调也不用标调了，这部分借词也很少。

综上所述，傣文利用上述五种方法后，巴利语就都可不用标调了。这样设计声调的好处为：一是减少了傣文声调符号的数量，二是可清晰区分声母创制之初的声母清浊情况，更为重要的是，保持了巴利语借词转写时不用标注声调的习惯。这样在文本中，我们就可首先看有无声调来大致判

断是巴利语借词还是傣语词语,特别是三音节以上词语,如没有标调基本上都是巴利语借词。如下面这句话:

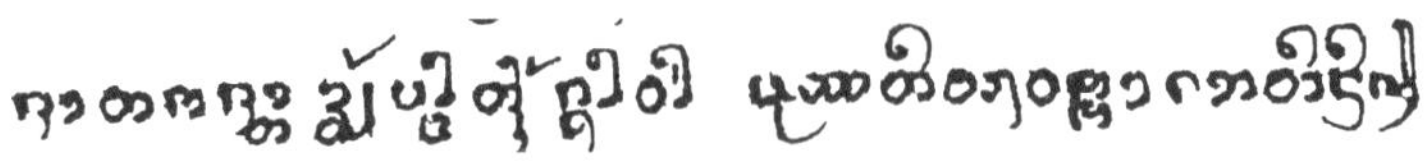

图 4-5

tsā⁵¹ta⁵⁵ka⁵⁵tsāt³³doi¹³bāt³⁵tun¹³kā⁵¹tha⁵⁵vā³³phut⁵⁵sa⁵⁵ti⁵⁵vā³³ra³³
　本生　　世　于　句首　偈颂　说　普萨利　　　高贵

van⁵¹nā⁵¹phe³³ti⁵⁵ni³³lɛ³³.
光芒　　照耀　　了。

(本生经第一首偈颂说:"高贵的普萨利光芒四射啊!")

其中只有"doi¹³(于)""tun¹³(棵、首)""vā³³(说)"三个词有声调,这三个词也都是傣语固有词或古汉语借词,其他词语除了(ni³³lɛ³³的了,傣语低音组短元音 33 调不标调)不是巴利语外,其他都是巴利语。这就是说,标调的话肯定不是巴利语借词(个别标调错误除外),没有标调的不一定是巴利语借词。再如图 4-6 这段话。

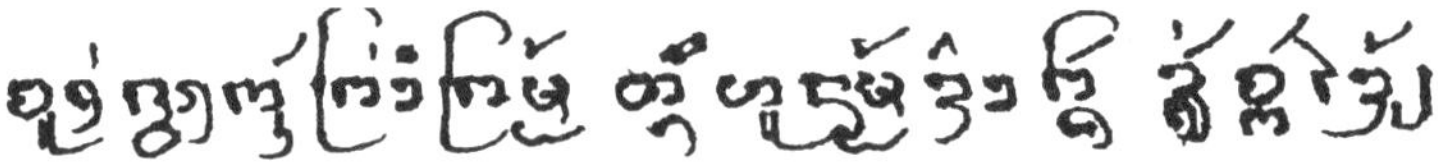

图 4-6

tsuŋ³⁵tson⁵¹kan⁵⁵pram³³prɔm¹¹taŋ¹³hu⁵⁵nɔm¹¹dā⁵¹faŋ⁵¹, daŋ³⁵tsak⁵⁵
　就　一起　集聚　　　　竖耳　躬身　倾听,　这样　必

dai¹³……
须……

(就集聚在一起躬身倾听,这样必须……)

这段话中大多数词语都有声调，因此可判定这些带声调的词不是巴利语借词，实际上这段话也确实都为傣语固有词和古汉语借词（古汉语借词声调按傣语固有词声调模式处理）。

第二节　傣文转写巴利语字母对应表和常用转写方法

傣文全盘吸收了巴利语 41 个字母，并为每个字母创制书写符号，且字母排列顺序与巴利语保持严格的对应关系，这就为傣文转写巴利语奠定了坚实基础。同时傣文在转写巴利语时，经过长期实践，也形成了一些常规做法，如将巴利语多音节语音结构按音节拆分成单音节结构，采用合体字形式、辅音韵尾化和复杂字母三种方式解决巴利语复辅音问题，采取截译、弭音等方式解决巴利语多音节常用词问题，通过省略高频的短元音 a 来缩短书写长度问题，这样就较为完美地解决了傣文转写巴利语过程中的主要问题。

一　傣文转写巴利语字母对应表

傣文创制之初是用来拼写巴利语的，因此并没有顾及傣语的语音特点，而是全盘吸收了巴利语字母表 41 个字母。这些字母创制之初的发音与巴利语保持一致，但在后来傣语化过程中，由于语音演变，有些辅音清音化了。表 4-1 是老傣文字母转写巴利语的字母对应表。

表 4-1　　　　　　　　**傣文转写巴利语字母对应表**

老傣文字母	巴利语读音	傣语现代读音	备注	老傣文字母	巴利语读音	傣语现代读音	备注
ꩍ	a^{55}	?	傣文作为高音组零声母，既可拼写傣语也可转写巴利语	ꩍꩍ	ā	$?ā^{51}$	只转写巴利语

续表

老傣文字母	巴利语读音	傣语现代读音	备注	老傣文字母	巴利语读音	傣语现代读音	备注
	i^{55}	ʔi^{55}	一般只转写巴利语，仅在前缀中拼写傣语		ī	ʔi^{51}	只转写巴利语
	u^{55}	ʔu^{55}	只转写巴利语		ū	ʔū^{51}	只转写巴利语
	e	ʔe^{13}	只拼写巴利语		o	ʔo^{13}	只转写巴利语
	k	k	傣文作为 k 的高音组，既可拼写傣语也可转写巴利语		kh	kh/x	傣文作为 kh/x 的高音组，既可拼写傣语也可转写巴利语
	g	k	傣文作为 k 的低音组，既可拼写傣语也可转写巴利语		gh	kh/x	只转写巴利语
	ṅ	ŋ	只转写巴利语		c	ts	傣文作为 ts 的高音组，既可拼写傣语也可转写巴利语
	ch	s	只转写巴利语		j	ts	傣文作为 ts 的低音组，既可拼写傣语也可转写巴利语
	jh	s	只转写巴利语		ñ	j	只转写巴利语
	ṭ	t	只转写巴利语		ṭh	th	只转写巴利语
	ḍ	d	傣文作为 d 的高音组，既可拼写傣语也可转写巴利语		ḍh	th	只转写巴利语
	ṇ	n	只转写巴利语		t	t	傣文作为 t 的高音组，既可拼写傣语也可转写巴利语
	th	th	傣文作为 th 的高音组，既可拼写傣语也可转写巴利语		d	t	傣文作为 t 的低音组，既可拼写傣语也可转写巴利语

续表

老傣文字母	巴利语读音	傣语现代读音	备注	老傣文字母	巴利语读音	傣语现代读音	备注
ဌ	dh	th	傣文作为 th 的低音组，既可拼写傣语也可转写巴利语	ၯ	n	n	傣文作为 n 的低音组，既可拼写傣语也可转写巴利语
ဝ	p	b	傣文作为 b 的高音组，既可拼写傣语也可转写巴利语	ၓ	ph	ph	傣文作为 ph 的高音组，既可拼写傣语也可转写巴利语
ၒ	b	p	傣文作为 p 的低音组，既可拼写傣语也可转写巴利语	ဃ	bh	ph	傣文作为 ph 的低音组，既可拼写傣语也可转写巴利语
ၕ	m	m	傣文作为 m 的低音组，既可拼写傣语也可转写巴利语	ယ	y	j	傣文作为 j 的低音组，既可拼写傣语也可转写巴利语
ရ	r	r 或 h	傣文作为 r 的低音组，既可拼写傣语也可转写巴利语	လ	l	l	傣文作为 l 的低音组，既可拼写傣语也可转写巴利语
ဝ	v	v	傣文作为 v 的低音组，既可拼写傣语也可转写巴利语	သ	s	s	傣文作为 s 的高音组，既可拼写傣语也可转写巴利语
ဟ	h	h	傣文作为 h 的高音组，既可拼写傣语也可转写巴利语	ဠ	ḷ	l	只转写巴利语
ံ	aṃ	aŋ	只转写巴利语				

从表 4-1 备注中可看出，41 个字母中有很多字母形式只用来拼写巴利语，但也有很多字母，特别是巴利文低音组声母大多也用来拼写傣语（泰文中也存在这类现象）。一般情况下，如果一个词语中出现了只用来拼写巴利语的专用字母，就基本上可判定这个词语为巴利语借词或傣巴混合语词，这也是确定巴利语的另一个外在形式特征。如严格按照字母对应规则拼写的话，我们就可根据上述字母对应关系，将傣文准确地还原为巴利

语,如傣文 ꨦꨳꨲ (bu⁵⁵tsā⁵¹,布施)还原为巴利语就是 pūjā,ꨦꨳꨲ (su⁵⁵tvā⁵⁵,已闻)就是巴利语 sutvā,ꩃꩁꨯꩈ (so⁵⁵ta⁵⁵,耳朵)就是 sota;ꪜꨯꩃꩃꨵ (vi³³ha⁵⁵han⁵¹ta⁵⁵,住着)就是 viharanta 等。这些词语直接根据字母表对应就可互相转写(声母连用时还原为巴利语时须添加短元音 a)。

二 傣文转写巴利语常规方法

字母对应为傣文转写巴利语提供了前提和基础,但巴利语是多音节无声调语言,而傣语是单音节有声调语言。在声调符号上,傣文经过巧妙设计,迁就和适应了巴利语无声调的特点。为了准确地转写巴利语,傣文在转写过程中还形成了一系列的方法和规则。关于傣文转写巴利语的方法和规则问题学界尚未有人进行过讨论,我们通过一万多条确认的巴利语词例,归纳了傣文转写巴利语的八条普遍性规则。这八条规则能识别绝大多数巴利语借词(错误词形或变异词形无法还原)。

我们将傣文转写巴利语基本规则归纳为以下八条,即对转、省略短元音 a,辅音韵尾化、半元音 j 韵尾化、复辅音韵尾化和单辅音化、截译、弭音、采用特殊字母形式或书写形式转写巴利语借词。

1. 直接按照字母对应表转写,即对转

傣语中很多借词可依据上述字母表进行直接转换并还原为巴利语,巴利语也可再次转写为傣文,两者之间存在一一对应关系,我们叫它对转。见表 4-2 所示。

表 4-2　　　　　　　　直接按照字母对应表转写的词语表

傣文	傣语国际音标	傣语和汉语词义	巴利语原形	巴利语词义
ꪶꪫꪶꪚ	ve³³lā⁵⁵	时间	velā	time, point of time
ꫛꪚꪋꪚ	hā⁵¹tsā⁵¹	国王,君王	rājā	king
ꪵꩈꫂ	ke⁵⁵si⁵⁵	头发	kesi	hair

第四章 《维先达腊》巴利语转写研究

续表

傣文	傣语国际音标	傣语和汉语词义	巴利语原形	巴利语词义
ဠိမာ	xi⁵⁵nā⁵¹	被消灭的，被耗尽的，漏尽的	khiṇā	destroyed, exhausted, removed, wasted, gone
ဘါတာ	bā⁵⁵tā⁵¹	双脚；首；脚步	pādā	both feet; the fourth part (foot) of a verse; foot or base of a mountain; a coin
၊ၔိ	te³³vi⁵¹	女神，皇后	devī	a goddess; a queen
ဣတာနိ	ʔi⁵⁵tā⁵¹ni³³	今，现在，当前	idāni	now
နာနာ	nā⁵¹nā⁵¹	种种；等等	nānā	variously, differently; different, divers, all kinds of
ပုရိ	bu⁵⁵hi⁵¹	城镇	purī	a town, fortress, city
မာတာ	mā⁵¹dā⁵⁵	母亲；妈妈	mātā	a mother; a maternal grandmother

这是一种最简单的音译方式，傣语字母和巴利语字母存在严格的语音对应关系（需要强调的是，是傣文字母形式与巴利语字母形式存在一一对应关系，而不是实际读音），因此只需根据傣文字母与巴利语字母对应关系直接转换即可。这种对译方式，大多出现在双音节词语中，而且是没有短元音 a 的词语中，总体涉及的词语量不大。

2. 省略短元音 a

傣文在转写巴利语借词时，短元音 a 都省略不写，偶尔用 ː 表示，这是一条较为明显的规则，因为短元音 a 是巴利语最为常见的元音字母。巴利语中含有短元音 a 的词汇数量非常大，几乎三音节以上的词中都含有短元音 a。其作为规则，虽很简单，但其产生的影响却不可忽略，它是傣文书写中大多数复辅音产生和辅音韵尾化的基础。它就像一个奇异吸引子，产生了连环效应，而且不断扩大，使老傣文书写符号系统呈现出较强的复杂性。

从表 4-3 可看出，巴利语短元音在傣文书写中都不显示出来，实际上婆罗米字母很多文字系统在书写时都会省略短元音 a，这是一条普遍性规则。傣文省略短元音 a 一方面可大幅缩短书写长度，更为重要的是另一方面，它还会产生连锁反应：一是造成了原不是复辅音的字母在书写时变成两个辅音相连，一旦这两个辅音发音部位相同或相近时就可能产生连读并形成复辅音，如巴利语 sāsanā（宗教），中间的 sa 短元音省略后，其前的 s 发生组合的可能性就有三种。(1) 与前面音节组合，黏附在前面音节上成为韵尾，这样就变成了 sāt⁹na²。(2) 与后面辅音组合形成复辅音，读成 sā¹snā²。(3) 仍独立存在。傣文中（2）（3）两种写法都有。实际上具体发生哪种情况与这个辅音位置有关系，如出现在词首或词中，它一般与后面辅音组合，形成复辅音，但只限于发音部位相同或相近的辅音丛中，发音部位不同或相近的，一般单独存在或成为韵尾；如出现在词尾时，它就与前面开音节组合，成为韵尾；如是三个及以上短元音连续出现，一般情况下都只会单独出现，如上述的ဗားဌ和ဗာဌ等。

表 4-3　　　　　　　省略短元音 a 的转写词语表

傣文	傣语国际音标	傣语和汉语词义	巴利语原形	巴利语词义	说明
ဒဟော	ma³³hā⁵⁵	大，伟大	mahā	big, great	ma 省略短元音 a
နမော	na33mo⁵¹	南无；礼敬	namo	nomage, veneration, esp. used as an exclamation of adoration at the beginning of a book	na 省略短元音 a
တဒါ	ta⁵⁵tā⁵¹	那时	tadā	then, as that time	ta 省略短元音 a
တေသနာ	te³³sa⁵⁵nā⁵¹	宣说，说示，教说，指示	desanā	discourse, instruction, lesson; moral instruction, exposition of the dhamma, preaching, sermon	sa 省略短元音 a
သမနေ	sa⁵⁵ma³³ne³³	沙弥	samaṇe	a wanderer, recluse, religieux	sa 和 ma 省略短元音 a
မကသ	ma³³ka⁵⁵sa⁵⁵	蚊子	makasa	mosquito	三个声母都省略短元音 a

第四章 《维先达腊》巴利语转写研究　　239

续表

傣文	傣语国际音标	傣语和汉语词义	巴利语原形	巴利语词义	说明
ꪎꪰꪀ	sa⁵⁵ka⁵⁵	自己，自身	saka	own	两个声母都省略短元音 a
ꪔꪎꪙ	ta³³sa⁵⁵na³³	齿	dasana	a tooth	三个声母都省略短元音 a
ꪚꪬꪣ	ba⁵⁵ha³³ma³³	第一的，最高的，优秀的	parama	highest, most excellent, superior, best	三个声母都省略短元音 a
ꪎꪣꪚꪯꪙꪔ	xa⁵⁵mā⁵¹ben⁵⁵ta⁵⁵	道歉	khamāpenta	asked one's pardon; apologised	xa 和 ta 省略短元音 a

3. 辅音韵尾化

辅音韵尾化是指巴利语借词进入傣语后，由于辅音后省略了短元音 a，这些辅音就与前面开音节组合，演变成傣语韵尾。巴利语辅音除个别辅音，如 v、h 外，其他辅音都参与了韵尾化，涉及面相当广泛，它是导致傣语韵尾复杂的最重要原因。当然并不是所有的辅音都一定会参与傣语韵尾化，它还有一个前提条件，那就是傣语中要有这种音节形式存在，不存在的音节形式傣语多以辅音连续出现的方式进行处理，而且发生辅音韵尾化的词语大多出现在最后一个音节中。

从表 4-4 中可看出，巴利语最后一个音节中短元音省略后，其前的辅音就附着于前一音节中，成为前一音节韵尾，将一个开音节变成了塞音节或鼻音节。如ꦲꦂ最后一个短元音省略了，字母 r 就会与前面的 hā 组合，附着于其后面，成为鼻音韵尾 hān⁵⁵。再如ꦱꦺ，最后一个短元音 a 省略了，s 就与前面开音节 se 组合成为塞音节 set³⁵。这种状况的出现反映了不同历史时期傣文转写巴利语所采用的方法。巴利语传入之初，一般而言，主要采取直接对译方式，但这种对译方式大幅增加了傣语多音节词，所以后来逐渐采取辅音韵尾化方法转写，这样就将巴利语的三音节转换成傣语双音节，将巴利语双音节变成了傣语的单音节。尤其是进入傣语一般词汇或常用词汇的巴利语借词，这种要求就更为迫切了。

表 4-4　　辅音韵尾化形成的词语表

傣文	傣语国际音标	傣语和汉语词义	巴利语原形	巴利语词义	说明
ᦞᦲᧈᦵᦉᧆ	vi³³set³⁵	优秀的，卓越的；与众不同的	visesa	distinction, characteristic, discrimination; elegance, splendour, excellence; distinction, peculiar merit or advantage, eminence, excellence, extraordinary state	sa 中 s 韵尾化并附着于 se 上，形成 set³⁵
ᦀᦸᧉᦂᦱᧆ	ʔo¹³kāt³⁵	空间，天空；机会，许可	okāsa	space as geometrical term, open space, atmosphere, air as space; appearance, as adj. looking like, appearing; occasion, chance, opportunity, permission, consent, leave	sa 中 s 韵尾化并附着于 kā 上，形成 kāt³⁵
ᦺᦑᧉ	tot³³	罪，罪过	dosa	anger, ill-will, evil intention, wickedness, corruption, malice, hatred	sa 中 s 韵尾化并附着于 to 上，形成 tot³³
ᦉᦱᦲᦲᧆ	tsā⁵⁵hit³³	表现，品行，行为；举止，行动；习性，脾气；历史，履历	carita	going, moving, being like, behaving; action, behaviour, living; good action, right conduct	ta 中 t 韵尾化并附着于 ri 上，形成 rit³³
ᦷᦗᦱᦓᧉ	bo⁵⁵hān⁵¹	古代，古时；古老，陈旧，老式	porāṇa	old, ancient, former	ṇa 中 ṇ 韵尾化附着于 rā 上，形成 rān⁵¹
ᦂᦱᧃ	kān⁵⁵	事，使用，事情，事务，工作	kāra	deed, service, act of mercy or worship, homage; the production or application of	ra 中 r 韵尾化并附着于 kā 上，形成 kān⁵⁵
ᦥᦱᦸᦲᦵᦈᦲᧃ	ba⁵⁵ti⁵⁵jān⁵¹	宣言，发誓，宣誓；誓约，盟约	paṭijāna	to acknowledge, agree to, approve, promise, consent	na 中 n 韵尾化并附着于 jā 上，形成 jān⁵¹
ᦞᦸᦠᦱᧃ	vo⁵¹hān⁵⁵	言谈，言语，言辞，辞令；文风，文采，文学，艺术；法律；经商，贸易	vohāra	trade, business; current appellation, common use (of language), popular logic, common way of defining, usage, designation, term, cognomen; lawsuit, law, lawful obligation; juridical practice, jurisprudence; name of a sea-monster	ra 中 r 韵尾化并附着于 hā 上，形成 hān⁵⁵

第四章 《维先达腊》巴利语转写研究

续表

傣文	傣语国际音标	傣语和汉语词义	巴利语原形	巴利语词义	说明
ᩈᩴ	sān⁵¹	禅	jhāna	literally meditation; conflagration, fire	na 中 n 韵尾化并附着于 sā 上，形成 sān⁵¹

傣语只有三个鼻音韵尾和三个塞音韵尾，而巴利语辅音形式很多，从理论上说，每一个巴利语辅音都可能参与到韵尾化过程中（实际上 v、h 没有参与韵尾化，y 被韵尾化为元音 i），因此很多辅音在韵尾化后会根据发音部位和语音近似原则，归属到相应韵尾中去，但在书写形式上，仍保留了原字母书写形式，这样就造成了一个傣语韵尾存在多种书写形式问题。巴利语辅音归属于巴利语的基本情况如下：

ṃ ñ→ŋ

ṅ ṇ n r l ḷ→n

m→m

k kh g gh→k

c ch j jh ṭ ṭh ḍ ḍh t th d dh s→t

p ph b bh→p

需特别指出的是，巴利语送气音参与韵尾化的概率远低于不送气音，送气音大多情况下更习惯自成一个音节的首辅音。

4. 半元音 y 韵尾化

巴利语韵母简单，只有单元音韵母，且只有 8 个元音（除去长短音，实际上只有 5 个），没有复合元音韵母，而西双版纳傣语除 9 个单元音外，还有 ai、ui、oi 和 au、iu、eu 等复合元音韵母 13 个以及 30 个鼻音韵母和 30 个塞音韵母。傣语在转写巴利语时，半元音 y 也参与韵尾化，因为 y 读音近似 i，所以只涉及 ai 和 āi 两个复合元音。ui 和 oi 没有用例（其他要么傣语没有相应的复合元音韵母，要么巴利语没有与此对应的元音）。

从表 4-5 可看出，半元音韵尾化的动因是其后短元音 a 省略，a 省略后，半元音 y 受到前一音节影响，产生韵尾化，跟辅音韵尾化一样，它一般也位于最后一个音节。但并不是所有 y 都韵尾化了，它要求 y 后面必须是短元音 a，也就是必须是 aya 连在一块才可发生，而一旦是长元音 ā 或其他元音，y 就只能作为后面长元音 ā 或其他单元音的零声母，如身体巴利文是 kāyā，它就不能韵尾化并变成 kāi⁵⁵，而只能转写成双音节词。再如 ချတိယ（xat⁵⁵ti⁵⁵ja³³，刹帝利）巴利语为 khattiya，ya 前面为 i，不满足 aya 条件，它也不能韵尾化。

表4-5　　　　　　　　半元音 y 韵尾化形成的词语表

傣文	傣语国际音标	傣语和汉语词义	巴利语原形	巴利语词义	说明
၊ချ	tsai⁵¹	胜利，战胜	jaya	vanquishing, overcoming, victory	aya 转写成 ai
ဗြချ	bra⁵⁵tsai⁵⁵ja³³	缘，缘分，动机，资具，须要物	paccaya	cause, votive, requisite, means, support	同上
အာလယ	ʔā⁵¹lai⁵¹	住所，栖息所，卧室；需要，执着；伪装	ālaya	roosting, place, perch; hanging on, attachment, desire, clinging	同上
အာသယ	ʔā⁵¹sai⁵⁵	住所，常到的地方；倾向；排泄物，流出物	āsaya	abode, haunt, receptacle; dependence on, refuge, support, condition; Inclination, intention, will, hope; outflow, excretion	同上
ဝိသယ	vi³³sai⁵⁵	境界，地方，区域，物体，范围；肉体上的快乐；立足点；尘	visaya	locality, spot, region; world, realm, province, neighbourhood; reach, sphere (of the senses), range, scope; object, characteristic, attribute	同上
ဟိမလယ	hi⁵⁵ma³³lai⁵¹	雪山	himālaya	name of a mountain in the Himālayas	同上
ဝိနယ	vi³³nai⁵¹	调节，律，毗尼，毗奈耶，律藏	vinaya	driving out, abolishing destruction, removal; rule (in logic), way of saying or judging, sense, terminology; norm of conduct, ethics, morality, good behaviour; code of ethics, monastic discipline, rule, rules of morality or of canon law	同上
သံသယ	suŋ⁵⁵sai⁵⁵	疑惑、忧虑；怀疑，猜测	saṁsaya	doubt	同上

第四章 《维先达腊》巴利语转写研究

续表

傣文	傣语国际音标	傣语和汉语词义	巴利语原形	巴利语词义	说明
၂ၷႂ	phai^{51}	害怕，惊骇	bhaya	fear, fright, dread	同上
သ်ၺဲ	san^{55}tsai^{51}	维先达腊之父	sañjaya	Sañjaya. Father of Vessantara. He was the son of Sivi, king of Jetuttara, and after his fathers death succeeded him as king.	同上

5. 复辅音韵尾化或单辅音化

傣文在转写巴利语复辅音时，采取了复辅音韵尾化或单辅音化两种策略。有时两种方式并存于一词之中。这样减少了音节数。

从表 4-6 可看出，当巴利语多个辅音连续出现时，傣语在转写时，一般采用复辅音韵尾化或单辅音化策略，如 agga 中前一个辅音就成了韵尾，后一个辅音单独存在，其实从傣文书写形式看上，傣文采用合体字方式进一步韵尾化了。其他如 cakka、citta 都是复辅音单辅音化后再进一步韵尾化了，而且复辅音一般都倾向出现在一个音节中，上面三个例子都是如此，再如 paccuppanna，其理论上的转写方式很多，如 cc 中两个辅音其中一个转化为韵尾，另一个成为下一音节辅音，pp、nn 也是如此，但傣语转写时一般都是同时成为一个音节中的一部分，而不是将复辅音分开。但这只是一种倾向性，两种情况在转写时都是允许的。与之相反，傣文在转写巴利语时，也会将巴利语单辅音转写为复辅音，这主要是因为转写时不能确定同部位的复辅音是否存在而导致的错误转写形式。见表 4-7 所示。

表 4-6　　　　　　复辅音韵尾化和单辅音化形成的词语表

傣文	傣语国际音标	傣语和汉语词义	巴利语原形	巴利语词义	说明
ဝေတ်သၼ်တႁ	vet^{33}san^{55}ta^{55}ha^{33}	维先达腊	vessantara	the name of person	前一 s 附着于 ve 上，构成 vet^{33}

续表

傣文	傣语国际音标	傣语和汉语词义	巴利语原形	巴利语词义	说明
ဝဏ္ဏ	van⁵¹nā⁵¹	颜色，外表，肤色，种类，印度的世袭阶级，音色，特质	vaṇṇa	colour; appearance; lustre, splendour; beauty; expression, look, specified as mukha; colour of skin, appearance of body, complexion	前一个 ṇ 附着于 va 上，构成 van⁵¹
သတ္ထာ	sat⁵⁵thā⁵⁵	大师，教师	satthā	teacher, master	t 附着于 sa 上，构成 sat⁵⁵
ပေါက္ခရ	bok⁵⁵xa⁵⁵ha⁵⁵	睡莲，睡莲植物，象鼻端，琴身	pokkhara	a lotus plant, primarily the leaf of it, figuring in poetry and metaphor as not being able to be wetted by water; the skin of a drum (from its resemblance to the lotus-leaf); a species of waterbird (crane)	k 附着于 bo 上，构成 bok⁵⁵
အာရဗ္ဘ	ʔā⁵¹hap³³pha³³	关于	ārabbha	beginning, undertaking; beginning with, taking (into consideration), referring to, concerning, with reference to, about	b 附着于 ra 上，构成 rap³³
ဘိက္ခု	phik³³xu⁵⁵	比丘	bhikkhu	an almsman, a mendicant, a Buddhist monk or priest	k 附着于 phi 上，形成 phik³³
ဗုဒ္ဓ	put³³tha³³	觉悟者，佛陀	buddha	aged, old; understood; having attained enlightenment, wise; one who has attained enlightenment; a man superior to all other beings, human & divine, by his knowledge of the truth	d 附着于 pu 上，形成 put³³
သပ္ပုရိသ	sa⁵⁵bu⁵⁵hi³³sa⁵⁵	善士、真人、实人、真实人	sappurisa	a good, worthy man	ppu 转写成 bu⁵⁵，单辅音化
နိဗ္ဗာန	ni³³pān⁵¹	涅槃	nibbāna	the going out of a lamp or fire (popular meaning); health, the sense of bodily well-being (probably, at first, the passing away of feverishness, restlessness); the dying out in the heart of the threefold fire of rāga, dosa & moha	bbāna 转写成 pān⁵¹，单辅音化

续表

傣文	傣语国际音标	傣语和汉语词义	巴利语原形	巴利语词义	说明
᧠	sat^{55}	动物；众生	satta	a living being, creature, a sentient & rational being, a person	tta 单音化并韵尾化

表 4-7　　　　　　　　傣文双写巴利语单辅音的词语表

傣文	傣语国际音标	傣语和汉语词义	巴利语原形	巴利语词义	说明
	tsau^{13} ʔut^{33} ta^{33} ji^{33} then^{55}	邬陀夷	Udāyī	the name of person	双写 d
	kum^{55} mān^{51}	王子	kumāra	a young boy, son; a son of rāja	双写 m
	ʔut^{33} tak^{33} ka^{33}	最高的	udagga	top-most, high, lofty	双写 d
	ʔup^{55} ba^{55} ha^{33} tsā^{51}	副王	uparāja	a secondary or deputy king	双写 b
	ʔup^{55} ba^{55} mā^{51}	比喻，比方，比拟，类比（动词）	upamā	Likeness, simile, parable, example	双写 b

傣文将巴利语转写为复辅音的相对数量较少，但作为一种存在形式，在释读巴利语过程中，也是值得注意的现象之一。

6. 截译

所谓"截译"，就是选择巴利语首音节或前两个音节作为傣文的书写形式，将巴利语多音节单音化或双音节化，这样减少了傣语的多音节词。这些词一般在傣文文献中使用频率高，有很多是常用词，且大多进入了傣语口语。

从表 4-8 可看出，傣文只截取了巴利语的第一个音节或前两个音节。这样的词在日常生活中还有一些，但在《维先达腊》中较少。这部分词的识别有很大难度，只能先根据意义进行判断，后在巴利语词典中进行查找。

表 4-8　　　　　　　　　　　截译形成的词语表

傣文	音标	傣语义	巴利语原形	巴利语词义
ဝိ	vi⁵¹	扇子	vidhūpana	anning, a fan
ဝိဇ္ဇ	vi³³tsā⁵¹	学识；技术	vijjaṭṭhana	[M] The theme of research, art and science.
စိတ်	tsit⁵⁵	心，心意	citta	the centre & focus of man's emotional nature as well as that intellectual element which inheres in & accompanies its manifestations; i.e. thought. In this wise citta denotes both the agent & that which is enacted, for in Indian Psychology citta is the seat & organ of thought

7. 弭音

弭音是指采用特殊符号，使某些音节的读音不读出来，但在文字形式上，还显示和保留其书写形式。这些巴利语词语通常都存在两种以上形式，一种是按照巴利语音译规则转写出来的形式，另一种是采用弭音符号形式，在老傣文中有一个专门的弭音符号 ် 来处理这类问题，如某个音节上方有 ်，就表示该音节不用读出来，但仍需写出来。弭音与截译目的一样，都是使多音节词转变成单音节词。但与截译不同的是，截译是一开始就直接选择巴利语首音节或前两个音节作为书写形式，在傣文中只有一种书写形式。而弭音是在引进巴利语形式后，由于一些巴利语借词是高频词，为减少读音而采取措施，在文字上它还显示出来，而且存在两种书写形式，有时为了音节韵律需要，仍采用其多音节形式。见表 4-9 所示。

表 4-9　　　　　　　　　　　弭音形成的词语表

傣文	音标	傣语义	巴利语原形	巴利语词义
ကဏ္ဍ	kan⁵⁵	部分，章	kaṇḍa	a portion of time, for a while, a little
သဉ္စယ	san⁵⁵tsai⁵¹	先宰雅（维先达腊之父）	Sañjaya	Sañjaya. Father of Vessantara. He was the son of Sivi, king of Jetuttara, and after his father's death succeeded him as king. His wife was Phusatī. He is identified with Suddhodana of the present age. See the Vessantara Jātaka for details. He is mentioned in a list of kings

第四章 《维先达腊》巴利语转写研究

续表

傣文	音标	傣语义	巴利语原形	巴利语词义
(傣文)	tham^{51}	法，教义，自然，事实，规格，道德；经书	dhamma	conversation on questions of Ethics, speaking about the Dh., preaching, religious discourse, sermon
(傣文)	tuk^{33}	苦，苦楚，痛苦，悲惨，极大的痛苦，不便之处		unpleasant, painful, causing misery (opp. sukha pleasant)
(傣文)	ʔin^{55}	因陀	Inda	lord, chief, king. Sakko devā nang indo
(傣文)	kam^{55}	业，行为，作业，家业，羯磨，仪式	kamma	the doing, deed, work; orig. meaning (see karoti) either building

8. 巴利语多音节采用合体字

老傣文中还有一种合体字，傣文称作 to^{55}fat^{33}，它将两个或两个以上音节组合起来，使彼此发生某种关系，以适应巴利语拼写的需要。采用合体字拼写方式的基本都是巴利语借词。见表4-10所示。

表4-10　　　　　　　　巴利语合体字词语表

傣文	音标	傣语义	巴利语原形	巴利语词义
(傣文)	but^{55}tat^{55}sa^{55}	儿子的	puttassa	the son's
(傣文)	him^{55}ma^{33}pān^{51}	雪山	Himavant	snowymountain
(傣文)	nā^{51}nā^{51}	等等，不同地	nānā	variously, differently
(傣文)	pho^{51}tsa^{33}nā^{51}	食物，餐	bhojana	food, meal, nourishment in general
(傣文)	sap^{55}pan^{51}ju^{51}	一切知者，全知者	sabbaññū	one who sees everything
(傣文)	xun^{55}nā^{51}	怜悯，可怜，可惜	karuṇā	pity, compassion. karuṇā is one of the 4 qualities of character significant of a human being who has attained enfranchisement of heart

合体字是诸多婆罗米文字的共有特征。但在傣语里，傣语固有高频词也有合体字，这是仿效巴利语合体字产生的。傣文合体字通常都是两个有意义的单纯词组成的，内部是可切分的，而且很多合体字有声调。而巴利语合体字是一个整体，不能分割，且没有声调。

上面总结了傣文转写巴利语的八条常用规则。绝大多数傣文通过这八条规则还原巴利语原形。

第三节 傣文转写巴利语语音音变分析

傣文在转写时，一般按照上面八条规则转写，这是就一般情况而言的。在实际转写过程中，由于语音变异、语音演变以及异形词等因素，有的傣文转写并不遵循上面的规则进行，而是产生各种音变现象。本节主要讨论傣文转写巴利语时几种语音音变情况。

一 傣文转写巴利语 ɔn 韵变异分析

前文说过，傣语在转写巴利语时，元音之间是存在较为严格的语音对应关系的，巴利语只有 a/i/u/e/o 五个元音，傣语在转写巴利语时，绝大多数就采用与之对应的五个元音转写，这种转写较为严格。按照转写规则，傣语中 ɔ 是不参与巴利语转写的，但在实际语言中却又有部分实例采用了 ɔ 转写。这种转写主要集中在巴利语 ara 中，而且将这个跨音节结构转写为 ɔn，其他 ɔ 鼻音韵母和塞音韵母不参加，这是一种有条件的音变现象。泰语、老挝语中也有类似变化，但它们变成 on 韵。本节着重讨论 ara 转写为 ɔn 的条件，并讨论这一规则对识别巴利语和释读巴利语的作用。见表 4-11 所示。

表 4-11　　　　　　　　　傣文转写巴利语五元音对照表

傣文	傣文国际音标	傣语意义	巴利语	巴利语词义
ꪊꪮꪒ	so^{55}taŋ^{55}	耳朵	sota（ṃ）	ear, the organ of hearing
ꪮꪱꪬꪱꪣ	ʔā^{51}hām^{51}	高兴，快乐	ārāma	pleasure, fondness of, delight, always as adj. delighting in, enjoying, finding pleasure

第四章 《维先达腊》巴利语转写研究

续表

傣文	傣文国际音标	傣语意义	巴利语	巴利语词义
ᨠᨣᩣᩆ	ʔā⁵¹kāt³⁵	天空，空间	ākāsa	air, sky, atmosphere; space
ᨩᩣᨲᩥ	tsā⁵¹ti⁵⁵	出生，再生	jāti	birth, rebirth
ᨵᨾ᩠ᨾ	tham⁵¹	达摩，法	dhamma	conversation on questions of Ethics, speaking about the Dh. preaching, religious discourse, sermon
ᩅᩮᩔᨶ᩠ᨲᩁ	vet³³san⁵⁵ta⁵⁵ha³³	维先达腊	vessantara	also called Viśvāntara, or Phra Wes, in Buddhist mythology, a previous incarnation of the Buddha Gotama.
ᩑᨠ	ʔe¹³ka⁵⁵	一，一个，某个	eka	one, alone; and also with diff. suffix in
ᨾᩩᨡ	mu³³xa⁵⁵	嘴，脸，入口	mukha	mouth, face, entrance
ᨷᩤᩁᩥ	bā⁵⁵li⁵¹	巴利（语）	pāḷi	a line, norm, thus the canon of Buddhist writings; the text of the Pāli Canon

傣语其他四个元音，其中 ɯ 未发现有转写的情况；ɔ 也不用来转写巴利语借词，目前仅发现一个错误转写用例 "ᨻᩕᩈᩮᩢ᩠ᨭ bra⁵⁵ sət³⁵（伟大，卓越的）"，该词 bra 为词头，sət³⁵ 来自巴利语 "Seṭṭha: best, excellent"；ɛ 实际上也不转写巴利语借词，现代傣语口语中有些巴利语借词读作 ɛ，在老傣文书写中一律写作短元音 a，傣语固有词也需要这样读，ɛ 是傣语短元音 a 高化的结果，且必须在鼻音韵尾 n 前和塞音韵尾 t 前才会发生高化现象，如巴利语 "ᩅᩮᩔᨶ᩠ᨲᩁᩮ vet³³san⁵⁵ta⁵⁵ho⁵¹（维先达腊的呼格）" 中的 san⁵⁵ 现代傣语读 sɛn⁵⁵，所以大多翻译作 "维先达腊"，再如傣语固有词 "ᨬᩢᨲ᩠ᨲ tsat⁵⁵（数数）" 现代傣语读作 tsɛt⁵⁵，而在鼻音韵尾 -m/-ŋ 和塞音韵尾 -p/-k 前尚未发生高化现象。

1. 傣文转写巴利语 ɔn 韵变异条件分析

巴利语中没有 ɔ 元音，因此从理论上说，它也不能用来转写巴利语，但在佛经书写过程中，甚至字词典中，有些常用巴利语借词，傣语采用了韵母 ɔn 转写巴利语的 ara 这个音节，不同于 ɛ，老傣文写成短元音 a 是傣语语音演变的结果，ɔn 在佛经中就直接写成ᨧᩬᩁ ɔn 的。它不是一种音变现象，而是傣文转写巴利语的一种特殊规则。请看表 4-12 中的例子。

表 4-12　　　　　　　**傣文转写巴利语 ɔn 韵变异词语表**

傣文	国际音标	傣语意义	巴利语	巴利语意义
ဝၣ	vɔn⁵¹	希望，请求	vara	wish, boon, favour
ၼၣ	na³³kɔn⁵¹	城，市，都市	nagara	a stronghold, citadel, fortress; a (fortified) town, city
ပဝၣ	ba⁵⁵vɔn⁵¹	最顶尖的，卓越的	pavara	most excellent, noble, distinguished
ၼၣ	nā⁵¹vɔn⁵¹	歌手	nāvara	a singer
ထႁမၣ	thɔ⁵¹ha³³mān⁵¹	持续，继续，活着	dharamāna	living, lasting
တိပၢ်ၣ	ti³³baŋ⁵⁵kɔn⁵¹	燃灯佛	dipaṃkara	a Buddha who bestowed a prophecy of enlightenment on Shakyamuni when the latter was a Bodhisattva in a past existence
ဢၢဝၣ	ʔā⁵¹vɔn⁵¹	遮蔽，保护，防止	āvara	obstructing, keeping off from
ဢုတၢ်ႇၵူ	ʔu⁵⁵dɔn⁵⁵xo⁵⁵	北拘卢洲	uttarakuru	one of the four major Buddhist states, north of the four seas with Mount Xumi as the center.

上述例子都是巴利语借词无疑，因为这些词不仅傣语和巴利语语义相同，而且前七个词整个音节中除了 ɔ 音外，其他语音巴利语和傣语之间都具有非常严格的语音对应关系，特别是专有名词"燃灯佛"更能说明傣语确实采用了 ɔn 韵来转写巴利语借词。最后一例 uttarakuru，傣文变异较大，但也能一眼看出它们之间的关系，而且该词与其他三大洲同时出现，应为"北拘卢洲"无疑。

我们一开始对这种现象很困惑，因为 ɔ 不参与巴利语转写，但确实有些词为巴利语无疑。经过分析后，我们认为这是一种音变现象，而且这种转写必须满足一定条件。

（1）傣文使用 ɔn 韵母来转写巴利语中的 ara，故不涉及傣语 ɔm/ɔŋ/ɔp/ɔt/ɔk/ɔi 等带 ɔ 的傣文其他音节。巴利语中 ra 在转写为傣文时，如作为辅音韵尾，r 只能转写成鼻音韵尾 n。因此 ara 是作为一个整体转写为傣

第四章 《维先达腊》巴利语转写研究

文 ɔn 的，故不涉及其他带 ɔ 的音节。

（2）ara 前面辅音一般应为浊辅音，如巴利语是清辅音，傣文在转写时也需用舌位相同的浊辅音进行转写，如 gara，vara，dhara，dara 等，这几个 ara 前都是浊辅音。"燃灯佛"这个词在巴利语中本为清辅音 k，但傣语在转写时也将它变成了舌位相同的浊辅音 g。也就是说，ara 与前面的浊辅音是一种联动关系，两个条件缺一不可。

（3）ara 在巴利语中不是一个整体而是跨音节的。前面一个 a 本应属于前面一个音节，如 ga/va/dha/da 等，后面一个 a 才与 r 构成一个音节 ra。傣文在转写巴利语过程中，如按照巴利语音节一一转写，这必然会大大增加傣文的音节数，为缩短音节，傣文在转写巴利语时，通常会将巴利语音节韵尾化，这主要涉及三个鼻音韵尾和三个塞音韵尾以及一个 i 韵尾。i 韵尾只能转写巴利语的 ya，而 m/n/ŋ/p/t/k 则可转写巴利语中发音部位与傣文近似的所有辅音。在韵尾化过程中，傣文就将巴利语 ara 这个跨音节融入一个音节中，如 na^{33}kɔn^{51} 就将 gara 变成一个音节，tɔn^{51}man^{51} 就将巴利语 dharamana 四个音节变成两个音节。这种将巴利语辅音韵尾化的做法，就使巴利语多音节词转写成了符合傣语语音结构的单音节词、双音节词以及少部分三四音节词。从总体上看，傣语音节数要远远低于巴利语的实际音节数。

（4）ara 中后一个 a 须是短元音 a，如是长元音 ā，那么傣文在转写时就不能韵尾化，这时傣文转写巴利语，后一音节就必须独立。也就是说，这时 arā 就是两个音节了，不再能韵尾化一个音节。

（5）傣文辅音分为高音组和低音组，从目前词例来看，这些浊辅音都是低音组，只能与 33 或 51 调相拼，而不是其他声调，如 ara 前原来是清辅音，按转换规则要转写成相应的高音组，但这时傣语就要强制性地变成低音组的浊辅音，以满足低音组浊辅音这个要素。

（6）如按巴利语实际音节转写也是可以的，佛经中常有这些词的另一种写法，如 nagara，傣语也可转写为 na^{33}ka^{33}ha^{33}，nāvara 也可转写成 nā^{51}va^{33}ha^{33}，其他也都可转写为相应形式。这就与巴利语音节一一对应了，虽然精准，但大大增加了傣语音节长度，因此这种写法一般只存在于佛经中。而在一般口语中都已读为 ɔn 了。

从上面分析中可看出，傣语使用 ɔn 转写巴利语，是一定条件下的语音变异，这种变异受很多条件限制，首先，巴利语必须是 ara，这是前提；其次，ara 前一般情况要求是低音组浊辅音，如是清辅音，傣语在转写时也必须转写成低音组浊辅音；最后，ara 必须与前面的音节缩变成一个音节，并且成为鼻音韵尾后才能产生变异，如不缩变成一个音节或者 r 后面是长元音 ā，这种变异也不能产生。

2. ɔn 韵变异规则对佛经巴利语识别的作用

过去，学术界、词典学界认为ᥑᥣᥒ（城市）、ᥘᥤᥖᥣᥒ"燃灯佛"等极个别词是巴利语借词，并把它看成一个偶发现象，而对其他几个词是否为巴利语借词则不置可否，几乎没有任何一本词典或学术著作将它们标注为巴利语借词。通过上述变异条件的揭示以及与相应的巴利语原形对应，我们可非常肯定地确认"歌手""持续""卓越"等词也是巴利语借词了。

不仅如此，通过揭示 ɔn 韵变异规则，有助于识别和解释傣文佛经中有关词汇变异现象。如在贝叶经《维先达腊》中，ᥝᥥᥔᥢᥖᥣ $ve^{51}san^{55}ta^{55}ha^{33}$ 通常直译成"维先达腊"（汉语音译为"毗输安多罗"，也就是"善财童子"，佛祖释迦牟尼的前生），这也是佛经中常见形式。但在佛经中，这个词也写成"ᥝᥥᥔᥢᥪ（ $ve^{51}san^{55}dɔn^{51}$ ）""ᥝᥥᥔᥢᥡᥒ（ $ve^{51}san^{55}ta^{55}haŋ^{51}$ ）"等。"ᥝᥥᥔᥢᥡᥒ"是巴利语名词宾格变化形式，这种形式只出现在巴利语偈语中，携带了巴利语格的语法变化。而"ᥝᥥᥔᥢᥪ"则一直不好解释，如明白了 ɔn 的变化条件，这个问题就迎刃而解了，也就是说 vesantara 最后两个音节变成傣语的音节 $dɔn^{51}$ 是一种音变现象。值得注意的是，ara 前的 t 在巴利语中本为清辅音，但缩变成一个音节后，它也要变成相应音位的浊辅音 d，这也从侧面进一步证明上述变异条件的观察是正确的。

对 ɔn 条件的揭示，也有助于解决佛经中某些词语来源问题，如《维先达腊》第一章标题就是"ᥖᥣᥔᥙᥪ（ $ta^{33}sa^{55}pɔn^{51}$ ）"，意思是"十愿"。其中

"ᨣᩫ"是巴利语"十","ᨶ"是"愿,祷",可是它来自哪个词并不清楚。西双版纳傣族自治州政府和西双版纳傣族自治州少数民族研究所编写的两部《傣汉词典》里面都有对该词的释义。如西双版纳傣族自治州政府编的《傣汉词典》中"ᨶ"有两个义项:①祝词;②白。西双版纳少数民族研究所编的《傣汉词典》中"ᨶ"有三个义项:①福,福分,福气;②祝词,祝愿,祝福;③白,皎洁。但从两部词典排列体例来看,显然没有将这个词作为巴利语借词。实际上,这个词是巴利语借词 bara,而 bara 在巴利语中与 vara 意义相同,意思是"希望,愿望,施惠于,祝愿;恩惠,福利,优秀,贵族的"。从这里可看出ᨶ"白"的义项与"祝愿、祝福;福气"义项来源并不一样,一个义项是巴利语借词,另一个义项则是傣语固有词。

对 ɔn 条件的揭示,还有助于解决某些词语的翻译问题,如《维先达腊》第三章"布施章"中有个词"ᩋᩩᨯᩩᨾᨻᩁ($ʔu^{55} dum^{51} pɔn^{51}$)",这个词到底是什么意思?过去我曾咨询过一些傣族佛爷,对这个词都不知何意。但从字形上看,这个词是巴利语,因为首音节带有"ᩩ",这个音节是专门拼写巴利语的,所以这个词是巴利语借词没有问题,但却不知对应哪一个巴利语借词。ɔn 变异条件的揭示就帮助我们了解这个词的意思了,它的巴利语对应形式就是"udumbara",意思是"优昙婆罗,优昙华,无花果"。这个解释与佛经文本中意思完全吻合。

二 巴利语短元音 a 傣文转写为 u 的变异分析

我们再来看傣文转写巴利语时发生的另一种特殊语音变异,即傣文将巴利语短元音 a 转写成 u 的现象,然后根据变异规律释读傣文古籍中某些疑难词汇。

实际上巴利语短元音 a 在不同语音条件下,傣文转写时还会发生其他音变,但这些音变都集中在短元音 a 身上,其他元音尚未发现。上一节我们分析了 ara 转写为 ɔn 的音变现象,这一变异现象限制条件较多,涉及的词语相对较少。

本节讨论的音变涉及的词语更多，涉及范围也更广，不过转写时也需具备一定条件。傣文在转写巴利语借词时，在巴利语鼻音前面会将巴利语的短元音 a 转写为傣语的 u。这种音变现象在泰语和老挝语中也有发生，它们仍是转写为 o。如从更大视野来看，泰语、老挝语转写为 o 实际上与傣语转写为 u 是一类现象。傣文在最初也是转写为 o 的，但 o 后来高化为 u，这既是一种转写问题，也是一种音变问题。

1. 巴利语短元音 a 傣文转写为 u 的变异条件分析

为了更好地解释巴利语 a 转写成傣文 u 的问题，这里先举例子来说明。从表 4-13 可看出，巴利语某些短元音 a，傣文转写后变成了 u，而不是转写成与其完全对应的短元音 a。这就给寻找巴利语原形带来了很大困难，如不知道语音变异规则，有很多词就难以释读了。特别是在佛经文献中，某些不常见的巴利语，如不知道其转写条件，识别和释读难度就更大。

表 4-13　　　　巴利语短元音 a 傣文转写为 u 例词表

老傣文	傣文国际音标	傣语词义	巴利语	巴利语词义	说明
	tsum^{51}pu^{51}	阎浮树、地球	jambu	the rose-apple tree, Eugenia Jambolana	ja 中的 a 转写成 u；其他音节一一对应
	ʔu^{55}ba^{55}ka^{33}muŋ^{51}	在村落的附近	upagamaṃ	upa (prefix denoting nearness or close touch) +of or belonging to the village, common, pagan	maṃ 中 a 转写成 u；其他音节一一对应
	ni^{33}kum^{51}	市镇	nigama	a small town, market town	ga 中的 a 转写成 u；ma 韵尾化附着在前一音节上；其他音节一一对应
	ni^{33}mun^{51}ta^{55}nā^{51}	邀请；获得邀请	nimantana	(to nimanteti) invitation	ma 中的 a 转写成 u；其他音节一一对应
	tsu^{55}la^{33}pun^{51}	小森林	cuḷavana	cuḷa (small, minor) + vana (jungle)	va 中的 a 转写成 u；na 韵尾化附着于前一音节上

第四章 《维先达腊》巴利语转写研究

续表

老傣文	傣文国际音标	傣语词义	巴利语	巴利语词义	说明
	suŋ⁵⁵sai⁵⁵	怀疑，猜测	saṁsaya	doubt	saṁ 为自足音节，sa 中的 a 转写成 u
	ku⁵⁵suŋ⁵⁵	善，善业	kusala	clever, skilful, expert; good, right, meritorious	sa 中 a 转写成 u；la 韵尾化并附着在前一音节上
	vuŋ⁵¹kot⁵⁵	曲折；迷宫	vaṅkata	crookedness	vaṅ 中的 a 转写成 u；ka 中的 a 转写成 o；ta 韵尾化附着在前一音节上
	sam⁵⁵ma³³kum⁵¹	集会，集合	samāgama	meeting, meeting with, intercourse	ga 中 a 变成 u；ma 中 m 韵尾化附着在前一音节上
	pha³³vuŋ⁵¹	尊，尊师，尊者	bhavaṁ	becoming, (form of) rebirth, (state of) existence, a life	vaṁ 为自足音节，va 中的 a 变成了 u
	sum⁵⁵pān⁵¹	福气，功果	sambara	the art of Sambari, jugglery	sa 中 a 变成了 u；ra 韵尾化附着在 ba 上
	kuŋ⁵¹kā⁵¹	恒河	gaṅgā	the greatest of all rivers	ga 中的 a 变成了 u
	mun⁵¹ti⁵⁵	议员，部长	mantī	counsellor, minister	man 中的 a 变成了 u；其他一一对应
	ko⁵¹dum⁵⁵	乔达摩	gotama	the common surname of Sakyamuni	ta 中 a 变成了 u；ma 韵尾化并附着在前一音节上
	but⁵⁵thu⁵⁵tsun⁵¹	凡夫，普通人，俗人	puthujjana	men, persons, people, beings	ja 中的 a 变成了 u；n 韵尾化并附着在前一音节上

当然，这种语音变异不是随意发生的，它需满足一些条件。变异条件可概括为如下几条：

（1）巴利语原词形须是双音节或多音节，巴利语单音节不会出现这种语音变异，如 saṃ（saŋ⁵⁵，快乐地），bhaṇ（phaŋ⁵¹，说），bhaṃ（phaŋ⁵¹，星星)、maṁ（maŋ⁵¹，第一人称代词宾格）都是单音节，而且是自足音节①，它们绝不会出现 a 转写成 u 的语音变异现象。

（2）只有巴利语短元音 a 才会发生这种变异，长元音以及其他四个巴利语元音 i/u/e/o 也不会出现这种变异现象。

（3）除了 maṁ、man 和 van 等自足音节外，其他都要求发生变异现象的后一音节发生鼻音韵尾化并附着于前一音节上，成为前一音节的鼻音韵尾 -m/-n/-ŋ 中的一个，同时要求发生韵尾化的鼻音后跟的是短元音 a，否则不能韵尾化，这具有强制性。从目前发现的例子看没有例外，也就是说，产生这种语音变异的音节只能是鼻音韵尾，如不是，就需要后一音节的鼻音韵尾化，成为前一音节的鼻音韵尾。如 pali 这个词，由于第二个音节带的是 i，它就无法韵尾化。而如 pala、pana、para 这几个词，第一个音节跟的是短元音，第二个音节跟的也是短元音 a，因此理论上后一音节都可韵尾化并附着在前一音节上，从而变成 bun⁵⁵，但这只是可能性，它也可不发生韵尾化，一一对应分别读成 ba⁵⁵la³³、ba⁵⁵na³³、ba⁵⁵ha³³。

（4）除自足性音节可出现在最后一个音节外，其他音节因为要求后一音节须出现鼻音韵尾化并附着在前一音节上，所以 a 变成 u 就不能出现在最后一个音节上，而只能出现在首音节（双音节词）或出现在音节的中间位置（三音节及以上）。

（5）即使上述条件都满足了，如傣文在转写时，采用了其他转写方式，如截取巴利语首音节方式，这种变异也不会产生，如 kaṇḍa（kan⁵⁵，部分，章节），这个词满足上述所有条件，但由于傣文转写时截取巴利语首音节，将其变成了一个单音节，上述语音变异也不能产生了。

从上面分析中可看出，巴利语转写为傣文的 u 不是随意的，它须满足多种条件才能产生，有些条件是强制性条件。但由于主要元音发生了错配，这种巴利语识别难度较大，除了一些常见词知道它是巴利语借词外，

---

① 自足音节是指音节内部结构完整，不能再添加韵尾的音节，或叫完整音节。

其他借词一般都不好识别，即使是专业人士，由于找不到巴利语原形，对这种现象也不能确定其意义，从而只能采取音译了。

2. 语音变异规则对识别释读佛经中巴利语的作用

这类词涉及巴利语的 6 个鼻音和 3 个边音，① 因此数量比较多，对其转写规则进行揭示并用来识别释读其他巴利语就显得尤为重要。

（1）变异规则的揭示可帮助辨认很多巴利语借词原形，确定其巴利语原形并准确释义。如ᩋᩢᨦ（ʔuŋ⁵¹ka³³）在傣文文献是个常用词，佛经和两部《傣汉词典》都将其写作 ʔuŋ⁵¹ka³³，口语诵念时也是这样，说明这个读音已成为习惯读音。它的意思是"要素，成分；肢体，部分"，如按一般转写方式应为 uṅga、uṁga 或 uṃga 中的一个，但这三个词形巴利语都不存在。实际上它是巴利语 aṅga，第一个音节 a 变成了 u。如不知道变异规则就很难找到巴利语借词原形了。《パーリ语辞典》《巴利语汇解》《巴英术语汇编》《Pali Proper Names Dictionary》几部词典释义都基本一致，概括起来，这个词在巴利语中主要有三个义项：① 部分，支分，肢体，身份，关心，理由：kiṃaṅga 何况对于～。② 手的占相，手足判断：-vāta 肢痛，-vijjā 手足占相，人相术。③（古国名），古音译为鸯伽，鸯迦。语音变异规则的揭示可明确无误地说明这个词来自巴利语，而且借用的是巴利语的第一个义项。再如ᨧᨱᨶᩣ（jum⁵¹mu³³nā⁵¹）在《维先达腊》中仅出现 1 次，它与ᨠᩣ（恒河 kuŋ⁵¹kā⁵¹）这个词一起出现，从上下文判断，它也表示一条河流，但按转写规则，它的巴利语原形为 Yumunā，可是巴利语这个词形也不存在。它实际上是 Yamunā，ya 中的 a 变成 u 了，它就是印度五大河流之一的"耶牟那"。"Yamunā: The second of the five great rivers of Jambudīpa, which are often used in similes." 甚至ᨠᩣ（恒河 kuŋ⁵¹kā⁵¹）自身也是如此，它巴利语词形应是"Gaṅgā：【阴】河，恒河（在印度北境）"。其中第一个音节中的 a 也变成了 u。再如"ᩋᨣᩩ（ʔā⁵¹kum⁵¹）"这个词，傣文直接对应的巴利语形式是 āguma，这个词巴利语也没有，如知

---

① r 是巴利语字母表的罗马化拼音第 27 个辅音字母，其发音好像汉语中的 r。这个音韵尾化后，傣文转写成 n，是傣族古籍中最常见的两种拼写 n 韵尾的书写形式之一。

道变异规则，它就是"āgama 到来，接近，结果；阿含、文本"。

（2）变异规则的揭示还可帮助释读佛经文献中的许多疑难巴利语借词，并弄清楚其意义。如佛经文献《维先达腊》第八章中有这样一段话：

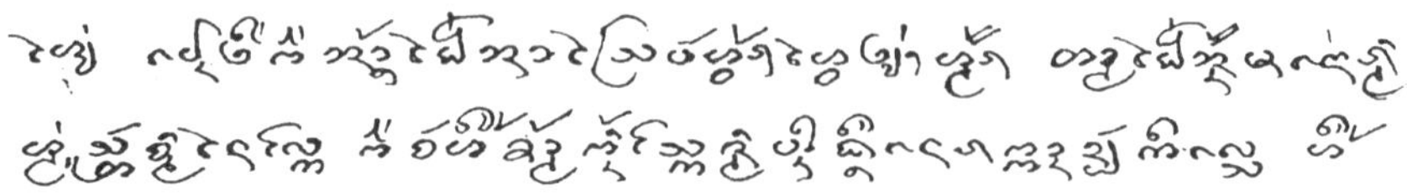

图 4-7

    pen^{55}ti^{33} pɔ^{33}ʔɑŋ^{13} fai^{35} ʔā^{51}sai^{55} bau^{35}van^{35} vai^{55}teŋ^{33} man^{13}, tam^{55}fai^{35} ʔan^{13}ma^{33}
     是 处 父亲 希望 意志 不 动摇   稳定，   根据 愿望的 ??
no^{51}hum^{51} mu^{35}sat^{55}tsum^{55} nai^{51}lok^{33}, pɔ^{33}tsak^{55}hɯ^{13}xām^{13} pun^{11}sok^{35}tsum^{51}bān^{55}
  群   众生 潜入 里 世界， 父亲要 使 渡过 悲伤 喜悦
thɯŋ^{55}ne^{33}hap^{33}pān^{51} doi^{13}ki^{55}lit^{33}
 到   涅槃   于 烦恼

（父亲希望意志不发生动摇，要坚如磐石，根据众生的喜愿遁入世界，父亲要摆脱因烦恼而产生的悲伤喜悦，到达涅槃境界）

这段话中巴利语较多，如 ʔā^{51}sai^{55}（住所；意志），sat^{55}（众生），lok^{33}（世界），sok^{35}（悲伤），ne^{33}hap^{33}pān^{51}（涅槃），ki^{55}lit^{33}（烦恼），还有一个 ma^{33}mo^{51}hum^{51}。其他几个词都可根据傣文转写巴利语的基本规则进行，从而找出巴利语原形并准确释义。而 ma^{33}no^{51}hum^{51} 如将它还原为巴利语拉丁词形为 manoruma，可是巴利语并没有这个词，但从傣文字形看，这又是一个典型的巴利语借词。傣文几部字词典中都没有收录该词。《中国贝叶经全集》第二卷《维先达腊》将之翻译成"心愿"，应是根据上下文"随文释义"的结果。实际上这个词原形是 manorama，其中 ra 中的 a 变成 u 了，它是"manorama: delightful，高兴的、欢喜的"，这样无论从词义还是句法上都是说得通的，我们就可完整释读并准确翻译这段话了。

我们再举一例作进一步说明：

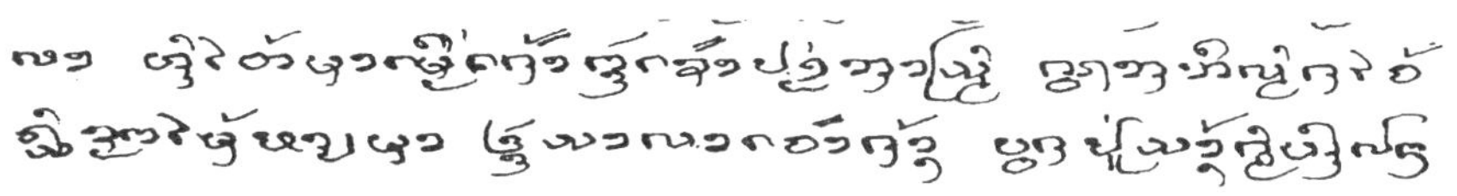

第四章 《维先达腊》巴利语转写研究

[傣文文字图像]

图 4-8

(sā⁵⁵lā⁵¹) hun⁵⁵tai¹³mā⁵¹mə³³tsau¹¹pat³³xau¹³pɔŋ³⁵ʔā⁵¹sum⁵⁵, kon⁵¹ʔa⁵⁵
凉亭 南边 来早上 吹进 窗户道院, 应该
phi³³lum⁵¹tsa³³tsai¹³ hot³³dɔk³⁵mai¹¹phāi⁵⁵mā⁵¹ tat³³ sā⁵⁵lā⁵¹. tsau¹³tsāŋ¹¹bot⁵⁵ju³⁵
?? 不停 地 香味 鲜花 吹 来恰好 凉亭。 象王 出家
sāŋ¹³tsum⁵¹bān⁵⁵lɛ³³nā⁵¹
生活快乐 的了

（鲜花的芳香大早上就从南边吹进道院的窗户里，令人愉快适意。象王在这里出家生活，非常幸福的了）

这句话中都是一些常见词，意思较好懂，但 ʔa⁵⁵phi³³lum⁵¹ 不好解释。ʔa⁵⁵phi³³lum⁵¹ 前面是能愿动词，后面是副词，根据语法要求，大致可判断出它是动词或形容词，再从傣文字形判断，它也应是巴利语，如直接还原成巴利语它的拉丁词形为 abhiluma，可是巴利语并没有这个词。《维先达腊》将它翻译成"休息"，从语法角度看是说得通的。《傣汉词典》将它释义为"无比喜悦的，无比高兴的；国王游行队伍中的华盖"，"无比喜悦的，无比高兴的"是形容词，从语法角度看也是解释得通的。究竟是动词还是形容词呢？这就需要找出巴利语原形，才能明确其意义。如根据 a 变成 u 变异规则去判断，这个词的巴利语是 abhirāma 或 abhilāma。abhilāma 巴利语也不存在，那它就应是 abhirāma。巴利语有 abhirāma，上述多部汉巴或英巴词典皆释义为"愉快的，合意的"或"pleasant; agreeable"。我们据此认定它也是发生了 a 转写为 u 的语音变异现象，因此判定《傣汉词典》的解释是对的。

巴利语短元音 a 傣文转写时变成 u 的现象在傣族贝叶文献中出现的次

数较多。这类词一般不会出现在偈颂中，因为偈颂都是直接从巴利语抄录而来的，它们经常进入傣巴混合语佛经文献，夹杂在傣语固有词里，如不能还原其原形并准确释义，通常会影响对整句话意义的理解和整理翻译工作。因此巴利语短元音 a 转写成傣文 u 语音变异规则的揭示不仅有助于还原巴利语词形，判断词源，更为重要的是，它能解释傣文文献中很多无法解释的词义或纠正文献翻译中"随文释义"问题，从而更好地帮助整理、翻译和研究傣文佛经文献。

三 傣文转写巴利语 a 为 o 现象分析

上面讨论了两种特殊的音变现象，这里我们继续讨论另外一类音变现象，仍是巴利语短元音的音变问题，是巴利语短元音 a 音变为 o 的问题。这一类问题泰语、老挝语也转写为 o，傣语也转写为 o。这一类现象与上述 a 转写为 u 应是一类，傣文 o 后来在鼻音前发生元音高化了变成 u，而在塞音韵尾前没有发生高化，仍然读作 o，所以才呈现出差别。为了更好地说明巴利语 a 转写成傣语 o 的问题，我们先举一些例子来说明，见表 4-14 所示。

表 4-14　　　　　　**傣文转写巴利语 a 变异为 o 词语表**

傣文	傣语国际音标	傣语词义	巴利语	巴利语词义	说明
	hot^{33}	马车，二轮战车	ratha	a two-wheeled carriage, chariot (for riding, driving or fighting	ra 中的 a 变成了 o, tha 韵尾化附着于前一音节上，傣语为"车子"义
	hot^{33}	味道，汁，滋味	rasa	subjective (physiological) sensory perception, such as ambila, madhura, tittika, kaṭuka lo ṇika, khā rika, lambila	ra 中的 a 变成了 o, sa 韵尾化附着于前一音节上。在傣语中与马车读音相同

第四章 《维先达腊》巴利语转写研究

续表

傣文	傣语国际音标	傣语词义	巴利语	巴利语词义	说明
ᥝᥪᥒᥴ	vuŋ⁵¹kot⁵⁵	曲折，邪曲，迷宫	vaṅkata	crookedness	ka 中的 a 变成了 o，ta 韵尾化并附着在前一音节上
᥎ᥨᥐᥴ	jot³³	荣誉，名望，光荣，成功	yasa	repute, grace	ya 中的 a 变成了 o，sa 韵尾化附着于前一音节上
ᥙᥨᥖᥴ	bot⁵⁵	脚；句，一句话，一行诗节，章节	pada	a word, verse (or a quarter of a verse), stanza, line, sentence	pa 中的 a 变成了 o，da 韵尾化附着于前一音节上
ᥐᥨᥴᥞᥣᥴᥢᥣᥴ	ko⁵¹ha³³nā⁵¹	计算，暗算，算术，数	gaṇanā	counting up, arithmetic, number	ga 中 a 变成了 o①
ᥕᥣᥴᥓᥨᥐᥴ	jā⁵¹tsok⁵⁵	乞丐，乞讨的人	yācaka	requesting, one who begs, a recipient of alms, a beggar	ca 中的 a 变成了 o，后一音节韵尾化并附着在前一音节上
ᥓᥧᥴᥓᥨᥐᥴ	tsu⁵¹tsok⁵⁵	人名，祖卓	Jūjaka	the name of a beggar	ja 中的 a 变成了 o，且低音组高音组化，后一音节附着于前一音节上
ᥓᥣᥴᥖᥨᥐᥴ	tsā⁵¹dok⁵⁵	本生经	jātaka	a birth story as found in the earlier books. This is always the story of a previous birth of the Buddha as a wise man of old. In this sense it occurs as the name of one of the 9 categories or varieties	ta 中的 a 变成了 o，且清辅音浊辅音化，后一音节附着于前一音节上
ᥐᥨᥖᥴ	kot³³	已行去的，(到) 达的，	gata	gone away, arrived at, directed to	ga 中的 a 变成了 o，ta 韵尾化并附着于前一音节上

注：①这个词是唯一的后一音节未韵尾化，但变成了 o 的例子。这个词傣语转写时出现了错误，实际应为 ko⁵¹na³³nā⁵¹。
②《维先达腊》中向维先达腊索要二个儿女的乞丐。

上面列举的巴利语借词有很多都成为傣语的常用词汇，如"马车、味道、荣誉、章节、本生经"等，这些词在现代傣语中也很常用。因此有学者曾关注过这一现象，他看到"本生经"巴利语为 jātaka，而傣语为 tsā^{51}dok^{55}（张公瑾，2003），不过张先生仅指出这个词有这种变化，举例子一带而过，并没有深入探究。这种语音变异目的不是避免同音词，因为 ratha 和 rasa 如直接转写，语音就不相同，而后一音节韵尾化后附着于前一音节上后，读音反而相同了（但老傣文写法不同，新傣文则读音和写法都相同），当前读音为 hot^{33} 更为傣族人知晓，如说成 ratha 或 rasa 一般人反而不知道其意义，这说明这种变异形式已成为最为常见的读音了。

1. 傣文转写巴利语 a 为 o 现象的条件分析

这种语音变异产生的借词不是很多，它比 a 在鼻音前变成 u 产生的借词要少得多，因为它比前者需满足的条件更严格。这种语音变异需满足的条件可概括如下：

（1）巴利语原形需是双音节或多音节，巴利语单音节不会出现这种语音变异，也无法出现这种变异，如 ga/ka/sa 它不会转写为 ko^{51}/ko^{55}/so^{55} 的。

（2）目前除了 ko^{51}ha^{33}na^{51} 这个词①较特殊，其他都需后一音节发生韵尾化并附着于前一音节上，成为前一音节韵尾，并且是与塞音韵尾是 -k/-t/-p 发音部位相同或相近的音。这具有普遍性。也就是说，产生这种语音变异需后一音节韵尾化，成为前一音节的塞音韵尾。

（3）发生这种语音变异的音节辅音绝大多数都是傣语低音组辅音，以半元音或浊辅音为主。高音组 s 和 b 有个别例子。值得注意的是 jātaka 这个词发生语音变异后，ta 的辅音也浊音化，从而变成 tsā^{51}dok^{55}。

（4）由于要求后一音节出现韵尾化并附着在前一音节上，所以语音变异就不能出现在最后音节上，而主要出现在首音节（双音节词）或出现在音节的中间位置（三音节及以上）。

---

① ko^{51}ra^{33}na^{51} 由于 ga 后面的 ra 音节如韵尾化的话，也只会是鼻音 n。实际它来自巴利语 gaṇanā，转写的话，也只能是鼻音 n。这个词应变成 kon^{51}nā^{51} 才合理。

(5) 出现韵尾化的音节的辅音须是单辅音，如是复辅音的话也不能出现这种语音变异。如ᨾᨆ᩠ᨣ (mak³³kā⁵¹，道，道路) 首音节是 ma，且为低音组，后面的 gg 为舌根音，与 k 发音部位相同，具有发生变异的条件，但由于是双辅音，加上后面是长元音 ā（巴利语实际为短元音，傣语转写时短元音变成长元音了），这种语言变异就不能发生了。

从上面的分析中可看出，巴利语 a 转写为傣语的 o 不是随意的，它须满足多种条件才能产生，有些条件是强制性条件，缺一不可，如要求发生变异的 a 后面音节辅音必须是与塞音韵尾发音部位相同或相近；而且需要韵尾化附着于前一音节，此外一般还得要求是低音组辅音。因此，这种变异现象的借词数量不是很多，但由于主要元音发生了变化和错配，这种巴利语识别难度较大，有些不常见或偏僻借词如不知道转写规则就无法识别。

2. a 变 o 语音变异规则对释读佛经中巴利语借词的作用

a 变成 o，虽有很多限制条件，但它在傣文佛经中确实是一种语音变异现象。这个规则的解释有助于确定某些巴利语借词的来源和还原巴利语原形。如ᩁ和ᩔ (hot³³) 这两个词在傣语中都是常用词，目前所有的《傣汉词典》都拼写作 hot³³（现代傣语 r 与 l 合流，现在大多写作 lot³³），说明这个读音已成为习惯读音了。如按照一般转写规则它们分别是 rotha 和 rosa 了。rotha 巴利语这个词不存在，rosa 巴利语虽有这个词，但它是"瞋恚，恚心；争论"，而不是"味道、滋味"。rosa 傣语只能读作 ho⁵¹sa⁵⁵，它没有发生辅音韵尾化变成 hot³³。因为发生这种变异的也要求前一音节元音为短元音 a，而 rosa 中元音为 o。这样我们就可知道这两个词都是巴利语借词，而且巴利语原形分别为 ratha 和 rasa 了。再如ᨷ (bot⁵⁵) 这个词，一般人已不知晓其为巴利语借词了，因为这个词在巴利语中有两个重要义项"脚，腿，基础；四分之一，第四个诗节，章节"。其中"腿、脚"这个词傣语也借进来了，读作 bāt³⁵，如 pra³³bāt³⁵ 就是"佛印"。傣语把这两个义项都借进来了，但两者读音不同，一个读 bāt³⁵，一个读 bot⁵⁵，这样反而使人不知道后者也是巴利语借词了。如不知道其发生了语音变异，它理论上可还原为 poda/pota/potha/posa/poṭha/poṭa/poḍa 等很多形式，但无论哪种形式（它们中巴利语有的存在，有的不存在），都不是的 bot^{55} 的词源。

这个变异规则的揭示可帮助释读佛经文献中的一些疑难巴利语借词，并弄清楚其意义。如《维先达腊》第二章有这样一段话：

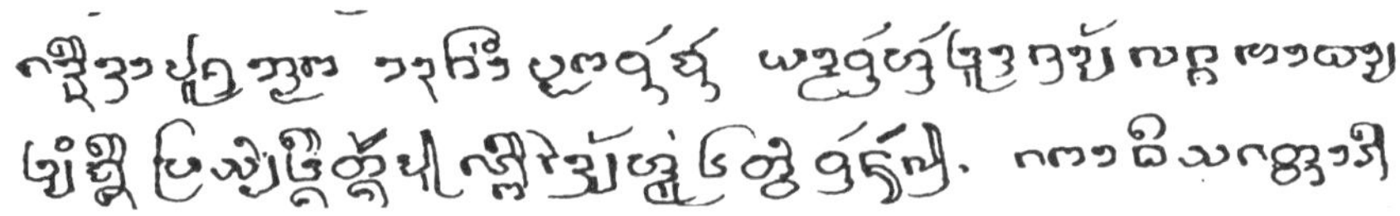

图 4-9

dən^{55} si^{35} dā^{55} puŋ^{55} ʔɔk^{35} sip^{55} sām^{55} xam^{33} bɔk^{35} van^{51} tsan^{55} jām^{51} van^{51} han^{55}
四月　　分娩　　十三　　日　　告诉　星期一　那时　　看

tut^{33} tsāi^{11} lak^{33} ka^{33} nā^{51} jāi^{51} teu^{51} thɯŋ^{55} bra^{55} sop^{55} tɯŋ^{51} taŋ^{13} ju^{35} hək^{33} dai^{13} mu^{35}
下午两点　年庚　　点　　走　　进　到　???　正　位于　星宿　得

hok^{55} to^{55} van^{51} nan^{11} lɛ^{33}…
第六　　天　　那　了。

（四月十三日分娩，正值星期一，那时已经是下午两点左右，年庚点已走进？星宿排第六）

这里有个 bra^{55} sop^{55}，意思不好理解，按照上下文，这里应说的是黄道十二宫中一宫。这段话讲的是维先达腊和嫡玛迪的女儿出生的年月日和星座星宿等，上文讲到哥哥耶利出生时，也讲到年月日和星座星宿这些要素，其中星座是白羊座。《中国贝叶经全集》将它翻译成"天蝎座"，可是"天蝎座"的梵语是 pracike，显然不符合上述拼写，因此我们认为它应为 asabha，它是"牛，牡牛，牛王"，用在黄道十二宫，它是"金牛座"。这个词后半部分 a 变成了 o，bha 韵尾化，变成了 sop^{55}。前半部分两者不一致，应是讹误造成的。

第四节 《维先达腊》梵语借词试探

《维先达腊》中有一些借词,如按巴利语进行转写的话,语音并不完全对应,但如按梵语转写却有着严格的语音对应关系,因此我们认为这些借词应来自于梵语借词。究其原因,应与巴利语文献中混杂了一定数量的梵语有关。特别是书面语成分浓的词汇,大多借用于梵语,典型的例子,如傣文中的天文历法中的星宿词语基本都是梵语,甚至没有相应的巴利语。

一 巴利语与梵语的异同

巴利语是古代印度的一种通用俗语,是由释迦牟尼在世时中印度十六国之一的摩揭陀国(Māgadha)一带使用的方言演化而来,属于印欧语系印度语族中的中古印度—雅利安语,与梵语(书面语性质较强)十分相近。它们之间很多词汇词形完全一致。见表 4-15 所示。

表 4-15　　　　　　　巴利语和梵语词语对照表

汉语	巴利语	梵语
本生经	jātaka	jātaka
城市,城镇	nāgara	nāgara
弓箭;部分	kaṇḍa	kaṇḍa
父亲	pitar(或 pitarā)	pitar
偈颂	gāthā	gāthā
修习,修,修行	bhāvanā	bhāvanā
神,天神	deva	deva

但巴利语和梵语也存在一定差别,巴利语为俗语,语音变异规则和语法规则都较为简单一些,而梵语则语音形式和语法都要复杂一些。季羡林

先生曾对两者在语音上的差异简要地概括为三点：

1. 巴利文缺三合元音和缺 ṛ/ṝ/ḷ/ḹ。三合元音 ai, au 变成了 e/o。ṛ 为 a/i/u 所取代。ṛ 辅音化，变为 ra。ḷ 为 u 所取代。二合元音 e/o 保留。

2. 巴利语多流音 ḷ；三个咝音统一为一个 s，ś/ṣ 消失。元音之间的 ḍ 为 ḷ 所取代，ḍn 变为 ḷh。元音之间的清音变为浊音，有时候正相反：浊音变为清音。有时候送气音变为不送气音。齿音变为顶音。d 变为 r，n 变为 l 或 r。ṇ 变为 ḷ，最稀见的是 l 变为 r。y 和 v 有时互换。也出现音的异化和换位现象。

3. 所谓辅音群指两个以上辅音的结合。这里面包含 h 的辅音群，咝音加鼻音，变化很复杂，这里无法详细介绍。特别值得一提的是辅音同化作用。有所谓前进同化，比如梵文 sakthi 变为巴利文 satthi 等等。有所谓后退同化，比如梵文 svapna 变为巴利文 soppa，等等。齿音+y，出现腭化现象。梵文 kṣ 或 śṣ 变为 kkh 或 cch。梵文 ts 和 ps 变为 cch。①

当然，还有其他一些差异，但在字形上主要表现为上述三条。②

因而两者有很多词汇在拼写上存在差异，不过能很明显地看出两者之间的对应关系，以辅音群为例，我们来看看两者的细微差异。见表 4-16 所示。

表 4-16　　　　巴利语和梵语词汇的语音差异对照表

汉语	巴利语	梵语
业	kamma	karma
法	dhamma	dharma
礼敬（南无）	nama	namas
大师、教师	satthā 或 satthar	śāstṛ
比丘	bhikkhu	bhiksu

---

① 季羡林：《印度古代语言》，江西教育出版社 1998 年版，第 538—540 页。
② 两者具体差异可参见罗世方编《梵语读本》，商务印书馆 2016 年版；[法] 迪罗塞乐《实用巴利语语法》，黄宝生译，中西书局 2014 年版。两书中的语音部分。

续表

汉语	巴利语	梵语
王舍城	rājagaha	rājagrha, rajagriha
经	sutta	sūtra
菩萨	bodhisatta	bodhisattva

从表 4-16 可看出，梵巴之间语音虽非常相似，但两者在语音上具有一些差异。当然，这是就词汇层面上说的，如具体到语法和文本也还有一些差异的。总体来说，巴利语文法较为简略，梵语文法较为复杂。

二 傣文文献梵语借词试探

老傣文起初本着严格的语音对应规则来转写巴利语，因此在创制文字的时候，完整地借用了巴利语字母表中的所有字母。同时为了转写巴利语文本的特殊字母形式，也为这些特殊书写形式创制了字母或附加符号。这些特殊的书写形式本不是为了区别巴利语和梵语的词形，而是出于完整地转写巴利语佛经文本的目的。但其中一些特殊的书写形式，成为观察、识别和探讨某些傣泐文文献中疑难词汇的窗口，也为我们提供了寻找某些文献中疑难词汇来源的线索。根据傣文词形和梵语语音对应形式，我们认为它应来自梵语，或者说书写形式更为接近梵语。换个角度来说，就是巴利语文献中也吸收或掺杂了某些混合梵语借词，傣语在转写时，也为它们创制了一些特殊转写形式。

下面从四个方面举例探讨傣泐文中的梵语词形问题。

1. 关于☙外框问题及相关梵语借词识别

● (b) 的字母左半边加上一个外框，构成☙。其中●是字母表中的字母，但其外框并不在字母表中出现。这个外框在现代傣语中大多都读成了送气音 ph，但字典仍将它们的构词放置在●字母下。此外字母表中另有❽ (ph)。显然☙读成 ph 是语音演化的结果。这个外框根据傣文创制规则，它应是一个附加符号，显然也是有意义的，但它表示什么读音，一直很少有人对它有过研究。我们认为，它应表示 r，与●一起表示巴利语的辅音群 pr。带ြ的词在傣语文献中有一定的数量，但很多词都较难识别，目前仍有很多词无法解释或没有获得较好的解释，需另辟蹊径寻找词源。我们经过反复对比，认为这些词语很多是梵语借词，有系列词语为证。见表 4-17 所示。

表 4-17　　　　　　　　　　　傣文中的梵语借词表

汉语	傣语书写形式	巴利语	梵语
欲望，希望，希求	ြြ bra^{55}tha^{55}nā^{51}	patthanā	prārthanā
努力，精勤；初因，自性	ြ bra^{55}thān^{51}	padhāna	pradhāna
资具、必需物；缘、理由、原因、动机、基础	ြြ或ြြ bra^{55}tsai^{55}	paccaya	pratyaya
殿堂、阁楼、高楼、观看台	ြြ bra^{55}sāt^{35}	pāsāda	prāsāda
种类、品类、方法；准备	ြြ bra^{55}kān^{55}	pakāra	prakāra
量，分量，尺度，长度（时间）	ြြ bra^{55}mān^{55}	pamāṇa	Pramāṇa
智慧，知；了解；知识	ြ bra^{55}jā^{51}	pajānanā；paññā	prajña

上述这些词常在傣族文献中出现，如按转写规则，将ြ认为是 pr，从而与梵语对应更合适。也许有人说，ြ外框没有意义，只是一种异体形式。这种说法从理论上具有一定可能性，但如联系其他附加外框词汇的话，我们认为外框代表读音 r 更合适。因为它还在其他词中出现，例如ြ（brahma，梵、梵天、梵王、婆罗门，傣语读作 prām^{51}）和ြြ（brahmana，婆罗门，婆罗门族；修行者，佛）都是傣族文献中的高频词。它的外框ြ对应的是梵巴语借词是 br。实际上巴利语中带 br 的词很少，应都是保留了混合梵语形式。还有一个词很有趣，那就是ြ（老师、导师，傣语读作 xu^{51}），这个词巴利语和梵语也是同形词。在巴利语和梵语中它有 garu 和 guru（后来形式）两种形式，意思为"重要的，应尊重的；导师、老师"。傣语借用了早期形式，并将这两个音节合并成 gru 了，从而写成ြ。

这一类涉及的词较多，特别是在傣文古籍中很多 pr 类词难以识别和释义，我们将延续这一思路，希望能识别和解释更多的新的疑难词汇。

2. 从傣族的星期词和星座词看梵语借词

傣语星期词和星座词都来自梵巴语借词。傣泐文星期词前一般都会带个傣语固有词"van⁵¹（天，日）"而去掉了 varo，而星座词则全是借自梵巴语借词。其中某些词形从老傣泐文的写法上来看更接近于梵语。见表 4-18 所示。

表 4-18 　　　　　　　　　　傣文星期词和星座词梵语借词表

汉语	傣语音标	巴利语	梵语	说明
白羊座	met³³	Mesa	Meṣa	转写字形与梵巴语音具有严格的语音对应
金牛座	pra⁵⁵sop⁵⁵	Āsabha	Rṣabha	傣语前一音节是前缀；后一音节有语音变异现象，与梵巴具有语音对应关系
双子座	me³³thu⁵⁵na³³	Methuna	Mithuna	转写字形与巴利语一一对应，梵语为 i
巨蟹座	kā⁵⁵ha³³kat⁵⁵	Kakkaṭa	Karkaṭa	转写字形与梵语一一对应，与巴利语音有差异
狮子座	siŋ⁵⁵	Sīha	Siṃha	取梵语首音节①
室女座	kan⁵⁵	Kaṇṇa	Kanyā	转写字形与巴利语一一对应，取首音节
天秤座	dun⁵⁵	Tulā	Tulā	梵巴同形，傣语转写字形与梵巴一一对应
天蝎座	pra⁵⁵tsik⁵⁵	Vicchikā	Vṛścīka	前一音节为前缀，后一音节与梵巴具有对应关系
人马座	tha³³nu³³	Dhanu	Dhanu	转写字形与梵巴一一对应
摩羯座	maŋ⁵¹kɔn⁵¹	Makara	Makara	转写字形与梵巴具有对应关系，傣语语音有变异
宝瓶座	kum⁵⁵	Kumbha	Kumbha	梵巴同形，傣语取首音节
双鱼座	men⁵¹	Mīna	Mīna	梵巴同形，梵巴都为 i，傣语为 e，发生语言变异
星期天	van⁵¹tit³³	Ādicca	Aditya（太阳）②	傣文转写字形与梵语一一对应

续表

汉语	傣语音标	巴利语	梵语	说明
星期一	van^{51}tsɛn^{55}	Canda	Candra（月亮）	傣文转写字形与梵语一一对应
星期二	van^{51}kān^{51}	Kuja	Aṅgaraka（火星）	傣文转写字形与梵语一一对应，读音省略
星期三	van^{51}put^{33}	Budha	Budha（水星）	傣文转写字形与梵巴一一对应
星期四	van^{51}phat^{55}	Guru	bṛhaspati（木星）	傣文转写字形与梵语有关，变异较大
星期五	van^{51}suk^{55}	Sukka	Śukra（金星）	傣文转写字形取梵巴利语首音节
星期六	van^{51}sau^{55}	Sani	Śani（土星）	傣语转写字形讹误①

注：①傣泐文另有一字形与梵语一一对应。
②巴利语的周日到周一分别为：Ravivaro，星期日（日语：日曜日）。Candavaro，星期一（日语：月曜日）。Kujavaro，星期二（日语：火曜日）。Budhavaro，星期三（日语：水曜日）。Guruvaro，星期四（日语：木曜日）。Sukkavaro，星期五（日语：金曜日）。Sanivaro，星期六（日语：土曜日）。

从表4-18可看出，傣语十二星宫和星期词都是梵巴语借词，很多词形与梵语语音形式更为一致，而与巴利语有差别。我们判断，在佛经巴利语化过程中，已经携带了大量的早期吠陀梵语或混合梵语形式。傣语在转写时，也按字母转写规则一一对应地携带进来了。

3. ꪒ和ꪔ等词的词源探讨

ꪒ svan^{55}这个词在傣族文献中也常出现，口语有时候也用，它常组成 ꪔꪒ məŋ^{51}svan^{55}，表示"天国、天宫"等。《傣汉词典》将该词释义为"天国、天宫、仙境、乐园"，但并没有注明其来源。我们一开始认为它是一个傣族固有词，直到我们在文献中碰到巴利语的借词形式ꪒꪔ saggaṃ。这个词因为有格的变化，它肯定是个借词，经过对比确认，它来源于巴利语 sagga（ṃ），同为"天，天界，天国，天上"。sagga 对应的梵语形式为

---

① 傣语还有一种写法 sau^{55}hi^{33}，傣语应先讹误为这个词，然后缩写为 sau^{55}。

svarga。傣语的ᨔ᩠ᩅᨣ᩠ᨣ是梵语的前一音节完全对应形式，与前一音节具有严格的对应转写关系（傣文要将巴利语梵语作为韵尾的 r 转写成鼻音 n），这个词形与巴利语之间有明显的语音差异，因此判定它是一个梵语借词是没有任何问题的。

我们再看ᨴ᩠ᩅᩥᨷ dvip[33]，这个词在傣语中就更常见了，意为"岛，洲"。巴利语形式为 dipa，也为"岛、洲"。但从老傣文字形来看，这个词应转写为 dvipa，转写后的词形与梵语存在着严格的对应关系，这个词在梵语中也是"岛、洲"｛Dvīpa［Ved. dvīpa=dvi 二+ap（āpa）水—两侧有水］。四大洲——1. 梵 Pūrva-videha，巴 Pubbavideha，弗于逮洲，又作毗提诃，为天下四大洲中之东胜身洲，又称东毗提诃，2. 梵 Jambu-dvīpa，巴 Jambudīpa，阎浮洲又作阎浮提、赡部洲、位于须弥山之南，故又称南阎浮提，为吾人所居之处；3. 梵 Apara-godānīya；巴 Aparagoyāna，拘陀尼洲，又作俱耶尼、瞿伽尼，位于须弥山之西方，为四大洲中位居西方之西牛货洲；4. 梵巴 Uttarakuru，郁单越洲，又作郁单曰，为须弥四大洲中位居北方之北俱卢洲｝。这个词傣语音义都与梵语完全吻合，是梵语借词也是没有任何问题的。

实际上傣文古籍中还存在一些 sv/dv 开头的疑难词汇，这两个词的识别告诉我们，这类词应有很多来自梵语，需借助梵语来识别和释读。

4. 从 rāsi 一词看梵语影响

我们再来讨论傣文古籍中一个特殊词语ᩁᩣᩈᩦ hā^{51}si^{55}，这个词在傣文古籍中是个高频词。《傣汉词典》将它解释为"苦行僧、野外修行者"，此外"星座"也是这个词。这个词还有阴性形式 rāsiṇi（ṇi 是巴利语阴性形式，相当于汉语"尼姑"的"尼"），这说明它是一个巴利语或梵语借词。巴利语中有 rāsi 形式，但它是"堆，数量，质量"［(Vedic r̥āśi) 1. heap, quantity, mass］，而不是"苦行僧、野外修行者"。傣泐文没借进这个意义。这个词实际上借自梵语的 ṛṣi，它是"圣人，具有特殊洞察力和灵感的天才，隐士，先知，贤者，圣人，大师"［1. a holy man, one gifted with special powers of insight & inspiration, an anchoret, a Seer, Sage, Saint,

Master（kaṇho...）]。我国著名梵巴学者黄宝生先生在《印度佛教史》将它翻译为"苦行僧，野仙人"。这个词巴利语词形应为 isi，意思与梵语一致。按照转写规则，梵语的 ṛṣi 对应巴利语的 isi。可是傣泐文并没有转写成 isi 而是转写成了ᨣᨱ᩺。我们认为，这是傣泐文佛经文献中把ṛ 和 ṛ 两个近似音弄混淆了，误将梵语的 ṛ 拼成了 r̩ ，从而转写成了 hā^{51}si^{55}。从这个词也可更为清楚地看出梵语借词的遗存和影响。

上面利用老傣文字形和梵巴语语音差异，对傣族文献中几组常见的梵巴借词的来源和词形问题进行了探讨。经过初步探索，我们可确信，傣泐文文献中保存了数量可观的梵语借词。这些借词如只通过巴利语词形对应很难找出其原形，而需结合梵语进行对应和验证。巴利语文献中有混合梵语成分，该观点也得到了印度佛教学者的认可，正如印度著名佛教学家 S.R. 戈耶尔所说"包含佛陀的教导的佛教文献大致可分成两部分：小乘（使用巴利语和混合梵语）和大乘（使用混合梵语和规范梵语）"①。从这里可判断，傣泐文文献中的梵语大多应为混合梵语，这为今后释读和探索傣族文献中更多的疑难词汇提供了一条新的路子。当然目前这些探索还是初步的和举例性质的，下一步我们将结合更多的梵语原形与傣文词形的对应关系来释读傣泐文文献中的梵语借词。

---

① [印度] S.R. 戈耶尔：《印度佛教史》，黄宝生译，中国社会科学出版社2020年版，第 123—124 页。

第五章 《维先达腊》人名地名考释与比较

专有名词是指特定人、地点、机构、事物的名称，主要包括人名、地名、国家名、河流名、山川名、民族名、节日名、朝代名、星宿名，等等。专有名词是相对普通名词而言的，主要表达事物独有名称。它往往是事件发展和社会文化的表征，蕴含着丰富的文化内涵，是历史、哲学、文学、语言学、宗教学等学科关注的对象之一。

《维先达腊》为佛本生故事。故事篇幅大，情节曲折丰满，出现了大量人物和地点，于是也就记载了较多人名、山名、城市名、河流名、古代印度国家名等。《维先达腊》中人名地名绝大多数是巴利语或梵语词，这些人名地名是直接音译过来的。傣文在转写的时候，一方面存在着异形和讹误问题，另一方面也保留了巴利语梵语的性数格等形式，识别和释读难度相对较大，是阅读、翻译、整理和研究傣族古籍的难点。本章综合考释和比较分析《维先达腊》本生经中人名地名，并将之与《六度经·须大拏经》《太子须大拏经》《菩萨本缘经》等汉译佛经人名地名进行比较。

考释《维先达腊》中人名、地名词源并与汉译佛经的对应翻译进行比较，目的有三：一是方便傣族古籍的阅读、整理、对应和释读，解决长期以来困扰傣族古籍整理翻译的人名、地名问题；二是提供南传佛教和北传佛教专有名词对应翻译形式，方便多语种经书对勘、比较和专名的汉译问题；三是专有名词往往蕴含着丰富的文化信息，是傣族哲学、宗教学、语言文献学等相关研究学科关注点，对它进行整理，有利于促进傣族贝叶文化的准确释读、传承发展和相关学科研究。

第一节 《维先达腊》人名比较分析与考释

《维先达腊》篇幅长,记载了大量人名。据数据库统计,《维先达腊》中共出现人名1265次,其中11个主要人物名字反复出现,如"维先达腊"各种形式出现了196次,"曼坻"出现了92次等。《维先达腊》主要有四种性质的人名:一是本生故事中的人物名字,这些名字反复出现,占比较高,约占总数80%以上;二是他们转世后对应的名字,这些名字集中出现在《维先达腊》的第一册和第十三册中,这与本生经故事文本结构有很大关系;三是释迦牟尼及其弟子人名,这些弟子人名大多数应是后来添加进去的,反映了较为完整的僧伽制度;四是少数傣语人名,这部分人名大多数为女性人名,主要出现在"祖卓"一册中,目的是衬托乞丐妻子阿敏达答而添加的人名。其中第一、第二类人名在相应的汉译佛经中也多有出现;第三类人名则出现在汉译其他佛经中;第四类人名则完全是傣族化人名。

本节依次比较分析和考释《维先达腊》与三部汉译佛经主要人物人名,转世后人名以及《维先达腊》中单独出现的巴利语人名,此外还简略分析本生经故事中傣语人名,从而全面展示《维先达腊》本生经的人名特点。

一 《维先达腊》与汉译佛经人名比较分析和考释

《维先达腊》人名使用情况可概括为:以巴利语音译词人名为主,部分人名使用梵语;巴利语人名异形词和数格变化形式较多;为了体现人物身份或地位,经常在人名前加上傣语固有词"tsau^{13}王,主人(用于男性)",汉语借词"nāŋ^{51}皇后;公主(用于女性)"和巴利语词"rājā王,国王(男女性皆可)"等表示身份。

第五章 《维先达腊》人名地名考释与比较

汉译佛经《六度经》《太子须大拏经》人名除了"帝释天"采用意译外，其他都采用音译形式，而《菩萨本缘经》人名出现较少，翻译方式也不同，主人公 vessantara 采用意译方式，而"帝释天"采用音译形式"释提桓因"。我们先比较《维先达腊》本生经与三部汉译佛经中出现的主要人名，此外也参考印度圣勇著《本生鬘·毗输安多罗本生经》有关内容，对《维先达腊》中人名词源及其巴利语梵语词形进行考释。

表 5-1 中《维先达腊》主要人物名字，很多也出现在《须大拏经》《太子须大拏本生经》等汉译佛经中。① 傣文贝叶经《维先达腊》译自巴利语，而汉译佛经有的译自梵语，有的经过中介语转译为汉语，情况较为复杂。但由于巴利语梵语关系很近，绝大多数词汇相同或有明显语音对应关系，这为探讨人名词源或相互关系提供了有利线索。下面逐一考释之。

1. ᦞᦵᦉᧉᦎᦺᦀ（vet³³san⁵⁵ta⁵⁵ra³³）意译为"一切度，一切持"，来自巴利语 vessantara。汉语佛经大多为"须大拏"，来自巴利语 sudāna，由词头 su（好，善，良，妙）加上 dāna（赈，布施），构成合成词 sudāna "好施，好布施"，以是观之，《太子须大拏经》将"须大拏"解释为"乳湩自然而出，以是之故，便字太子为须大拏"。可能理解有误或反映了某种俗语的面貌。sudāna 实际上对应傣文另一部文献《召书屯》中的"书屯 sudāna"。《菩萨本缘经》中将王子译作"一切持王子"，这种译法来自梵语 viśvantara②，与 vessantara 词源相同。ᦞᦵᦉᧉᦎᦺᦀ（vet³³san⁵⁵ta⁵⁵ra³³ 维先达腊）在本生经中出现频次高，异形词或格变化形式也多，我们列举部分在此：ᦞᦵᦉᧉᦎᦺᦀ（ve³³san⁵⁵ta⁵⁵ra³³ 维先达腊），ᦞᦵᦉᧉᦎᦺᦀ（vet³³san⁵⁵ta⁵⁵rā⁵¹ 维先达腊），ᦞᦵᦉᧉᦡᦳᧃ（vet³³san⁵⁵dɔn⁵⁵ 维先端），ᦞᦵᦉᧉᦡᦳᧃ（ve³³san⁵⁵dɔn⁵⁵ 维先端），ᦞᦵᦉᧉᦡᦳᧃ（vet³³san⁵⁵dɔn⁵¹ 维先段），ᦞᦵᦉᧉᦡᦳᧃ（ve³³san⁵⁵dɔn⁵¹ 维先段），ᦞᦵᦉᧉ（ve³³

---

① 《菩萨本缘经》主要为意译，文本较短，大多人物并未出现。
② 据有关专家告知，该词标准梵语为 viśvadhara，但日本著名巴利语专家水野弘元《增补改订パーリ語辞典》中说该词梵语为 viśvantara，这种形式与巴利语 vessantara 有更为严格的对应关系。viśvantara 应是 viśvadhara 浊音清化后的读法，根据语音演变规律，viśvantara 产生年代可能更晚。

表5-1 《维先达腊》与汉译佛经主要人物名字比较

巴利语（梵语）	国际音标	傣文字形	《六度经》	《太子须大拏经》	《菩萨本缘经》	人物关系
Vessantara (Viśvantara)	vet³³san⁵⁵ta⁵⁵ra³³	ᥝᥥᥔᥢᥖᥣᥱ	须大拏	须大拏	一切持	佛祖前生，太子
Maddī (madrī)	mat³³ti⁵¹	ᥛᥖᥤ	曼坻	曼坻	未出现	太子妻子
Jāli	tsa⁵¹li³³	ᥓᥣᥘᥤ	耶利	耶利	未出现	太子儿子
Kanhājinā (kranajina)	kan⁵⁵ha⁵⁵tsi³³na⁵¹ 或 kan⁵⁵ha⁵⁵tsi³³na⁵¹	ᥐᥢᥨᥛᥣᥓᥤᥢᥣᥴ	罽挐延	罽挐延	未出现	太子女儿
Sañjaya	san⁵⁵tsa³³ja³³	ᥔᥢᥓᥭᥱ	萨阇（号湿随）	湿波（号）	未出现	太子父亲
Phusatī	phut⁵⁵sa⁵⁵ti⁵⁵	ᥚᥛᥱᥖᥤ	未出现	未出现	未出现	太子母亲
Jūjaka	tsu³³tsa³³ka³³	ᥓᥧᥓᥐ	未出现	未出现	老婆罗门	婆罗门乞丐
Amittatā	ʔa⁵⁵mit³³ta⁵⁵ta⁵⁵	ᥟᥛᥤᥖᥖᥣ	未出现	未出现	无此人物	婆罗门乞丐妻子
Inda (indra) 或 sakka	ʔin⁵⁵ta³³ 或 sak⁵⁵ka⁵⁵	ᥐᥤᥢᥖᥱ 或 ᥔᥐᥱ	帝释，天帝释	天王释；切利天王释	释提桓因；帝释	天神
Cetaputta	tse⁵⁵ta⁵⁵but⁵⁵	ᥓᥥᥖᥙᥧᥖ	意译作"猎士"	意译为猎师，猎者	无此人物	守护太子一家的猎人
Accuta	ʔat⁵⁵tsu⁵⁵ta⁵⁵	ᥟᥓᥧᥖ	阿周陀	阿州陀	无此人物	修行者，守护太子

san⁵⁵ta⁵⁵ro⁵¹维先达罗），ꨀꨱꨳꨮꨳ（vet³³san⁵⁵ta⁵⁵ro⁵¹维先达罗），ꨀꨱꨳꨮꨳꨮ（ve³³san⁵⁵ta⁵⁵re³³维先达列），ꨀꨱꨳꨮꨳ（ve³³san⁵⁵ta⁵⁵raŋ⁵¹维先达浪），ꨀꨱꨳꨮꨳꨳ（ve³³san⁵⁵ta⁵⁵rat³³sa⁵⁵维先达拉萨）等。傣文词形ꨀꨱꨳꨮ与巴利语vessantara存在严格的语音对应关系，巴利语的 ss 中前一个 s 附着于前一音节上并转写为发音部位近似的塞音 t，这是读音问题，书写时还是 s。而ꨀꨱꨳꨮ中有一 s 则没有转写出来。而ꨀꨱꨳꨮ则是傣文转写巴利语的一种语音变异形式，我们曾做过专门探讨，当初就是根据ꨀꨱꨳꨮ这一人名语音变异顺藤摸瓜，归纳了傣文语音变异转写规律并释读了傣族文献中许多无法解释的词语。①ꨀꨱꨳꨮ是佛经文本一种浊音低化形式，这种形式在傣文佛经中也经常出现，最终导致了现代傣语浊音低音组产生，新傣文专门为此设立了独立音位。ꨀꨱꨳꨮꨳ、ꨀꨱꨳꨮꨳ、ꨀꨱꨳꨮꨳ、ꨀꨱꨳꨮꨳꨳ则是ꨀꨱꨳꨮ的各种巴利语格变化形式，这些格变化形式一般只出现在巴利语偈颂里，出现次数较少。

2. ꨀꨱ（mat³³tī⁵¹）为维先达腊之妻，巴利语为 Maddī（曼坻），傣文形式与巴利语有着严格的语音对应关系。Maddī 来自国家名 Madda ꨀꨱ（古印度国家之一），这在本生经中有详细叙述。Maddī 是 Madda 的阴性形式，这符合其女性身份。汉语佛经翻译成"曼坻"，明显与巴利语或梵语 maddī（madrī）语音相合。但在《维先达腊》中，该词写作ꨀꨱmaddī 的时候并不太多，最常见写法是ꨀꨱ、ꨀꨱ或ꨀꨱ三种，与梵语词形 madrī 有严格语音对应关系。在经书中，ꨀꨱ前面经常加ꨀꨱ（nāŋ⁵¹王后，公主，娘娘），构成ꨀꨱ。nāŋ⁵¹是古汉语"娘娘"借词，借进傣语后表示"王后、公主、太太、小姐"。在傣语中，它经常冠在贵族女性名字前音译作"婻"，表示尊敬。

3. ꨀꨱꨮ（tsā⁵¹li³³）为维先达腊之子，巴利语为 Jāli，Jāli 来自 Jāla（a net; netting, entanglement：网，纠缠），这与本生经故事中说他被树网缠住吻合。Jāli 巴利语梵语词形一致，且没有复辅音，因此傣文书写形式高度一致。该词汉译佛经为"耶利"，也非常符合汉语的语音习惯。在《维先达腊》中，该词前常加傣语词ꨀꨱꨮ（tsau¹³主人，领主，王子）构成

---

① 戴红亮：《傣语转写巴利语 ɔn 韵变异分析》，《民族语文》2018 年第 4 期。

ၜင်ႉၺႃႉ။ tsau¹³ 原义是"主人，主子，所有者"，如 tsau¹³ hən⁵¹（主人房子）是"家长"。后来引申为"领主、王子、亲王、君主"等，傣族封建领主制下，最高统治者宣慰使称为 tsau¹³ phɛn³⁵ din⁵⁵ 召片领（土地的主人）。这个词后来用在傣族男性贵族名字前，表示尊敬。

4. ၵၢၼ်ႁႃႉၸီႉၼႃႉ（kan⁵⁵hā⁵⁵tsi³³nā⁵¹）为维先达腊之女，巴利语为 Kanhājinā，① 傣语形式与巴利语有严格的语音对应关系。Kanhājinā 由 kanha（dark, black：黑的）和 ajina（the hide of the black antelope, worn as a garment by ascetics：黑羚羊皮，苦行者穿的衣服）构成。这与汉译佛经记载她出生时在黑色羊皮绒毯上相合。但在《维先达腊》中，ၵၢၼ်ႁႃႉၸီႉၼႃႉ 完整形式出现很少，基本上都是写成 ၵၢၼ်ႁႃႉ（kan⁵⁵hā⁵⁵）或 ၼၢင်ၵၢၼ်ႁႃႉ（nāŋ⁵¹kan⁵⁵hā⁵⁵ 媊甘哈），只取该词的前两音节或再加个"媊"。该词完整形式 Kanhājinā 出现较少。汉译佛经译为罽挐延，译自梵语 kranājinā，与 Kanhājinā 具有明显的同源关系。

5. သၼ်ၸႆႉယ（san⁵⁵tsai⁵¹ja³³）为维先达腊之父，巴利语为 Sañjaya，梵语同形。《六度经·须大拏经》中说太子之父名为"萨阇"，显然与 Sañjaya 有同源关系。Sañjaya 与傣文转写形式有着较为严格的语音对应关系。这个名字在《维先达腊》中出现次数较多，异形词也很多，常见的异形词有 သၼ်ၸႆႉ（san⁵⁵tsai⁵¹），သၼ်ၸႆႉ（san⁵⁵tsai⁵¹），သၼ်ၸႆႉ（san⁵⁵tsai⁵¹），သၼ်ၸႆႉ（san⁵⁵tsai⁵¹）等形式。"讪若：（流派）十外道之一。饰宗记七本曰'讪若，梵云珊阇耶。此云圆胜，此外道自云。我寂圆胜。'梵 Sañjaya"② 其中的"珊阇耶"汉译与梵语巴利语更为接近。

---

① Kanhājinā: Daughter of Vessantara and Maddī, She was so called because, at birth, she was laid on a black skin, When Vessantara retired to the forest, his wife and children accompanied him to Vankagiri, later, both Kanhājinā and her brother Jāli were given to Jūjaka as slaves and were ill-treated by him, For sixty leagues they travelled with him, led and guarded by the gods, till they came to the court of their grandfather Sañjaya, king of Sivi, and there they were released, Kanhājinā's price being one hundred elephants, one hundred male and female slaves, etc. The children afterwards rejoined their parents and lived happily at the court, Kanhājinā is identified with Uppalavannā, In the verses she is sometimes called Kanhā.

② 丁福保：《佛学大词典》，中国书店 2011 年版，第 1853 页。

第五章 《维先达腊》人名地名考释与比较　　279

6. ꮮꮳꮳ（phut⁵⁵sa⁵⁵ti⁵⁵）为维先达腊之母，巴利语应为 phusatī。ꮮꮳꮳ 如按照傣文转写规律，还原为巴利语为 phussati，不过在《维先达腊》中最常见的写法为ꮮꮳ（phut⁵⁵sa⁵⁵di⁵⁵）。如转化为巴利语为 phussaḍi，但 phussati 和 phussaḍi 都找不到巴利语原形。西方学者认为是 phusatī①，而印度学者认为梵语形式为 phusali②，两者具有词源关系。我们采纳这一看法，关于命名为 phusatī，据《Buddhist Dictionary of Pali Proper Names》的说法是因为 Phusatī 出生那天"她的身体散发着檀香木的气味"③。据《维先达腊》记载，ꮮꮳꮳ也是来自 Madda（Mddra），与太子王妃 Maddi 一样，都是 Madda 国王女儿。这说明 Maddi 应是 phusati 的侄女。

7. ꮳꮣ（tsu⁵¹tsa³³ka⁵⁵）为婆罗门乞丐，巴利语为 Jūjaka。在《维先达腊》中该词最常见的写法为ꮳ（tsu⁵¹tsok⁵⁵），也就是后面的 tsa³³ka⁵⁵ 合并成一个音节 tsok⁵⁵，并产生语音变异。这一现象在老傣文转写巴利语时也是一种特殊的语音变异现象，它必须符合一些条件才能产生。

8. ꮮꮳꮳ（ʔa⁵⁵mit³³ta⁵⁵tā⁵⁵）为婆罗门乞丐之妻，巴利语为 Amittatā，词源是 a（表否定前缀）加上 mittatā（state of being a friend, friendship：做朋友的状态，友谊）合成，表示"非友，不友好"。这个词义符合人物身份。汉译佛经未出现该名字或该人物。

9. ꮳꮣ（ʔin⁵⁵ta³³）为天神之名，巴利语为 inda，梵语为 indra，汉语译为"因陀，因陀罗"。该词还常写作ꮳ（ʔin⁵⁵tra³³ 因陀罗），这就与梵语存在着严格的语音对应关系了。在经书中，ꮳ也被称为ꮳꮣ（sak⁵⁵ka⁵⁵ 萨伽，帝释天）。帝释天巴利语全称为 sakko devānām indo（梵语为 Śakro devānām

---

① Sañjaya, father of Vessantara, he was the son of Sivi, king of Jetuttara, and after his father's death succeeded him as king. His wife was Phusatī, He is identified with Suddhodana of the present age.
② ［印度］A. 詹姆柯德卡尔：《须大拏本生研究》，杨富学译，《敦煌研究》1995 年第 2 期。
③ Phusatī, Daughter of the Madda king and chief queen of the Sivi king Sañjaya and mother of Vessantara, She had been Sudhammā, daughter of Kikī, and was born in Tāvatimsa because of an offering of sandal wood made by her to Vipassī Buddha, when she left Tāvatimsa, Sakka gave her ten boons: to be chief queen, to have dark eyes, dark eyebrows, to be named Phusatī, to have a son, to keep a slim figure, to have firm breasts, hair always dark, to have soft skin, and to save the condemned. She was called Phusatī because on the day of her birth her body smelt of sandal wood. She was a previous birth of Mahāmāyā"

indrah），在巴利语中，sakka 义为"能够、有能力的"；deva 义为"天人，神明"，indo 义为"王者、最胜者"，连起来为"有能力的诸天之主"，即"释天帝"，汉译作"帝释天"，语序有调整。

10. ᩰᩰᩰᩰᩰᩰ（tse^{55}ta^{55}but^{55}）为猎人之名，巴利语为 cetaputta，傣文转写与巴利语有严格语音对应关系。汉译佛经中没有出现猎师名字。该词常写作ᩰᩰᩰᩰ（tse^{55}ta^{55}but^{55}），两个词形韵尾不同，但读音相同。Ceta（A kingdom through which Vessantara passed on his way from Jetuttara）是印度古代十六国之一，也作 Ceti，汉译佛经译作"支提"。putta（a son）是"儿子"，连起来音译就是"Ceti 之子"，也就是"支提子"，国名或天神名加 putta（子），这种命名方式在佛经文献中随处可见，是一种常见命名方式。

11. ᩰᩰᩰᩰᩰ（ʔat^{55}tsu^{55}ta^{55}阿祖达）为雪山林野和尚之名，巴利语为 accuta，傣文与巴利语有严格语音对应关系。汉译佛经译为"阿周陀"或"阿州陀"，显然与巴利语也有明显的语音对应关系。Accuta 为"immoveable, everlasting, eternal：不动的，永恒的，永久的"，这与他"年五百岁，有绝妙之德"相符。

综上所述，通过汉傣本生经人名词源考释和比较分析可看出，这几部本生经不仅同源，而且有的词源还可相互对勘佐证。此外还可根据人名观察傣族转写巴利语的若干变异规律，对考释文献中疑难词汇和还原巴利语原形都有重要的线索作用。

二 《维先达腊》转世后巴利语人名考释与比较分析

上述四部佛经中，除《菩萨本缘经》外，其他三部佛经皆列出了转世后人名。我们拿《太子须大拏经》为例来看一下："佛告阿难'我宿命时所行布施如是。太子须大拏者，我身是也；时父王者，今现我父阅头檀是；时母者，今摩耶是也；时妃者，今瞿夷是也。时山中道人阿州陀者，摩诃目揵连是；时天王释者，舍利弗是；时猎师者，阿难是也。时男儿耶利者，今现我子罗云是也；时女罽拏延者，今现罗汉末利母是。时乞儿婆罗门者，今调达是；婆罗门妇者，栴遮摩那是。勤苦如是无央数劫，作善

第五章 《维先达腊》人名地名考释与比较　　281

亦无央数劫。当持是经典为诸沙门一切说之，菩萨行檀波罗蜜，布施如是'。"

这里先列出《维先达腊》与《六度经·须大拏经》《太子须大拏经》中转世前后人物名字和人物关系，再对主要人物人名词源及其词形进行考释，见表5-2所示。

《维先达腊》涉及转世的人物较多，多达31人，而汉译佛经较少，《六度经·须大拏经》中为10位，《太子须大拏经》为9位。在这里先对几部佛经皆出现的人名进行考释和比较分析，后面再对《维先达腊》单独出现的人名进行简单汇释。

1. Vessantara 转世后为 ᧞ᨷᨴ（sit^{55}that^{33}tha^{55} 悉达多），巴利语为 siddhattha（悉达多），傣文与巴利语有严格语音对应关系。Siddhattha 是释迦牟尼名字，Gotama 是姓氏。《维先达腊》中说 ᧞ᨷᨴ 就是 ᨲᨳᨣᨲ Tathāgata（Tatha 为"如"，agata 为"来"，二字合起来即"如来"，佛的十大名号之一），显然这是后来追述时添加的。汉译佛经作"buddha 佛""我身、吾身"等。

2. Maddī 转世后为 ᨩᩈᨳᩁᩈᨷᩈᨸᩈ（ja^{33}so^{55}tha^{33}rā^{51}pim^{51}pā^{51}），为悉达多之妻。该词由巴利语 Yasodharā 和 Bimbā 合成。傣文与巴利语 Yasodharā 加 Bimbā 复合词有严格的语音对应关系。Yasodharā（梵语为 Yaśodharā）本义是"famous：出名的，持誉的"，汉语译为"耶输陀罗、耶输多罗、耶惟檀"等。Bimbā 是 Yasodharā 名字｛"Bimbā：频婆［悉达多王子（Siddhartha）妻子的名字］"｝，但这个名字只出现在巴利语后期三藏中。而《六度经》《太子须大拏经》中称作"俱夷""瞿夷"，来自梵语 Gopī 或 Gopā（a cowherd, herdsman：放牛郎，牧牛人），意译为"牛护、密行、明女、守护地、覆障"等。

3. Sañjaya 转世后为 ᩈᨴᨳᨶ（sut^{55}tho^{51}tha^{33}na^{33}），为悉达多之父，巴利语为 suddhodhana，傣文与巴利语有严格语音对应关系。这个词是合成词，由 suddho（clean, pure, purified：干净，纯净，变得干净）和 dhana（grain, posses sion of corn, crops etc：谷物、拥有玉米、农作物等）。汉译

表 5-2　《维先达腊》与汉译佛经转世巴利语人物对照表

巴利语或梵语	国际音标	傣文图片	《须大拏经》	《太子须大拏经》	注释说明
Siddhatth	sit⁵⁵that³³tha⁵⁵		须大拏—佛	须大拏—佛	vessantara 转世
YasodharāBimbā	ja³³so⁵⁵tha³³rā⁵¹pim⁵¹pā⁵¹		曼坻—俱夷	曼坻—罼夷	Maddī 转世
Suddhodhana	sut⁵⁵tho⁵¹tha³³na³³		萨阇—阿难	太子父亲—阇头檀	Sañjaya 转世
Mahāmāyā	ma³³hā⁵⁵mā⁵¹jā⁵¹		未提及	未提及	phusatī 转世
Rāhula	rā⁵¹hu⁵⁵ra³³		耶利—罗云	耶利—罗云	Jāli 转世
Uppalavaṇṇā	ʔup⁵⁵ba⁵¹la³³van⁵¹nā⁵¹		罽拏延—末迟母	罽拏延—末利母	Kanhājinā 转世
Anuruddha	ʔa⁵¹nu³³rut³³tha³³		帝释天—弥勒	天王释—舍利弗	inda 转世
未提及	未提及	未提及	猎士—优陀夷	未提及	cetaputta 转世
Sāriputta (Śāriputra)	sa⁵⁵ri³³but⁵⁵ta⁵⁵		阿周陀—大迦叶	阿州陀—摩诃目犍连	accuta 转世为舍利弗
未提供名字	未提供名字	未提及	梵志—调达	乞丐—调达	未转世，入地狱
Ciñcamanavika	kin⁵⁵tsā⁵⁵ma³³na⁵¹vi³³kā⁵⁵		梵志妻—旃遮	乞丐妻—梼遮摩那	amittatā 转世

第五章　《维先达腊》人名地名考释与比较　　283

佛经多译为"净饭王、白净王"。《太子须大拏经》音译作"阅头檀"来自梵语 Shuddhodana。而《须大拏经》为"太子后终生兜术天。自天来下由白净王生。今吾身是也。父王者阿难是"。其中"白净王"为意译。

4. Phussatī 转世后为ꪣꪭꪱꪣꪊꪱ（ma³³hā⁵⁵mā⁵¹jā⁵¹），为悉达多之母，巴利语为 Mahāmāyā，傣语与巴利语有严格语音对应关系。这个词也是合成词，由 Mahā（大）加 māyā（deceptive appearance, fraud, deceit, hypocrisy, mystic formula, magic, trick：欺骗性的外表，欺诈，欺骗，虚伪，神秘公式，魔法，诡计）构成。汉译为"摩诃摩耶，大清净妙，摩耶夫人"等。但汉译佛经《六度经》和《太子须大拏经》都未提到 phussati 和 Mahāmāyā。

5. Jāli 转世后为ꪮꪫꪨ（rā⁵¹hu⁵⁵ra³³ 罗睺罗），为悉达多之子，巴利语为 rāhula，傣语与巴利语有较为严格的语音对应关系。其中最后一个音节 la 转写为 ra 了，这与傣语语音演变有关系，现代傣语中 r 就读成 l 了，两者在书写时常混淆。汉译佛经音译为"罗睺罗、罗云"等名，意译为"覆障、障月、执月"。ꪮꪫꪨ词义来源于 rāhu（hide; dark demon：隐藏；黑暗恶魔），罗睺罗为密行第一，估计与此有关。

6. Kanhājinā 转世后为ꪋꪚꪩꪫꪙꪱ（ʔup⁵⁵ba⁵⁵la³³van⁵¹nā⁵¹），为悉达多之女，巴利语为 Uppalavaṇṇā，傣文与巴利语有严格语音对应关系。Uppalavaṇṇā 是合成词，由 uppala（the blue lotus; a waterlily：青莲；睡莲）和 vaṇṇā（appearance, colours：容貌，颜色），合起来译为"莲华色"。她是比丘尼首领之一，神通第一。汉译佛经译为"朱迟母""末利母"，两者与巴利语语音差别较大，应与巴利语来源不同，词源需要结合其他文献进行考释。由于悉达多只有独子罗睺罗并没有女儿，两者不同实属正常。

7. Jūjaka 在《维先达腊》中没有转世，而是下了地狱。汉译佛经转世后为"调达 devadatta"，devadatta 汉译作"提婆达多、提婆达兜"等，意译为"天热、天授、天与"。这个词是复合词，由 deva（天，神，魔王）加 datta（given; stupid; a silly fellow：给定的；愚蠢的；愚蠢家伙）。"调达"为悉达多叔父斛饭王之子，阿难兄长，因犯五逆罪，破坏僧团，是与佛陀敌对的恶比丘。因此老婆罗门转世后成为"调达"是合情合理的。①

8. Amittatā 转世为 ᨠᩥᨬᩣᨾᩣᨱᩅᩥᨠᩣ（kin⁵⁵ tsā⁵⁵ mā⁵¹ na³³ vi³³ kā⁵⁵）。巴利语为 Ciñcāmānavika，傣文个别声母转写有误，误将 c 转写成 k，其他与巴利语语音对应。汉译为"旃遮""栴遮摩那"，"旃遮"对应 Ciñcāmānavika 前两个音节，"栴遮摩那"音译前四个音节。该词音译又作"栴阇摩、旃遮"等，意译为"暴志"（Ciñcā+mānavika）。傣文音译与汉译佛经实指同一人。

9.《维先达腊》对猎师 Cetaputta 转世进行了详尽描写，说他"投生在佛陀身边，是称心的官吏。佛陀出家日，备马求跟随。三人跟随去，到达阿孥河"，但并未提及他转世后的名字。汉译佛经《六度经·须大拏经》转世后为"优陀夷"，而《太子须大拏经》转世为"阿难"，两者不同。

10. Inda（sakka）转世后为 ᩋᨶᩩᩁᩩᨴ（ʔa⁵⁵ nu³³ rut³³ tha³³），来自巴利语 Anuruddha，傣文与巴利语有严格语音对应关系。汉语译作"阿那律"，又作"阿那律陀，阿甆楼驮，阿楼驮，阿甆驮"等，意译为"无灭、如意、无障、无贪、随顺义人、不争有无、无灭如意、如意无贪"，为佛弟子中的天眼第一。Anuruddha 为"engaged in, devoted to; compliant or complied with, pleased：专注于、遵从于、喜悦"，与汉译意义吻合。《六度经·须大拏经》认为帝释天转世为"弥勒佛"，而《太子须大拏经》则转世为"舍利佛"，三者都不同。

---

① 傣文《维先达腊》没有言及乞丐转世后的名字，但据 G. P. Malalasekera. *Buddhist Dictionary of Pali Proper Names*，乞丐也转世为"调达"。原文如下："Jūjaka: A brahmin of Dunnivittha in Kālinga, he was given a young maiden in repayment of a debt, but because she was praised for her virtues, the other wives in the village grew jealous of her and mocked her as an old man's darling, thereafter she refused to go to the village well, and suggested that Jūjaka should obtain as slaves the children of Vessantara, then living as an ascetic in Vankagiri, After many adventures Jūjaka found Vessantara, was allowed to have the two children, Jāli and Kanhajinā, and having tied their hands together, took them away. After he had travelled sixty leagues, the gods led him to Jetuttara, where the children's grandfather reigned as king. The king bought the children back from Jūjaka at a very great price and gave him choice foods to eat, Jūjaka, having over-eaten and being unable to digest the food, died on the spot (J. vi. 521-81). He is identified with Devadatta."

3. 《维先达腊》其他转世人物人名考

汉译佛经《六度经·须大拏经》《太子须大拏经》只列出 9—10 位主要人物的转世名字，而《维先达腊》多达 31 位。另外《维先达腊》还有 20 多位转世者名字，汉译佛经《太子须大拏经》虽未出现，但在其他佛经中常出现。这些人名大多是悉达多的弟子名字。见表 5-3 所示。

表 5-3　　　　汉译佛经未出现或没有的巴利语人名汇释表

巴利语	国际音标	傣文词形	人物身份和关系	汉译形式或考释
Moggallāna	mo^{51}ka^{33}lān^{51}na^{33}	ဗောဂလသာ	替维先达腊盖寺院的男神仙	目犍连，也称大目犍连、又译作目犍连，没特伽罗等
Kassapa	kat^{55}sa^{55}ba^{55}	ကဿပ	迎接太子回西维的使者	迦叶，过去佛，梵语为 Kāśyapa，也作迦摄波等
Kāludāyī	kā^{55}ru^{33}tā^{51}ji^{51}	ကာဠုဒါယီ	驱赶太子离开西维的大臣	Kāludāyī；净饭王在迦毗罗卫城的一位大臣的儿子，与佛陀同日出生，并作为他的玩伴长大
Koṇḍañña	kon^{55}dan^{55}ja^{33}	ကောဏ္ဍည	八位婆罗门长老之一	憍陈如，梵语为 Kauṇḍinya，最初的佛弟子，五比丘之一
Assajita	ʔa^{55}sa^{55}tsi^{33}ta^{55}	အဿဇိတ	八位婆罗门长老之二	阿说示，五比丘之一。也作阿湿婆氏多、阿鞞等。意译为马胜、马星
Bhaddiya	phat^{33}ti^{33}ja^{33}	ဘဒ္ဒိယ	八位婆罗门长老之三	跋提梨迦，梵语为 Bhadrika，又作跋陀罗、跋提等。意译仁贤、有贤，略作贤。五比丘之一
Gavampati	ka^{33}vam^{51}ba^{55}ti^{55}	ဂဝံပတိ	八位婆罗门长老之四	憍梵波提，意译为牛筮、牛主、牛王等。佛弟子之一、舍利弗的弟子
Kimbila	kim^{55}pi^{33}la^{33}	ကိမ္ဗိလ	八位婆罗门长老之五	金毗罗，为佛弟子，释迦族人。据中阿含卷十七载，释尊至 Pācīnavajsadāya 时，有阿那律陀、难提、金毗罗三人合住，能修梵行
Sīhaḷa	si^{55}ha^{55}la^{33}	သီဟဠ	八位婆罗门长老之六	Sīhaḷa 辛哈拉，梵语为 Siṃhāla，本义是"狮子"。这里指尼干陀派居士、离车族将军
Ambuda	ʔam^{55}pu^{33}ta^{55}	အမ္ဗုဒ	八位婆罗门长老之七	Ambuda，一个女性（或女孩）的名字。其原义是"给水者，一朵云"

续表

巴利语	国际音标	傣文词形	人物身份和关系	汉译形式或考释
Kulīra	ku⁵⁵li³³la³³	ᨠᩩᩃᩦᩁ	八位婆罗门长老之八	Kulīra 原义是 一只螃蟹或（某种）床架
Sippalī	sip⁵⁵ba⁵⁵li⁵¹	ᩈᩥᨻ᩠ᨻᩃᩦ	四位变成金鹿男神之一	疑为 sippani，意译为"手艺、工艺"
Kaccāyana	kat⁵⁵tsā⁵⁵ja³³nā⁵¹	ᨠᨧ᩠ᨧᩣᨿᨶ	四位变成金鹿男神之二	Kaccāyana，迦旃延、迦多衍那，出身婆罗门种姓，与大雄和佛陀同时代的一位沙门导师，佛教将其归入六师外道
Upagutta	ʔup⁵⁵ba⁵⁵kut³³ta⁵⁵	ᩏᨷᨣᩩᨲ᩠ᨲ	四位变成金鹿男神之三	Upagutta，佛弟子，传说他睡在玛图拉城墙边的尘土上
Kappina	kap⁵⁵bi⁵⁵na³³	ᨠᨷ᩠ᨷᩥᨶ	变成老虎的男神	Kappina，劫宾那，罽宾那
Sumaṇasāmaṇera	sum⁵⁵ma³³na³³ sā⁵⁵ma³³nen⁵¹	ᩈᩩᨾᨱᩈᩣᨾᨱᩮᩁ	变成狮子的男神	Sumaṇasāmaṇera，须摩那沙门，sumaṇa 为名，sāmaṇera 是沙门，是摩哂陀姊姊的儿子
Kappinanda	kap⁵⁵bi⁵⁵nan⁵¹ta³³	ᨠᨷ᩠ᨷᩥᨶᨶ᩠ᨴ	变成豹子的男神	疑为难陀。该字形前半部分为 kappina，后半部分为 nanda。上面未出现难陀，故推测。Kappina 疑上文重复误
Jambupatti	tsum⁵¹pu³³bat⁵⁵ti⁵¹	ᨧᩴᨻᩩᨷᨲ᩠ᨲᩥ	送食物给耶利的神仙	Jambudipuppatti，迦叶佛时代波罗奈城法泉王
Khemāthelī	xe⁵⁵mā⁵¹the⁵⁵li⁵¹	ᨡᩮᨾᩣᨳᩮᩃᩦ	送食物给甘哈的女神	Khemāthelī，Khemā 音译为谶摩，thelī 是女长老。她是比丘尼领头之一，意译为"安稳"，是"智慧第一"

从表 5-3 可看出，这些转世后人物都是释迦牟尼著名弟子或僧伽中重要人物，他们构成了一个相对完整的僧伽系统，是研究南传佛教史的珍贵资料，也是研究傣族转写巴利语词语的有用的对勘材料。

三 《维先达腊》出现的其他人名

除上述转世人物外，《维先达腊》在序分和其他章节中还涉及释迦牟尼其他弟子名字或与本生经故事有关人名。为体现《维先达腊》巴利语人名系统性，我们继续整理并对其进行简单汇释，见表 5-4 所示。

表 5-4　《维先达腊》出现的其他重要人物巴利语名字对照表

巴利语	国际音标	傣文词形	人物身份和关系	汉译形式或注释
Udāyī	ʔut^{55}tā^{51}ji^{33}	ᥟᥧᥖᥲᥡᥤ	跟随佛祖回迦毗罗卫的随行人员之一	Udāyī, 优陀夷, 乌陀夷, 邬陀夷, 教化第一
Bimbisāra	pim^{51}pi^{33}sān^{55}	ᥙᥤᥛᥙᥤᥔᥣᥢ	频婆娑罗, 在经中恭候释迦牟尼三个月	Bimbisāra, 瓶沙王, 中印度摩揭陀国频婆娑罗王, 是阿阇世 Ajātasattu 之父
Sakyarāja	sā^{55}kja^{55}rāt^{33}	ᥔᥣᥐᥬᥣᥬᥣᥖᥱ	释迦兰, 国王名	sakya, 为巴利语释迦; rāt^{33}为巴利语 rāja 转写形式, 合起来"释迦王"
Vipassi	vi^{33}bat^{55}si^{55}	ᥝᥤᥙᥳᥔᥤ	维卫佛	Vipassi（梵 Vipawyi）毗婆尸佛, 毗尸佛, 鞞婆尸佛, 意为胜观佛、胜见佛, 为过去七佛之第一佛
Samaṇī	sa^{55}ma^{33}ni^{51}	ᥔᥛᥢᥤ	太子母亲 Phussati 的大姨。	梵语为 śramatṇī, 原义为女沙弥, 后转世为 khema（谶摩）
Samaṇagota	sa^{55}ma^{33}ni^{33}ko^{51}ta^{51}	ᥔᥛᥢᥐᥨᥖᥣ	Phussati 的二姨, 转世为 Uppalavaṇṇā（莲华色）	samaṇa 为沙弥, gota 为瞿昙
Bhikkhuṇī	phik^{33}xu^{55}ni^{51}	ᥚᥪᥐᥴᥢᥤ	Phussati 的三姨, 转世为 Puttācalā（子坚）	bhikkhuṇī 为比丘尼
Bhikkhudāsikā	pik^{33}xu^{55}tā^{51}si^{55}kā^{55}	ᥙᥤᥐᥴᥖᥣᥲᥔᥤᥐᥣ	Phussati 的四姨, 转世为 Gotami（瞿昙尼）	bhikkhu 为比丘, dāsikā 为"婢女"
Dhammadā	nāŋ^{51}tham^{51}dā^{55}	ᥖᥛᥰᥖᥣᥰ	难坦达, Phussati 的五姨, 转世为 Dhammadinna（法授）	dhamma 为"法", dā 为"给、受"词根
Sudhammā	su^{55}tham^{51}mā^{51}	ᥔᥧᥖᥛᥣᥰ	转世为 Phussati	su 为"好、善", dhamma 为"法"
Sanghaḍāsi	saŋ^{55}xa^{33}tā^{51}si^{51}	ᥔᥒᥴᥖᥣᥲᥔᥤ	Phussati 的七姨。转世为 Visākha（毗舍佉）	Sangha 为僧伽, ḍāsi 为女奴隶
Sujāta	naŋ^{51}su^{55}tsā^{51}dā^{55}	ᥔᥧᥲᥓᥣᥖᥣ	苏阇答	Sujāta: 善生王
Sujampati	su^{55}tsam^{51}ba^{55}ti^{55}	ᥔᥧᥓᥛᥰᥙᥖᥤ	苏阇巴迪	Sujampati: 须阇之夫, 善生主（帝释天）

续表

巴利语	国际音标	傣文词形	人物身份和关系	汉译形式或注释
Maghavā	ma³³xa³³vā⁵¹	ꨮꨮꨮꨮꨮ	摩伽婆	Maghavā 为梵语，巴利语为 maghavant（of Indra, or another angel）
Visukamma	vi³³su⁵⁵kam⁵⁵mā⁵¹	ꨮꨮꨮꨮ	天神名	帝释天曾命 Visukamma 守护舍利塔室
Pacceka	pha³³ba⁵⁵tse⁵⁵kā⁵⁵tsau¹³	ꨮꨮꨮꨮꨮꨮ	辟支王	Pacceka, 梵语为 pratyeka, 独一的，单独的
Upāli	ʔu⁵⁵ba⁵⁵lī⁵¹	ꨮꨮꨮ	优波离	佛弟子，持律第一

傣文贝叶经文献为南传佛教文献，是我国佛教三大语系中唯一较为系统使用巴利语记载的佛经文献，在我国佛教文献中独树一帜。《维先达腊》是傣族最为知名的贝叶经文献，该经记载了大量巴利语人名，主要分为本生经故事人名和转世后的人名。这些人名间存在较强对应关系，是傣族上座部佛教构建僧伽系统的集中体现。这些人名大多也出现在傣族其他贝叶经文献中，是研究傣族贝叶经文献的基础性史料，对其考释，有利于傣族贝叶经文献的整理和研究。同时这些人名在汉译佛经中也经常出现，是比较南传佛教和北传佛教人名对应关系的珍贵资料。

四 《维先达腊》中傣族人名拾零

此外，《维先达腊》还出现了一些傣族女性人名，这些人名密集出现在第五册里，她们咒骂和嫉妒阿敏达答，是促使阿敏达答要求祖卓索要两位王子的导火索。为了简述方便，我们也列表在此，见表5-5所示。

表5-5　　　　　《维先达腊》中的傣语人名汇释

傣文	国际音标	人名翻译	人名解释
ꨮꨮ	ʔi⁵⁵xam⁵¹	依罕	ʔi⁵⁵为傣族平民女性区别词，xam⁵¹为汉语借词"金子"
ꨮꨮꨮ	ʔi⁵⁵dam⁵⁵mi⁵⁵	依丹米	dam⁵⁵为傣语固有词"黑色"，mi⁵⁵为傣语固有词"熊"

第五章 《维先达腊》人名地名考释与比较

续表

傣文	国际音标	人名翻译	人名解释
ᨲᩫ᩠ᨦᨠᩣ᩠ᨦ	ʔi³⁵ tsāŋ⁵⁵ kāŋ⁵⁵	依章刚	ʔi³⁵为傣族平民女性区别词，tsāŋ⁵⁵为傣语固有词"平淡，贫瘠"，kāŋ⁵⁵为傣语固有词"中间"
ᨠᩣᩃᩦ	ʔi³⁵ kā⁵⁵ lī⁵¹	依嘎丽	kā⁵⁵lī⁵¹为巴利语"厄运"
ᨷᩩᨬ᩠ᨧᩪ	ʔi³⁵ bun⁵⁵ tsu⁵¹	依本祝	bun⁵⁵为巴利语"福"，tsu⁵¹为傣语固有词"同意"
ᩈᩣ᩠ᩅᩅᩤ	ʔi³⁵ sāu⁵⁵ vāu⁵¹	依㑇瓦	sāu⁵⁵为傣语固有词"姑娘"，vāu⁵¹疑为傣语固有词"风筝、缺口"
ᨠᩥ᩠ᨶᨧᩣ	ʔi³⁵ kin⁵⁵ tsā⁵⁵	依金扎	kin⁵⁵tsā⁵⁵从词形上看为巴利语，暂找不到原形
ᩃ᩶ᩣᨹᩣ᩶	ʔi³⁵ lā¹³ phā¹³	依腊帕	lā¹³为傣语固有词"迟、晚、小"；phā¹³为巴利语固有词"布、衣服"，也可能与汉语"布"同源
ᨲᩣᩈᩲ	ʔi⁵⁵ tā⁵⁵ sai⁵⁵	依打腮	tā⁵⁵为傣语固有词"眼睛"，sai⁵⁵为傣语固有词"清亮，清楚"
ᨶᩰᩉᩣ᩠ᨲ	ʔi³⁵ no⁵¹ hāt³³	依糯兰	no⁵¹为巴利语借词"无"，hāt³³为巴利语借词"王"
ᨲᩣᩉ᩠ᩃᩅᩣ᩠ᨦ	ʔi³⁵ tā⁵⁵ loŋ⁵⁵	依打龙	tā⁵⁵为"眼睛"，loŋ⁵⁵为傣语固有词"大"
ᨣ᩠ᩅᩢ᩠ᨶ	nāŋ⁵¹ kvan⁵⁵	婻观	nāŋ⁵¹为古汉语借词"姑娘"，kvan⁵⁵为傣语固有词"灵魂"
ᩈᩦᨯᩣ	nāŋ⁵¹ si³⁵ dā⁵⁵	婻西达	si³⁵为古汉语借词"四"，dā⁵⁵为傣语固有词人名专用词
ᩈ᩠ᩃᩥ᩠ᨲ	nāŋ⁵¹ slit⁵⁵	婻希利	slit⁵⁵应为巴利语"吉祥、幸运"

　　傣族在封建领主制下，当时所有的女性平民名字前都要加上性别词 ʔi⁵⁵（ʔi³⁵为变调），而贵族女性添加"nāŋ⁵¹"。这些人名是《维先达腊》本生经在傣族化过程中逐步添加进去的，是傣族知识分子的再创作，通过艺术再创作，使得《维先达腊》不再是简单的本生经篇幅短小的故事，而是人物和情节都很丰满的长篇优秀文学作品。

　　综上所述，《维先达腊》人名系统以巴利语为主，在傣族化过程中，逐步增添了部分傣族女性人名。巴利语人名主要为本生经故事人名、释迦牟尼亲属名、弟子人名、天神名字等，这些人名很多并不是故事原有的，大多是一个移植和综合的结果。绝大多数巴利语人名都已汉译，是我们比较南传佛教和北传佛教人名的珍贵资料，也是建立两者对应关系的直接线索。

第二节 《维先达腊》地名考释

地名是一处处地理标记，但更是文化生活的记录仪，历史风貌的活化石。[①] 巴利语（梵语）地名是了解印度历史文化的重要组成部分，更是了解佛教产生、传播和发展历史的重要线索。傣族古籍中保存着大量的巴利语（梵语）地名以及后来根据故事情节增补的傣语地名。在封建领主制下，西双版纳每个版纳都有一个相应的巴利语地名，显示巴利语地名曾经对傣族社会产生了较大影响。目前除个别巴利语（梵语）地名外，现在大多地名都只保留在傣族古籍中，是傣族古籍翻译、整理和研究的又一大难点。《维先达腊》本生经故事中记载了较多的巴利语（梵语）地名，是系统考察和考释巴利语地名的重要文献。对巴利语地名进行考释比较，特别是音变和讹写地名的考释，有助于其他傣族古籍文献相关地名的翻译和注释。本节按照印度国家名、印度著名古都城名、印度山名、印度河流名、印度四大部洲名和傣族文化地名六种情况分类依次分析、考释《维先达腊》中重要地名，并与相关汉译佛经地名进行对照比较。

《维先达腊》地名与汉译佛经有直接对应的很少，这有两方面的原因：一是梵语地名在汉译佛经中出现得更少；二是不同的汉译佛经地名自身就不太一样。我们不妨先列出几部经书中出现的汉译地名，然后再对《维先达腊》地名进行考释，见表5-6所示。

---

① 李宇明：《地名是珍贵的文化资源——序戴红亮〈西双版纳研究〉》，参见戴红亮《西双版纳傣语地名研究》，中央民族大学出版社2012年版，第2页。

第五章 《维先达腊》人名地名考释与比较

表 5-6　　　　　　《太子须大拏本生经》等汉译佛经地名

经书名	出现的国家、城市名	出现的山名
《太子须大拏本生经》	舍卫国（释迦牟尼在此居住25年）；叶波（维先达腊出生地，应为Sivi，梵sibi）；鸠留国（乞丐的国家名）	檀特山为维先达腊驱逐修行之地；据《大唐西域记·卷二》与Dantaloka为一地，"昔苏达拏太子摈在弹多落迦山，旧曰檀特山，讹也。婆罗门乞其子女，于此鬻卖。跋虏城东北二十余里至弹多落迦山，岭上有窣堵波，无忧王所建。苏达拏太子于此栖隐。"玄应音义五曰："檀特山，或云单多罗迦山，或言檀陀山，此译云阴山。然禅门记录中多以之为悉达太子之苦行处，但未见经说。"
《六度经·须大拏经》	湿波（同上）；鸠留县（乞丐的出生地，这里为县名）	（同上）
《菩萨本缘经·一切持王子品》	无	须弥山（该地名在经中用来做比喻"威仪安谛如须弥山"，文中并不用于指称与故事内容有关的地名）
《毗输安多罗本生》	尸毗国（sibi）	盖拉瑟山峰（Kailash，"我们想要这头宛如盖拉瑟山峰的大象"文中并不指称与故事内容有关的地名）；梵伽山（与檀特山指称相同，为维先达腊驱逐修行之地）；须弥山（"大地震动，须弥山摇晃"，文中并不用于指称与故事内容有关的地名）

从上述几部汉译佛经可看出，相对于人名，汉译佛经出现的地名数量更少，而且一些地名如"须弥山""盖拉瑟山峰"主要用于比喻句中。只有檀特山与《维先达腊》中的"迷宫山"有明显对应关系。在国家名和城市名中，"湿波""叶波"与《维先达腊》中的"ဪ Sivi（梵 Sibi）"或"ဪsibin"在故事发生地上有明显对应关系，其中"湿波"很可能与梵语"sibi"也有语音对应关系。"舍卫国"则与《维先达腊》中"သာဝဉ္ sā^{55}va^{33}thi^{55}（舍卫城）"故事内容与语音都有明显的对应关系。而汉译佛经的"鸠留国""鸠留县"则与《维先达腊》中的"ကလိင်္ဂ ka^{55}liŋ^{51}ka^{55}（羯陵伽）"都是指乞丐的国家。"羯陵伽"是印度著名古国，而"鸠留"词义不可考。从汉译佛经记载为"国""县"来看，应是一个不知名的小国或城市。

一 《维先达腊》中巴利语国家名考释

《维先达腊》中出现的古印度国家名,主要以恒河流域和印度河流域为主。释迦牟尼生活的年代,相当于中国春秋中后期,当时印度也是处于诸侯国分裂的局面。这些诸侯国经常发生战争并不断地进行着兼并。印度最著名的有 16 个较大国家以及众多小国家,这些国家一部分也出现在《维先达腊》本生经中以及其他汉译佛经里,见表 5-7 所示。

表 5-7　　　　　　　　　《维先达腊》中古印度国家名

国际音标	老傣文图片	巴利语	汉译形式
si^{55}vi^{33}hat^{33}tha^{55}		Sivi rattha	尸毗、湿鞞、尸毗迦、湿波、叶波
mat^{33}ta^{33}		Madda	摩德罗、摩多
sin^{55}thu^{33}va^{33}		Sindhava	仙陀、仙陀婆、贤督、天督、天笃、身竺、天竺、乾毒、虔毒、身毒、鸡毒、印度、信度、贤豆
ka^{55}liŋ^{51}ka^{55}		Kaḷinga 或 Kalinga	羯陵伽、迦陵伽、羯霙伽
kan^{51}tha^{33}hā^{51}		Gandhāra	犍陀罗、乾陀罗、犍陀卫国、健驮逻、犍陀罗、乾陀卫、乾陀、健驮逻国等;意译为香行、香遍、香风国等
tse^{55}ti^{55}		Ceti 或 Cata	支提、车底、枝提、支陀、支提耶、脂提渝、枝提庚
mat^{33}sa^{55}		Maccha	婆蹉、么娑、麻蹉
ʔin^{55}du^{55}		Iṇdu	印度
kā^{55}si^{55}		Kāsī	伽建国、伽翅国、迦夷国、迦赦国、伽奢国
sa^{55}kā^{55}ja^{33}		Sakya	释迦

1. si^{55}vi^{33}hat^{33}tha^{55} 是一个合成词,由 sivi 和 rattha 两个词构成。sivi 是国家名,而 rattha 是 "王国" [Raṭṭha(Vedic rāṣṭra)reign, kingdom, empire; country, realm:(吠陀 rāṣṭra)统治, 王国, 帝国; 国家, 领域]。傣文转写形式与巴利语存在严格语音对应关系。si^{55}vi^{33}hat^{33}tha^{55} 在《维先达

腊》中通常简称为 Sivi。Sivi 是维先达腊出生的国家名，也是出现次数最多的地名。印度历史上曾有该国家，位于 Sindhu 河上游，属于印度河流域国家。汉译《六度经》和《太子须大拏经》分别译为"湿波""叶波"，来自梵语 Sibi。Sibi 与 Sivi 两者间存在语音对应关系，梵语中浊辅音 b 对应巴利语的 v，如梵语的 bara，巴利语为 vara 等。值得重视的是，《维先达腊》中多次出现了该词的另外一种转写形式ᩈᩥ᩠ᨷ（si⁵⁵pin⁵¹），如还原为梵语或巴利语则为 sibin。从语音上看，该词与梵语或巴利语并不完全对应，傣文多了一个鼻音成分，但在《维先达腊》中 Sivi 与 Sibin 所指相同，都是指维先达腊出生和早年生活的国家名，应是傣语转写时将之鼻音化了，这在傣文转写时也是一种较为常见的现象。Sivi 在多部本生经中都有出现，并有很多著名的本生故事传世，如"尸毗王割肉救鸽"等。Sibi 在汉译本生经有的以 Aritthapura 为首都，有的以 Jetuttara 为首都。《维先达腊》本生经中以 Jetuttara 为首都，也从侧面说明 Sivi 与 Sibin 为同一地名。Sivi 来源于 Siva，Siva 的义项有：1.（Vedic śiva）auspicious, happy, fortunate, blest（吉祥、快乐、幸运、保佑）；2. a worshipper of the god Siva；the same as Sivi（湿婆神的崇拜者；和 Sivi 一样）；3. Happiness, bliss（幸福，祝福）。《大唐西域记》卷三在记述尸毗伽王本生故事时也对此有所涉及："是如来昔修菩萨行，号尸毗伽王，唐言与。旧曰尸毗王，讹。为求佛果，于此割身，从鹰代鸽。"[①]

2. ᨾᨯ᩠ᨲ mat³³ta³³ 来自巴利语 Madda，梵语形式为 Madra。傣文转写形式与巴利语有严格语音对应关系。在《维先达腊》本生经中出现次数较多，该地是太子维先达腊之母 Phussatī 和妻子 Maddī 出生的国家。Madda 在巴利语中有两个主要义项：1.（fr. mṛd, Sk. marda）crushing etc; kneading, paste, in piṭṭha paste of flower：粉碎等；揉捏，粘贴，粘贴花；2.（Sk. madra）N. of a country & its inhabitants：一个国家及其居民。Madra 汉译佛经译为"摩德罗""摩达"等，出现次数较少。据研究，Madda 也曾

---

① 董志翘译注：《大唐西域记》，中华书局 2012 年版，第 176 页。

是印度一个古国，位于 Sivi 上游，与释迦牟尼同为释迦族，有世代姻亲关系，两个国家同属印度河流域。

3. ᩈᩥᨶ᪳ᨻ sin⁵⁵thu³³va³³ 应来自巴利语 Sindhava（belonging to the Sindhu, a Sindhu horse: 属于 sindhu 的，sindhu 马），梵语为 Saindhava。傣文转写为 Sindhuva 应有误，估计是 Sindhu 和 Sindhava 的讹混词，把两个词结合进一个地名里了，但也可能是另外一种俗词形式。《维先达腊》本生经中说此地盛产良马，与该词的巴利语词义高度吻合。Sindhu 原是河流名，后来成为国家名，在印度河最下游。汉译文献曾译为"身毒、身笃、贤豆、身豆"等。在《维先达腊》中还有一个地名"ᩧᩂ ʔin⁵⁵du⁵⁵"，这就是我们熟知的"印度"了，巴利语中尚未找到这个词原形。我们推测，这可能是傣文根据汉语译词"印度"读音进行的转写，而汉语的"印度"出现在《大唐西域记》以后，而傣文《维先达腊》翻译时间更晚，约在明末清初，那时，傣族地区也深受内地文化影响。

4. ᨠᩃᩥᨦᨠ ka⁵⁵liŋ⁵¹ka⁵⁵ 来自梵语 Kalinga（Kaḷinga）或 kalingaka（Kaḷingaka）。巴利语为 Kalingu，[Kaḷingu: (Sk. kalinga & kalingaka) the Laurus camphora, the Indian laurel]，原义是"印度月桂树"。傣文转写形式与梵语存在较为严格的语音对应关系，个别字母有差异，傣语在转写时将低音组 ga 转写为高音组 ka 了。在《维先达腊》本生经中，"羯陵伽"是指距离 Sivi 遥远、发生大旱，需要借助维先达腊的宝象才会下雨的国家。后来该国国王派遣八婆罗门去 Sivi 尸毗向维先达腊求象。该地名是推动《维先达腊》故事情节发展的重要地名之一，在《维先达腊》本生经中出现次数较多。从地理位置上，Sivi 位于印度河流域，而羯陵伽位于恒河流域默哈讷迪河（Mohanadi River）与哥达瓦里河（Godavari River）二河下游区域间，在印度中部东南面，相当于今奥里萨邦（Odisha）、安得拉邦北部地区，距离印度河的 Sivi 确实比较遥远。羯陵伽是古印度十六大著名古国之一，汉译佛经中提及该地方的材料非常多。根据梵文史诗《摩诃婆罗多》的记载，羯陵伽名称来自同名部落，其祖先曾经与鸯伽（Angas）等部族是兄弟关系。羯陵伽成为国家的时间较晚，它是印度难陀王朝（前

364—前324）时期才存在的古代国家，后来并入摩揭陀国版图。

5. ဂန္ဓာ kan^{51}tha^{33}hā^{51} 来自巴利语 Gandhāra，与梵语同形。傣文转写与巴利语存在严格语音对应关系。在《维先达腊》中出现在第三章，说当地大臣身穿黄红色衣服，国王浑身上下也是金碧辉煌。犍陀罗国（Gandāhra：belonging to the Gandhāra country）也为古印度十六大国之一。犍陀罗国核心区域包括今巴基斯坦东北部和阿富汗东部，其地处兴都库什山脉，属于印度河流域。Gandhāra 来源于 gandha（odour, smell, scent, perfume：气味，香味）。犍陀罗（Gandhara）以擅长佛教造像艺术而闻名全世界。《维先达腊》中描述情景与此相符。

6. စေတိ tse^{55}ti^{55} 来自巴利语 Ceti，该词傣文也可写作 စေတ（tse^{55}ta^{55}），同样来自巴利语 ceta，傣文转写形式与巴利语 Ceti 和 Ceta 都存在严格语音对应关系，两者所指相同，都是支提国。在《维先达腊》中，支提国是维先达腊去往迷宫山路途中经过的国家。在那里，维先达腊受到了上至国王，下至平民百姓的热烈欢迎，全国上下皆恭请维先达腊当支提国国王。维先达腊没有同意他们请求，继续前往迷宫山。国王为显示诚意就派"စေတပုတ္တ"（tse^{55}ta^{55}but^{55}tā^{55}意译为"支陀之子"）在森林中守护维先达腊一家，保护他们安全。该地名在《维先达腊》中出现次数较多，是《维先达腊》重点情节发生地之一。从历史上看，支提国实为古印度十六国之一，汉译佛经出现很多次，译法也较多，有"支提、车底、枝提、支陀、支提耶、脂提渝、枝提庾"等，它们对应梵语不同格形式，如 Cedi, Ceti, Ceta, Cetiya 等。其中"支提"对应 ceti 或 Cedi，支陀对应"ceta"。汉译《中阿含经》卷十八《天经》与《八念经》，《杂阿含经》卷二，《四分律》卷十六等皆有释迦牟尼在此地的记载。"支提国"位于恒河流域五大河流之一朱木拿河（Yamuna River）南岸。支提国实行君主制。Cetiya 为"a tumulus, sepulchral monument, cairn：坟墓，坟墓纪念碑"，这与历史上记载在支提山（巴 Cetiya-pabbata）建六十八石窟寺，并迎请佛舍利，及该国佛教建筑艺术发达相吻合。

7. မစ္ဆ mat^{33}sa^{55} 来自巴利语 Maccha，梵语为 Matsya。Maccha 为

"(cp. Vedic matsya) fish：鱼"。梵巴两者词形差异较大，但有语音演变关系，这是因为梵语"y 同化为前面的非齿/卷舌塞音或鼻音"导致的，演变路径大致如下，matsya→macchya→maccha。傣文转写形式与巴利语存在着严格语音对应关系。在《维先达腊》中ᨾᨧ᩺出现于第十册和第十一册中。汉译佛经译为"婆蹉、末蹉、么娑、麻蹉、摩差"等。印度神话以鱼为毗纽天（梵 visnu）十化身之一。Maccha 位于朱木拿河（Yamuna River）上游西部，首都为毗罗陀，和支提的关系很密切，最后为摩揭陀所统一。

8. ᨠᩣᩈᩦ kā^{55}si^{55}来自巴利语 Kāsī，梵语为 Kāśī，Kāsī 原义为"Kāsa：a kind of reed, Saccharum spontaneum：一种芦苇"。傣文词形与巴利语存在严格语音对应关系。ᨠᩣᩈᩦ在《维先达腊》出现次数较多，在第三册、第十一册和十三册中都有出现。汉译佛经该地名出现较多，译为"伽建国、伽翅国、迦夷国、迦赦国、伽奢国"等。《大唐西域记》卷七这样记述该国："国周四千余里。国大都城临殑伽河（恒河，Ganges River），长十八九里，广五六里。闾阎栉比，居人殷盛，家积巨万，宝盈奇货。人性温恭，俗重强学。多信外道，少敬佛法，气序和，谷稼盛，果木扶疏，茂草靃靡。伽蓝三十余所，僧徒三千余人，并学小乘正量部法。天祠百余所，外道万余人，并多宗事大自在天，或断发，或椎髻，露形无服，涂身以灰，精勤苦行，求出生死。"

9. ᩈᨠᨬ sa^{55}kā^{55}ja^{33}来自梵语 sakya。傣文转写形式与梵语存在严格语音对应关系。在《维先达腊》本生经中出现次数也较多。汉译为"释迦"等。这个国家是释迦牟尼出生地，位于北印度的释迦国（今尼泊尔境内），是喜马拉雅山山麓和恒河之间的一个小国。

二 《维先达腊》中巴利语古印度城市名考释

在古印度分裂时期，随着国家的兴起，也产生了规模不一的城市。这些城市大都是那个时代印度各诸侯国政治或文化中心。在《维先达腊》本生经中也出现了一些城市名称，大多是与佛教活动有关的城市。见表 5-8 所示。

第五章 《维先达腊》人名地名考释与比较

表 5-8　　　　　　　　《维先达腊》中古印度城市名

国际音标	老傣文图片	巴利语	汉译形式或英语注释
ka^{55}bi^{55}la^{33}vat^{33}thu^{55}		Kapilavatthu	迦毗罗卫、迦维罗卫、劫比罗伐窣堵、迦毗罗蠶窣都、迦毗罗婆苏都、迦毗罗、迦毗梨等；意译为"苍城、黄赤城、妙德城"等
hā^{51}tsa^{33}ka^{33}ha^{55}		Rājagaha	王舍城，罗阅祇
tse^{33}tut^{55}ha^{33}na^{33}ka^{33}ha^{33}	或	Jetuttara+nagara	阇杜多罗、祇杜达罗国
pan^{51}thu^{33}ma^{33}ti^{55}		Bandhumatī	《长阿含经》中为女性人名 "Bandhumatī nāma devī mātā"
vi^{33}lāt^{33}		Virāta	毗罗陀、毗罗多
pā^{51}lā^{51}nā^{51}sī^{55}		Bārāṇasī	波罗奈、波罗捺、波罗奈斯、婆罗疨斯、婆罗捺写
ki^{33}hip^{33}pa^{33}tse^{33}		Giribbaja	耆梨跋提
sā^{55}va^{33}thi^{55}		Sāvatthi	舍卫，室罗筏、室罗伐、罗伐悉底、尸罗跋提国、舍啰婆悉帝国

1. ꧁ꩭꧩꩨꪝ ka^{55}bi^{55}ha^{33}vat^{33}thu^{55}是合成词，由 kapila 和 vatthu 构成。梵语形式为 Kapilavastu（kapila+vastu）。傣语转写与巴利语 kapilavatthu 有严格语音对应关系。在《维先达腊》本生经中，kapilavatthu 出现在序分中，也就是本生经故事开始部分，主要说明佛陀说法的地点和缘由，具体内容参见第一章内容简介。迦毗罗卫城是释迦牟尼家乡，也是释迦国（sakya）首都。Kapila 是形容词，为 "brown, tawny, reddish, of hair & beard：棕色，黄褐色，微红色，头发和胡须的"。vatthu 为 "object, real thing, property, thing, substance, occasion for, reason, ground：物体，真实的东西，财产，事物，物质，场合，理由，基础"。Kapila 和 vatthu 合起来就是"苍色的地方"。汉语意译为"苍城、黄赤城、妙德城"，其中"苍城、黄赤城"来自 kapila，而"妙德城"则是一种引申解释。也可说成 Kapila nagara （Kapila 城）。由于该城为释迦牟尼故乡，无论是南传佛教文献还是北传佛

教文献出现得都很多。玄奘在《大唐西域记》卷六记述道:"劫比罗伐窣堵国周四千余里。空城十数,荒芜已甚。王城颓圮,周量不详。其内宫城周十四五里,垒砖而成,基址峻固。空荒久远,人里稀旷,无大君长,城各立主。土地良沃,稼穑时播。气序无愆,风俗和畅。伽蓝故基千有余所,而宫城之侧有一伽蓝,僧徒三十余人,习学小乘正量部教。天祠两所,异道杂居。"

2. ᨣᨱᨠᩈ hā⁵¹tsa³³ka³³ha⁵⁵ 也是合成词,由 Rāja 和 gaha 组成。梵语形式为 Rājagrha, Rajagriha。Rājagaha 位于今印度比哈尔省(Bihar)巴特那市(Patna)南侧,是印度历史上著名古国摩羯陀国(Magadha)早期都城。Rāja 为"王、国王",gaha 为"a house:房子",Rāja 和 gaha 合起来为"国王的房屋,宫殿"。汉语意译为"王舍城"甚为符合该合成词的词义。玄奘《大唐西域记》卷八记述"上茅宫城,摩揭陁国之正中,古先君王之所都,多处胜上吉祥香茅,以故谓之上茅城也。崇山四周,以为外郭,西通峡径,北辟山门,东西长,南北狭,周一百五十余里。内城余趾周三十余里。羯尼迦树遍诸蹊径,花含殊馥,色烂黄金,暮春之月,林皆金色"。王舍城是佛祖释迦牟尼长期居住修行的地方,著名的竹林精舍就在此。佛陀逝世后,佛陀的弟子们又在王舍城举行了第一次佛教结集,因此该城是佛教圣地之一。

3. ᨧᨲᩩᨲ᩠ᨲᩁᨶᨣᩁ tse³³tut⁵⁵ha³³na³³ka³³ha³³ 也是合成词,由 Jetuttara 和 nagara(城市)组成。在《维先达腊》中,它是 Sivi 国首都。Jetuttara 是合成词。该词应由 jeta 和 uttara 构成,根据巴利语元音连声规则构成 Jetuttara[①]。Jeta 汉译佛经译为"誓多、祇多",是"to have power, to conquer:拥有权力,征服,战胜",uttara 是" higher, high, superior, upper:更高的、优越的、最上的"。两个词合起来为"难以战胜的",是一个形容词。在《维先达腊》中 tse³³tut⁵⁵ha³³na³³ka³³ha³³ 经常要加 nagara(城市),也从侧面说明前面的词为形容词。该都城名称有可能是虚构地名,也有可能是

---

① 关于巴利语元音连声规则参见〔法〕迪罗塞乐《实用巴利语语法》,黄宝生译,中西书局 2014 年版,第 6—10 页。

第五章 《维先达腊》人名地名考释与比较　　　　299

印度历史上不太知名的都城名。

4. ᨸᨶ᩠ᨵᨶ pan⁵¹thu³³ma³³ti⁵⁵ 来自巴利语 Bandhumatī。在《维先达腊》本生经中为 Vipassī（梵语 Vipasyin）毗婆尸佛出生的地方，也是太子之母 Phussatī 前世的前世出生地。巴利语词典中没有收录 Bandhumatī，但收录了另一个与之密切相关的词 Bandhumant，它为"（adj.）[fr. Bandhu, cp. Vedic bandhumant] having relatives, rich in kinsmen; only as bandhumā. of father of the Buddha Vipassin; bandhumatī. of mother of the Buddha Vipassin; also of a town (capital of king Bandhumā).（形容词）(fr. Bandhu, cp. Vedic bandhumant) 有亲戚，有丰富的亲戚；仅作为毗婆尸佛之父的 bandhumā；bandhumatī 毗婆尸佛之母，也是城镇名词（班杜玛国王的首都）。"这个词的解释里出现了 bandhumatī，该词与傣文转写形式有严格语音对应关系，意思是毗婆尸佛之母的名字。《长阿含经·大本缘经》第一记述："毗婆尸佛父名槃头摩多，刹利王种，母名槃头婆提，王所治城名曰槃头婆提。'遍眼父槃头，母槃头婆提，槃头婆提城，佛于中说法。'"该地名是虚拟地名还是印度古代不知名地名尚不清楚。

5. ᩅᩥᩃᩣᨴ vi³³lāt³³ 来自巴利语 Virāta。傣文转写与巴利语存在某些不对应，后一音节中 r-l，t-d 转写有些参差，但这种转写方式在傣文中又是常见的方式。r-l 在傣文转写时由于两者语音相近，经常混淆。t-d 则是塞音韵尾问题，傣文最常见的塞音韵尾就是 d，傣语固有词塞音韵尾 t 字母书写形式皆为 d，巴利语转写时常受其影响。汉译文献记载 Virāta 为婆蹉（Maccha）的首都。

6. ᨷᩤᩁᩣᨱᩈᩦ pā⁵¹lā⁵¹nā⁵¹sī⁵⁵ 来自巴利语 Bārāṇasī。傣文转写与巴利语有严格语音对应关系。西双版纳的巴利语地名就叫"Bārāṇasī"，所以 Bārāṇasī 在西双版纳知名度很高，至今使用频繁。在《维先达腊》中它是 Kāsī 首都。汉译佛经中该地名知名度也很高，译作"波罗奈、波罗捺、波罗奈斯、波罗疵斯"等。这是因为著名的鹿野苑就位于此，即今瓦拉纳西（Varāṇasī）。《大唐西域记》卷七对此国有详细记述："波罗疵斯国周四千余里。国大都城临殑伽河，长十八九里，广五六里。闾阎栉比，居人殷盛，家积巨万，室盈奇货。人性温恭，俗重强学。多信外道，少敬佛法。气序和，谷稼盛，果木扶疏，茂草靃靡。伽蓝三十余所，僧徒三千余人，并学小乘正量部法。"① 玄应《一切经音义》卷第二十一《解深密经》："波罗疿斯，挐黠反，旧言波罗奈，或作波罗奈斯，又作婆罗捺写。皆一也。"②

7. ၷိရိဗ္ဗဇ ki³³hip³³pa³³tse³³是合成词，由 giri（a mountain：山，山谷）和 vaja（a cattle, cow：一头牛）构成。巴利语合成词词形为 Giribbaja a cattle or sheep run on the mountain：（牛或羊在山上奔跑），即"放牧之地"，梵语为 Girivrja。汉语音译为"耆梨跋提"，意译为"山围城，山谷城"等。该地本为摩揭陀国之都城，至频婆娑罗王时，以城内频遭火灾，且吠舍离国不时来侵犯，遂迁都至 Rājagrha（王舍城），该城又称"矩奢揭罗补罗城"（巴 kusāgrapura，梵 kuśāgrapura），意译为"上茅宫城"。该城也称作"五山城"，因由般茶婆山（Paṇḍava）、鹫峰（Griddhkūṭa 耆闍崛山）、负重山（Vebhāra 毗婆罗）、仙山（Isigiri 伊师耆利）和毗富罗山（Vepulla）等五山围绕王舍城，好像牛栏似的，故被称为"山栏"。（Pañcācalaṃka-nagara. Giribbajanti idampi tassa nāmaṁ. Tañhi Paṇḍava-Gijjhakūṭa-Vebhāra-Isigili-Vepullanāmakānaṁ pañcannaṁ girīnaṁ majjhe vajo viya ṭhitaṁ, tasmā "Giribbajan" ti vuccati）

8. သာဝတ္ထိ sā⁵⁵va³³thi⁵⁵来自巴利语 Sāvatthī，梵语为 śrāvastī，是一个合成词，由 sā 和 vatthi 构成，sā 为"闻"，而 vatthi（同 kapilavatthu 中的 vatthu）为"物质，物体、东西"，合起来就是"听物，闻物"。以此城多出名人，多产胜物，故称闻物国。玄应《一切经音义》卷第二十一对此有详细说明："室罗伐，尸逸反。旧经中言舍卫国，或作舍婆提城，又云憍萨罗，皆一也。此云闻者城。《十二游经》云无物不有国，《法镜经》言闻物国，《善见律》云多有国。言多有聪明智人及诸国珍奇皆归此国，故言多有国。其义一也。又：舍卫者是人名。昔有人居住此地，往古有王见此地好，故屹立为国。以此人名号舍卫国，又云仙人住处，皆古名也。在中

---

① 董志翘译注：《大唐西域记》，中华书局 2012 年版，第 393 页。
② （唐）释玄应撰，黄仁瑄校注：《大唐众经音义校注》，中华书局 2018 年版，第 837 页。

印度境。"① 玄应对该地有两种解释：一种认为是"闻物城"，与 Sāvatthī 词义相符；一种认为是人名。汉译佛经常译为"舍卫、室罗筏、室罗伐、室罗伐悉底国"等。舍卫城实为北憍萨罗国（Kosala）首都，为佛世印度六大名城之一。该城因"给孤独长者"布施给佛陀的"逝多林给孤独园"而闻名于世，传释迦牟尼居留此地长达25年。位置在今印度北方邦北部，Aciravatī（阿夷罗跋提河）南岸。《大唐西域记》卷六对此也有记述："室罗伐悉底国，周六千余里。都城荒顿，疆场无纪。宫城故基周二十余里。虽多荒圮，尚有居人。谷稼丰，气序和。风俗淳质，笃学好福。伽蓝数百，圮坏良多。僧徒寡少，学正量部。天祠百所，外道甚多。"②

《维先达腊》中都城名以恒河流域诸著名古国都城为主，基本都是恒河流域古印度著名城市，特别是释迦牟尼出生、居住和传法的重点区域。

三 《维先达腊》中巴利语河流名考释

《维先达腊》本生经主要记述了维先达腊因布施白色宝象而遭放逐雪山以及沿途不断布施的故事。由于故事内容性质，《维先达腊》本生经故事中记载了较多河流名和山川名。《维先达腊》河流名主要包括四大类：一是恒河流域五大河流。这在汉译佛经中记载较多；二是以花名或树名作为河流的名称，这些地名指称范围往往较小，须通过上下文予以辨别；三是以"Gaṅgā 恒河"作为中心语的河流，表示恒河某一段的名称，四是以"nā^{51}tī^{51}河流"作为通名，表示该地名为河流。这里对这些河流名进行考释和比较，其中对傣文转写时出现了音变或讹误的词语进行重点考释。见表5-9所示。

表5-9　　　　　　　　《维先达腊》中古印度河流名

国际音标	老傣文图片	巴利语	汉译形式
kuŋ^{51}kā^{51}		Gaṅgā	殑伽河、强伽河、恒河

---

① （唐）释玄应撰，黄仁瑄校注：《大唐众经音义校注》，中华书局2018年版，第813页。
② 董志翘译注：《大唐西域记》，中华书局2012年版，第329页。

续表

国际音标	老傣文图片	巴利语	汉译形式
jum^{51}mu^{33}nā^{51}		Yamunā	耶牟那、阎牟那、盐牟那、蓝牟尼那、遥扶那。即今之朱木拿河（Jumna）
sa^{55}ha^{33}phū^{51}		Sarabhū	萨罗浮、萨罗游、沙罗婆、舍劳浮
ʔa^{55}tsi^{55}ha^{33}va^{33}di^{55}		Aciravatī	阿利罗跂提、阿致罗筏底、阿夷罗恝帝河、阿夷罗跂提河
ma^{33}hi^{55}		Mahi	摩醯、摩诃、摩弃、摩系、摩企、摩醯
ko^{55}ti^{55}mā^{51}lā^{51}		Kotimālā	—
sin^{55}thu^{33}vāt^{33}		Sindhuvara	
ʔu^{55}tum^{51}pa^{33}lā^{51}		Udumbara	优昙钵罗、优昙波罗、优昙跂罗、优昙婆罗、乌昙婆罗、乌昙萝、优昙钵、优昙
ke^{55}tu^{55}mā^{51}lā^{51}nā^{51}tī^{51}		Ketumālānadī	—
sa^{55}ma^{33}nā^{51}ti^{51}		Samanadī	
ke^{55}tu^{55}ma^{33}ti^{55}nā^{51}tī^{51}		Ketumatinadī	翅头末、计突摩底、幢慧
ʔu^{55}su^{55}pha^{33}mū^{33}xa^{55}		Usabhamukha	
ti^{55}ja^{33}kaŋ^{51}		Tiyaggala	
kan^{55}na^{33}ka^{55}kaŋ^{51}kā^{51}		Kaṇṇakagaṅgā	
ʔā^{51}kā^{51}sa^{55}kaŋ^{51}kā^{51}		Ākāsagaṅgā	
kā^{55}la^{33}kaŋ^{51}kā^{51}		Kālagaṅgā	—
ʔum^{55}ma^{33}kaŋ^{51}kā^{51}		Ummaggagaṅgā	
ʔa^{55}no^{51}mā^{51}		Anomā	阿奴摩河
mu^{51}tsa^{55}hin^{51}ta^{33}		Mucalinda（梵语 Mucilinda）	目脂邻陀、牟真邻陀、目支邻陀、简称目邻山

1. kuŋ^{51}kā^{51}来自梵巴语 Gaṅgā。傣语字形转写时发生语音变异，将 Gaṅ 中的 a 转写成 u，这在傣文转写时较为普遍，可参考第四章傣文转写巴利语特殊规则部分。汉译佛经文献译为"殑伽河、恒河、恒伽、强伽河"

等。《大唐西域记》卷一记述,"是以池东面银牛口,流出殑巨胜反。伽河,旧曰恒河,又曰恒伽,讹也"①。

2. ᨧᩩᨾ᩠ᨾᨶᩣ jum⁵¹mu³³nā⁵¹来自巴利语 Yamunā。傣语转写时发生语音变异,同 Gaṅgā 一样,将 ya 中的 a 转写为 u,同时增添了辅音 m,将巴利语单辅音 m 变成了双辅音 mm。在这里说明一下,这个 m 在傣文转写时是必须添加上去的,否则前一音节不能转写为 jum⁵¹,这是因为 a 转变成 u 的前提条件是后面须是鼻音韵尾。当然这是就结果而言的,实际情况是由于傣文转写时,由于受语音同化影响,进而转写成了双辅音 mm,所以才会发生语音变异,不能颠倒它们的因果关系。汉译佛经音译为"阎牟、阎牟那、盐牟那"实际上也是增添了鼻音 m。"阎、盐"属于"谈"韵,中古音也为 m 韵尾,这与傣文转写方式是一致的。《大唐西域记》卷四记述:"窣禄勤那国周六千余里,东临殑伽河,北背大山,阎牟那河中境而流。"② 玄奘在书中经常言及其他地名翻译讹误,但并没有指出该词音译有误,说明语音同化是语言中一种较为普遍的现象。"阎牟那河"意译作"缚河"。阎牟那河现在翻译成"朱木拿河(Jumna)"是语音演变的结果。该河是恒河最长的支流,著名的泰姬陵就建在该河北岸。

3. ᩈᩁᨽᩪ sa⁵⁵ha³³phū⁵¹来自巴利语 Sarabhū,梵语为 sarayu。傣文字形转写与巴利语有严格语音对应关系。sa⁵⁵ha³³phū⁵¹是恒河流域五大河流之一。Sarabhū 原为 "(cp. Sk. saraṭa) a lizard:蜥蜴"。汉译音译形式有"萨罗浮、萨罗游、沙罗婆、舍劳浮"等。《中阿含经》:"复次,有时四日出世,四日出时,诸大泉源从阎浮洲五河所出:一曰恒伽,二曰摇尤那,三曰舍劳浮,四曰阿夷罗婆提,五曰摩企。彼大泉源皆悉竭尽,不得常住。是故一切行无常、不久住法、速变易法、不可依法;如是诸行不当乐著,当患厌之,当求舍离,当求解脱。"

4. ᩋᨧᩥᩁᩅᨲᩦ ʔa⁵⁵tsi⁵⁵ha³³va³³di⁵⁵来自巴利语 Aciravatī,梵语为 Ajiravati。傣文字形与巴利语稍有差异,傣文转写时将最后音节"tī"转写成了浊音

---

① 董志翘译注:《大唐西域记》,中华书局 2012 年版,第 27 页。
② 董志翘译注:《大唐西域记》,中华书局 2012 年版,第 253 页。

"di"。Aciravatī 也是恒河流域五大河流之一。汉译形式有"阿恃多伐底、阿利罗跋提、阿致罗筏底、阿夷罗恓帝、阿夷罗跋提,阿夷罗婆底、阿脂罗婆底"等。《大唐西域记》卷六记述:"城西北三四里,渡阿恃多伐底河,唐言无胜,此世共称耳。旧云阿利罗跋提河,讹也。典谓言之尸赖拏伐底河,译曰有金河。西岸不远,至娑罗林。"①

5. ꨮꨯ ma³³hi⁵⁵ 来自巴利语 Mahī,梵语也为 Mahī。傣文转写与巴利语有严格语音对应关系。Mahī 为 "Mahī Mahī (f.) (base of mahant, Vedic mahī) the earth:大地"。摩醯也是古印度神话中的女神,被视为大地的化身,与词义相吻合。汉译形式有"摩醯、摩诃、摩企、摩弃、摩系、莫醯"等。汉译佛经对此记载颇多,如《大唐西域记》卷十一记述:"摩腊婆国周六千余里。国大都城周三十余里,据莫醯河东南。"②

6. ꩫꩦꩪꩥꩯ ko⁵⁵ti⁵⁵mā⁵¹lā⁵¹ 根据傣文转写应为 kotimālā。这个词巴利语没有复辅音,也没有语音变异问题,巴利语应就是近似词形。在《维先达腊》中,是太子维先达腊被驱逐途中,所经过的一条河流。该词应为合成词。我们推测它应为"koṭimālā"。这是因为巴利语没有 koti 词形,而有 koṭi。"ṭ"本是巴利语才有的辅音,但傣文为了转写巴利语,也将它直接移植到傣语中并为它创制了字母。字母"ṭ"和"t"在傣文中书写本不相同,但在傣语中读音相同,都读为"t",所以有时混淆。"koṭi"在巴利语中为"koṭi (Sk. koṭi & kūṭa2) the end of space: the extreme part, top, summit, point; of number: the 'end' of the scale, i. e. extremely high, as numeral representing approximately the figure a hundred thousand:空间的尽头,极端部分,顶部,顶点,点;数量尺度的'结束',数量非常大,数字代表大约十万。"在佛经中,这个词表示的数量并不固定,可表示"十万、百万、千万、亿"等大数。③ 傣语中借进了表示数量的义项,表示"亿",而在泰

---

① 董志翘译注:《大唐西域记》,中华书局 2012 年版,第 375 页。
② 董志翘译注:《大唐西域记》,中华书局 2012 年版,第 657 页。
③ 《大唐西域记》卷 3 中有"是佛昔蹈此石,放拘胝光明,照摩诃伐那伽蓝,为诸人天说本生事。"中的"拘胝"就是 Koṭi,注释中认为是百万,亿,为极大数目。参见董志翘译注《大唐西域记》,中华书局 2012 年版,第 175 页。

第五章 《维先达腊》人名地名考释与比较

语、老挝语中则表示"千万"。mālā 为 "Mālā（Sk. mālā）garland, wreath, chaplet; collectively = flowers：花环，花环，花环；鲜花"，汉语音译为"鬘"。合起来就是"有很多鲜花，鲜花遍布的地方"，这个意思也符合《维先达腊》中描写的情境。

7. ᯄᯤᯉ᯲ sin⁵⁵thu³³vāt³³ 疑来自巴利语 Sinduvāra。该词傣文转写形式应为 sinduvada（或 sinduvata），但巴利语并无这两种词形，我们暂疑为 Sinduvāra。Sinduvāra 为 "the tree Vitex negundo：黄荆树"。在《维先达腊》中表示一条河流，位于 sindhu 流域。在《维先达腊》中，使用鲜花名或树名来代指河流名的现象出现多次，所以暂且认为它来自 Sinduvāra。它也可能是 ᯄᯤᯉ᯲（sindhuva）的讹写，如为讹写，那就是信度河了。

8. ᯛᯗᯮᯔᯞ ʔu⁵⁵tum⁵¹pa³³lā⁵¹ 来自巴利语 udumbara，傣文转写与巴利语语音有较严格对应关系，傣文转写将巴利语的 r 转写成了 l，这在傣文转写时经常出现，除此之外都严格对应。udumbara 为 "（Sk. udumbara）the glomerous fig tree, Ficus Glomerata：球状无花果树，马椰果"。汉译佛经译写形式有"优昙钵罗、优昙波罗、优昙跋罗、优昙婆罗、乌昙婆罗、乌昙跋罗"等。"乌昙跋罗花，旧言优昙波罗花，或作优昙婆罗花。此叶似梨，果大如拳。其味甜，无花而结子，亦有花而难值，故经中以喻稀有者。"① 在《维先达腊》中代指河流名。

9. ᯇᯩᯗᯮᯔᯞᯉᯖᯤ ke⁵⁵tu⁵⁵mā⁵¹lā⁵¹nā⁵¹tī⁵¹、ᯇᯩᯗᯮᯔᯗᯤ ke⁵⁵tu⁵⁵ma³³ti⁵⁵nā⁵¹tī⁵¹ 和 ᯑᯔᯉᯖᯤ sa⁵⁵ma³³nā⁵¹ti⁵¹ 后面都加了巴利语通名"nadī 河流"。Ketumālā（ke⁵⁵tu⁵⁵mā⁵¹lā⁵¹）是合成词，由 ketu 和 mālā 构成。"ketu" 为（Vedic ketu）— 1. Ray, beam of light, splendor, effulgence — 2. Flag, banner, sign, perhaps as token of splendour：1. 光线，光束，辉煌，光辉 — 2. 旗帜，旗帜，标志，也许是辉煌的象征。"mālā" 为 "花环，花环，花环；鲜花"。ketumālā 为 "A lambent flame depicted as resting on the head of the Buddha, and answering to our halo：一团炽热的火焰，被描绘成停在佛陀的头上，回

---

① （唐）释玄应撰，黄仁瑄校注：《大唐众经音义校注》，中华书局 2018 年版，第 825 页。

应着我们的光环"。据研究，ketumālā 曾是古印度九州大地说中的九州之一。"印度语言中称印度为'婆罗多'（Bhārata），全称'婆罗多之地'。'婆罗多之地'一词为'婆罗多王统治的区域'，是指大地被若干山脉隔断的平地形成的区域之一。在《摩诃婆罗多》与《往世书》中，婆罗多之地与 Sāgarasaṃvṛta-dvīpa（后亦称 Kumārī-dvīpa），是赡部洲的九分之一或者七分之一。大地的九个区域分别是北俱卢、黑蓝玛亚（Hiraṇmaya）、罗摩雅加（Ramyaka）、伊拉伐多（Ilāvṛta）、荷利（Hari）、计都玛拉（Ketumālā）、帕多罗什婆（Bhadrāśva）、计目普罗奢（Kimpuruṣa）与婆罗多。"① Ketumati 本为山名和国名，汉语音译为"翅头末、计突摩底"等，意译为"幢慧"。慧苑音义上曰："计都，此云幢也，末底慧也。"传说是弥勒出生地。"ketu"为"旗帜，旗帜，标志，也许是辉煌的象征"，也就是"幢"，"mati"为"mind, opinion, thought; thinking of, hankering after, love or wish for：头脑、意见、想法；想，渴望，爱或希望"，合起来表示"幢慧"。sama（sa^{55}ma^{33}）是常用词，为"1. calmness, tranquility, mental quiet; 2. fatigue; 3. even, level; 4. impartial, upright, of even mind：1. 平静、安宁、精神平静；2. 疲劳；3. 均匀、水平；4. 公正、正直、平心"等。sa^{55}ma^{33}nā^{51}ti^{51}应就是"宁静的河流"。

10. ᥟᥧᥴᥛᥧᥴ ʔu^{55}su^{55}pha^{33}mu^{33}xa^{55} 来自巴利语 Usabhamukha。傣文转写形式与巴利语稍有差异，傣文将 Usabhamukha 中的 sa 转写官吏成了 su^{55}，其他音节都对应严格。Usabhamukha 是合成词，由 usabha 和 mukha 构成。usabha 为"Usabha（Vedic ṛṣabha; Sk. vṛṣan & vṛṣabha bull） a bull; often fig. as symbol of manliness and strength：一头公牛；经常作为男子气概和力量的象征。"mukha 为"Mukha（Vedic mukha） 1. the mouth; 2. the face; 3. entrance, mouth (of a river)：1. 嘴；2. 脸 3. 入口、口（河流的）"。合起来就是"公牛嘴"，在这里是指一条河，大意为"河岸有很多牛的河口"。据说这条河是 Anotatta 池（梵语为 Anavatapta，汉译为"阿耨达、阿

---

① 周利群：《佛教文献中记载的古代印度大地区划》，《世界历史评论》2021 年第 4 期。

第五章 《维先达腊》人名地名考释与比较

那婆答多池"①) 的四个河道之一。另参见词典解释："Usabhamukha: One of the four channels leading out of the Anotatta lake. The river which flows out of this channel is called Usabhamukhanadī, and cattle are abundant on its banks."

11. ဗြယၤ ti⁵⁵ja³³kaŋ⁵¹ 应来自巴利语 Tiyaggala，傣文转写形式与巴利语后半部分有出入，ggala 傣文转写为 "kaŋ⁵¹"，从傣文转写方式看，这是可行的。傣文首先将双辅音 gg 转写为单辅音 g，然后将 gala 中的后一音节 la 韵尾化并附着于前一音节 ga 上，这就变成了 "kaŋ⁵¹"。傣文转写后为 51 调，也说明该音节辅音只能为巴利语的 g。ti⁵⁵ja³³kaŋ⁵¹ 是喜马拉雅山边的一个湖，这个湖从 Anotatta 池的东侧流出。据南传佛教《中阿含经》记载，tiyaggala 属于七湖之一。它们分别是 Kaṇṇamuṇḍaka, Rathakara, Anotatta, Sihappapataka, Tiyaggala, Mucalinda, kunaladaha。② 但七湖还另有一说，即 "Anotatta, Sīhapapāta, Rathakāra, Kaṇṇamuṇḍa, Kuṇāla, Chaddanta, Mandākini"。③

12. ကၠန်နာကၠင်ကာ kan⁵⁵na³³ka⁵⁵kaŋ⁵¹kā⁵¹，ʔā⁵¹kā⁵⁵sa⁵⁵kaŋ⁵¹kā⁵¹，kā⁵⁵la³³kaŋ⁵¹kā⁵¹，ʔum⁵⁵ma³³kaŋ⁵¹kā⁵¹ 四条河流都是恒河的分段名。它们都以 "kaŋ⁵¹kā⁵¹恒河" 作为通名。汉译佛经未有涉及这些分段名的材料，无法进行对照。英文字词典对部分词条有解释。ākāsagangā 为 "The river that flows southward from the Anotatta Lake receives, in its different stages, various names. That part of it which flows sixty leagues through the air is called ākāsagangā; A vast channel built by Parakkamabāhu. to bring water from the Kāragangā to the Parakkamammudda. 从 Anotatta 湖向南流的河流在不同的阶段有不同的名称。它在空中流过六十里格的那部分称为 ākāsagangā；由 Parakkamabāhu 建造的一条巨大的通道，将水从 Kāragangā 引到 Parakka-

---

① 《大唐西域记》："则瞻部洲之中地者，阿那婆答多池也。唐言无热恼。旧曰阿耨达池，讹也。" 参见董志翘译注《大唐西域记》，中华书局 2012 年版，第 27 页。
② 参见三藏经典，http://jingwen.buddh.cn/jing%20wen/zhong-bu/zhongbu7.html。
③ 参见 Sara 词条（Vedic saras）a lake（Mucalinda）；there are seven great lakes（mahā-sarā, viz. Anotatta, Sīhapapāta, Rathakāra, Kaṇṇamuṇḍa, Kuṇāla, Chaddanta, Mandākini）。

mammudda。"而另一条分段名"Bahalagaṅgā"为"The name given to a portion of the river flowing from the south of Himavā. The section is that which flows between the Tiyaggala pokkharaṇī and the Ummaggagaṅgā. It flows through a rock for a distance of sixty leagues，是从喜马拉雅南部流出的河流的一部分的名称。该部分是在 Tiyaggala pokkharaṇī 和 Ummaggagaṅgā 之间流动的部分。它流经一块岩石，距离为 60 里格"。这两条注释中出现的分段名与傣文转写完全一致的是 Ākāsagaṅgā。其中 ākāsa 为"air, sky, atmosphere：空气，天空，气氛"，与文中解释也一致；Ummaggagaṅgā 应是正确形式，按照傣文转写应为 ummaggalagaṅgā，但没有相应词形。ummagga 为"an underground watercourse, a conduit, main：地下水道，管道，主要"。Kāragaṅgā 形式与傣文转写略有差异，傣文转写形式为 Kāḷagaṅgā。我们判断傣文转写为正确形式，因为"kāra"未有相应的巴利语词形，而 Kāḷa 为"dark, black, blueblack, misty, cloudy：黑暗、黑色、蓝黑色、朦胧、多云"。差别比较大的是 Bahalagaṅgā，傣文为 Kaṇṇakagaṅgā，两者应不是同一名称。kaṇṇaka 为"(adj.) (fr. kaṇṇa) having corners or ears：有角或耳朵的"；而 Bahala 为"(adj.) (Sk. bahala) dense, thick：稠密的，厚实的"。目前尚没有其他资料可说明谁是谁非，暂存疑。

13. ꪖꪫꪙꪮꪣꪱ ʔa^{55}no^{51}mā^{51} 来自巴利语 Anomā，梵语为 Anavamā。傣语转写形式与巴利语有严格语音对应关系。该河位于 Kapilavatthu 以东 30 千米，据说 Gotama 释迦牟尼离开家后就去了那里。Anomā 为"not inferior, superior, perfect, supreme：不逊色，优越，完美，至高无上"。

14. ꪣꪴꪊꪲꪲꪷꪹꪙꪔꪱ mun^{51}tsa^{55}hin^{51}ta^{33} 来自巴利语 Mucalinda，梵语为 Mucilinda，傣文转写形式与巴利语有些微差异，将巴利语 lin 转写成了 rin。Mucalinda 本为龙王名，在印度古摩揭陀国佛成道处东南。据《佛本行集经》卷三十一记述，目支邻陁龙王曾以身躯为佛遮风避雨。《维先达腊》本生故事中为湖水名，与《大唐西域记》卷八记载相符："帝释化池东林中，有目支

第五章 《维先达腊》人名地名考释与比较

邻陁龙王池。其水清黑，其味甘美。西岸有小精舍，中作佛像。"①

四 《维先达腊》中古印度山名考释

《维先达腊》中还涉及很多山名，这些山名有些是佛教史上著名大山（包括虚拟的山名），有的则是一些不知名的小山。见表 5-10 所示。

表 5-10　　　　　　　《维先达腊》中古印度山名

国际音标	老傣文图片	巴利语	汉译形式或注释
$hi^{55}ma^{33}pān^{51}$		Himavanta	醯摩缚多，雪山
$sa^{55}ne^{55}ho^{51}$		Sineru	苏迷嚧、苏迷卢山、弥楼山、修迷卢山、须弥楼山、修迷楼山等，意译为"宝山、妙高山、妙光山、安明山、善高山"
$xau^{55}kan^{51}tha^{33}mā^{51}tha^{33}na^{33}$		Gandhamādana	陀摩诃术、乾陀摩维，意译为香醉山、香水山、香积山、香山王
$vuŋ^{51}kot^{55}ki^{33}hi^{33}$		Vankagiri	该词为复合词，由"Vanka（弯曲）giri（山）"组成，是维先达腊修行之所
$mā^{51}han^{51}tsa^{33}haŋ^{51}$		Māraṇjara	该词为"死亡山"
$nā^{51}hi^{33}kā^{55}$		Nālikā	"茎，管，筒，药袋"与 doṇa "桶"都是容量的单位
$dɔi^{55}vi^{33}bu^{55}hāt^{33}$		Vipurāja	为合成词，应为国王名
$tham^{51}mi^{33}ka^{55}$		Dhammaka	法身山
$ju^{33}kan^{51}thɔn^{51}$		Yugandhara	持双山，逾甘达罗

1. $hi^{55}ma^{33}pān^{51}$ 来自梵语巴利语 Himavant，梵语为 Himavanta。傣文转写形式与巴利语有些差别，傣文转写时将 van 转写为 $pān^{51}$。pan^{51} 源于巴利语 ban，梵语巴利语中 v 和 b 是一种音变现象，两者在不同方言或词汇中时有交替，因此傣文转写为 $hi^{55}ma^{33}pān^{51}$ 也是可以的。himavant 为

---

① 董志翘译注：《大唐西域记》，中华书局 2012 年版，第 512 页。

"snowy：多雪的"，汉语音译为"醯摩缚多、醯摩跋陀"等，意译为"雪山，雪山林、大雪山"。《大唐西域记》记载"东南入大雪山，山谷高深，峰岩危险，风雪相继，盛夏合冻，积雪弥古，蹊径难涉"①。

2. ᧚ᦓᦲᦷᦆ sa⁵⁵ne⁵⁵ho⁵¹来自巴利语Sineru，梵语为Sumeru。傣语转写时将u转写为o。傣语也做ᧁᦓᦲᦷᦟ（sa⁵⁵ne⁵⁵lo⁵¹），须弥山来自婆罗门教。佛教采用了婆罗门教关于须弥山的传说，认为须弥山中位于世界中心。须弥山顶峰为帝释天，四面山腰为四大天王，山之周围有七香海、七金山，第七金山外面是咸海，南赡部洲等四大部洲即在此咸海之四方。须弥山汉译佛经也译为"苏迷嚧、苏迷卢山、弥楼山、修迷卢山、须弥楼山、修迷楼山"等，意译为"宝山、妙高山、妙光山、安明山、善高山"等。玄应《一切经音义》记述："苏迷卢山，或言须弥楼山。此云妙高山，亦云好光山。旧言须弥者，讹略也。"②

3. ᦀᧁᦂᧃᦒᦵᦉᦓ xau⁵⁵kan⁵¹tha³³mā⁵¹tha³³na³³来自巴利语Gandhamādana，梵语也为Gandhamādana。傣文转写形式与巴利语有严格语音对应关系。其中xau⁵⁵为傣语固有词"山"，在这里为通名。gandha为"odour, smell, scen：气味，香味"，mādana为"making drunk, intoxication：使醉，陶醉"，合起来为"香味使人陶醉"。汉语佛经音译为"乾陀摩诃术、乾陀摩维、犍陀摩罗"，意译为"香醉山、香水山、香积山、香山王"等。汉译佛经多有记载，如《长阿含经》："雪山右面有城，名毗舍离，其城北有七黑山，七黑山北有香山，其山常有歌唱伎乐音乐之声。"③《起世因本经》"其山多有种种诸树，其树各出种种香熏。"④《俱舍论记》卷11："谓此山中有诸香气，嗅令人醉，故名香醉。"⑤

---

① 董志翘译注：《大唐西域记》，中华书局2012年版，第75页。
② （唐）释玄应撰，黄仁瑄校注：《大唐众经音义校注》，中华书局2018年版，第903页。
③ 恒强校注：《长阿含经》，线装书局2012年版，第384页。
④ （隋）达摩笈多译：《起世因本经》卷1，实修驿站，http：//www.shixiu.net/dujing/fojing/ahanbu/1410.html。
⑤ （唐）普光：《俱舍论记》卷11，实修驿站，http：//m.shixiu.net/dujing/fojing/ls-ls/3272_12.html。

第五章 《维先达腊》人名地名考释与比较

4. ဝုင်္ကေါဋ္ဌိဂိရိ vuŋ⁵¹kot⁵⁵ki³³hi³³是复合词，由巴利语 vaṅkatta+giri 构成，giri 是巴利语 "A mountain，山"。傣文 "ဝုင်္ကေါဋ် vuŋ⁵¹kot⁵⁵" 对应巴利语 vaṅkatta（crookedness）。这个词语音变异较多，但都符合傣语语音变异规则。"vaṅ" 是独立音节，其中的 "a" 变成了 "u"，与 Gaṅgā 中的 Gaṅ 变化规律一致；katta 中的 katta 也发生了语音变化，变成了 "kot⁵⁵"。该词在《维先达腊》中出现次数较多，这是维先达腊栖隐之地，相当于汉语经书中的 "檀特山"。

5. မာရဉ္စဟန် mā⁵¹han⁵¹tsa³³haŋ⁵¹，对应巴利语词形尚不清楚，但它是一个山名则是无疑。该词出现了两次，一次为မာရဉ္စ，另一次词形为မာရဉ္စရံ，在မာရဉ္စ前有傣语固有词 "dɔi⁵⁵"，在加上面的词形前面有巴利语 giri（山）。该词写法较为特殊，还原为巴利语分别为 Māraṇja 和 Māraṇjaraṃ。

6. နာဠိကာ nā⁵¹hi³³kā⁵⁵来自巴利语 Nāḷikā，傣文转写形式将巴利语 ḷ 转写为 r，其他都一一对应。Nāḷikā 为 "（Sk. nāḍikā & nālikā）a stalk, shaft; a tube, pipe or cylinder for holding anything; a small measure of capacity：茎，轴；用来盛放任何东西的管子、管子或圆柱体；容量的一小部分"。在《维先达腊》中指通往 Mucalinda 湖的一座山名。与英文词条 Nālika "A mountain in Himavā, on the way to the Mucalinda Lake. Vessantara passed it on his way to Vankagiri" 相符。

7. ဒွိဝိဘူဟတ် dɔi⁵⁵vi³³bu⁵⁵hāt³³尚不清楚巴利语词形，如根据傣文转写形式应为 Vipurāja，按照字面解释就是 "毗补国王"。该词前面有傣语固有词 "dɔi⁵⁵山坡、山岭"，所以可判断它是一座山名。

8. ဓမ္မက tham⁵¹ma³³ka⁵⁵来自巴利语 Dhammika 或 Dhammaka，傣文转写形式与巴利语 "Dhammika" 有严格语音对应关系。Dhammika 为 "Dhammika (adj.) (Sk. dharmya, cp. dhammiya) lawful; proper, fit, right; permitted, legitimate, justified; righteous, honourable, of good character, just：合法；适当的，合适的，正确的；允许的、合法的、正当的；正直、品行端正"。但英文词条 Dhammaka 为 "A mountain in the neighbourhood of Himavā, where Sumedha had his hermitage"。从地点和词义来看，两者都相近，应是

指同一地方。

9. ဥဂ္ဂန္ထော ju³³kan⁵¹thɔn⁵¹ 来自巴利语 Yugandhara，傣文转写形式也发生了语音变异，dhara 变异为 thɔn⁵¹。这种音变现象上文已分析过，在此不再赘述。Yugandhara 音译为"干陀、逾甘达罗"等，汉语意译为"持双山"。它是须弥山外围八大山之一。须弥山由内向外依次是持双山（Yugandhara）、持轴山（Isadhara）、杜鹃山（Karavāka）、善见山（Sudassana）、持边山（Nemindhara）、象鼻山（Vinataka）和马耳山（Assakañña）七座大山。Yugandhara 由 Yugala 和 dhara 构成，Yugala 为"(Sk. yugala; in relation to yuga) a pair, couple：一双"，dhara 为"bearing, wearing, keeping; holding in mind, knowing by heart：承载、佩戴、保管；铭记于心，知于心"，合起来就是"双重负担，双持"。

五 《维先达腊》中四大洲巴利语地名考释

《维先达腊》中还出现了印度四大部洲名。在古印度的宇宙观中，一个世界中心是须弥山，围绕须弥山东西南北四个方向有四大部洲。关于四大部洲，《大唐西域记》对此有详细记述。"七金山外，乃咸海也。海中可居者，大略有四洲焉。东毗提诃洲（旧曰弗婆提，又曰弗于逮，讹也）。南赡部洲，（旧曰阎浮提洲，又曰琰浮洲，讹也。）西瞿陀尼洲，（旧曰瞿耶尼，又曰劬伽尼，讹也。）北拘泸州。（旧曰郁单越，又曰鸠楼，讹也。）"[①] 其实汉译佛经对此记载也很多，如《长阿含经》等，在此不再引述。《维先达腊》中四大部洲名有的与梵语有严格的语音对应，而与巴利语略有差别；有的与巴利语有严格语音对应，有的变异和讹误较多，给释读带来一定的困难。而《维先达腊》中四个部洲地名同时出现，这为释读带来了极大方便，我们可通过巴利语或梵语考释傣文的四大部洲转写形式及其来源，见表 5-11 所示。

---

① 董志翘译注：《大唐西域记》，中华书局 2012 年版，第 25 页。

第五章 《维先达腊》人名地名考释与比较

表5-11　　《维先达腊》中四大部洲地名

国际音标	老傣文图片	巴利语	汉译形式
tsum^{51}pu^{33}tvip^{33}	(图)	Jambudipa（梵语为jambudvipa）	南赡部洲，又译南瞻部洲、琰浮洲、南阎浮提、南阎浮洲、阎浮提鞞波等
ʔu^{55}dɔn^{55}xo^{55}	(图)	uttarakuru	北拘泸州、鸠楼、郁怛罗、郁单越、郁多罗鸠留、嗢怛罗矩噜
bup^{55}pa^{33}vi^{33}te^{33}ha^{55}	(图)	pubbavideha	弗于逮、弗婆提、弗婆鞞陀提、东胜身洲
ʔa^{55}ha^{33}ma^{33}ko^{51}jān^{51}	(图)	aparagoyāna	瞿陁尼、瞿陀尼、劭伽尼

1. (图) tsum^{51}pu^{33}tvip^{33}来自梵语Jambudvipa，巴利语为Jambudipa。傣文转写字形与梵语语音有较为严格语音对应关系。Jambu 傣文转写为tsum^{51}pu^{33}是傣文转写巴利语或梵语时的一种音变现象，这种音变现象较为广泛地存在于傣文转写中，具体转写规则可参考第四章傣文转写巴利语特殊音变规则。Jambu为"（Sk. jambu）the rose-apple tree：玫瑰苹果树"，也就是"阎浮树"。tvip^{33}完整对应于梵语dvipa，dvipa为"［Ved. dvīpa = dvi + ap（*sp.）of āpa water, lit.'double-watered', between（two）waters］：一个岛屿，大陆"。Jambudvipa就是汉译佛经中著名的"赡部洲、琰浮洲"，汉语采用了音译加意译的混合译法。"赡部洲"汉语又译作"南瞻部洲、南阎浮提、南阎浮洲、阎浮提鞞波"等，为佛教传说中四大部洲之一。"南"是根据其相对于"须弥山"的方位所做的增译形式。

2. (图) ʔu^{55}dɔn^{55}xo^{55}来自巴利语梵语Uttarakuru。傣文转写形式语音变异和讹误之处颇多，不能与巴利语进行一一对应，但根据意义仍能看出它们间的关系。首先ʔu^{55}对应于u，这是直接对应，ttara傣文转写为dɔn^{55}，在傣文转写中这是一种特殊语音变异，是符合傣文转写音变规律的。这里有两处变化：一是傣文转写时将双辅音tt转写为傣文单辅音d，这是一种正常变异，这种变异形式在傣文中是较为常见的转写形式；另一处变异是将 ara 转写为 ɔn，这是另一处语音变异，这在傣文转写时也是一种特殊的音变①。Kuru 傣文转写为 kho，这不符合傣文转写规则，应属于讹写。该词傣文既出现了语音变异，也出现了讹误现象，根据语言转写对应规律很难释读，但该词前半部分基本符合傣语转写的特殊音变形式，更为重要的是它与其他三部洲同时出现，确定为"北拘卢洲"应无疑。"北拘卢洲"汉译佛经音译形式有"鸠楼、郁怛罗、郁单越、郁多罗鸠留、嗢怛罗矩噜"等，则是对 Uttarakuru 的截译或全译，意译为"高胜、福地"。"北"也是根据其相对于"须弥山"的位置而做的增译。Uttarakuru 是合成词，由"uttara"和"kuru"构成。uttara 为"更高的，高的，优越的，上的"，"kuru"② 为"a people of india and their country：印度人民和他们的国家"。

3. ᨻᨠᨶᨪᨶᨣ bup⁵⁵ pa³³ vi³³ te³³ ha⁵⁵ 来自巴利语 Pubbavideha，梵语为 Pūrvavideha。傣文转写形式与巴利语语音有严格语音对应关系。汉译佛经音译形式有"弗于逮、弗婆提、弗婆鞞陀提"，意译为"东胜身洲"。该词为合成词，pubba 为"previous, former, before：以前的，之前的，之前"。videha 为"（=Npl. Vedeha）from the Videha country; wise：来自 Vedeha 国家；明智的"。Pubbavideha 合起来为"Pubbavideha：Eastern Videha（东方的 Videha 国）"。另可参考相关字词典解释："Pubbavideha：[BSk. Pūrvavideha] 东胜身（洲），弗婆毗提诃［須彌山の東方にある人間界，人四洲の一］. Pubbavideha: The eastern of the four continents (mahādīpā) which compose a Cakkavāla."

4. ᩋᨸᩁᨣᩮᩣᨿᩣᨶ ʔa⁵⁵ ha³³ ma³³ ko⁵¹ jān⁵¹ 来自巴利语 Aparagoyāna。傣语转写形式与巴利语有些差异。Apara 傣文转写为"ʔa⁵⁵ha³³ma³³"，中间两个音节转写有误，误将 para 转写为"ha³³ma³³"，"ko⁵¹jān⁵¹"傣文形式则与 goyāna 有严格的语音对应关系。Aparagoyāna 是合成词，由"apara""go""yāna"三个词构成。apara 为"（Vedic apara）another, additional, following, next, second：另一个，附加，以下，下一个，第二个"。go 为"a cow, an ox,

---

① 戴红亮：《傣语转写巴利语 ɔn 韵变异分析》，《民族语文》2018 年第 4 期。
② 威廉斯编著：《梵英大词典》，崇文书局 2021 年版，第 294 页。

bull: 一头母牛，一头牛，一头公牛"，yāna 为"（Vedic yāna）1. Going, proceeding; means of motion, carriage; 2. means of motion, carriage, vehicle: 1. 前进，进行；运动方式，运输；2. 乘，交通工具、运输工具"。合起来为"下一个牛车"。汉语译写形式有"瞿陁尼、瞿陀尼、劬伽尼"等，意译为"西牛货洲"。汉语音译形式"瞿陁尼、瞿陀尼、劬伽尼"来自梵语 goyāna（牛车，牛乘）。"西牛货洲"则是引申的意译方式，应是巴利语"下一个牛车"的引申义。"下一个牛车"表示"牛车很多"，牛车是古印度主要的运输工具之一，所以译为"牛货"，"西"和"洲"则是根据方位和地名进行的补译。

六 《维先达腊》中的部分傣语地名

《维先达腊》除了巴利语地名，还有少量傣语地名，这些傣语地名大多是根据情节需要添加进去的。大多数傣语地名所指并不明确，是翻译者或是改编者杜撰的地名。这部分地名对推动本生经故事有一定作用，同时是本生经傣族化必然伴生的现象，见表 5-12 所示。

表 5-12　　　　　　　　《维先达腊》中傣语地名

国际音标	老傣文图片	注释	《维先达腊》出现情景
məŋ^{51} mān^{51}		"məŋ^{51}"傣语为"地方、区域"，在傣、泰、老挝、缅甸傣族居住地甚至南部壮语地区都是一个较为常见的地名通名，如"勐腊""勐海"。mān^{51} 为专名，意义难以确定。地名所指也难以确定	出现在第十一册。文中是指名犬的来源地
nɔŋ^{55} sɛ^{55}		"nɔŋ^{55}"为"池塘"，"sɛ^{55}"一般指"昆明一带地区"。傣语的"nɔŋ^{55} sɛ^{55}"一般指"滇池"，也有说为"洱海"	出现在第十一册。文中指良马的来源地
mān^{11}		"mān^{11}"指"缅甸"	傣语该词指缅甸
meŋ^{51}		"meŋ^{51}"指"孟"人居住的地方。"孟"人曾是东南亚一个较大民族，"版纳傣文"来自"孟文"	指孟人居住的地方

续表

国际音标	老傣文图片	注释	《维先达腊》出现情景
məŋ⁵¹huŋ³³jāu¹¹		məŋ⁵¹ 傣语为"地方、区域";huŋ³³ 为"黎明"义,同"景洪"的"洪";jāu¹¹ 为"瑶族"义。所指难以确定	出现在第十三册,是维先达腊将要治理的地方
məŋ⁵¹xvāŋ⁵⁵		"məŋ⁵¹" 傣语为"地方、区域";"xvāŋ⁵⁵" 为"横放",义为"广阔的地方",所指不明	该地名也指"支提国"
pan⁵¹nā⁵¹		"pan⁵¹nā⁵¹" 即"版纳",为"千田"。但所指并不是西双版纳	该地名出现在老婆罗门婚后生活的地方
pan⁵¹nɔk³³		"pan⁵¹" 为"千"义,"nɔk³³" 为"外,外面"义	该地名出现在老婆罗门生活地方,指那些嫉妒老婆罗门妻子阿敏答达等女人生活的地方

  这些地名都是虚构的,很难与现实地名相对应。只是推动故事情节发展的发生地,除了记载某些历史记忆,暂时很难有实质性的意义。不过,从这些地名看,也许隐藏了一些南传佛教传播的重要信息,如"孟人"创制的"孟文"是傣文前身,"缅甸"是南传佛教进入傣族地区的重要中转站。这些地名虽为虚构,也蕴含着傣族人对南传佛教的认知。

  综上所述,《维先达腊》地名涉及类型较多,除少数傣语化地名外,基本都是巴利语或梵语地名。这些地名大多是释迦牟尼及其弟子生前活动的场所,如出生、修行和传播佛教经过的地方,是研究傣族文献的重要史料。而那些傣族化地名可能蕴含着傣族知识分子对南传佛教路线和传播范围的认知,这还需要借助更多傣族文献进行考证。"地名不仅仅具有标示方位的作用,同时往往包含着丰富的社会生活和历史文化内涵,蕴含着命名者对某地方的认知、概括和期望。通过对地名的研究,可以了解一个民族的自然环境变迁、历史文化、风俗习惯、宗教信仰、民族分布及迁徙等重要问题。"[①]

[①] 戴红亮:《西双版纳傣语地名研究》,中央民族大学出版社2012年版,第1—2页。

参考文献

（汉）董仲舒：《春秋繁露》，中华书局2012年版。
（西秦）沙门圣坚奉：《太子须大拏经》，北方文艺出版社2021年版。
（唐）释玄应撰，黄仁瑄校注：《大唐众经音义校注》，中华书局2018年版。
陈复华主编：《古代汉语词典》，商务印书馆2014年版。
崔希亮：《语言理解与认知》，学林出版社2016年版。
戴红亮：《基于语料库的现代傣语词汇研究》，中央民族大学出版社2015年版。
戴红亮：《西双版纳傣语地名研究》，中央民族大学出版社2012年版。
丁福保：《佛学大辞典》，中国书店2011年版。
董秀芳：《词汇化：汉语双音词的衍生与发展》，商务印书馆2017年版。
董志翘译注：《大唐西域记》，中华书局2012年版。
阇那崛多：《起世因本经》，群言出版社1996年版。
广西壮族自治区少数民族语言文字工作委员会编：《广西民族语言方音词汇》，民族出版社2008年版。
广州外国语学院编：《泰汉词典》，商务印书馆1990年版。
郭锡良编著：《汉字古音手册》，商务印书馆2010年版。
恒强校注：《长阿含经》，线装书局2012年版。
黄冰主编：《老挝语汉语词典》，国际关系学院昆明分部2000年版。
慧音、慧观编著：《巴汉词语手册》，宗教文化出版社2013年版。
季羡林：《印度古代语言》，江西教育出版社1998年版。

李方桂：《比较台语手册》，清华大学出版社 2011 年版。

李方桂：《侗台语论文集》，清华大学出版社 2011 年版。

李强：《傣语语音历史研究的若干问题》，民族出版社 2012 年版。

罗世方编：《梵语读本》，商务印书馆 2016 年版。

罗竹风主编：《汉语大词典》，汉语大词典出版社 1991 年版。

孟尊贤：《傣汉词典》（德宏），云南民族出版社 2007 年版。

沈家煊：《不对称和标记论》，商务印书馆 2015 年版。

孙昌武：《佛教文学十讲》，中华书局 2014 年版。

泰国玛希隆大学、中央民族大学：《壮侗语族语言词汇集》，玛希隆大学 1996 年版。

王均等编著：《壮侗语族语言简志》，民族出版社 1984 年版。

西双版纳傣族自治州人民政府搜集整理：《长阿含经》，人民出版社 2010 年版。

西双版纳傣族自治州人民政府搜集整理：《维先达腊》，人民出版社 2006 年版。

西双版纳傣族自治州少数民族研究所编：《傣汉词典》，云南民族出版社 2014 年版。

邢公畹：《红河上游傣雅语》，语文出版社 1989 年版。

杨民康：《贝叶礼赞》，宗教文化出版社 2003 年版。

杨民康：《中国南传佛教音乐文化研究》，高等教育出版社 2016 年版。

依淳：《本生经的起源及其开展》，东方出版社 2019 年版。

张双棣等：《吕氏春秋词典》，山东教育出版社 1993 年版。

中央民族学院少数民族语言研究所第五研究室编：《壮侗语族语言词汇集》（内部），1985 年。

周耀文、罗美珍：《傣语方言研究》，民族出版社 2004 年版。

［俄］伊斯特林：《文字的产生与发展》，左少兴译，北京大学出版社 2002 年版。

［俄］伊斯特林：《文字的历史》，左少兴译，中国国际广播出版社 2018

年版。

［法］迪罗塞乐：《实用巴利语语法》，黄宝生译，中西书局2014年版。

［美］爱德华·萨丕尔：《语言论》，陆卓元译，商务印书馆1985年版。

［印度］S. R. 戈耶尔（S. R. Goyal）：《印度佛教史》，黄宝生译，中国社会科学出版社2020年版。

［印度］圣勇：《本生鬘》，黄宝生、郭良鋆译，中西书局2020年版。

［英］肯尼斯·罗伊·诺曼：《佛教文献学十讲》，陈世峰、纪赟译，中西书局2019年版。

［英］劳雷尔·J. 布林顿、［美］伊丽莎白·克洛斯·特劳戈特：《词汇化与语言演变》，罗耀华、郑友阶等译，商务印书馆2013年版。

［英］威廉斯编著：《梵英大词典》（影印版），崇文书局2021年版。

陈炜：《印度帕瓦拉文字在泰国的传播与演变》，硕士学位论文，战略支援部队信息工程大学，2019年。

戴红亮：《傣语转写巴利语ɔn韵变异分析》，《民族语文》2018年第4期。

戴红亮：《西双版纳傣语低音组b、d属字分析》，《中央民族大学学报》2004年第6期。

戴红亮：《西双版纳傣语数词层次分析》，《民族语文》2004年第4期。

方梅：《北京话里"说"的语法化——从言说动词到从句标记》，《中国方言学报》2006年第1期。

郭继民：《佛经缘何多重复》，《法音》2019年第8期。

和跃、潘杨：《简述泰语中的高棉语借词》，《科技研究》2014年第18期。

李秉震：《"说"类话题转换标记的语义演变》，《中国语文》2009年第5期。

李代燕：《壮语反义语素合成词说略》，《钦州学院学报》2017年第6期。

李明：《试谈言说动词向认知动词的引申》，载《语法化与语法研究（一）》，商务印书馆2002年版。

李裕群：《大同新出北魏须大拏本生故事雕刻考》，载《石窟寺研究》（第

8辑），科学出版社2018年版。

潘悟云：《侗台语中的几个地支名》，《民族语文》2016年第5期。

阮大瞿越：《越南语语源研究百年回顾——越南语、孟高棉语和台语之间的联系》，《广西民族师范学院学报》2012年第4期。

史晓明：《克孜尔第81窟须大拏本生连环画的初步研究——兼论米兰壁画的相关问题》，载《龟兹学研究》（第一辑），新疆大学出版社2006年版。

覃凤余、田春来：《广西汉壮语方言的"嚛"》，《民族语文》2011年第5期。

町田辉：《〈太子须大拏经〉中泰故事比较研究》，硕士学位论文，东南大学，2020年。

完德加布《〈太子须大拏经〉与〈智美更登〉比较研究》，硕士学位论文，青海师范大学，2013年。

汪维辉：《汉语"说类词"的历时演变和共时分布》，《中国语文》2003年第4期。

姚珏：《傣族本生经研究——以西双版纳勐龙为中心》，《世界宗教研究》2006年第3期。

应学凤：《现代汉语单音节反义词音义象似性考察》，《语言教学与研究》2009年第3期。

张公瑾：《德宏傣语方言中动词和形容词的后附形式》，《民族语文》1979年第2期。

张公瑾：《论汉语及壮侗语族诸语言中的单位词》，《中央民族学院学报》1978年第4期。

周利群：《佛教文献中记载的古代印度大地区划》，《世界历史评论》2021年第4期。

［美］Joseph H. Greenberg：《某些主要跟语序有关的语法普遍现象》，陆丙甫、陆致极译，《国外语言学》1984年第2期。

［印度］A. 詹姆柯德卡尔：《须大拏本生研究》，杨富学译，《敦煌研究》1995年第2期。

附录　《维先达腊》原文图片

(第一章《十愿》第一页)

(第六章《小森林》第一页)

(第十章《六个刹帝利》第一页)

(第十三章第一页)

后　　记

　　本书是在教育部人文社科基金项目"傣族佛经文献《维先达腊》词汇研究"（18YJA85002）结题成果基础上修改而成的。自2001年以来，笔者一直从事傣族语言文字文献研究工作，早期主要从事现代傣语词汇研究，出版了《西双版纳傣语地名》《基于语料库的现代傣语词汇研究》《西双版纳傣语教程》等专著，在田野调查和语料库构建过程中，常会遇到一些难以解释的词语，这些词语有些是临时组合的低频词，更多的是傣语古语词或文化词，这使我萌生了研究傣族文献的想法。2018年我以傣族最为知名的古籍文献《维先达腊》词汇研究为题，申请了教育部人文社科基金。《维先达腊》与汉译佛经《六度经·须大拏经》《太子须大拏经》《菩萨本缘经·一切持经》等经同出一源，但汉译文本都在8000字以下，而傣文《维先达腊》则有13册，共有13万多音节。一开始我认为这部书既然是傣族最为知名的文献，其研究难度应较小，但在做该书数据库标注时，才发现这部书实际上比很多傣族贝叶经都要难得多。傣族知识分子在本生经故事基础上，对该书进行了大量的充实、创作和加工，它不仅是一部本生经，也是一部优秀的文学作品。我在阅读和标注过程中，有时被它生动的故事和优美的语言所吸引，有时又被它凄婉情节和伟大的牺牲精神所打动。该书用词考究，环境描写如身临其境，故事情节哀婉生动、人物性格刻画栩栩如生，布施精神感天动地。我也逐渐明白了傣族人偏爱《维先达腊》的原因，以至于有活动就要诵念这部古籍文献。

　　在感性体会这部文献的同时，我更多的是想理性解决傣族文献中词汇问题，经过仔细梳理，将傣族古籍难读的问题归结为五个方面：一是文献中巴利语（梵语）数量较大，有的占20%—30%，有的则在50%左右，而且很多巴利语借词产生了音变，发生了讹误，这就更难释读了，这是最大的拦路虎；二是文字问题，老傣文是典型的"一文双语型"文字，既可以准确记载傣语，也可以准确记载巴利语，文字字母数量多，变体很多，存古形式也不少，在记录文献时，有时为了拼写梵语，又增加了一些书写形式；三是异形词问题，有原形、简写、繁写、异写、经书写等多种形式，有时不同形式存在同一文本中，且与其他词发生纠葛；四是古语词和低频词多，它们绝大多数退出了现代傣语词汇系统只保留在文献中，没法通过现代词汇去解释，只能通过大型傣汉辞典和泰语、老挝语词典帮着解释；五是讹误词量大，由于是刻写和手工传抄缘故，很多词形都出现了讹误，特别是一些人名地名，一旦书写发生讹误就很难释读。

针对这些问题，我们采用了语料库语言学的方法，对该书词汇进行逐词标注，这是一项难度很大的工作，也是一项挑战性很强的工作，光是语料库标注我们就花了三年时间，查阅了二十多部傣语、巴利语、梵语和佛教词典；在新冠疫情期间，只要有机会，我都会去西双版纳，就疑难问题求教于傣族知识分子和高僧，他们帮我解决了很多难题，即便如此，仍有一些词语没得到很好的解释，只好存疑。

在标注过程中，因为曾有标注现代傣语语料库的经历，傣语固有词和古代汉语借词大多数问题都不大，一般词汇都较容易标注，较难的是异形词、音变词、讹误词、古语词、低频词，有时为了顺通一句话，我们有时要查找各方面资料才能明白某个词的意思。当然最难的是巴利语（梵语）借词。《维先达腊》中仅巴利语偈颂就有两百余条，佛教词汇，人名地名甚至代词大多数也是巴利语，巴利语借词绝大多数都只保留在文献里。傣语转写正确的巴利语借词尚好解决，最难的是偈颂，它蕴含了巴利语的语法知识和各种词形变化，依靠字词典往往难以解决，需要懂一些巴利语语法，这些年我边做边学，边学边用，这个课题完成后，我发觉自己也识记和掌握了几千个巴利语借词。本书辟有专章讨论巴利语借词问题，希望为傣族其他古籍研究提供方法上的帮助。除了巴利语借词，文本中尚有一些梵语借词。巴利语和梵语借词有很多是同形的，说它是巴利语借词或梵语借词都可以，还有一些不同形，傣文书写形式并不对应巴利语借词，而是对应梵语借词。这部分词汇在巴利语字词典中是查找不到的，而需要借助于梵语词典。我们也是边查边总结傣语文献中的梵语借词，解决了部分词义问题。但这个问题仍有很大的探讨空间，我们希望在"傣文贝叶经《长阿含经》文献学研究"课题中进一步深化该问题的研究。

该课题是一个探究的过程，我也是边学边做，边做边问，边问边总结规律，虽然解决了一些问题，发表了十余篇文章，但也还有一些问题没有解决，有的问题可能解释得不对，只得等下一部专书研究再做探讨了。

本书在研究过程中，得到了很多人的帮助，云南大学保明所老师每次都陪我一道去西双版纳调查，我们在师兄弟关系外又成了"查友"；学生玉腊光罕、希利补发、玉婻为都是当地人，他们不仅帮助解决生活问题，很多时候也帮我们寻找能解决疑难问题的人；西双版纳傣族知识分子康朗坎章、佛教高僧勘迪果等帮助解决了许多巴利语借词释读问题；西双版纳图书馆的南希主任也多次提供帮助。最感念还是岩温波修一家，他们不仅提供食住，还教我们说傣语，我们很多傣语都是在聊天中学习到的，他们一家四代成了笔者免费的傣语老师，特别是爷爷奶奶他们不太会说汉语，对我们傣语交流益处很大。此外还有一些傣族寺庙的大佛爷与小和尚，去拜访请教他们时，我们用蹩脚的傣语同他们交流，他们都耐心地听我们询问问题，连说带写，帮助解决了一些问题，有的还提供泰语、老挝语相关资料，在此一并表示诚挚的感谢。还要特别感谢这个时代，信息技术的高速发展，巴利语这门冷门绝学也在互联网上焕发了生机，使我们有机会查询到很多相关和对勘资料，帮助解决了不少问题。感谢中国社会科学出版社单钊编辑认真的编辑，纠正了文稿中多处问题。

戴红亮
2024 年 7 月 5 日